社会関係の理論

田中義久――[著]

東京大学出版会

TOWARD A THEORY OF SOCIAL RELATIONS
Yoshihisa TANAKA
University of Tokyo Press, 2009
ISBN978-4-13-050172-9

凡例

一、本書は、全五章、すべて書き下ろし初稿によるものである。

二、引用は、原則として、本文から一行あけ、一字下げて組んである。

三、原典からそれぞれの原語のまま引用されている場合があるが、これは日本語に訳した際に意味のずれが生じるのを避けるためである。なお、とくに重要と思われる個所には、＊印を付した上で、その含意を記しておいた。

四、煩瑣を避けるべく個々の引用の出所を示していないが、その代りに巻末に豊富な文献目録を掲げておいた。

社会関係の理論／目次

序　現代社会学の方法論的構制と課題

一　社会学方法論の構造

1

今、私が筆を執っている机の左前方一メートルほどのところに、パウル・クレーの『新しい天使』(Paul Klee, "*ANGELUS NOVUS*", 1920) という絵の複製画が架けられている。縦八〇センチ、横五〇センチ余の、かなり大きな複製画で、二〇〇五年、エルサレムで開催されたクレー展の際に作られたものである。そして、その原画は、実は、ワルター・ベンヤミンが所蔵していた。

ベンヤミンは、『歴史哲学テーゼ』(*Geschichtsphilosophische Thesen*, 1939, IX) のなかで、この絵に触れて、次のように記している。

――それにはひとりの天使が描かれており、天使は、かれが凝視している何ものかから、いまにも遠ざかろうとしているかのように見える。かれの眼は大きく見ひらかれていて、口はひらき、翼は拡げられている。歴史の天使はこのような様子であるに違いない。かれは顔を過去に向けている。ぼくらであれば、事件の連鎖を眺めるところに、かれはただカタストローフのみを見る。そのカタストローフは、やすみなく廃墟の上に廃墟を積みかさねて、それをかれの鼻っさきへつきつけてくるのだ。たぶんかれはそこに滞留して、死者たちを目覚めさせ、破壊されたものを寄せあつめて組みたてたいのだろうが、しかし楽園から吹いてくる強風がかれの翼にはらまれるばかりか、その風のいきおいがはげしいので、かれはもう翼を閉じることができない。強風は天使を、かれが背中を向けている未来のほうへ、不可抗的に運んでゆく。その一方ではかれの眼前の廃墟の山が、天に届くばかりに高くなる。ぼくらが進歩と呼ぶものは、この強風なのだ。

（野村　修訳）

私の眼前にある『新しい天使』は、四隅を黒枠に囲まれ、中空に羽搏《はばた》きながら立ちはだかる天使を、ややくすんだ赤茶色に描き出している。それが「歴史の天使」であるならば、たしかに、この天使は、歴史の逆風から私たち民衆を守っているかのようだ。しかし、その儚《はかな》げな色彩は、天使の大きな両眼の凝視にもかかわらず、やがて、天使みずからが力尽き、「廃墟」の累積の上にくずおれて行く命運をものがたっているように思われる。

実際、ベンヤミンが記していた「楽園」はアドルフ・ヒットラーのファシズムだったのであり、その不条理の逆風の下で、一九四〇年六月にパウル・クレーがスイスに逃れて死去し、同年九月、ワルター・ベンヤミンはピレネー山脈をぬけてスペインに入ったところで自殺しなければならなかった。

私は、一九四〇年、東京に生まれ、日本の歴史のなかでの「楽園」の崩壊のなかで育ち、そして、今、さまざまな逆風に遭遇しながら、私自身の社会学的思考のまとめを果そうとしているのである。したがって、本書における私の歩みは、おそらく最後まで、クレーの『新しい天使』との対話を通奏低音として、それに導かれて展開されることになるであろう。

私にとって、社会学の課題は人びとの《共同》の理念・構造・展開を明らかにすることである。しかも、現代社会学がこの課題にとりくむ営為を困難にしているのは、この《共同》が、なんらかの神話や宗教に依拠することによってではなくて、かえって、それらの「幻想」を断念したザッハリッヒな人間たちによって実現されなければならないという事実にほかならない。私たち、現代を生きる人間は、かつてのギリシア的「神話」やローマ的「宗教」によって支えられていた都市国家や帝国のなかで《共同》を確保するのではなくて、文字通り、それらの神話や宗教から解放された――それは、また、〈神々から見離された〉状態でもあるだろう――日常生活の裡から、みずからの力で《共同》を実現しなければならないのである。

私は、人びとのこの《共同》を生み出す過程を、《行為》―《関係》過程としてとらえている。そして、人びとの、日々に具体的な、《行為》―《関係》過程から析出されてくる社会関係の総体こそが、私たち現代人にとっての「社会」にほかならない。

私は、このような「社会」をとらえる方法論的認識――すなわち、社会学方法論――を、次のような三層の構造を有するものと考えている。

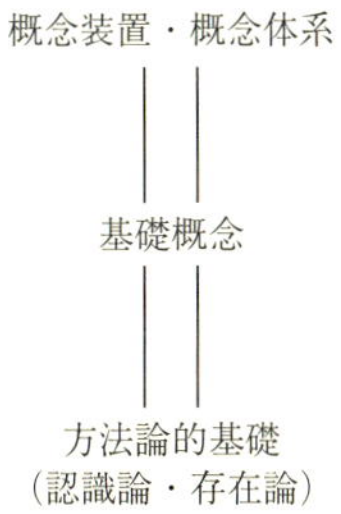

図1

概念装置、概念体系とは、言うまでもなく、今日の社会学的思考にたずさわる人たちが、その分析のなかで、具体的に用い、動員している概念の数々である。ひとつの具体的な事例をあげるならば、見田宗介・栗原彬・田中義久編『社会学事典』（弘文堂、一九八八年）が包摂している四五〇〇の収録項目が、現代日本の社会学の概念装置の全体像である。

そして、これらの諸概念は、それらが運用され、動員される個々の具体的な分析領域において、なんらかの「基底的」な概念——範疇——によって統禦され、ひとつの「島宇宙」のようなまとまりを有することになる。それは、アンソニー・ギデンズであれば、たとえば「構造化」や「脱苗床化」(disembedding) であり、ピエール・ブルデューの場合には「文化資本」や「ハビトゥス」であり、そしてユルゲン・ハーバーマスであるならば、「コミュニケーション的行為」であり、「公共性」であるだろう。

私たちがさらに注目しなければならないのは、ギデンズ、ブルデュー、ハーバーマスにとどまらず、およそすべての社会学的思考の主体にとって、彼らの、それぞれに個性的な、概念装置・概念体系を特色づけ、統禦している基礎概念のさらに基底的なる地平に、必ずや、なんらかの特有の認識論と存在論とが横たわっているという事実である。これら両者の結合こそが社会学的認識の方法論的基礎をもたらすのであって、個々の社会学的思考の主体によってその方法論的自覚の明晰さにさまざまな偏倚があるとしても、まさしくこの方法論的基礎の内容において、社会学は、かつてのギリシア的「神話」やローマ的「宗教」への依拠と通底とを峻拒しつつ、《近代》の社会の自己認識としてのみずからの学問的な概念装置・概念体系を構築する歩みを、はじめることになったのである。

認識論とは、直接的には、概念装置・概念体系のなかでの真理性の確保とその妥当性要件とを明らかにする論理であるが、私の視点からすれば、この論理は、認識の《主体》(Subject) とその《客体》(Object) との関係の地平に定礎されることによって具体化されるのであり、要するに、認識《主体》としての人間とその諸《客体》の全体——最初は自然環境であり、やがて社会構成体を析出し、今日ではこれらを覆いつくさんばかりに日々に拡大再生産されている情報、記号の環境としてあらわれている——との関係枠組みの内部での真理の獲得の方法にほかならない。

これに対して、存在論とは、私たち人間をもひとつの存在——より正確には「存在者」——としてとらえかえし、それを前述の《客体》（Object）の全体像のなかに投げかえした上で、これら存在するものたちの全体の運動を説明する論理である。ここでは、認識論においては《主体》（Subject）であった人間も、私が今用いているモンブランの万年筆や東京大学出版会の原稿用紙、さらには桜の木で出来ている机、等々の事物とまったく同じ資格において、ひとつの《客体》としてあらわれているという事実が、肝要であるだろう。

したがって、論理的に言えば、存在論が先行し、みずからに相応し、相即するところの特有の認識論を要請するのであって、これら両者が統合されたところに、私たち人間が保持して来たさまざまな世界像が生成したのである。

ゼウス（Zeus）を最高神と信じていたギリシアの人びとは、サンスクリット語の‘dyaus’（天空）——雷はその〈力〉の象徴的表現であった——に由来するその万物を運動させ、統合する「神話」的能力を存在論の基礎概念としていた。そして、ゼウスがクロノス（Kronos）の子であったことに想到するならば、現代の存在論のひとつの代表例であるハイデガーの『存在と時間』（一九二七年）の構想の意味をも窺知することができるであろう。

社会学方法論の構造との関連において、私が最も重要視しているのは、ローマ的《中世》の崩壊から《近代》社会の生成に至る歴史過程のなかでの唯名論（Nominalismus）と実念論（Realismus）の対立である。

問題の焦点は、ローマ・カトリックの《宗教》的存在論の論理的基軸とも呼ぶべき「三位一体」（Trinity）の主張にある。周知のように、そこでは、キリスト教の信仰の中枢を成すものとして、唯一の神が「聖父」、「聖子」および「聖霊」という三つの位格＝ペルソナにおいてあらわれ、そのそれぞれが〈神〉である、とされていた。ロスラン（一〇五〇頃—一一二四年頃）やアベラール（一〇七九—一一四二年）などのフランスの唯名論者たちは、前述のような「三位一体」説の主張に対して、「普遍的なる神が三つの位格において顕現し、そのそれぞれが神である」という「普遍性」＝《類》の実在性の視点を批判し、認識の《主体》としての人間がとらえることができるのは「名」としての個体・個物にすぎない、とした。

さらに、ドゥンス・スコトゥス（一二六六―一三〇八年）やウィリアム・オッカム（一三〇九頃―一三四九年頃）などのイギリスの唯名論者たちは、スコトゥスの「クォドリベタ」（Quodlibeta）の方法や有名な「オッカムの剃刀」（the mythical razor of Ockham）と呼ばれる方法――事物の説明のなかで、必要最小限の原理や仮説しか定立せず、不必要な論証などを切り捨てること――の提起を通じて、存在論の領域から認識論のそれへと、実念論批判の視点を拡大し、結果として《中世》ローマ・カトリックの宗教的世界像から《近代》社会の科学的世界像への転換を導く「新しい道」（Via Moderna）を用意した。

社会学という個別社会科学は、もとより、《近代》社会の自己認識の一側面としてみずからを形成し、発展させて来たのであるが、これを前掲の方法論の三層構造――①概念装置・概念体系、②基礎概念、③方法論的基礎（認識論・存在論）――と照応させて顧みるならば、私たちは、①概念装置・概念体系のレベルの外面的・量的増大と豊富化のみに眼を奪われてはならないのであって、かえって、③方法論的基礎の深さでの自己省察とそれを通じての根底的なパラダイム転換こそが独立変数であり、むしろ①のレベルの豊富化と発展とは③の地平の「新しい座標軸」の提起によってこそ可能となったのだ、という歴史的事実に想到しなければならないのである。

社会学は、みずからの概念装置・概念体系のうちに、つねに、特有の歴史性と論理性との結合を有するであろう。そのことは、社会学の分析対象としての「社会」それ自体――本書では、社会諸関係の重層構造としての社会構成体――の歴史性から必然化されることであるが、同時に、方法論の深部における存在論と認識論の統合の契機こそがそれを要請し必然化するというかたちで理解されなければならない。私たち《近代》社会の一人ひとりの存在者を包摂

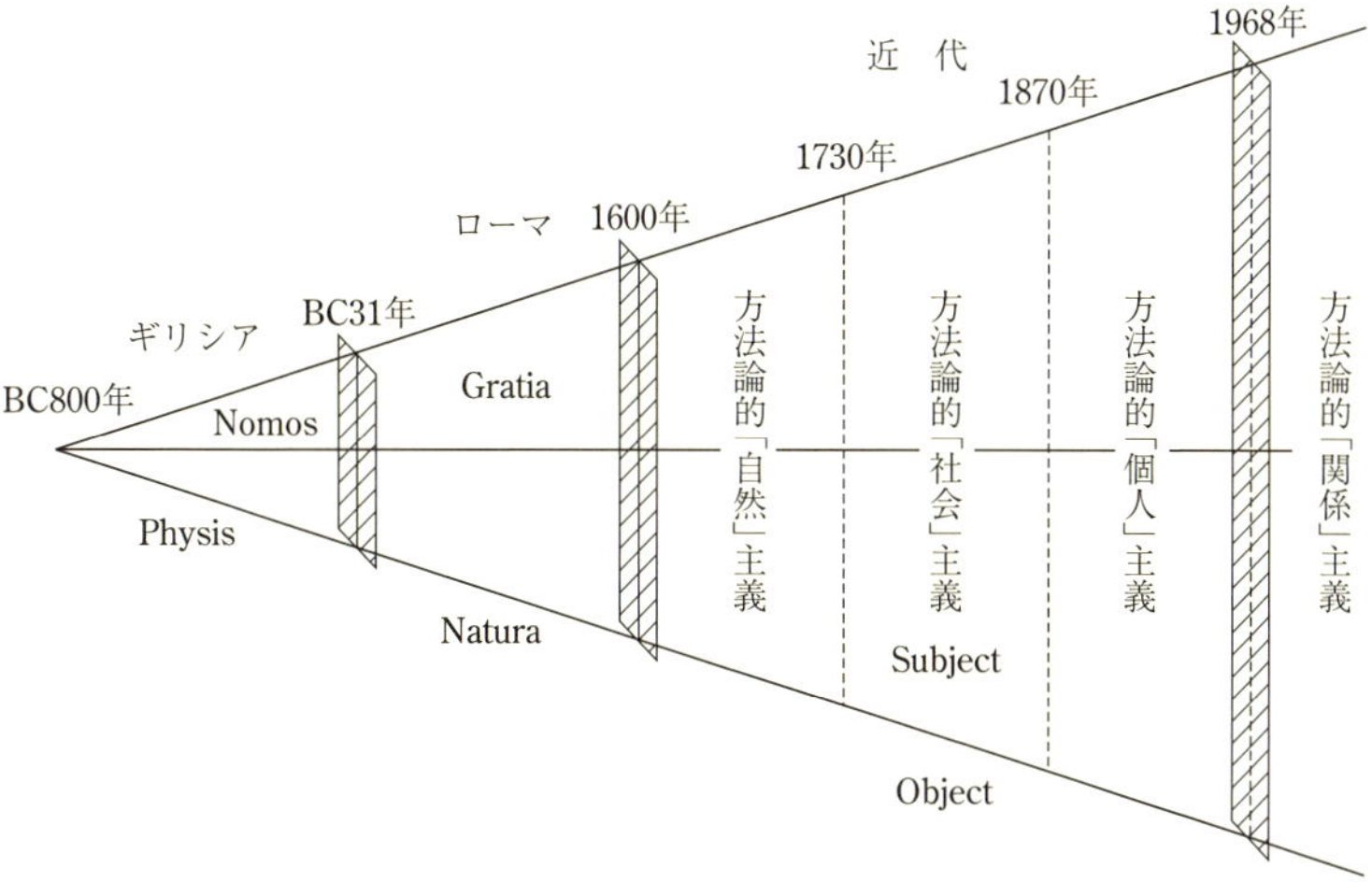

図2

する歴史の運動を説明することができる存在論こそが、社会学的認識の真理性を招来する前提条件なのである。

二　社会学方法論の変遷

私は、社会学方法論の視座の変遷を、図2のように、四つの視座のそれとしてとらえている。

《類》としての人間の出現は、今のところ、二〇〇万年前の新生代第三紀の後期にはじまるとされている。もとより、ネアンデルタール人もクロマニオン人も集住と群居のうちにそれなりの《共同》生活を生み出していたであろうが、ここでは、さしあたり、ギリシアの都市国家の段階以降の歴史過程のなかでの「社会」を焦点化しておくこととする。

前述のように、認識論と存在論とから成る方法論的基礎の地平において、人間と環境世界との関係枠組みのありように留目するならば、ギリシアの「神話」的関係枠組みは、それ自体、圧倒的に優位に立つ《Physis》（自然）の力に脅かされながら、徐々に生成して来た《Nomos》（直接的には、人間によって名づけられたものとしての「名辞」、やがて「秩序」を意味するようになる）の幼弱な社会――アテネの都市国家の人口は最大で一五万人、スパルタのそれは八万人であった――の姿を反映したものだ、と言ってよいであろう。ウラノス、ガイア、クロノスそしてゼウスの力を伏在させた《Physis》の脅威に対して、ギリシアの人たちは、つねに、オリンポスやデルフォイの神託を通じて、神意を問い、それに《Nomos》の領域を随従させながら、不安な日常生活をおくっていたのである。

図2の中で、それぞれの時系列の節目のところで斜線を入れて描かれている「断面図」は、それぞれの歴史段階での社会構成体=社会諸関係の重層構造を、模式化したものである。そして、ギリシアの都市国家に対して、ローマ帝国の版図ははるかに強大であり、テオドシウス帝の時代（三九五年）の東ローマ帝国・西ローマ帝国の分割の際の版図は、東はカスピ海沿岸のアルメニアから西はイベリア半島西端のルシタニア（現在のポルトガル）に及び、北はブリテン島の北部カレドニアから南は広くアフリカの地中海沿岸地域を包摂していた。首都ローマの人口は、帝制の初期の段階に、すでに一五〇万人に達していたのである。

しかも、私たちが注目しなければならないのは、ギリシア「神話」の《Physis》―《Nomos》という人間と環境世界の関係枠組みが、ローマ段階で《Gratia》―《Natura》という「宗教」的関係枠組みへと、大きく構造的に変化している事実である。ギリシア段階であれほど圧倒的な優位に立っていた《Physisi》は、ローマ・カトリックの「宗教」的権威の下で、かえって、無意味で、暗い「地下《ちげ》」の世界へと貶《おとし》められている。ローマ・カトリックの信仰の中枢を成す、前出の「三位一体」の教説によれば、《神》からの「恩寵の光」(lumen gratiae) がとどかない「地下《ちげ》」の、暗黒の世界は、それ自体、罪と悪徳の源泉であり、汚れの領域であった。ここには、言うまでもなく、「聖父」（一神教化された《神》）、「聖子」（イエス・キリスト）、「聖霊」の「三位一体」の教説だけではなくて、それを存在論的前提としたローマ教皇―領邦君主・大司教・司教―騎士―商工業者・農民・漁民たち、という「社会」の垂直的な現世的身分制構造が写しこまれている。神からの《Gratia》（恩寵、恵み）にもとづく距離化によって、より近い高位聖職者・世俗領主たち、それに次ぐ騎士、商工業者たち、そして、最も遠く、かえって、日常的に、罪と悪と闇の源泉としての《Natura》（自然、それは外的自然とともに、やがて人間の内的自然をも焦点化していくことになる）に接して労働している農民、漁民たち、という《中世》封建社会のハイラーキカルな身分制的構造の存立が、イデオロギー的に正当化されていたのである。

しかも、なお、やがて歴史の推転のなかで、「恩寵の光」の光源は虚ろな輝きへと褪色し、ヒエロニムス・ボッス（一四五〇頃―一五一六年）やピーテル・ブリューゲル（一五二五―六九年）の絵画が示しているように、逆に「自然の光」（lumen naturalis）こそが新しい光源として立ち現われ、光彩陸離たる《近代》社会の人間―環境世界の関係枠組みをうかびあがらせて行くのであった。

私は、ここで、一七世紀以降の《近代》における「市民社会」の創出とその自己意識としての社会科学の生成を考察する際の、私の存在論的なシェーマを明らかにしておくことにしたい（図3）。これは、あくまでも、今日の段階で私たち人間の意識が合理的に――すなわち、科学的な概念装置・概念体系によって――把握することができる環境世界（ユクスキュルのUmwelt）を前提にし、またその範囲内でのみ成立することができる見取り図である。先ず、《Aの慣性系》とは、「外的自然」―「内的自然」のframe of referenceのことであり、これまで述べてきたギリシアの《Physis》―《Nomos》、ローマの《Natura》―《Gratia》の段階から、《近代》の《Object》―《Subject》の関係枠組みの成立を含意している。ちなみに、慣性系とは、そのなかで自由質点がその座標系から見て加速度をもたないような運動をしているUmweltのことであり、厳密な意味で言えば、自然がギリシア段階の「神話」からも、

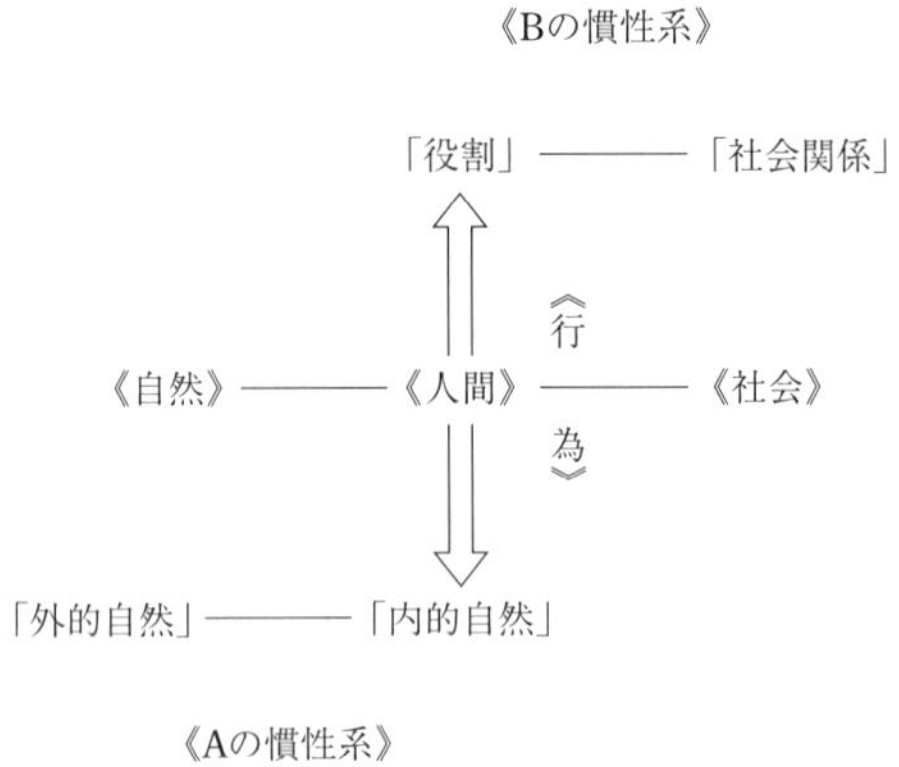

図 3

ローマ段階の「宗教」からも解放されて、ザッハリッヒな客体としてあらわれた《近代》の地平ではじめて成立した視座である。私たちは、社会学方法論が準拠する「役割」—「社会関係」の《Bの慣性系》が、第一に、このような意味での「外的自然」—「内的自然」を基軸とする《Aの慣性系》とのパラレリズムにおいて生成し、さらに、第二に、これら両者の慣性系を媒介する位置にこそ人間が位置し、その行為によってのみ両者が日々にメディエイトされ、活性化されているという事実を看過してはならないのであろう。

　本書における私の視座は、社会学の定常的分類にしたがうならば、綜合社会学のそれに包摂されるであろう。そして、周知のように、社会学の成立をめぐる社会学史の最も基本的な争点は「自然法と有機体説」の対抗関係をどのように理解するか、にかかっている。私は、この争点については、社会学を《近代》市民社会の自己意識の顕在化としてとらえる文脈において、自然法（ならびに自然権）論の視座を社会学成立の源泉と考えるものである。私は、オーギュスト・コント（一七九八—一八五七年）を「社会再組織の学」としての社会学の創設者とする定説を全面的に否定する心意を持たないけれども、本書では、より早く、アダム・ファーガソン（一七二三—一八一六年）の構想の裡から、自然法論的社会学の視座が成立してきた、という視点に立っている。

　さて、一七世紀から一八世紀三〇年代——産業革命の勃発まで——にかけての方法論的「自然」主義の視座は、《Aの慣性系》についてのガリレイ変換からニュートンの力学に至る機械論的自然像の生成とパラレルに成立したも

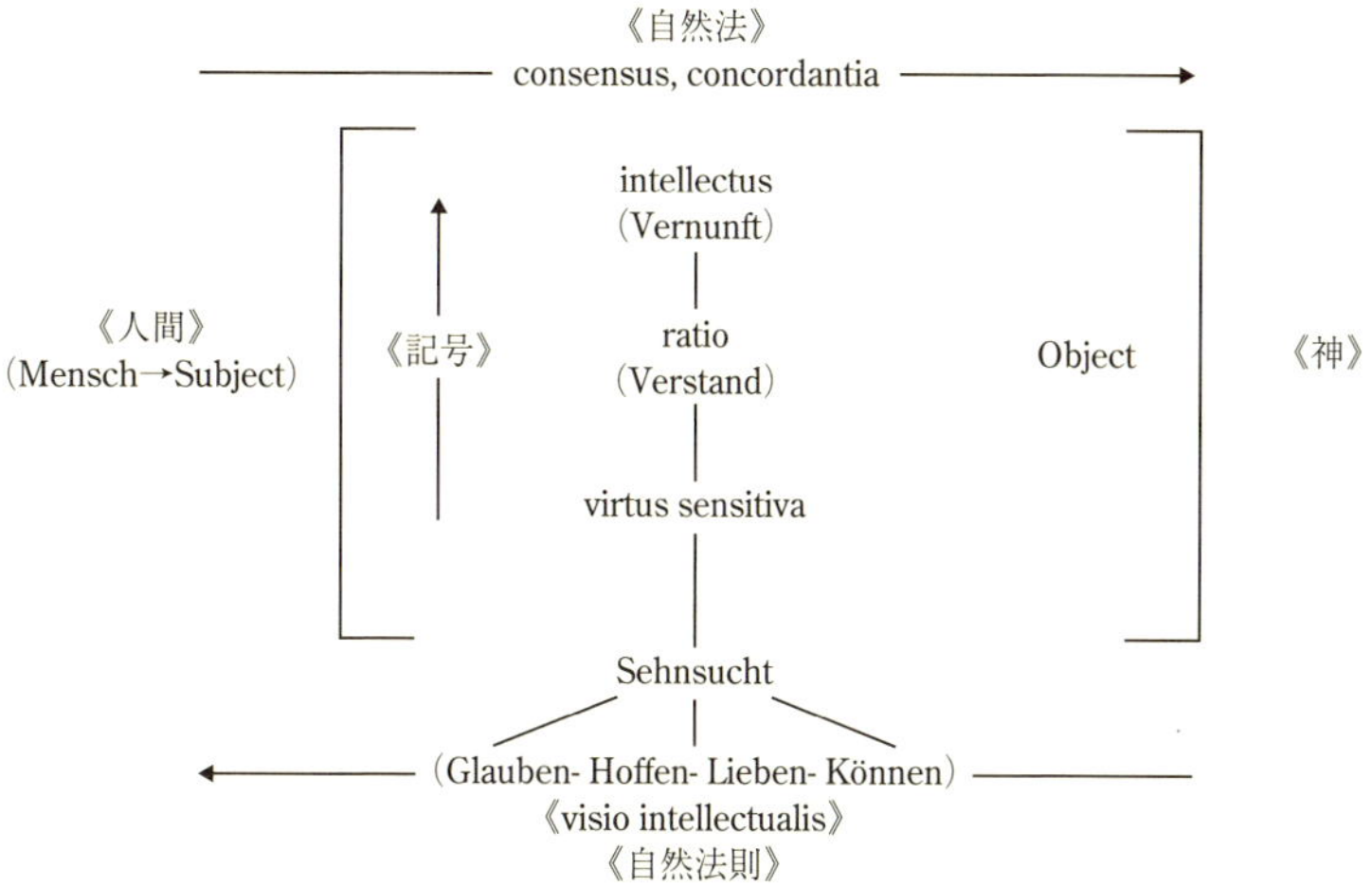

図4　クザーヌスの基本的シェーマ

ので、ホッブズやロックの立論に示されているように、《Bの慣性系》の領野を自然権（Natural Rights）の主体としての諸個人による「市民社会」創出の過程としてとらえる。私が社会学の嚆矢とする、前出のファーガソン（たとえば、*An essay on the history of civil society*, 1766）の構想は、方法論的「自然」主義の視座に立脚した社会学の代表例である。

そして、ここで留目しておくべき要点は、《Aの慣性系》についての基礎概念である「自然法則」と、《Bの慣性系》についてのそれである「自然法」とが、ひとしく《Natural Law》という言葉によって表現されているところである。この事実の理論的含意を具体的に理解するために、ここで、ニコラウス・クザーヌス（一四〇一－一四六四年）の基本的シェーマ（図4）をジョン・ロック（一六三二－一七〇四年）のそれ（図5）と比較しながら、私の論述を進めて行くことにしよう。言うまでもなく、前者は《中世》末期の思想家であり、これに反して、後者はまさしく《近代》の黎明を象徴する社会科学者のひとりである。そして、事柄の焦点は、《中世》から《近代》への革命的な構造転換のさなかでの《Natural Law》という基礎範疇の理論的ダイナモの力である。

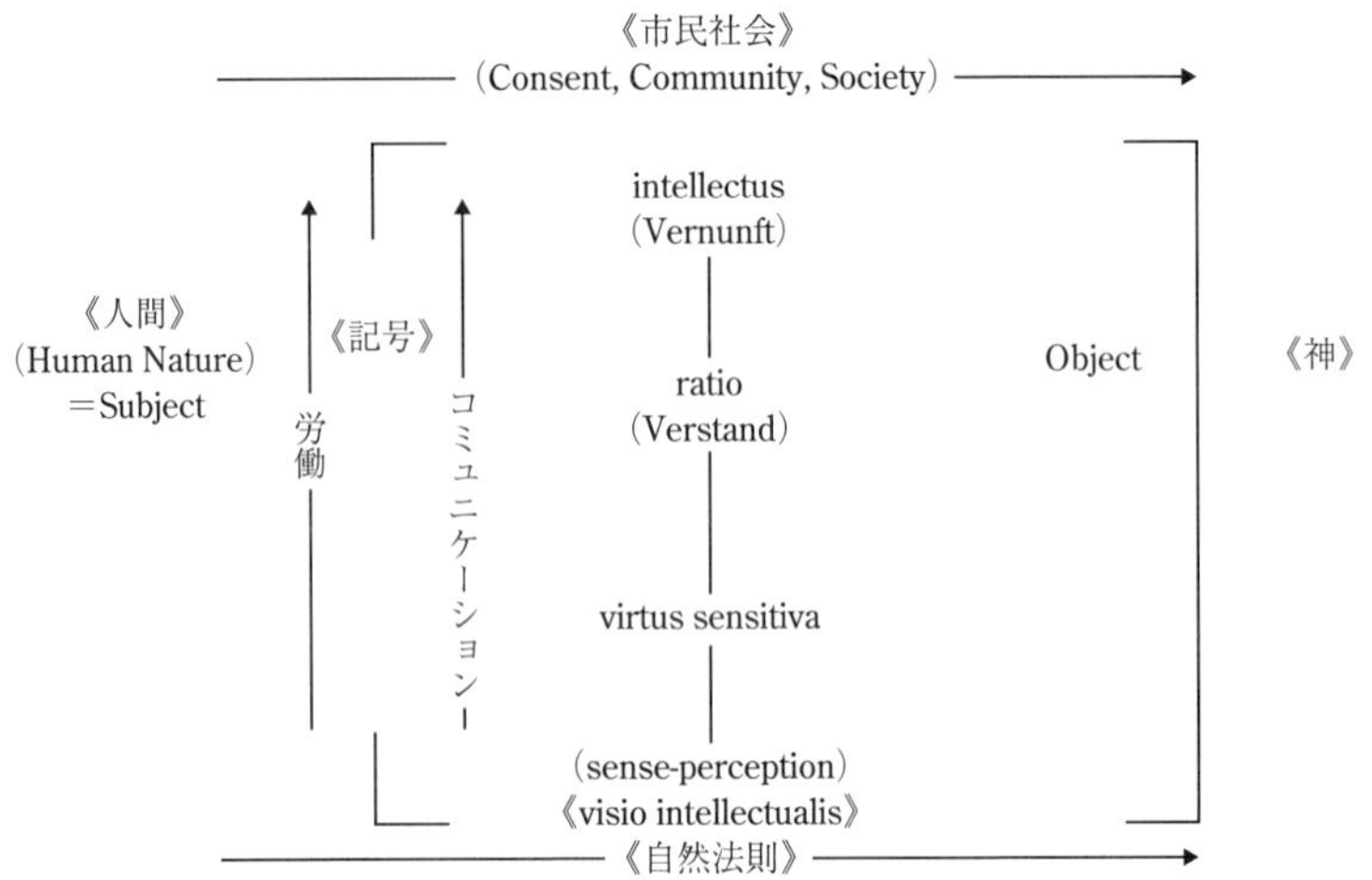

図5　ロックの基本的シェーマ

クザーヌスという一五世紀の思想家は、一方において、親友の教皇ピウス二世（在位一四五八－六四年）を支えてローマ・カトリックの教会組織のナンバー2である「司教総代理」(Legatus Urbis) という高位聖職者の任にあり、他方、ベルタランフィやルーマンの「システムの一般理論」の源泉を成す自己組織化の運動の領野として世界をとらえる「精密科学」(der exakten Wissenschaften) の視座を提起し、これらの両契機を通じて、《中世》から《近代》への歴史の推転を用意した人物である。

クザーヌスの基本的シェーマにおいて、人間は、《神》への信仰——Glauben, Hoffen, Lieben, Können はその具体的な内容として、《教会》のコミュニオンを実質化していた——を基盤として、自分たちの合意形成をし、ローマ・カトリックの宗教的「共同体」(concordantia) を構築していた。しかし、教会法学者であると同時に、幾何学と微分・積分を中心とする数学の研究者であったクザーヌスは、『隠れたる神』(*Dialogus de deo absconditio*, 1440-1445) という著作のなかで、《神》を無限の彼方に「離接」し、「離在」(Disjunction) させて行く。図4のシェーマに即して言うならば、《神》は紙面右側の外縁へと無限に離れていくのであり、その代りに、私たち人間の前面には、無数の具体的な《客体》としての Object がクローズアップされて来るのである。ここにおいて、前述の「唯名論」(Nominalismus) の視座の妥当性が明らかとなり、世界は、まさしく「世界という機械」(Machina mundi) としてたちあらわれてくることとなる。

ロックの基本的シェーマのなかに、私たちは、やはり、《神》の姿を見出す。しかし、ロックは、幼少の頃にカルヴィニストとして育てられ、晩年には「ユニテリアン」の理神論の視座にあり、教会のミサに列席することはほとんどなかった。彼は、前述の「三位一体」説を認めないのであり、科学と宗教との分離の上で、諸個人の内心の自由の一隅に《神》を残すのみであった。すなわち、ロックのシェーマにあっては、人間は、文字通り、みずからの人間的自然の諸力能によって、自分たちの「市民社会」を主体的に構築して行かなければならなくなっているのである。

こうして、《Aの慣性系》における基礎概念としての「自然法則」と、《Bの慣性系》におけるそれとしての「自然法」——それは、やがて、人間的自然の諸力能の根底に「自然権」というもうひとつの基礎概念を見出すこととなる——とが、ともに《Natural Law》という範疇によってとらえられるようになった時、そこに、「主体」(Subject) としての人間と「客体」(Object) としてのザッハリッヒな社会との対峙という《近代》のパースペクティヴが成立するのであった。

一八世紀の三〇年代から一九世紀の七〇年代にかけての方法論的「社会」主義の視座は、スミスとマルクスによって例示されているように、功利主義と歴史主義という二つの異なった視角からの「資本主義社会」の運動法則の解明を導いた。前者の視座は、ヒューム、バークリーらの「主観的」認識論によって底礎されているために、前段階の方法論的「自然」主義の関係枠組みの「主観」化的継承——典型的にはベンサム——に終っており、したがって、「資本主義社会」の《自然史的》運動法則の解明を果すことができず、つねに「政策科学」化し得る程度の運動法則の

「客観性」しか展望することができなかった。

他方、後者の視座にあっては、方法論的「自然」主義の関係枠組みをより十全なかたちで継承しているが、「歴史主義」一般としては《Atomism》よりも《Wholism》に傾斜しやすく、マルクスの「政治経済学」の場合でさえ、対象的「自然」と人間の「内的自然」とを媒介する労働の理論が私たち人間の行為一般の構造分析へと深められてはいない。

そして、一九世紀の七〇年代から二〇世紀の六〇年代――とりわけ六八年まで――に至る方法論的「個人」主義の段階は、生の哲学、プラグマティズム、実存主義の視座に支えられて、独占資本主義段階から国家独占資本主義段階への現代「資本主義社会」における社会諸関係の巨大化、累重化、自立化の下での諸「個人」の運命に対して実に鋭敏な感受性とその形象化とを示したが、当の社会諸関係の「巨大化、累重化、自立化のメカニズム」――そのような形態をとる「資本主義社会」の《自然史的》運動法則の具体化――そのものを解明することはできなかった。

私の視点からすれば、コントの社会学は方法論的「社会」主義の視座のひとつとして、功利主義と歴史主義とに並ぶ第三の関係枠組みの成立可能性を示したものであった。そして、ジンメルとマックス・ウェーバーの社会学は、言うまでもなく、方法論的「個人」主義の視座からの社会学の到達点を明確にものがたっている。しかもなお、一九六八年を転換点とする現代社会それ自体の大きな構造変動のさなかで、今日、社会学方法論は方法論的「個人」主義の視座から方法論的「関係」主義の新しい視座へと推転しつつあるのである。

三　方法論的「関係」主義の視座

一九八九年一一月九日――正確に言えば一一月一〇日未明――「ベルリンの壁」は崩壊した。東西「冷戦」の象徴とされていたこの壁の崩壊をうけて、同年一二月三日、アメリカのジョージ・H・W・ブッシュ大統領と当時のソ連のゴルバチョフ幹部会議長（一九九〇－九一年、最初で最後のソ連大統領）は、地中海のマルタ島で会談し、その結果、世界に向けて「冷戦」の終結を宣言した。そして、人びとの予想より早く、壁の崩壊から一年も経っていない一九九〇年一〇月三日、東側のドイツ民主共和国を構成していた四つの州が、自発的に、西側のドイツ連邦共和国に加入するというかたちで、東西ドイツの統一が実現した。当日、統一を祝う式典でベートーヴェンの交響曲第九番「合唱付き」が演奏されたという事実は、私たちの記憶に新しいところである。

しかし、私自身は、もう少し時間を遡って、一九六八年という節目に、現代史の大きな胎動の予兆を見出している。それは次のような内容を有する「社会的時間」であった。

（一）　一九六八年、アメリカにあっては、ベトナム侵略の実質的敗北の宣言ともいうべきジョンソン声明とそれにもとづくパリ会談の開始、公民権運動に端を発した黒人の人種差別撤廃運動の昂揚とそのさなかに発生したキング牧師の暗殺、カリフォルニア大学バークレー校を嚆矢として急速に各地の大学に波及して行った「学生反乱」、これらを背景としたリベラルの「ニュー・ポリティクス」の抬頭とその渦中でのロバート・ケネディの暗殺、が生じた。これらの出来事によって意味づけられる「社会的時間」は、私見によれば、アメリカの内外にわたる「パックス・アメリカーナ」という神話の崩壊の季節の始まりであった。無邪気で単純なテクノクラシーの信者たちが「アメリカ帝国主義」の幻想に耽溺している時に、この病めるアメリカに命をかけて無惨に倒れたマルティン・ルーサー・キングは、次のように述べていた。「われわれの内側から、ひとつの新しい精神が育ってきているのかも知れない。もしもそうであるならば、われわれは、その働きを注意ぶかく跡づけ、われわれの心がこの新しい精神の導きに忠実に従わんとするように祈ろうではないか。なぜなら、われわれにとって、この状況の暗さを超える新しい方法は、あまりにも切実な必要となっているのだから」（一九六七年四月四日、ニューヨーク、リヴァーサイド教会）。

（二）一九六八年、フランスでは、パリ大学ナンテール校の「三月二二日運動」から燃え上ったドゴール体制打倒の波が、たちまちのうちにC・G・T（労働総同盟）を中心とする全国の労働者たちをまきこみ、五月一三日のゼネ・ストを実現した。いわゆる「五月革命」の成立である。

それは、また、ドゴール大統領を退陣に追いこんだだけではなくて、ジャン・ルイ・バローの国立劇場オデオン座の占拠に象徴される如く、当代フランスの文化的風土に対する衝撃でもあった。そこに流れていたのは、次のような異議申し立て（contestation）のかまえであった。「今日、われわれをつないでいるのは、歴史の抽象的な理論ではなくて、ひとつの社会に対する実存的な嫌悪感である。その社会は、個人の願望や切実な欲求、闘争している民衆の社会的・経済的解放を、狡猾にして激烈な手段をあれこれと使って抑圧しながら、自由についてとめどない饒舌を弄しているのだ」（ルディ・ドゥチュケ）。

（三）一九六八年、それは、また、「プラハの春」の訪れの時であった。ドプチェクを先頭に自国の「民主化」を推進しようとしていた当時のチェコスロバキアの人びとの努力は、日ごとに遊離し、乖離しつつあった社会主義社会の「理念像」と「現実像」との再結合をはかろうとする努力にほかならなかった。それは、今日から見れば、東側の社会主義社会と西側の資本主義社会のいずれをも貫徹し、規定して行く「全般的操作可能性」（カレル・コシーク）の深まりとその実体的基盤を成すところの技術と管理の体制の盤踞に対する人間の側の「うめき」と「あがき」とを、物語るものであった。このような苦い努力の象徴的表現とでも呼ぶべき「労働者、農民、サラリーマン、学者、芸術家、その他すべての人びとのものである二千語」、いわゆる「二千語宣言」は、当時のチェコスロバキアにおける社会主義社会の姿を、次のように描き出していた。

「国会は審議を、政府は政治を、企業責任者は運営を、忘れてしまった。選挙は意味を持たなくなり、法律は重みを失なった。われわれは、どの委員会に出ているにせよ、われわれの代表たちを信頼できなかったし、たとえ信頼できたところで、何を頼むこともできなかった。何事も彼らの手に負えなかったからである。ところが、それよりさらに悪かったのは、われわれはもはや互いに、ほとんど信ずることができなかったことである。個人ならびに集団の信用が地に落ちた。誠実さだけでは、どこへも通れなくなった。能力による評価など、言うも無駄である。それで、大半の人びとは、共通の問題への関心を失ない、自己と金のことにだけあくせくするようになった。悪いことには、その金すら、今日では、頼りにならないのである。人間関係がそこなわれ、労働の喜びが消えうせた。要するに、国民にとっては、その精神衛生と性格をおびやかす時代がやって来たのである」(『朝日新聞』一九六八年七月二〇日夕刊の『二千語宣言』全文より引用。圏点は筆者による)。

周知のように、「ベルリンの壁」の崩壊の影響は、たちまちのうちにすべての東ヨーロッパ諸国へと波及し、チェコスロバキアでは「ビロード革命」を成立させ、やがてソビエト連邦自身の解体という事態を生み出した。東側諸国の社会主義体制は、その「国権的」社会主義故に崩壊したが、その予兆は、すでに一九六八年の段階で、はっきりと現われていたのである。しかも、「関係」の骸質化は、ひとり東側の社会主義社会においてのみならず、アメリカやフランスの事例に見られるように、西側の「自由な」資本主義社会においても、同様に、底深く進行しはじめていたのである。

これまで述べて来た事態は、それ自体としては、前述の《Bの慣性系》――すなわち、「役割」と「社会関係」の地平——に包摂される事柄であった。そして、私たちが社会学方法論の現代的形態として方法論的「関係」主義の視座を位置づけるのであれば、そこには、《Aの慣性系》と《Bの慣性系》との存在論的なパラレリズムが確保されていなければならない。なぜなら、社会学的分析の直接的な対象領域である「役割」—「社会関係」という《Bの慣性系》も、それ自体、「外的自然」—「人間的自然」という《Aの慣性系》の存立する領野に支えられることによってのみ、生成し、現前することができるのだから。別言すれば、方法論的「関係」主義の視座は、このような《Aの慣性系》と《Bの慣性系》とのあいだに特有のパラレリズムを確保し、そこに「関係」という範疇の存在論的な準拠枠組みの成立を確認することによって、みずからの方法論的基礎を獲得するのである。

私は、《Aの慣性系》の地平での、方法論的「関係」主義の視座の胎生を支えた知見を、次のようなかたちでとらえている。

(一) 精神分析の領域ではジャック・ラカンの分析に例示されているように、さまざまなイマーゴによる「対象関係」(relation d'objet であって、relation à l'objet ではない)の網の目のなかからの「自我」の形成という視点が優越しており、今日では、人間は、かつてのデカルトの Cogito の「主体」のような、実体的な個人ではない。

(二) 生物科学の領域では、生物とは、もはや、DNA(デオキシリボ核酸)、RNA(リボ核酸)およびたんぱく質などから成る一種の機械的なシステムであり、これに神経回路としてのニューロンの機制を加重すれば、人間とて一種の「情報機械」のようなものだということになりつつある——そこでは、デカルト的な「主体」としての人間は、一層鋭く否定されている。

(三) 物理学の領域では——とくに素粒子論の境位では——坂田モデルや名古屋モデルの提起以降、ゲルマンやニーマンによるOctet Theoryから「クォーク」の理論に至る展開は、いわゆる実体論的研究の方向からではなくて、かえって、広い意味での「関係」論の視座から推進されて来ている。光量子や重力量子の自己運動している地平では、物質は、①これら素粒子のあいだの「強い相互作用」（電磁的な力の相互作用を含む）、②「弱い相互作用」（放射性原子核の「ベータ崩壊」に示されているように、この相互作用の過程から、電子一個とニュートリノ一個とが放出されてくる）、③「重力相互作用」（これは②の「弱い相互作用」よりさらに弱い相互作用である）、という相互作用と関係の「場」で把握される。

かつてのデカルトのCogitoの「主体」としての人間は、《Aの慣性系》の文脈から言えば、ガリレイ変換によるニュートン力学の世界像に対応する人間であった。そして、今日、方法論的「関係」主義の視座が提起する人間――後に詳述するように、それは「関係のアンサンブル」としての人間である――は、ローレンツ変換によるアインシュタイン力学の世界像に即応する人間にほかならない。方法論的「関係」主義の社会学は、《Bの慣性系》の内容としての「役割」―「社会関係」の領野を諸個人の《行為》―《関係》過程として分析して行くことになるが、そこでは、《Aの慣性系》についての論理構成における「プランク定数」に対応するものが諸個人の「役割」行為なのであり、シュレーディンガーの波動関数の位置に対応するものが諸個人の「価値意識」となるであろう。

さて、《Aの慣性系》と《Bの慣性系》との合成からなる現代の科学的認識の対象世界は、今日までのところ、半径3.5×10^{22} kmの広がりをもった「超銀河系」から静止質量9.106×10^{-28} gという電子をはじめとする「素粒子」に至るまでの世界である。そして、私は、このような現代科学の対象世界を、分析の地平を異にするいくつかの階層性を含んだものとしてとらえている。それは、図6のようなかたちで、具体化されるであろう。言うまでもなく、

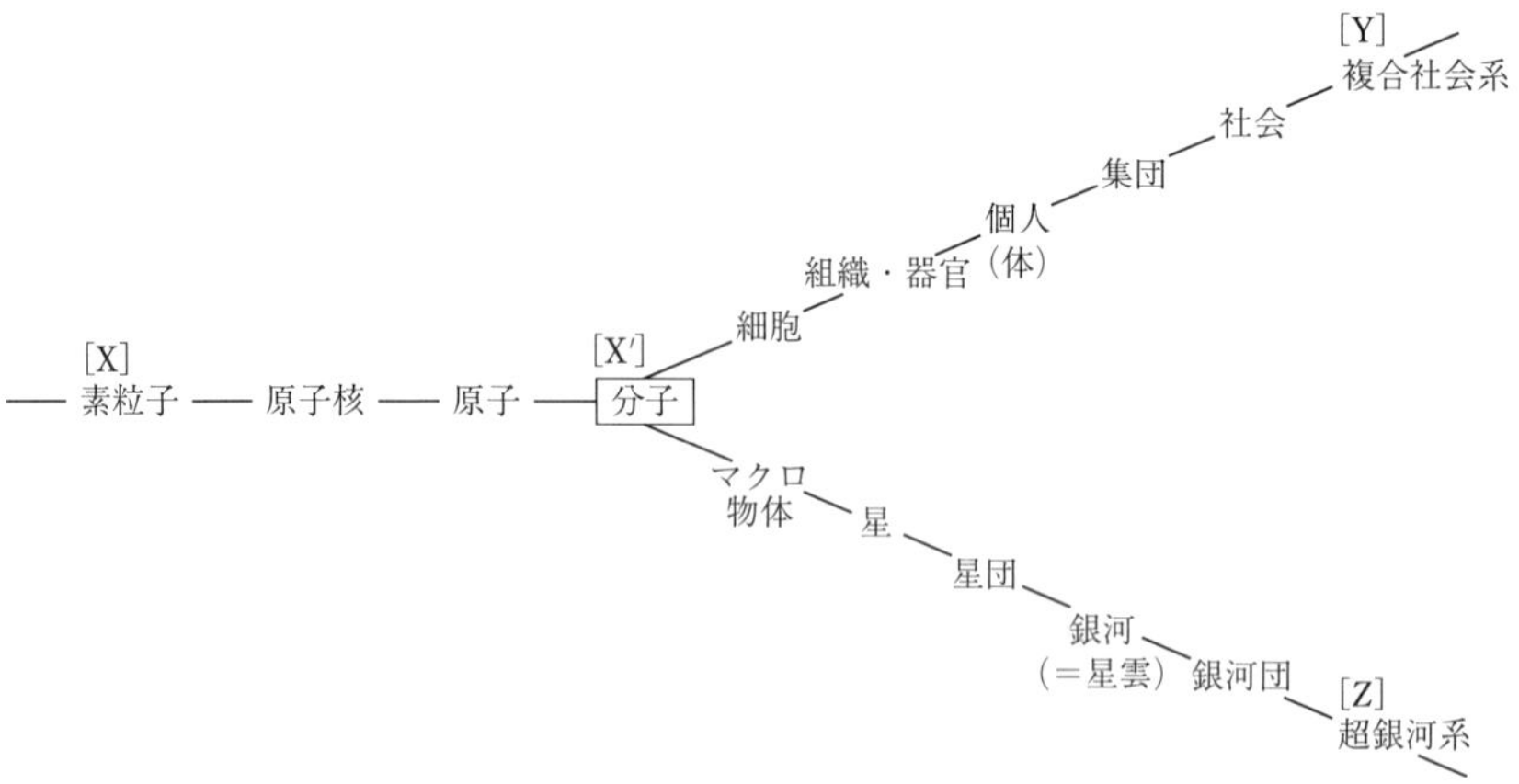

図6

《Aの慣性系》は［X］—［X′］—［Z］という階層性の展開に定位しており、これに対して、《Bの慣性系》は、それ自体としては、［X］—［X′］—［Y］という上向の過程において成立し、さらに、［X′］—［Y］という有機物質と生命活動の展開する階層性の地平に定位する。

たとえば、私たちの地球は、半径5×10^{17} kmの銀河系のかなり外側に位置する太陽系のなかのひとつの惑星であるが、しかもなお、さしあたり、この半径6.3×10^{3} kmの「場」こそが、社会科学の現在の諸理論の準拠する「世界」にほかならない。

また、素粒子の領野では、ニュートリノも電子とほぼ同一の質量をもち、中間子がその10^{2}倍のオーダー、重粒子が10^{3}倍のオーダーの質量をもち、もっとも重いグザイ粒子でさえ、電子の質量の二五八五倍である。こうして、CGS単位で言うならば、10^{27}という「マクロの世界」から10^{-28}という「ミクロの世界」までの広がりが現代の科学的認識の対象世界なのであり、私たちの方法論的「関係」主義の視座からする社会学的分析は、この対象世界を前提として、直接的には、［X′］—［Y］のなかの個人（体）—集団—社会という階層性の重畳するところに展開する。

今日、成人男性の身体は六〇兆から七〇兆の細胞から成り、成人女性のそれは、おおよそ五〇兆前後の細胞から成っている。そして、このように膨大な「量」の細胞のメタモルフォーゼの活動のなかから、それらの「質」への転換としての高次化というかたちで、私たちの身体を構成するさまざまな内臓組織や骨格器官がたちあらわれて来る。こうして、「個人」としての人間のパーソナリティ特性のうちには、［X′］分子→細胞→組織・器官→個人という《上向》のトランス・メタモルフォーゼの運動の回路が集約されているのであり、同時に、癌やＨＩＶ（後天性免疫不全症候群）のように、社会→集団→個人→組織・器官→細胞という《下向》のトランス・メタモルフォーゼの運動の回路も存在する。［X］－［X′］－［Y］および［X］－［X′］－［Z］という二つの文脈においてとらえられる自然の階層性のそれぞれの地平（Horizont）が、その地平に特有の運動の「場」であり、上述の《上向》と《下向》の運動の回路のように、さまざまな地平間のトランス・メタモルフォーゼを通して、自然法則の全域的な展開を、日々に、具体的に媒介（mediate）しているのであって、方法論的「関係」主義の視座からする今日の社会学は、このような自然法則の全域的な展開のなかで、個人（体）－集団－社会の対象領域を、「関係」という基礎範疇から照射し、そこに貫徹している社会科学的運動法則を剔出するのである。

　今や、人間は、実存や「生」それ自体――それらはかつての方法論的「個人」主義の時代の社会学的視座の基礎範疇であった――ではなく、「関係のアンサンブル」である。そして、そのような実質を有する諸個人が、みずからの《行為》－《関係》過程を通じて、さまざまな社会諸関係を、日々に生み出している。社会は、これら社会諸関係の重層構造以外のなにものでもない。しかもなお、これから本書において具体的に展開されて行く私の社会学的視座からすれば、《経済的》社会関係、《政治的》社会関係および《文化的》社会関係の諸領野にあって、「関係の自立化」現象の規定性が深刻化しており、物象化した社会諸関係の支配は悲劇的なまでに酷薄である。このような状況のなかで、家族、地域共同体および民族を構成する《社会的》社会関係は、それ自体のうちに「関係の自立化」の規定性を内包しないけれども、これら外的社会諸関係の物象化の諸形態の重圧のもとに、私たち諸個人を、Isolation（孤独化・孤立化）――Association（連帯化・連繫化）の両極のあいだに揺動させている。そして、このように、孤独と連帯とのあいだで揺れ動いている現代人たちに、はたして如何なる未来が展望し得るのであろうか？

私が本書に「物象化する世界からのエクソダス」という意図を籠めたのは、右のような問題設定に由る。そして、行為論→関係論→人間論という本書の流れも、まず、《行為》―《関係》過程の理論の視点から現代の「物象化する世界」の存立の構造を明らかにし、その上で、私たち諸個人が、これら社会諸関係の物象化した姿態に底深く規定されながら、しかもなお、どのようにしてそれら諸姿態の「メドゥサの呪縛」に抵抗し、それと闘い、そこからの解放の途を見出して行くことが出来るか、を模索しようとする私の問題意識から必然化したものである。

私は、一九四〇年、東京・隅田川の畔に生を享けた。その後、オックスフォードのテムズ河の畔でジョン・ロックの市民社会論を学び、ベルンカステル＝クースのモーゼルの河辺でニコラウス・クザーヌスの「ヴィア・モデルナ」と「デヴォーチオ・モデルナ」の両契機の結合の裡から《近代》の生成を展望する唯名論（Nominalismus）の視座の深さに驚嘆し、さらにジュネーヴからリヨンにかけてのローヌ河の畔で、フェルディナン・ド・ソシュールの記号論の世界について考究して来た。テムズ河もモーゼル河も、そしてローヌ河も、いずれも、生成流転の〈流れ〉そのものであり、ベルクソンやドゥルーズの述べているように、「持続」の姿であった。そして、これらの河川の〈流れ〉は、隅田川のそれをも含めて、言うまでもなく、「水」の循環のひとつの位相を具現化したものであり、私は、ある日ある時の、その具現化された姿の一齣に触れていたのに過ぎないのであろう。

そして、私が生を享けた一九四〇年という「社会的時間」は、前年に勃発した第二次世界大戦の進展するなかで、日独伊三国同盟が成立し、イギリスではチャーチルの戦時連立内閣が成立し、フランスは早くもドイツに降伏して、ペタンを主席とするヴィシー政府を出現させ、日本では、近衛文麿（第二次）内閣が「大東亜新秩序」建設の声明を発表していた、そういう「社会的時間」であった。これらの歴史的諸事実は、いずれも、当代の、社会諸関係の物象化された構造のなかで、構想され、行為化され、やがて、歴史の審判を受けて、それぞれの意味を賦課（もしくは負荷）されながら、フェイド・アウト（fade out）して行った。これらの歴史的諸事実は、まさしく、言葉の正しい意味において、'phantasmagoria' の継起であった。

私は、前述のような《Aの慣性系》と《Bの慣性系》の存在論的領野においては、人間の《生命》活動の自然法則的な展開こそが、隅田川、テムズ河、モーゼル河、ローヌ河の〈流れ〉と同じように、有意味な循環の担い手にほかならない、と考える。だからこそ、《経済的》社会関係、《政治的》社会関係、《文化的》社会関係の「関係の自立化」現象の結果としての、現代社会の物象化諸形態の卓越にもかかわらず、私は、《社会的》社会関係の地平での「関係の豊かさ」こそが、社会学的分析の探究すべき、今日の基礎範疇だと考えるのである。

パウル・クレーの『パルナッソス山へ』（一九三二年）の原型であるニーゼンの山――私は、そのほぼ完璧な二等辺三角形の姿を、インターラーケンからトゥーンへの船から眺めた――は、ほんとうに美しい。そして、この山の姿を逆立ちさせたようなマックス・エルンストの描く「ユビュ王」の醜怪な相貌は、今日の「物象化する世界」の姿そのものである。功利・計算の「利害状況」に屹立するこの、現代のファンタスマゴリアは、歴史の推転のなかで、何時の日にか、やはり、fade out して行くこととなるであろう。

第一章　現代社会における行為論のリアリティ

はじめに

人間とは、その行為の、すなわち彼の為したことと為し得ることとの総和のことである。アンドレ・マルローがこう述べる（『人間の条件』、一九三三年）時、社会学の行為概念は、マックス・ウェーバーの行為の諸類型の理論的地平を離れて、歴史のリアリティの裡に位置づけられる。マルローは、パリの東洋語学校に学んだ後、カンボジアその他のフランス領インドシナの各地から中国へと旅行し、前出の小説も、一九二七年の蔣介石による「上海クーデター」を舞台としていた。

また、トーマス・エドワード・ロレンスが、「われわれは、われわれが行為のうちに自己に与えた限界を、思想のなかで踏み越えてはならない。そうしなければ、われわれの思想は偽りの響きを発するであろう」と述べていた時、彼は、フサイン＝マクマホン協定（一九一五年）からサイクス＝ピコ協定（一九一七年）を経てバルフォア宣言（一九一七年）に至る中近東地域の激動のなかを、生きていた。

こうして、私たちが方法論的「個人」主義の視座からする社会学的分析の最も基礎的な範疇として自明視している《行為》という概念は、一八七三年の世界初の金融恐慌を転機として進行した西洋列強諸国の、国内的には産業資本段階から独占資本段階への移行、そして国外的にはいわゆる帝国主義的進出というかたちでの植民地獲得競争の深まりのなかで、その実質的意味内容を与えられて行ったのである。

マルローは、『王道』（一九三〇年）という小説のなかで、主人公クロード・ヴァネックの述懐というかたちをかりて、「日常眼にしている塵埃のような人間の生活を逃れて、自己以上のものを我がものとする」ために行為するのだ、と主張している。ここには、ジャン・ポール・サルトルの実存主義の視座に隣接し、通底する《行為》への眼差しが存在する。それは、《行為》をめぐって生成して来る「役割」と「自己」の問題であり、生活世界の自明性と生きる意味のそれである。

方法論的「個人」主義の社会学の存在論的基盤は、生の哲学、実存主義およびプラグマティズムによって与えられていた。しかし、一九世紀の七〇年代以降の世界史の具体的な進行のなかで、ウィルヘルム・ディルタイの主張する「生の内的連関」は、実際には、商品や貨幣の媒介（mediate）する「物質的」な関係の累重のなかに呑み込まれつつあった。サルトルの「投企」の概念は、それが依拠していたハイデガーの'Entwurf'が含意していたように、たしかに「個人」の可能性の外化としての《行為》の意味に連なるけれども、『嘔吐』（*La nausée*, 一九三八年）や『壁』（*Le mur*, 一九三九年）という小説が私たち読者にもたらす残像の大半は、そのような可能性の外化であったはずの《行為》を脱色し、脱意味化して行く都市社会の日常性であり、それを微分したところに析出されて来る無数の「物象化」した関係の姿である。そして、ウィリアム・ジェームズやジョン・デューイのプラグマティズムは、楽天的な「個人」が居るばかりで、「物質的」な関係も「物象化」したそれも可視化されていない――後述するように、チャールズ・サンダース・パースの世界には、ジェームズやデューイの定説的なプラグマティズムの存在論とは異なった位相と地平とが、見出せる――。

こうして、二〇世紀の末葉から二一世紀の初頭にかけての現代社会を生きている私たちにとって、《行為》は、その実質において、社会関係のなかに包摂された関係行為――このあたりの意味連関は、ドイツ語の verhalten と Verhältnis のそれによって、うきぼりにされている――である。それは、私がこれまで述べて来たような意味での方法論的「関係」主義の視座からの《行為》の概念であるだろう。別言すれば、私は、本書のこれからの叙述を通して、方法論的「個人」主義の視座からの、現代社会学の一般的な《行為》概念を、方法論的「関係」主義の視座からの、新しい《行為》の概念へと、脱構築して行かなければならないのである。

私の《行為》―《関係》過程の理論において、《行為》は社会諸関係を具体的に生成するアルファにしてオメガである点にほかならないのであるが、しかもなお、現代社会の実質において、《行為》はそれら社会諸関係の累重のなかへと包摂されることによってのみ自らの存在を得ることが出来る。現代の社会学的想像力は、まさしく、このような《行為》と《関係》のパラドックスのさなかで、人間の「生きること」の意味と可能性とを探究しつづけなければならないのである。

第一節　二人のロレンス

——トーマス・エドワード・ロレンスとデヴィッド・ハーバート・ロレンス——

一　オックスフォードとトーマス・エドワード・ロレンス

トーマス・エドワード・ロレンス（以下、T・E・ロレンスと記す場合が多くなる）は、誰もが認める《行為》の人——「行動主義」の文学者——である。しかし、私は、この「アラビアのロレンス」と称されるイギリス人研究者——彼は'scholar'であると同時に'soldier'であった——の四六年間の短い生涯のうちに、《行為》と《役割》の悲劇を見出すのである。ロレンスの生活世界は、中近東諸国のトルコの支配からの解放と民族独立の歴史過程——具体的には、ヒジャーズ（Hejaz、サウディアラビアの紅海に面した西部地域）とパレスチナの民族解放の闘いと帝国主義列強の利害のからみあった歴史過程——と結びついた《行為》の過程であった。それは、ある意味で、歴史に翻弄される個人の《行為》と《役割》の悲劇——時に喜劇的とも見えるが、両契機が相俟ってこその「ドラマティックな」生活世界である——を物語っているが、しかし、私は、そこに、ロレンス一人のライフ・ストーリーのドラマを見出すにとどまらず、現代の社会諸関係の重層構造に包摂された関係行為と役割の軋轢と矛盾の一般化された理解への導入路を見出すのである。

T・E・ロレンスは、一八八八年八月一六日、ウェールズ北部、カーナヴォン州トレマドックに生まれ、一九三五年五月一九日、オックスフォードにほど近いクラウズ・ヒルでのオートバイの転覆事故で死去した。

彼は、一九〇七年一〇月、オックスフォード大学ジーザス・コレッジに入学した。ジーザス・コレッジは、一五七一年にエリザベス一世の特許状によって創設されており、私が一九七八年春から一年半、同大学のセント・アントニーズ・コレッジに客員研究員として滞在していた頃には、経済史の碩学、サー・ジョン・ハバカクが学長を務めていた。ロレンスも歴史学専攻ということでジーザス・コレッジに入学しているが、二年次修了後の夏休みにベイルートからヨルダン、シリアを経て、ユーフラテス河を溯上して北部メソポタミアに至る旅行を経験してから、考古学とそれにともなう発掘調査にのめりこむところとなった。しかし、一九一〇年、デヴィッド・ホガース（オックスフォード、アッシュモーリアン博物館長）が団長となった大英博物館のユーフラテス河上流カルケミッシュの考古学発掘隊に参加してから、一九一三年冬、サー・チャールズ・ウーリーを団長とするシナイ半島地域の科学調査隊の活動に参加するあたりまでは、学術研究の一翼を担う性質の調査活動であったが、やがて、ロレンスの《行為》は、歴史の激動のなかで、その性格を大きく変えることになる。

一九一四年七月、第一次世界大戦が勃発し、ロレンスは、当初、陸軍省作戦部第四課地図班に勤務していたが、同年一二月、陸軍大臣ホレーショ・キッチナー元帥（ハルトゥーム伯爵、東部スーダン総督、エジプト軍司令官、南アフリカ、ボーア戦争のイギリス軍総司令官、インド軍総司令官、エジプト駐在イギリス代表を歴任）によって招集され、カイロの陸軍情報部に臨時地図班将校として出仕した。ロレンスの主著『知恵の七柱』(*Seven Pillars of Wisdom: a triumph*, 一九三五年）の冒頭には当代の中近東地域の概観図が掲げられているが、そこには、黒海沿岸のバトゥームの近くからイラン西北部を経てテヘランの西へとロシア軍最前線（一九一六－一七年）が書き込まれ、他方、バグダッドのすぐ北のティグリス河周辺を中心として、西はユーフラテス河流域に及び、東はイラン中部に達するイギリス軍最前線（一九一七年四月）があり、さらに、地中海沿岸のガザのすぐ南からビールシェバの東にかけて、もうひとつのイギリス軍最前線（一九一七年一〇月）が書き込まれている。そして、言うまでもなく、当時のオスマン=トルコ帝国は、ドイツ、オーストリア=ハンガリーおよびブルガリアの同盟国として、これらのロシア、イギリス両軍の最前線に対峙していた。地中海沿岸地域のイギリス軍の最前線は、一九一七年一〇月の段階の前述の地点から、一九一八年九月中旬にはヤッファからエルサレムを経てイェリコを結ぶ線の北へと進み、同年九月末には、ダマスクスからベイルートの南サイーダのあたりにまで北上した。このようなシナイ半島からパレスチナ北部に至るまでの地域こそ、「アラビアのロレンス」としてのT・E・ロレンスの軍事的《行為》の展開する舞台であった。

オックスフォードの学生たちは、ことのほか、'nobless oblige' の気風が強い。私が客員研究員として所属したセント・アントニーズ・コレッジは、大学院生だけを教育し、学部学生を持っていなかったが、他のコレッジには、第一次、第二次の両世界大戦で戦死した学生たちを追悼する碑銘が数多く見られた。ロレンスは、このような 'noblesse oblige' の気風を分有しつつ、一九一九年のヴェルサイユ講和会議に至るまで——彼はイギリス全権団の一員であった——、陸軍中佐（一時、大佐にまで昇進したともされている）としてエドマンド・アレンビーやウィンストン・チャーチルその他の職業軍人と協力して「アラブの解放」に尽力するが、結果として、彼に残されたのは「人間カメレオン」という評言である。彼は、フセイン・イブン・アリとその四人の息子たち、アリ、アブドゥラ、フェイサル、ザイド、のオスマン=トルコからの民族解放の闘いに大きく貢献したが、それは、同時に、ヴェルサイユ講和会議で第一次世界大戦終了後の世界分割を図るイギリスのロイド・ジョージ首相、フランスのクレマンソー首相およびアメリカのウィルソン大統領たちの政治的思惑からは外れ、衝突するものであった。

ロレンス自身、「人間というものは言わば内乱状態です。したがって、それに調和を与えたり、またそれを一つの論理的全体にすることは不可能でしょう」（一九二三年三月二七日、ライオネル・カーチス宛書簡）と述懐しているが、彼の《行為》は、常に、その時、その空間、の関係の〈場〉の網の目のなかに在り、そして、彼は、遂に、家庭という〈場〉を持つことはなかった。私はT・E・ロレンスの四六年の生涯の裡に、《行為》と《役割》の深いディレンマを見出すのである。

二　ケンブリッジとデヴィッド・ハーバート・ロレンス

デヴィッド・ハーバート・ロレンスは、一八八五年九月一一日、イングランド中部、ノッティンガム北郊のイーストウッドに生まれ、一九三〇年三月二日、フランス南部、ニースの北に位置するヴァンス（Vence）で、宿痾の肺と気管支の病いに肝臓の炎症が重なって死去した。前述のT・E・ロレンスの生涯は四六年九カ月、そして、D・H・ロレンス（以下、このように記す場合が多い）のそれが四四年六カ月、ほぼ同一の時代を生きた二人のロレンスは、いずれも《行為》と《役割》の円満な調和を得ることなく、むしろ、それに背を向けて、早逝した。T・E・ロレンスは国際政治と国内政治の諸関係にみずからの《生》を翻弄され、裏切られたが、D・H・ロレンスは、まったく対蹠的に、そのような大きな「関係」の地平ではなくて、アンソニー・ギデンズのいわゆる「親密圏」の地平での《行為》と《役割》のドラマを生きて、《実存》の底へ、底へと降りて行き、そこに現代を生きる人間の生と原初的な《自然》のエネルギーとの交叉するところを見出した。

D・H・ロレンスは、みずからの死の前年、次のように語った。「私は、肉体労働者の階層（the working classes）に生まれ、そのなかで育った。一介の坑夫でしかなかった私の父には、どこにも賞賛すべきところがなかった。

かなりよく酩酊し、教会には一歩も近寄らず、坑内では、小物の上役達に対してかなり無礼な振舞いに及ぶのが常であったから、尊敬される人物でさえもなかった。（中略）母は父より勝れて《シュペリア》いたのだと私は思う。彼女は都市の出身で、真正の下層ブルジョア階級に属していた。少しも訛ることなくキングズ・イングリッシュを話し、生涯で一度も、父が話し、子供達が戸外で使っていた方言の一節を真似ることさえ出来なかった」。

しかし、ロイ・スペンサーや井上義夫の周密な研究によれば、こういう粗野な炭坑労働者の父と都市中産階級の教養豊かな母からD・H・ロレンスが生まれたという「ロレンス神話」は、大きく事実に反しており、むしろ、ロレンスの父アーサーは、結果として、母リディアという「最悪の伴侶」（井上義夫）との家庭から、デヴィッドを生み育てていったようである。しかもなお、D・H・ロレンスと母リディアとの「母ー子関係」、そして、やがて、出来《しゅったい》するフリーダ・ウィークリー（エマ・マリア・フリーダ・ヨハンナ・リヒトホーフェン）との「夫ー妻の関係」こそは、まさしく「親密圏」のなかでの《行為》と《役割》のプログレマティークの存立するところであり、現代社会学の進展とも深く通底するアクチュアリティを孕んでいたのであった。

本書を通底する私の視座の基礎範疇のひとつは「関係の豊かさ」であるが、ロレンスと母リディアとの「母ー子関係」のなかでのそれは、ジャック・ラカンの「鏡像段階」の理論によって、かなりよく解き明かされると思う。前記した「ロレンス神話」は、父アーサーと母リディアのあいだに生まれた第四子（三男）のパーソナリティ形成の過程での「鏡像」としてとらえられた《イマーゴ》としての父親と母親の「関係像」――関係の姿――であって、少なくともロイ・スペンサーや井上義夫の研究に依拠するかぎり、現実のアーサーとリディアのそれに対して、かなりに逆立した「関係」である。

フリーダ、すなわちエマ・マリア・フリーダ・ヨハンナは、フリードリッヒ・フォン・リヒトホーフェン男爵の次女として、当時のドイツ領アルザス・ロレーヌのメッツに生まれた。五歳上の姉エルゼ——エルゼ・ヤッフェ——とマックス・ウェーバーならびにマリアンネ・ウェーバーとの関係については、ここでは触れない。ロレンスは、一九一二年五月にフリーダと駆け落ちをして、同一四年に結婚している。その時、ロレンスは二九歳、フリーダは三五歳になるところだった。それから一九三〇年のロレンスの死までのこの二人の「夫―妻関係」、ならびにその後のロレンスの遺骸・遺骨へのフリーダの対処の有様は、「関係の豊かさ」の視点から見て、精巧なカレイドスコープの錦模様を見ているかの如くに多端である。

ロレンスは、結婚の翌年、一九一五年の三月六日、バートランド・ラッセルに招かれ、ケンブリッジ大学を訪れた。ロンドンのリヴァプール・ストリート駅午後四時五〇分発の列車に乗り、同六時二分にケンブリッジ駅に到着したロレンスは、出迎えたラッセルとともに、トリニティ・コレッジに向かった。ロレンスの生まれ育ったノッティンガムからケンブリッジまでは、たかだか一二〇キロメートル——東京から小田原の先ぐらいまで——の距離しかない。しかし、牢固たる階級社会のしがらみを残していた当代のイギリスにあって、ロレンスが苦学して通ったノッティンガム・ユニヴァーシティ・カレッジとケンブリッジ大学とのあいだには、「千里の逕庭」（井上義夫）があった。彼は、大きな期待をいだいて、ラッセルの招きに応えたのである。

同日夜、トリニティ・コレッジのホールでの晩餐《ハイ・テーブル》の折、ロレンスはジョージ・エドワード・ムーアと隣りあわせになった。私もオックスフォードのセント・アントニーズ・コレッジで何度も「ハイ・テーブル」を経験しているが、その限りで言えば、ロレンスが『倫理学原理』（*Principle ethica*）（一九〇三年）、『倫理学』（*Ethics*）（一九一二年）を既に上梓していたG・E・ムーアの隣に坐ったのは、ロレンスやラッセルの意向によるものではなくて、単純にコレッジ執行部の当日の晩餐会の責任者の手配の結果である。ロレンスの方からムーアに一度話しかけたが、ムーアは、ロレンスがどのような人物であるかを未だ知らず、生来の内向的性格から、両者のあいだにはほとんど会話らしい会話が生まれなかった。晩餐の後、ロレンスは、コレッジの構内にあるラッセルの部屋で、数学者のハーディその他数人のフェローたちとの談論を楽しんだ。

翌三月七日は好天に恵まれ、ロレンスは、朝食の後、ラッセルとともにケム川の畔を散策した。よく知られているように、セント・ジョンズ・コレッジからトリニティ、キングズ、クレアおよびクイーンズの各コレッジの周辺は、ケム川の対岸のザ・バックスを含めて、したたるような緑を背景として、白鳥たちが優雅に佇《たたず》む、美しいところである。二人は、このような風光を楽しみながら、正午近く――後述する資料のなかで、ロレンスは正午と記し、ラッセルは一一時と書いている――キングズ・コレッジのフェローであったジョン・メイナード・ケインズの部屋を訪れた。

ロレンスは次のように記している。「よく晴れた日の正午に、私たちは彼の部屋《ルームズ》に行った。彼は居なかったから、ラッセルはメモを書き始めた。そのとき突然、戸が開き、パジャマ姿のＫ《ケインズ》が、寝惚け眼をしばたたせて立っていたのだ。彼がそこに立っている間、私のなかに、徐々に或る知識《ノリッジ》が浸透してきた。それは、現在に至るまで、私には一寸した狂気のようなものだ。その知識は、この上なく怖ろしい身の気のよだつ感じとともにやってきた。腐肉のようなものの感覚、禿鷹が連想させるあの感じだ」。

これに対して、ラッセルは次のように書いている。「（ロレンスは）今朝十一時に、目覚めたばかりのパジャマ姿のケインズを見たとき、腐敗《コラプト》した不潔《アンクリーン》な男だと感じたのです。（中略）（ロレンスは）教師たちの活力と力の欠如に耐えられないのですが、私も同類だと考えて私を責めることがなければ良いと思っています」。

一九一五年三月と言えば、前年七月に勃発した第一次世界大戦の真っただなかであり、既述したように、Ｔ・Ｅ・ロレンスは、エジプト、カイロのイギリス陸軍情報部に在籍して、帝国主義列強の利害の衝突のなかでのアラブの

「民族解放」の途を模索していた。イギリス国内でも、まさに同年三月一日、イギリス軍の内部に婦人部隊が編成され、当のケンブリッジ大学でも、学生たちは志願兵として続々大学を去っており、たとえばラッセルの講義の受講生は、わずかに二名のアメリカ人、イタリア人と日本人が一名ずつ、それに女性一名、合計五人という状態であった。

二泊三日の滞在のしばらく後、三月一九日、ロレンスはラッセルに宛てた手紙のなかで、こう記している。「ケンブリッジが私を打ちのめし、私の心をどす黒くしたというのは本当です。私は気鬱性マラリアとでもいうべき病いに罹った。あんなにまで病んだ人間に、どうして蘇えることなどできましょう。彼らはまず死なねばならぬのです」。

彼は、一体、ケンブリッジ大学の「何」にこれほど絶望し、ケインズが体現した「何」にこれほど立腹しているのであろうか？

ロレンスは、ケインズがパジャマ姿の寝乱れた格好であらわれた非礼に、立腹しているのではない。また、彼は、ラッセルが「腐敗」と「不潔」という評言を用いて暗示していたケインズの男色――ダンカン・グラントその他とのホモ・セクシュアルな「関係」――について、怒っているのでもなかった。

私見によれば、D・H・ロレンスは、ケインズの所作、態度の背後にある「ザ・ソサエティ」の空気に対して、立腹し、絶望的な感情をいだいたのである。一八二〇年、一二人の会員によって「ケンブリッジ懇話会《コンヴェルサチオーネ》」として発足したこの会は、当初はそのラテン語名の通り会員相互の自由な討論の場を確保することを目的としていたが、一八四〇年代以降、極端な秘密主義をとるようになり、「胎児」（Embryos）という会員候補者、「兄弟」（Brother）が会員、「天使」（Angels）は終身名誉会員、というヒエラルヒーを有する一種の秘密クラブになっていた。ロレンスがケンブリッジを訪れた頃の「ザ・ソサエティ」は、E・M・フォースター（会員番号二三七）、リットン・ストレイチー（同二三九）、レナード・ウルフ（同二四一）それにケインズ（同二四三）たちが中心的であり、ホワイトヘッド（二〇八）、ラッセル（二二四）、G・E・ムーア（二二九）たち、やや年長の会員たちの空気とは異質なものに変りつつあった。その変様の一端がストレイチーとケインズによって主導的に進められていたホモ・セクシュアリティの浸透であり、ラッセルは、前述したように、この「男色」の気配がロレンスを立腹させたと勘違いしたのである。

私は、かつて、《中世》末期に《近代》への入口のひとつを用意した‘Devotio Moderna’（新しい敬虔）というキリスト教刷新運動の源泉を、オランダの「共同生活兄弟団」（Brüder des gemeinsamen Lebens）というアソシエーションに求めたことがある。そして、ケンブリッジの「ザ・ソサエティ」は、通称、「使徒会」（Apostles）と呼ばれていた。ロレンスは、この「使徒」たちの、「新しい敬虔」とはまったく異質の、尊大さに立腹したのである。彼らから「教養なき俗物《フィリスティン》」と侮蔑される労働者たち——ロレンスの父と同じ‘the working classes’の人びと——は、T・E・ロレンスと同様に、第一次世界大戦の最前線へと動員されていた。一九一五年のこのような状況のなかでの、ケンブリッジの「エリートの閉鎖集団」（ラッセル）の空気を体現していた「ザ・ソサエティ」＝ジョン・メイナード・ケインズに、ロレンスは深い絶望の念をいだいた、と言うべきであろう。「腐敗」し、「不潔」だったのは「ザ・ソサエティ」なのである。

三　実存・生・行為

トーマス・エドワード・ロレンスの「行為―関係」過程は、基本的に、《政治的》社会関係の地平に包摂されていた。それは、彼をカイロの陸軍情報部に招集した陸軍大臣キッチナーの東部スーダン総督（一八八六―八八年）、エジプト軍司令官（一八九二年）、南アフリカのブーア戦争のイギリス軍総司令官（一九〇〇年）、インド軍総司令官

（一九〇一―〇九年）という経歴が如実に物語っているように、ヴィクトリア女王の治世下に展開したイギリス帝国主義の植民地拡大の過程での《政治的》社会関係であった。そして、彼の《行為》は、このような背景のもとで急速に大規模化し、世界各地に網を張って行く植民地支配の官僚機構の《役割》のシステムに、常に衝突し、利用されつつ疎外されて行くそれであった。T・E・ロレンスは、マックス・ウェーバーのいわゆる「官僚制」の重畳に行く手を阻まれて、陸軍省や植民省に訣別したのである。

これに対して、デヴィッド・ハーバート・ロレンスの「行為―関係」過程は、ほとんど全て、《文化的》社会関係の領域のなかで展開されていた。彼は、一九一四年六月一四日前後に、ハイデルベルクのアルクレート・ウェーバーの家に寄寓しており、既に触れているように、エルゼとフリーダのリヒトホーフェン姉妹を介して、マックスとアルフレートのウェーバー兄弟と、実に微妙にして、複雑な「関係」の糸を結んでいる。

そして、D・H・ロレンスが生理的に、と言うよりもほとんど《実存》的に、嫌悪したケンブリッジの「ザ・ソサエティ」は、社会学研究者としての私の眼から見る時、イギリスが国内的には産業資本段階から独占資本段階へと転成し、そのことに対応して拡大して行く《経済的》社会関係の存立のために必要な原材料・労働力・市場の排他的確保を旨として帝国主義的な植民地獲得競争に狂奔している状況のなかでの「別世界」であり、「ひとつの社会」であった。英語の‘society’に共振するヨーロッパ諸語には、よく知られているように、「社会」という意味のほかに、「会社・企業」の意味がある。一八七三年の世界で最初の金融恐慌から一九一四年の第一次世界大戦の勃発の時期、先進資本主義諸国が帝国主義列強へと姿を変えて行くこの時代は、言うまでもなく「会社・企業」が拡大して行く過程――独占資本への転化――であり、同時に、このような《経済的》社会関係の構造的変化と対応する如く、《政治的》社会関係の内側に牢固たる官僚制が生成していく過程であった。これらに、一八七六年のアレクサンダー・グラハム・ベルによる電話機の発明、一八九六年のグリエルモ・マルコーニの無線電信の発明、および、同年のアメリカの日刊新聞『デイリー・メール』が発行部数一〇〇万部を超えるマス・ペーパーとなったことをメルクマールとする《文化的》社会関係の変様を重ね合わせるならば、そこにおける社会諸関係の重合としての「社会構成体」の鬱然たる巨大な姿の出現は、明白なる事実であった。そして、社会学における方法論的「個人」主義の視座は、マックス・ウェーバーやゲオルク・ジンメルのそれに例示されているように、このような「社会構成体」の歴然たる拡大と重層化のなかから、文字通り、《人間》をとりもどし、再生させるためにこそ必須のものとなったのである。

　ケインズは、ケンブリッジ大学を卒業すると、インド省の官僚になった。二三歳になったばかりの彼の年俸は二〇〇ポンド、年次休暇二カ月、昼食時の休憩一時間を含め午前一一時から午後五時までの勤務、土曜日は同じく一一時から午後一時までの勤務、という条件であった。他方、D・H・ロレンスは、ノッティンガムで教員見習の助教師として年俸五五ポンドの収入を得ながら苦学していたが、一九〇八年、やはり二三歳になった直後、ロンドン南部のクロイドンの小学校の正教員になった。その年俸は七八ポンド程度であったと推定されている。

　私は、このような「二人のロレンス」の軌跡を辿りながら《行為》の意味と志向性とを考える時、ヘーゲルが『精神現象学』(*Phänomenologie des Geistes*)(一八〇七年)の「(B)自己意識」のなかの「A、自己意識の自立性と非自立性」の部分の第三節で展開していた「主」(Herr)と「奴」(Knecht)の関係のデッサンを想起しないではいられない。Herrは、最も広い一般的な意味では、英語のGentlemanに対応するが、ここでは、もとより、もっと厳密な意味での「主人、雇い主、領主、主君」の《主》であり、要するに、「支配する側の人間」である。これに対して、Knechtは、「使用人、雇い人、下僕、奴隷」の《奴》であって、要するに、「支配される側の人間」である。

　ヘーゲルによれば、「主」と「奴」の関係の特徴は、次の二つである。第一に、「主は自立的な存在を介して奴に媒介的に関係する」（訳文は金子武蔵による。圏点はヘーゲル）。そして、第二に、「主は奴を介して物に媒介的に関係する」（同じく、圏点はヘーゲル）。私は、《主》は「自分だけで存在する」意識ではあるけれども、実際には、「他方の意識を介して己れと媒介的関係に立つ」のだというヘーゲルの分析を眼にする時、そこに、ケインズとD・H・ロレンスの火花を散らすような、しかし不幸であった、邂逅をかさね合わせたくなるのである。そして、ここでは、とくに、第二の特徴への留目が重要であろう。

ヘーゲルは、この特徴をパラフレーズして、次のように言う。「奴は物に労力を加え加工する……。これに対して、主には、この媒介によって物の純粋な否定としての無媒介的関係が生じてくる。言いかえると、主は享受することを得るのである」。《主》は、物と自分たちとのあいだに《奴》を挿入することによって、物の非自立性にのみ関わり、それを消費する――これが享受（Genuß）である。

端的に、《主》の行為は消費であり、《奴》のそれは労働である。前者の行為において、「主の欲望は、対象の純粋な否定を自分のために取っておき、これを独り占めにし、またそうすることによってまじりけのない自己感情を得ることをも独り占めにしたが、だからこそ、この満足はそれ自身ただの消失であるに過ぎない。なぜなら、この満足には対象的な側面あるいは存立が欠けているからである」（圏点はヘーゲル）。ケインズの牙城であったケンブリッジの「ザ・ソサエティ」は、このような意味での消費と享受の幻想の上に成り立つ《主》の側の「ひとつの（小）社会」にほかならない。ヘーゲルは、後者の行為について、次のように述べている。「労働することということこの否定的な媒語または形成する行為も同時に個別態であり、言いかえると、意識の純粋な自分だけでの存在ではあるが、労働の成果となると、この自分だけでの存在も今や自分のそとに出て持続するものの境地のうちに歩み入る。だから、労働する意識は、こうして自立的な存在を自分自身だとして直観するに至るのである」（同じく圏点はヘーゲル）。私たちは、まず、労働が「形成する行為」であるとされている点を、看過すべきではない。ここで「形成」と訳されているのは‘Bildung’ということばである。それは、一義的には、「人間形成、教育、教養」を意味し、二義的に「形成、形態」を意味することばである。したがって、《奴》は、労働という《行為》のなかで、単に商品を生産するのではなくて、自己を形成し、自立的な存在者としての自分自身の存立を獲得して行くのである。

私たちは、さらに、ヘーゲルがこのように《主》と《奴》の相互に媒介された行為のなかから析出されて来る「関係」の重層するところを、「欲望の体系」(System der Bedürfnisse) としてとらえていたことを、想起しなければならない。ヘーゲルの『精神現象学』は、その中枢において、ジョン・ロックの『人間知性論』(*An Essay Concerning Human Understanding*)(一六八九年)の批判的検討の書である。そして、ヘーゲルが「欲望の体系」としてとらえていた「関係」の重層構造は、ロックが構想していた市民社会 (Civil Society) そのものである。そこでは、《主》は、物――そして、その原材料の姿態の背後にある《自然》とその法則の諸展開――との直接的な「関係」に立つことなく、常に、それを消費し享受する《行為》のなかで、空虚化して行く。他方、《奴》は、物に直接的に働きかけ、それをのりこえていく労働という《行為》のなかで、自己を形成して行き、ついに自立した存在者としての実質を獲得するという意味で、自己を対自的に表現し、実現する。「労働者階級」(the working classes)――具体的には炭坑労働者――出身のD・H・ロレンスがあれほどまでに立腹し、絶望的な気分にさせられたケンブリッジの「ザ・ソサエティ」の空気には、このような意味での《主》――「支配する側の人間」――の存立の姿が体現されていた。

私たちは、《主》と《奴》の関係が両者の側のそれぞれの行為から析出されて来ると言う時、こうした《行為》の連関が、‘Mittel’や‘Medium’によって支えられて可能になっていることに、注意しなければならない。道具をはじめとするさまざまな「手段」(Mitte) は、技術革新の諸契機を次々に取り込んで、急激に発展して来ており、また、「媒介手段」⇓「媒体」(Medium) としての、高次化された「手段」は、マス・メディアの諸形態に見られるように、現代人の《行為》の内部に深く包摂されて来ている。

こうして、今や、ハイデガーやサルトルの主張していた実存、ディルタイやジンメルが提起していた生、これらの人間学的な諸契機は、《行為》のなかの諸契機として再構成されなければならない。しかも、この《行為》の概念は、方法論的「個人」主義の視座からの単位行為のそれではなくて、関係行為としての《行為》のそれである。私たちの労働とコミュニケーション行為を中軸とする現代の《行為》は、それ自体、《経済的》社会関係、《政治的》社会関係、《文化的》社会関係および《社会的》社会関係という、「関係」の諸相の重層する境位において、発現し、実現させられているのである。それは、「関係の自立性」の下で、「関係の自立化」に抵抗しながら展開する《行為》であり、それら諸行為の具体的な過程のなかで、私たちは「関係のアンサンブル」として生き続けている。

第二節　チャールズ・サンダース・パースとフェルディナン・ド・ソシュール

一　パースにおける記号学（Semiotics）とコミュニケーション行為

私は、今、クロード・モネの『モントルグイユ街、一八七八年パリ万博の祝祭』（*La rue Montorgueil, à Paris, Fête du 30 juin 1878*）の複製画を眺めながら、筆を起している。縦八一センチ、横五〇・五センチのこの油彩の原画は、パリ、オルセー美術館の所蔵になるもので、以前、二度ほど現地で鑑賞していた。二〇〇七年、東京（国立新美術館）で「モネの芸術とその遺産」（L'art de MONET et sa postérité）という展覧会が開かれ、世界各地から九七点ものモネの絵が蒐められていた。私は、同年五月に、この展覧会で、久しぶりに、この『モントルグイユ街』という絵に対面した。そして、以前、オルセー美術館で眼にした時――その時には、モネにとどまらず、当然のことながら、あまりにも多くの印象派の画家たちの作品が溢れかえっていたので――には感じなかった、強い感興が湧きおこるのを覚えた。

一八五五年と一八六七年に開催されたパリ万国博覧会はナポレオン三世の帝政下のそれであったが、一八七八年の第三回パリ万博は、パリ・コミューンの後、第三共和制の下で開かれた。モネは、画面全体の両側に、それぞれ六層ずつほどの青・白・赤の三色旗の群れをはためかせ、上空に六月末の夏空を描き、画面下部から中央へと延びる街路の上には「祝祭」に歓喜する数多くの歩行者たちを点描の集まりのように描き出している。モントルグイユ街の通りは、セーヌ河の右岸、レ・アール（旧中央市場）の北、サン＝テュスタッシュ教会のあたりから、オスマン男爵のグラン・ブールヴァールを突っ切って、北駅（Gare du Nord）の横へと伸びている下町の幹線道路である。モネは、この第三回パリ万博の祝祭の同じような構図の絵を、もう一点、サン＝ドニ街を舞台として描いているが（ルーアン美術館所蔵）、サン＝ドニ通りは、モントルグイユ通りの東隣りを平行して走っており、こちらは東駅（Gare du L'est）の正面に出る。この地域には、金・銀・宝石の艶出し工、服飾関係の裁断工や縫取り工、さらには仕立屋や洗濯屋、あるいはグラン・ブールヴァールの最寄りの街区の名前にまでなっている「魚屋」など旧中央市場関係の職種の人たち等、下町の庶民や労働者たちが多く住んでいた。モネが街路上に、点描の集まりのように、描いていたのは、このような民衆たちであった。

そして、私たちが忘れてはならないのは、モネがこの絵を描いた翌年、一八七九年、「ラ・マルセイエーズ」がフランス国歌となり、『モントルグイユ街』の画面一杯にはためいていた青・白・赤の三色旗がフランスの国旗に定められたという事実である。かつて、近代「市民社会」の理論的な礎を提起したジョン・ロックは、『人間知性論』（一六八九年）の最後の部分――第四巻第二一章――で、私たちの知識の体系を、次の三つに分類していた。

（一）　自然哲学（φυσικῆ, Natural Philosophy）――the Knowledge of things, as they are in their own proper Beings, their constitutions, Properties, and Operations. ロック自身が、哲学、政治学、教育学などとともに、医学や物理学の実践・実験にたずさわり、ロバート・ボイルやアイザック・ニュートンと親交を結んでいたことが想起されるであろう。

（二）　倫理学（πρακτικῆ, Ethicks）――the Skill of Right applying our own Powers and Actions, for the

Attainment of things good and useful.「プラクティケー」とギリシャ語で呼ばれるこの知識は、その内容から見ても、《行為》の知識――理論――であって、日本語の「倫理学」の語感とはかなりに異質である。むしろ、この《行為》の理論こそが、ロックの政治学、経済学、法律学の知的源泉なのであり、そこをひとつの源流として、近代の社会科学が成立して来たのである。

(三) 記号論(σημειωτική, The Doctrine of Signs)――ロックは、"To communicate our thoughts to one another, as well as record them for our use, Signs of our Ideas are also necessary"と言い、《記号》――"articulate Sounds"――《観念》というコミュニケーションの過程での《記号論》の構想を、提起していた。それは、"to consider the Nature of Signs, the Mind makes use of for the understanding of things, or conveying its Knowledge to others"を目的としていた。

これまで、デカルト、ホッブズおよびロックを源流として近代の社会科学の生成を考察する議論は数多く提起されて来たけれども、それらの大多数は、(一)自然哲学と(二)倫理学の二つの領域に局限された考察に終っており、(三)記号論のそれをも視野に入れた考察はほとんど存在しなかった。しかし、私は、本節では、これら三つの領域の全体に定礎しながら、これからの論考を進めて行くことにしたい。そして、そのことは、チャールズ・サンダース・パースの「記号学」とフェルディナン・ド・ソシュールの「記号論」とを、ロックの「セメイオティケー」の発展型としてとらえることにとどまらず、実は、近代「市民社会」における《人間》の自立と解放とが、労働という《行為》の側面においてのみならず、コミュニケーション行為というもうひとつの《行為》の側面においても、ひとしく展望されていたという事実を確認し、そのことの実践的可能性を明らかにして行く作業として具体化されるであろう。

モネは、一八七四年四月一五日から五月一五日まで開催された「画家、彫刻家、版画家の無名協会」展に参加し、いくつかの作品を出展した。そのなかのひとつ、『印象――日の出』(*Impression, Soleil levant*) から、この展覧会は後に、「印象派」展と呼ばれるようになるわけであるが、私が注目したいのは『カピュシーヌ大通り』(*Le Boulevard des capucines*)(一八七三年)の方である。縦八〇センチ、横六〇センチのこの絵は、パリの中心部の目抜き通り、マドレーヌ寺院の前からオペラ座(ガルニエ)までの大通りの賑わいを描いている。そこには、前述の『モントルグイユ街』や『サン=ドニ街』のような「祝祭」の気配と三色旗はないけれども、それらと同様に、街路を行き交う大勢の民衆の姿が描き出されている。そして、点描の集まりのように描かれたこの庶民、民衆の姿は、この展覧会を鑑賞したルイ・ルロワというジャーナリストの眼には、「絵の下の方で、まるで涎《よだれ》のあとのように見えるあの無数の黒いものは、一体、何を表しているのか」という不可解な「かたまり」でしかなかった。

ここには、フランス国家が運営し、国立美術学校や「王立アカデミー」のジャン=レオン・ジェローム、ウィリアム・ブグロー、エミール・オーギュスト、カロリス=デュランたちが支配していた官展「サロン」の美的基準と、それに対するエドゥアール・マネ、カミーユ・ピサロ、エドガー・ドガ、アルフレッド・シスレー、ポール・セザンヌ、クロード・モネ、オーギュスト・ルノワール、ベルト・モリゾなど広い意味での「印象派」の画家たちの美的基準の対抗と挑戦という構図があった。言ってみれば、前者は、ヘーゲルのいわゆる《Herr》の側の美的基準であり、他方、後者は、まさしく《Knecht》の側のそれであった。実際、一八七四年、第一回「印象派」展が開催された年に、官展「サロン」の名誉賞を受賞したジェロームの作品『影の貌下』は、ルイ一三世の時代に宰相リシュリューの黒幕として権勢をふるった枢機卿、ジョゼフ・ド・トレンブレーを描いた歴史画で、直立不動の衛兵一人を除けば、枢機卿に卑屈な最敬礼をしながら完全に無視されている貴族が一二人ほど描かれているだけで、庶民、民衆の姿はない。

私たちにとって、このような官展「サロン」派の歴史画の代表例は、おそらくジャック・ルイ・ダヴィッドの『ナポレオンの戴冠式』（一八〇七年）であろう。縦六メートル一〇センチ、横九メートル一〇センチに及ぶこの大作は、今日も、ルーブル美術館で異彩を放っているが、ナポレオンと皇后ジョセフィーヌ、ローマ教皇ピウス七世、兄ジョゼフ（スペイン王、ナポリ王）、弟ルイ（オランダ王）その他数多くの貴顕を描くばかりで、当然のことながら、庶民、民衆の姿は全くない。ボードレールは、「あらゆる時代、あらゆる民はそれなりの美を持っていたのだから、われわれも必然的に我等の美を持っているということを確認しておこう。これは自明の理なのだ」と述べていたが、一九世紀の末葉、時代の美的基準は、あきらかに、セザンヌ、モネ、ルノワールたちの「印象派」の側にあった。それは、ようやく時代と「社会」の主人公になりつつあった庶民、労働者たちの自己表現、自己実現の《行為》と共鳴し、共振しつつある美的基準だったのである。

チャールズ・サンダース・パースの記号学（Semiotics）とそれによって提起されているコミュニケーション行為の理論像は、私見によれば、このような問題の位相に、深く通底しているのであった。パースは、一八三九年に生まれ、一九一四年に没しているから、まさしくセザンヌ（一八三九―一九〇六年）、モネ（一八四〇―一九二六年）、ルノワール（一八四一―一九一九年）の同時代者である。そして、端的に言えば、彼の記号学は、ロックの「フュシケー」、「プラクティケー」および「セメイオティケー」の三つの知識の体系のすべての広がりを基礎としていたのであり、したがって、そこで構想されていたコミュニケーション行為の理論は、《存在論》的なコミュニケーション行為論と呼ぶべきものである。

私は、既述のように、方法論的「個人」主義の社会学的視座の基盤を、生の哲学、実存主義およびプラグマティズムに求めていた。今、パースの所説に即して、プラグマティズムとは何かと問うならば、その出発点は、彼自身の次のような主張であるだろう。

Consider what effects, that might conceivably have practical bearings, we conceive the object of our conception to have. Then, our conception of these effects is the whole of our conception of the object.

これは、一八七八年、第三回パリ万国博が開催された年、そしてモネが『モントルグイユ街』を制作した年に、パースがフランスの雑誌 *Revue Philosophique* に発表した「概念を明晰にする方法」(How to Make Ideas Clear) の第二部「プラグマティズムの方法」の末尾で定式化されている文章である。

そして、この文節を、上山春平は次のように訳している。

「ある対象の概念を明晰にとらえようとするならば、その対象が、どんな効果を、しかも行動に関係があるかもしれないと考えられるような効果をおよぼすと考えられるか、ということをよく考察してみよ。そうすれば、こうした効果についての概念は、その対象についての概念と一致する」。

他方、同一の文節を、鶴見俊輔は次のように訳す。

「われわれの概念の対象が、行動への影響を有するいかなる効果をもちうるとわれわれが考えるかをかえりみよ。これらの効果についてのわれらの概念こそは、その対象物についてのわれらの概念の全部である」。

私には、まず、鶴見俊輔の訳文の含意に沿って論考を進めることが、文字通り、効果的であると思われる。パースは、一九〇五年、雑誌『モニスト』一〇月号に寄稿した論文「プラグマティシズムの諸問題」のなかで、こう述べている。

……the value of an idea "lies exclusively in its conceivable bearing upon the conduct of life……. For it is to conceptions of deliberate conduct that Pragmaticism would trace the intellectual purport of symbols; and deliberate conduct is self-controlled conduct."

こうして、一八七八年から一九〇五年にかけてのパースの記号学の視座の推移を辿ってみると、私たちは、第一に、彼の構想していたプラグマティズム（"Pragmaticism"）が「記号を行為の過程——しかも'deliberate'であり、'self-controlled'された行為のそれ——において考察する」ものであり、したがって、第二に、私たちがウィリアム・ジェームズやジョン・デューイの定式化を通して、一般的に、理解している「プラグマティズム」というものはパースの《存在論》的コミュニケーション行為論の全体的な構造に対比すると、それのごく皮相な一部分でしかないこと、時には、むしろ、それの誤解された継承であること、に想到するであろう。

私たちは、『広辞苑』（第四版）の「プラグマティズム」の項に、次のような説明を見出す。「（事象を意味するギリシア語pragmaから造った語）事象に即して具体的に考える立場で、概念の意味と真理性は、それを行動に移した結果の有効性いかんによって明らかにされるとする立場。主としてアメリカで唱えられ、パース・ジェームズ・デューイがその代表者。実用主義。↓インストルメンタリズム」。しかし、パースが《行為》との関連において私たち人間の概念や信念――さらにはイコン、インデックス、シンボルなどの記号――の諸効果（effects）に留目して分析するという場合、それらの諸効果は、やや比喩的に言えば、「プラス・プラス・プラス」（＋３）から「マイナス・マイナス・マイナス」（－３）までの幅があるのであって、そこに生成してくる統語論的（syntactic）、意味論的（semantic）、語用論的（pragmatic）、範列論的（paradigmatic）な諸「関係」を、《行為》主体の生活世界へと関連づけて分析するところにこそ、パースの「記号学」とコミュニケーション行為論の成立基盤が存在する。したがって、ウィリアム・ジェームズのように、プラグマティズムを「実用主義」の文脈においてとらえてしまう時、そこにはパースの「原問題」への接近の途が見えて来なくなってしまうのである。ちなみに、『広辞苑』の「インストルメンタリズム」の項には、次のような説明がある。「デューイの認識論の立場。人間の知的活動は環境に適応してゆくための方法であり、概念や真理などは生活過程での障害をとりのぞくための道具にほかならないとする。器具説。道具説」。私は、ここには、パースのプラグマティズムの視座の、皮相な誤解しか見出すことができない。

パースの記号世界は、記号（sign）－対象（object）－解釈項（interpretant）のトリアーデから成り立っている。そして、このような骨格構造を有する無数の記号たちは、さらに、第一次性（Firstness）、第二次性（Secondness）、第三次性（Thirdness）、という層位を辿って、私たちの日常生活世界の「自明性」の境位から、現象学的被膜をはぎとられつつ、《存在論》的基底へと降りて行き、今度は、逆に、この基底の方から、それら諸記号の具体的な現前の意味を説明されるようになる。私は、パースの「記号学」におけるこのような《下降》と《上向》の論理的結構のかなめのところに、シネキズム（Synechism）という考え方を見出す。

パースは、一八九二年、『モニスト』第二号所収の“The Law of Mind”のなかで、次のように述べている。

Logical analysis applied to mental phenomena shows that there is but one law of mind, namely, tha ideas tend to spread continuously and to affect certain others which stand to them in a peculiar relation of affectability. In this spreading they lose intensity, and especially the power of affecting others, but gain generality and become welded with other ideas.

彼が「唯一の心の法則」と呼んでいるシネキズムとは、もともと数学的な連続性（бυνεχησ）——無限小から無限大まで——をとらえるためにライプニッツが用いていた考え方を《存在論》的領域へと転用し、拡大したものである。パースのシネキズムという構想については、「偶然性」の側面を強調する考え方や第一次性→第二次性→第三次性という《下降》の果てに辿りつく「愛」というメタ記号を強調する考え方などさまざまな考察が展開されているけれども、私にとっては、記号現象を、コミュニケーション行為の裡へと内在化させ、さらに身体性とその基底へと《下降》して行くところこそが、問題の要諦である。それは、また、パースの「記号学」の中枢を成す「記号」（sign）―「対象」（object）―「解釈項」（interpretant）の三項関係を、文字通り、方法論的「関係」主義の視座から分析して行くことを意味している。そして、この作業は、たとえば表1に示されているような分析の方向で、具体的な可能性を獲得すると思われる。私は、後述するように、第二章において、シネキズムの構想をニコラウス・クザーヌスの存在論へと結びつけるけれども、それは、さらに、《行為》と身体の内部での記号現象の分析へと発展させられるであろう。

私たちのコミュニケーション行為は、パースの視点から見れば、「たえずコンテクストに開かれた意味の自己組織化の新陳代謝」（有馬道子）である。それは、《行為》として、つねに、行為「主体」のパーソナリティ諸力の「内

表1 記号と対象との関係における解釈の類型

突出した記号の相	イコン	インデックス	シンボル	
連続性《シネキズム》における順序	1（第一次性）	2（第二次性）	3（第三次性）	
優先性	質的存在性	現存的関係性	媒介的約定性	
意味（重要性）	自然的	プラグマティック	概念（言語）的	
志　向	快	秩　序	特定のコンテクスト	一般的コンテクスト
コード	情　動	パタン（構造的類似性）	規範（定型的テクストの束）	規則（詳細なルール体系）
解釈の特徴	感性志向的	対象志向的	特定コンテクスト親和的な概念志向	一般的コンテクスト親和的な概念志向
条件としての必要性	非言語的解釈	混沌とした対象の解釈	共有度の高いコンテクストにおける言語的解釈	多様なコンテクストにおける言語的解釈
解釈の硬直	感性的没入	混乱的無力あるいは擬似秩序化	特定コンテクストへの固執／自然性の軽視	特定コンテクストと自然性の軽視
親和的症状	てんかん	神経症（不安・恐怖・心気・強迫・ヒステリー等）	躁鬱病	分裂病
親和的天才	ゴッホ，ドストエフスキー	ウィーナー，フロイト	ボーア，ダーウィン	ウィトゲンシュタイン，ニュートン
硬直からの回復	言語的解釈	あるがままの受容	非言語的解釈と，一般的コンテクスト重視	非言語的解釈と，特定コンテクスト共有の重視

側」に、実在としての《存在論》的エネルギーの海からの力を確保しつつ、他方、社会関係のなかの《行為》として、同様にしてつねに、「習慣化したパターン」――たとえば官僚制――や、さまざまに変換する「図―地としてのゲシュタルト」――たとえばケンブリッジの「ザ・ソサエティ」――の網の目のなかをくぐりながら、その時・その場所での、特有の《文化的》社会関係をかたちづくっているのである。私たちは、そのことの具体的な例証を、トーマス・エドワード・ロレンスとデヴィッド・ハーバート・ロレンスという「二人のロレンス」の生きた《行為》―《関係》過程の裡に、如実に見出して来たばかりである。そして、私たちは、現代社会におけるコミュニケーション行為の構造と意味、さらにはその実践的可能性の所在を探究するために、歩を進めて、フェルディナン・ド・ソシュールの「記号論」(Sémiologie) の考察へと赴かなければならないのである。

二　ソシュールにおける記号論 (Sémiologie) とコミュニケーション行為

フェルディナン・モンジャン・ド・ソシュールの記号論の世界の「宇宙軸」は、言うまでもなく、彼の主著とされる『一般言語学講義』の裡にある。しかもなお、私たちは、一九一六年に刊行された *Couvs de linguistique générale*, publié par Charles Bally et Albert Sechehaye avec la collavoration de Albert Riedlinger; Payot, および、一九二八年に刊行されたその邦訳、小林英夫訳『言語学原論』岡書院 (『一般言語学講義』岩波書店、一九七二年)、の精読に努めてみても、この「宇宙軸」に到達することができない、という複雑な状況にある。

『一般言語学講義』は、ソシュールがジュネーヴ大学文学・社会科学学部印欧諸語比較・歴史言語学の教授として、一九〇七年一月一六日―七月三日に行った講義 (第一回講義)、一九〇八年一一月第一週―一九〇九年六月二四日の講義（第二回講義）、および一九一〇年一〇月二八日（もしくは二九日）－一九一一年七月四日に実施した講義（第三回講義）の内容を、基底としている。しかし、ソシュールは、一九一二年あたりから体調をくずし、翌一三年二月二二日、喉頭癌と思われる病いのため、五五歳という若さで死去した。したがって、ソシュールの高弟たち、シャル・バイイとアルベール・セシュエが編纂した前掲『一般言語学講義』は、もとよりソシュール自身の承認を得たものではなく、全三回の講義に出席していた学生・聴講生たちの講義ノートを原材料として、バイイとセシュエがそれらを配列し、加筆して、編集した書物であった。今日では、すでに、ロベール・ゴデル、ルドルフ・エングラー、トゥリオ・デ・マウーロ、丸山圭三郎その他の精細な研究によって、この前掲『一般言語学講義』の批判的再構築の作業が進められ、私たちは、ソシュールの記号論（Sémiologie）の実像へと迫って行く道筋を確保することができるようになった。

私は、二〇〇三年四月から翌〇四年三月にかけて、リヨン第三大学の客員教授として、フランス・リヨンに滞在していた。その間に、休暇を利用して、二度、ジュネーヴ大学とジュネーヴ州立公共・大学図書館（Bibliothèque publique et universitaire du Canton de Genève）を訪れることができた。周知のように、前掲『一般言語学講義』の実質的内容に関わるソシュールの手稿・ノート類の原資料は、この公共・大学図書館のセヌビエ閲覧室に、収蔵・保管されている。私が訪れたセヌビエ閲覧室は、丸山圭三郎編『ソシュール小事典』（大修館書店、一九八五年、五五頁）に記されている同館一階ではなくて、最上階の三階の北側、バスチヨン公園に面した、明るい閲覧室であった。私は、そこで、二人の係員の協力を得て、ゆっくりと原資料に眼を通し、コピーを取ることができた。

さて、一九〇七年の第一回講義を聴講した学生は六人であり、原資料として残されているのは、アルベール・リードランジェによる三冊のノート（それぞれ一〇〇頁、九八頁、七二頁、総計二七〇頁）、およびルイ・カイユによる七冊（総計二三一頁）のノートだけであって、その他には、ソシュール自身による若干のメモがあるのみである。

一九〇八年から翌〇九年にかけての第二回講義を聴講した学生は一一人であり、原資料として残されているのは、リードランジェ、ゴーティエ、ブーシャルディ、コンスタンタン、パトワの五人によるノートであり、とくに、コンスタンタンとパトワのノートは、前出のバイイ、セシュエがまったく眼を通すことができなかった資料である。

一九一〇年から翌一一年にかけての第三回講義に出席した学生・聴講生は一二人であり、原資料として残されているのは、コンスタンタン、デガリエ、ジョゼフおよびセシュエ夫人の四人によるノートである。ここでも、バイイとセシュエは、コンスタンタンの一一冊（総計四〇七頁）のノートの内容を知らずに前掲『一般言語学講義』を編集・刊行していることになるのであって、デガリエ（二八三頁）、ジョゼフ（一八九頁）、セシュエ夫人（一四〇頁）のノートにのみ依拠した第三回講義に該当する部分は、決定的に不十分な内容の刊本であったと言わざるをえないであろう。

さて、丸山圭三郎によれば、ソシュールは次のように述べていた。

「ランガージュは、人類を他の動物から弁別するしるしであり、人類学的な、あるいは社会学的といってもよい性格をもつ能力と見做される」（傍点は丸山）。

しかし、この部分（ソシュールの手稿N.1.1 3283, 9.8）は、エングラーの考証によるかぎり、次のようである。

……<du langage> considéré comme faculté de l'homme, comme <du des> signes distinctifs de son espèce, comme caractère anthropologique ou pour ainsi dire zoologique.

したがって、丸山の訳文にある「人類学的な、あるいは社会学的といってもよい性格をもつ能力」は、正しくは、「人類学的な、あるいは動物学的と言っても良い性格をもつ能力」である。

ランガージュ（あるいはランガージュ能力）は、周知のように、パロール、ラングとともに、ソシュールの記号論における最も基底的な概念である。そして、私たちが注目しなければならないのは、ソシュールが、ほとんど常に、これら三者を、une série d'actions <physiologi[co]-acoustiques>（ソシュール手稿、N. 9. 1 3295, p. 2）というプロセス（過程）のなかでとらえ、分析しているという事実である。ソシュールの記号論において、このプロセス（過程）それ自体が、'des rapports <entre> des rapports'（リードランジェのノート、第二回講義、断章番号一九六八）として分析されなければならないのである。

なお、丸山はソシュールの手稿や学生・聴講生たちのノートで用いられている、'act' 'action' を、多くの場合、「活動」と訳しているが、私は、本書全体の論理構成のなかで、これらを、基本的に、「行為」と訳している。

こうして、私は、ソシュール記号論の視座の裡に、すぐれて方法論的「関係」主義に近い視点を見出すのであり、あえて言えば、コミュニケーション行為の概念のひとつの源泉を見出すことができると思う。たとえば、リードランジェのノート、第二回講義、断章番号一六〇のなかに、次のような記述がある。

Par la parole on désigne l'acte de /[7] l'individu réalisant sa faculté au moyen de la convention sociale qui est la langue <définition>.（下線はリードランジェ）

パロールは諸個人の、みずからの能力（その中枢にランガージュ能力も含まれる）を実現する行為であり、同時に、ラングを中核規定とする'la convention sociale'が許容する範囲の中での、実現の行為である。ちなみに、リードランジェのノートの同一個所で、ラングは次のように定義されている。

> ……<u>la langue</u> est un ensemble de conventions nécessaries adoptées par le corps social pour permettre l'usage de la faculté du langage chez les individus <définition>.

また、ソシュールは、'convention'とともに、'contrat'という言葉を用いており（たとえば、コンスタンタンのノート、第三回講義、断章番号一八四一）、丸山圭三郎のように、これら全てを、「契約」と訳すのではなくて、前者は「慣習」の地平に近づけて「規約」と訳し、後者を狭義の「契約」として、両者の意味の地平の落差を明確化した方が、少なくとも私のように、後に、《文化的》社会関係の「自立化」現象や「物象化」の問題性に留目する場合には、有益であるだろう。

ソシュールは、みずからの手稿のなかで、次のように述べている。

> Ici il y a d'abord des points de vue, justes ou faux, (mais uniquement des points de vue) à l'aide desquelson CREE (secondairement) les choses. ……aucune chose, aucun objet n'est donné <un seul instant en soi>. （ソシュール手稿 N. 9.2　断章番号三二九五 a）

「どのような事物も、どのような対象も、一瞬たりとも、即自的には与えられていない」という述懐は、ジュネーヴのセヌビエ閲覧室に大切に保管・所蔵されているソシュール記号論の膨大な原資料についても、そのままあてはまる事柄であるだろう。ソシュールが述べているように、私たちは、あの膨大な原資料について、自分自身の「視点」(le point de vue) から、現代社会に対峙する新しいソシュール記号論像を、「二次的に、創出する」(CREE (secondaivement)) という課題を、負っているのである。幸いにして、私たちは、前述のゴデル、エングラー、デ・マウーロ、丸山圭三郎の先駆的な研究に続いて、ウンベルト・エーコ、H・A・スリュサレーヴァ、シモン・ブーケその他の、「二次的な研究の創出」から恩恵を得ることができる。とくに、シモン・ブーケは、一方において、三〇人もの研究者の努力を結集して、エングラーの批判的再構築の延長線上に位置づけられるソシュール研究論集を刊行し(二〇〇三年)、他方、独自の「認識論」的視点からのソシュール研究の新しい地平を提起している(一九九七年)。私は、パースの記号学 (Semiotics) を存在論の視点から検討して来たが、ここでは、ブーケのひそみにならって、私なりに、ソシュール記号論 (Semiologie) を認識論の視点から検討し、とくにコミュニケーション行為の主体像の析出に関わる理論的可能性の所在を明らかにして行くことにしたい。

私たちは、リードランジェのノートのなかで、次のようなソシュールの述言に出会う。

> D'une part, il existe le trésor / [90] interieur qui équivaut au casier de la mémoire. ……C'est dans ce trésor qu'est rangé tout ce qui peut entrer en activite dans le second lieu. Et le second lieu, c'est le discourse, c'est la chaîne de la parole. Suivant qu'on se place dans l'un ou l'autre <lien d'existence des mots>, nous aurons affaire à des groupes, mais à des groups de nature <tout àfait> différente:(第二回講義、断章番号一九九八、下線はリードランジェ)*

＊　ソシュールは、このようにして、コミュニケーション行為の意味論的分析の地平——「内的宝庫」に関わる——と統語論的分析の地平——「ディスクール」に関わる——とを明晰に区別するのである。

前者は、私たちコミュニケーション主体の身体の内に在る「内的宝庫」であり、わかりやすく言えば、私たち一人ひとりが持っている、それぞれに個性的な、「記憶」である。これに対して、後者は、私たちが、このような自分の身体の内部の「宝もの箱」にそろえられているランガージュ能力を、それぞれの時間と空間とによって規定された状況において行為化しつつ、具現化する「言説」（ディスクール）であり、パロールというコミュニケーション行為の「連鎖」（la chaîne）にほかならない。まことに、ソシュールの言うように、これら二つの「さまざまな語の実在する場」（<lieu d'existence des mots>）は、まったく異質の「記号場」である。「記憶」は、いわば「通時性においてとらえられた記号場」であり、後にヤコブソンたちによって分析されているごとく、「意味の貯蔵庫（プール）」——ソシュールの用いている表現を使えば、'groups au sens de familles'——である。他方、「言節」（ディスクール）は、端的に、「共時性」のなかで、ある具体的な状況のなかでのコミュニケーション主体によって行為化された「記号場」であり、そのコミュニケーション主体によって「連辞的に統合された意味の集合」——ソシュールは'groups au sens de syntagmes'と呼んでいる——のことである。なお、ここで、私たちは、ソシュールがこの「言節」（ディスクール）の実質を、'unités discursives'として把えているという事実を、看過すべきではない。周知のように、後年、スザンヌ・ランガーは、記号の類型のひとつを、'discursive symbols'と名づけている。しかし、この「論弁的記号」と訳されている記号の意味するところは、ランガーがいろいろな文脈で説明しているにもかかわらず、不分明であった。しかも、ソシュールは、'unités discursives'に続けて、'c'est-à-dire qui se produ-

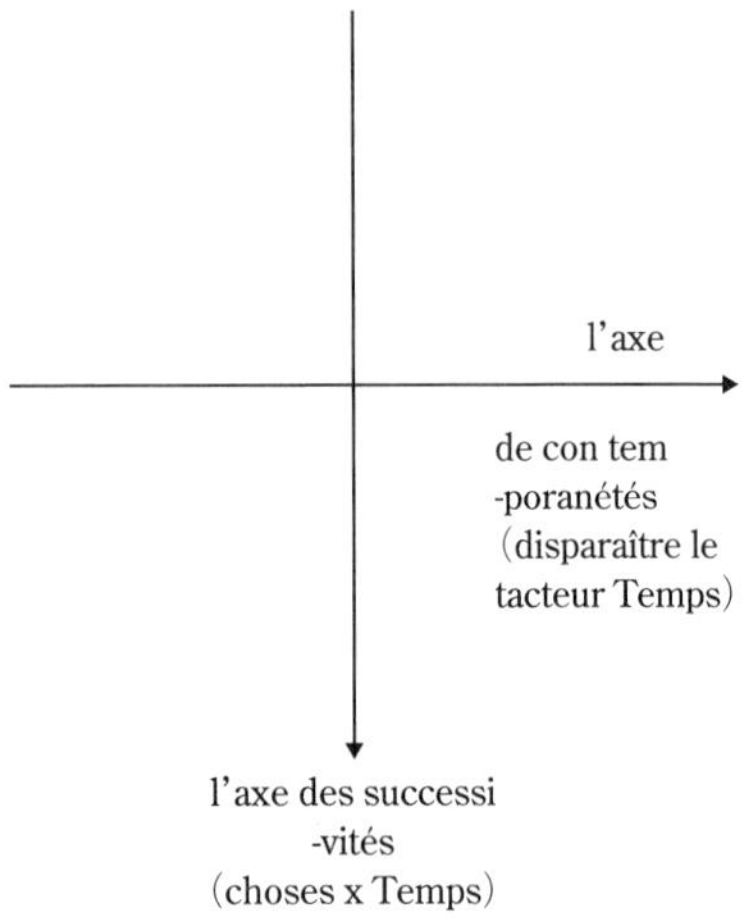

図 7

isent dans le discours' と述べているのである。ランガー的に日本語訳すれば、'unités discursives' は「論弁的単位」ということになろう。けれども、ソシュールの述言にしたがうならば、それは、私たちコミュニケーション主体が、みずからのコミュニケーション行為としての「パロールの連鎖」を通じて、「言節」（ディスクール）というかたちをとりながら自己創造しているところのもの（se produisent）にほかならない。こうして、ソシュールの言う「言節」（ディスクール）の内容は、「論弁的単位」などという狭く、固着した意味内容より、はるかに広く、コミュニケーション行為の主体が、みずからの身体に内在するランガージュ能力の具現化・行為化としてのパロールを通じて、自己表現・自己実現した意味内容なのである。

ソシュールは、記号現象を、端的に、二つの基軸のクロスオーバーする「場」としてとらえる。それは、彼の手稿（N. 23. 6, 断章番号三三三九）によれば、図7のようである。

一方の基軸は「同時性」の軸であり、ソシュールは、この基軸にあっては「時間のファクター」を消去してよい、と言っている。他方の基軸は「継起性」の軸であり、ソシュールは、この軸を、簡潔に「事象×時間性」によって特色づけている。言うまでもなく、これらが、後に発展させられて、前者が「共時態」（synchronie）、後者が「通時態」（diachronie）という分析枠組みになるわけである。

私たちは、ここで、デガリエのノートに収録されている、次のような、ソシュールの述言を想起すべきであろう。

《Ce qu'un mot a autour de lui》 peut avoir deux sens différents. Syntagmatiquement, c'est le contexte, ce qui vient avant ou après, le contexte. Associativement, cela est une simultanéite [?] par le lien de la conscience, pas idée d'espace. (第三回講義、断章番号二〇四四)

ここで語られている「意識の絆による同時性」の領野こそ、パロールという名のコミュニケーション行為のなかで、人びとのランガージュ能力を内包するところの「パーソナリティ諸力」(Personality Traits) がさまざまな記号たちと連接する「場」にほかならない——だからこそ、ソシュールは、'Associativement' と強調しているのである。

ソシュールは、さらに、次のように言う。

Langue est un système qui court sur impressions acoustiques, opposition psychique. (デガリエのノート、第三回講義、断章番号六四五)

Comparons la langues à une tapisserie! Combinaison de tons forme le jeu de la tapisserie. ……<Ce qui importe, c'est la série d'impressions visuelles, ……> (コンスタンタンのノート、第三回講義、断章番号六四六)

こうして、私たちのコミュニケーション行為は、「さまざまな音の響き《アコースティック》にともなう印象、心的対立」(デガリエ) および「一連の視覚的《ヴィジュエル》な印象の継起」(コンスタンタン) を生み出しながら、豊かな彩りを帯びた「綴れ織り《タピスリー》」としての《文化》を積層化して行くこととなる。

ソシュールは、一方において、記号現象を「否定的な相互位置関係」(un co-status negatif) (手稿一二、断章番号三二九九）においてとらえており、他方、その内側に、「二つの、まことに異なった事象のあいだに、精神が生み出す連合」（une association faite par l'esprit entre deux choses tuès defférentes）を見出すのであり、しかも、「これら二つの事象が、いずれも心的現象であり、主体の内に存在する」（mais qui sont toutes deux psychiques et dans le sujet）、と主張する（コンスタンタンのノート、第三回講義、断章番号一〇九五）。そして、これら二つの心的事象とは、よく知られているところの、あの'concept'と、'image acoustique'なのである。

実は、ソシュールは、私が今留目しているコミュニケーション行為の内側の心的過程について、図8のようなシェーマを掲げている。

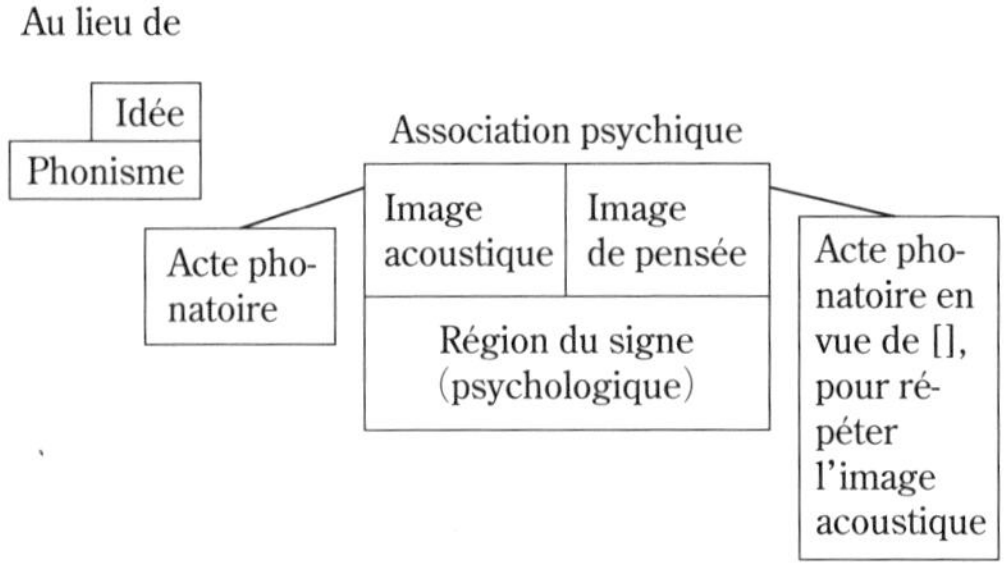

図8

出所：ソシュール手稿 N. 14c, 断章番号 3305. 7.

私は、このシェーマのなかの心的連合の構成契機――すなわち、'Image acoustique'、'Image de pensée'および、'Région du signe（psychologique）'の連関するところ――こそ、ソシュール記号論の視点をとりこんだコミュニケーション行為論の今日的展開をはかるための、最も重要な戦略的出発点であると考えている。

通常、Se/Saの図式で表現される、「シニフィエ」と「シニフィアン」の関係は、ソシュールのこの心的連合のシェーマによって、より良く理解されるであろう。そこでは、「記号の領域」（心理学的な「場」）は、「聴覚映像」（Image acoustique）と「観念映像（想念として思いうかべられた映像）」（Image de pensée）の相互に、反転しあう関係の「場」として、理解されている。そして、それは、当然のことながら、「視覚映像」(Image visuelle) の場合にも、あてはまる事柄であるだろう。

したがって、モネの『印象――日の出』(Impression, soleil levant)（一八七三年）――そして、前述の『モントルグイユ街、一八七八年パリ万博の祝祭』(La Rue Montrgueil, à Paris, Féte du 30 juin 1878)（一八七八年）――の絵画的表現は、まさしく、この「記号の領域」のなかでの「視覚映像」と「観念映像」のまったく新しい、《革命的な》結びつきを提示していたのである。それは、ジャック・ダヴィドからジャン＝レオン・ジェロームに至る官展サロン派の画家たちの没主体的な歴史画が内包している「視覚映像」と「観念映像」の古典的な結びつきを拒否し、むしろそれを解体して、新しい相関関係のありようを提起した。モネの『カピュシーヌ大通り』（一八七三年）や『モントルグイユ街』の画面一杯に溢れている「涎《よだれ》のあとのように見えるあの無数の黒いもの」（ルイ・ルロワ）こそは、一八七一年の「パリ・コンミューン」の後、現代史の主役として登場して来た民衆――市民・労働者たち――であった。そして、私たちは、いわゆる第一回印象派展がフェリックス・ナダールの写真館を会場として開催された事実を前記しているが、ナダールの写真をはじめ、エディソンやリュミエール兄弟による映画、モーリスとマルコーニによる電信、ベルの電話など、今日のマス・メディアの発展の基礎となる技術革新が、この時期に、相次いで生成していることを忘れてはならないであろう。一八九六年には、アメリカの新聞『デイリー・メイル』が、日刊新聞として、初めて一〇〇万部を突破する発行部数を記録している。こうして、フェルディナン・ド・ソシュールが記号論の視座を生み出しつつあった一九世紀末葉から二〇世紀初頭にかけての時代は、マス・コミュニケーションの生成するそれであり、その主役こそはルイ・ルロワの言うところの「無数の黒い涎《よだれ》のあと」のような大衆――市民・労働者たち――にほかならなかった。

ソシュールによれば、記号論（Sémiologie）とは、また、「恣意的に定められた価値」（valeur arbitraire——arbitrairement fixable——）を対象とする科学、のことである（コンスタンタンのノート、第三回講義、断章番号一三二四）。周知のように、「恣意性」の側面とその内容についても多くの、検討すべき課題が含まれているが、私は、ここでは、「価値」の概念の方に着目しておくことにしたい。

なぜなら、ソシュールは、さらに、次のように述べているからである。

> Arrivé à ce point, on voit se définir mieux l'horizon de la sémiologie; nous ne reconnaissons comme sémiologique que la partie des phénomènes qui apparaît caractéristiquement comme un produit social.（コンスタンタンのノート、第二回講義、断章番号一八四二）

記号論の分析する対象は「社会的産物としての性格をもつ現象」であり、価値は、このような「社会的産物」——私の用語を用いて言えば、社会諸関係のなかでの「記号場」——において生成する。ロラン・バルトやジャン・ボードリヤールが具体的に例証しているように、記号の価値はすぐれて社会諸関係の所産なのであり、現代の高度情報化社会、大衆消費社会、管理社会の規定性の下で、あえて言えば、私たちの「記号場」はすぐれてイデオロギー的なのである。

ソシュールは、価値について、このように言う。

> ……qu'on parle de valeurs, leur rapport est en jeu : <aucun valeur n'existe toute seule, ce qui fait que> le signe

n'aura de valeur en soi que par la <consécration de la> collectivité. ……Nous voyons <immédiatement> beaucoup mieux <qu'avant> que c'est uniquement le fait social qui créera ce qui existe dans un système sémiologique.（リードランジェのノート、第二回講義、断章番号一八四二）

記号がラングのなかの差異、差異化（différence, différentiation）としてのみ現象することとパラレルに、記号の価値も、「関係」のなかでしか、存在し得ない。私たちは、記号の価値の生成を論ずる際に、ソシュールが「社会的事実」（le fait social）としての記号現象に留目し、そこにおける‘<consécration de la> collectivité’を強調している点を、看過してはならないであろう。‘<consécration de la> collectivité’は、「集団の確認」と翻訳するには、あまりに意味の濃密な言葉である。なぜなら、‘consécration’には、カトリックの教会で用いられる「聖別」——さらにはミサの中での「聖変化」まで——の意味が内包されており、‘collectivité’には、単なる「集団」だけではなくて、社会学の原問題としての「個人と社会」問題に連接するところの「共同性からの拘束・圧力」の含意が込められているのだから。

私たちは、やがて、後述する関係論の諸論考を通じて、ソシュール記号論におけるこの社会・文化的地平への留目の現代的意義を明らかにして行くことになるであろう。それは、また、コミュニケーション行為を通じての私たちの自己解放の方途を展望する作業への導入路をも意味している。

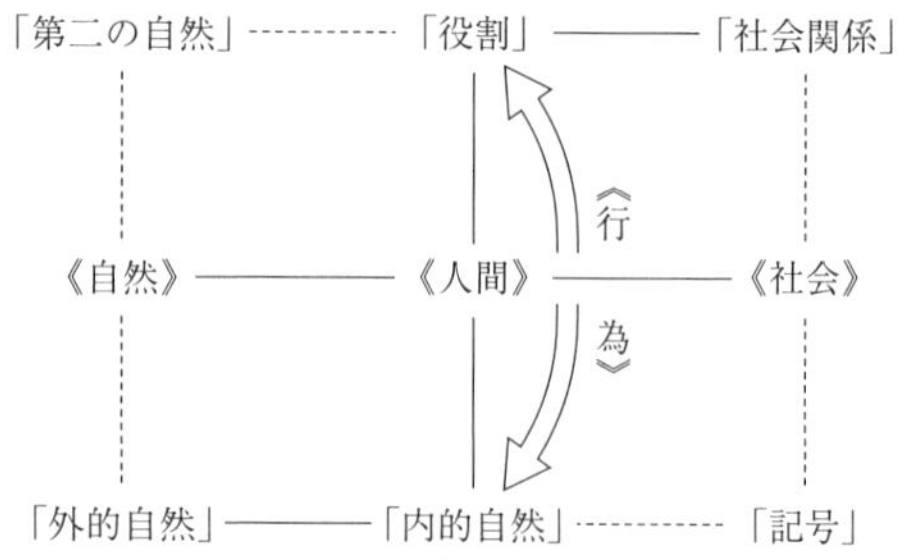

図9

三　記号・情報・象徴

私は、コミュニケーション行為と《文化的》社会関係を考察する際の基本的なシェーマとして、図9の視点を提起して来ている。

私たちは、原始共同体の時代以降、原生的には、「外的自然」―「内的自然」―「記号」という基軸に沿って、みずからのコミュニケーション行為を展開してきた。そこでは、ほとんど常に、「記号」は、「象徴」と連接し、それに包摂されるようにして、生みだされていた。私たち人間の生活世界は、「序」で触れてきたギリシア神話にとどまらず、世界のいたるところで、そのゲマインシャフト的な生活過程の裡から、「神話」的象徴へと通底して行く「記号」を生みだし、逆に、そのような「神話」的象徴の磁性を帯びた、「記号」環境のなかで、再生産されてきた。そして、労働という行為にもとづく《経済的》社会関係の拡大につれて、社会構成体のゲゼルシャフト化が進行すると、私たちのコミュニケーション行為は、ひと度、労働という行為から離接させられて、「第二の自然」―「人間」（それは「役割」と「内的自然」のアマルガムである）―「記号」という、前掲のシェーマのなかの対角線上の基軸に沿って、展開されるようになる。ここで「第二の自然」とは、端的に《反自然》もしくは《非自然》としての文明のことであり、たとえば都市、街路、劇場、広告、デザイン、流行、ファッション、映画、テレビ、ラジオ、電話、パーソナル・コンピュータ、インターネット、ウェブ、ブログなど、今日の私たちの生活世界に溢れかえっている事例の総体である。それは、「記号」環境でありながら、今述べて来たばかりの《象徴》の連接の回路を持たない無数の、ザッハリッヒな「記号」に侵犯され尽されつつある「記号」環境である。ひとは、このような「記号」環境を「情報環境」という名で呼ぶ。そして、実は、私が、チャールズ・サンダース・パースおよびフェルディナン・ド・ソシュールとともに、一九世紀末葉から二〇世紀の初頭にかけての社会変動の歴史過程のなかでの《記号学》(Semiotics)・《記号論》(Sémiologie) の視座の生成するところを辿って来たのは、ひとえに、私の方法論的「関係」主義の社会学の視点から、現代社会における「記号」と「情報」と「象徴」の位置関係を明らかにし、これら三者のトポロジー的連関に内在していると思われる文化問題を剔抉することを目的としていたのであった。

第一に、パースの《存在論》的視座とソシュールの《認識論》的視座との綜合の裡に、私たち自身のコミュニケーション行為についての分析の基軸を定める時、私たちは、とりわけコミュニケーションの「主体」的契機——それは、基底的には、身体の内側の五〇兆から七〇兆の細胞の運動に支えられた「内的自然」であり、やがて、《行為》—《関係》過程というすぐれて社会的な領野において「パーソナリティ諸力」として顕在化されてくる——の重要性に、想到するであろう。私たちの「内的自然」という《人間的自然》(Human Nature) の諸力は、パースのいわゆるシネキズムという運動の原理によって「外的自然」へと連接させられ、媒介されるのであり、さらに、そこから顕現して来る「パーソナリティ諸力」こそは、ソシュールの《Association psychique》という 'Image acoustique' と 'Image de pensée' の結合する〈記号場〉を通じて、私たちのランガージュ能力を外在化させ、対象化するのである。そして、このような視座からの情報化社会の分析において、《象徴》へと通底する回路を持たない、単なる《情報》などというものは存在しないのである。

第二に、私はかねがねジョン・B・プリーストリーがその著書 *Literature and Western Man*（一九六〇年）のなかで、一九世紀の文明社会を'The Broken Web'と総称していることが気掛りだったのであるが、この文脈において、「ウェブ」ということばの含意に言及しておくことにしたい。プリーストリーが留目していた「ウェブ」とは、一八六五年、アメリカ、フィラデルフィアで、ウィリアム・ブロックによって発明され、実用化された輪転機の巨大な伝動ベルトのシステムのことであった。周知のように、それは、新聞紙を印刷するための、長い巻紙を運んで行く伝動ベルトで、たしかに、新聞社の印刷工場のなかの巨大な輪転機のあいだを渡って行くベルトの様子は、「蜘蛛の糸」を思わせるものであった。私は、一八九六年にアメリカの日刊紙『デイリー・メイル』が初めて一〇〇万部を超えるマス・ペーパーになったことを前記しているが、このような文化の大量生産・大量流通――コミュニケーションからマス・コミュニケーションへの形態転換――は、まさしく輪転機によって代表される印刷機械の動力化によって可能となり、促進されたのである。私は、さらに、パースとソシュールによる《記号学》・《記号論》の生成の時代が、同時に、電信・電話・写真・映画・ラジオその他のマス・メディアの勃興する時代にほかならなかった事実を指摘しておいた。それでは、プリーストリーは、なぜ、このような文化変動の一九世紀を'The Broken Web'と呼んだのであろうか？

そこには、まず、単純な事実として、この「ウェブ」の発明者であるブロック自身が、その発明・実用化のわずか二年後、この複雑な伝動ベルトのひとつに巻き込まれて死んでしまったというエピソードがこめられていた。プリーストリーは、しかし、一層深刻な意味において、一九世紀の文明社会を「破壊されたウェブ」と名づけているのである。それは、「工業生産・科学的発見・都市化」という社会変動の影響の下に、文化を大衆化させつつ、西欧文化の「公分母」を喪失して行った時代だ、と彼は言う。それは、マス・コミュニケーションとマス・カルチャーの生成しはじめる文化状況のなかで、人びとのコミュニケーション行為は如何なる理論的かつ実践的可能性を有するか、という問いかけを意味していた。事柄は、今日、高度情報化社会のなかでの「ウェブ」についても、ほとんど同一の内容を持って、そしてさらに深甚な影響を生みだす文化問題として、私たちに課せられている、と言うべきであろう。

第三に、私は、記号・情報・象徴の内的連関を考究して行く際に、それらのなかでの「意味への透明性」（アダム・シャフ）の確保のされ方を問うことになる。私は、この文脈において、しばしば、ジュリア・クリステーヴァ（とくに、*La révolution du langage poétique*, 1974）の論考と対話することになるであろう。彼女が「詩的言語の革命」の具体的な事例としてとりあげるのは、ステファーヌ・マラルメ（一八四二―九八年）とロートレアモン（本名イシドール・ルシアン・デュカス）（一八四七―七〇年）の詩である。しかし、クリステーヴァは、彼ら二人の詩人たちの《詩》的言説を、一九世紀後半のフランス社会の激動のなかに位置づけて、そこにおける社会諸関係の重層構造をくぐり抜けるようにして、とりわけマラルメの詩の場合に見られるような「意味への透明性」が何故確保され得たのか、を問うのであって、単なるエクリチュール分析をしているのではない。

彼女は、この本の第三部の冒頭に、パリ・コンミューン（一八七一年）の際の版画をかかげている。それには、蜂起した市民、労働者たちの群像の中央に、ひときわ高く、銃と剣を手にした「自由の女神」が描かれ、その頭上に、‘Vivre Liebre, ou Mourir!’という標語が書きこまれている。「自由な生を！　さもなくば死を！」という言説（ディスクール）は、モネがモントルグイユ街やカピュシーヌ大通りに描き出していた、あのルイ・ルロワによって「涎《よだれ》のあとのように見える無数の黒いもの」とされていたパリの市民、労働者たちのコミュニケーション行為の裡から表出されて来た記号であり、同時に、その後の歴史過程のなかで、青・白・赤の三色旗がフランスの国旗となったのと同様にして、‘Liberté, Egalité, Fraternité’という象徴へと転成して行った記号である。

私は、ここで、私自身のこの論稿の中心的な主題と邂逅しているのであろう。現代のマス・コミュニケーションとマス・メディアの文化の下で、モネの描いていた市民、労働者たちは、一方において、「受動的」なオーディエンスであり、「安逸」と「快楽」の虚偽意識のなかにあり、他方、ヘーゲルが述べていた《Herr》と《Knecht》の弁証法を通じて、やがて空虚化する《Herr》に代って、みずからこそが「可能意識」（ゴルドマン）の主体として、記号を象徴へと転成させて行く。ヴァレリーは、彼のマラルメ論のなかで、'la forme sensible dún discours' に留目し、'*sa valeur d'échange un idées*' こそが「記号」を「象徴」へと転成させる契機である、と主張する。こうして、私たちは、現代のコミュニケーション行為の主体が、無数の「言説の感覚的な諸形態」の享受の地平から、自分自身のコミュニケーション行為を通じて、それら感覚的諸記号が「さまざまな観念へと変化して行く時に生成する価値」をわがものとする過程を対象化する有様を凝視して、そこに確保される「意味への透明性」の所在を明らかにしなければならないのである。

第三節　《認識》—《行為》—《パーソナリティ》のトリアーデ

一　行為のなかの自然・人間・社会

自然は、今のところ、静止質量 9.106×10^{-28}g という電子をはじめとする「素粒子」の地平から、半径 3.5×10^{22}km という「超銀河系」のそれに至るまでの広がりをもった「必然的諸法則で規定されているかぎりにおける物の存在」（カント）の領域である。この、CGS単位で表現すれば、10^{-28} から 10^{27} までの広がりを有する《マクロコスモス》のなかで、私たち人間は、それ自体、みずからの身体の内部に五〇兆から七〇兆に至る細胞の運動としての「生命活動」を包含するひとつの《ミクロコスモス》である。成人女性の場合で五〇兆から六〇兆、そして、成人男性の場合に六〇兆から七〇兆、という私たちの身体の内部の「生命活動」を支える細胞の運動こそが、行為（action, Handeln, conduite）の生成する基盤である。10^{-28} から 10^{27} までの広がりをもつ《マクロコスモス》と 5×10^{9} ないし 7×10^{9} という比量的スケールをもつ《ミクロコスモス》との落差とその《のりこえ》としての投企こそが、私たちの社会的行為のドラマトゥルギーの書割りにほかならない、と言っても良いであろう。

かつて、方法論的「個人」主義の潮流のなかで、アンドレ・マルローは、《マクロコスモス》に対する唯一の抵抗力の所在するところとして、行為（conduite）をとらえた。「この抵抗力は行為である。それは、すべての行為、すべての選択とおなじく、君を拘束する（engager）。それは、自己自身のうちに、その一切の宿命をはらんでいるのだ」。

しかし、私は、今、方法論的「関係」主義の視座の上にたって、行為を、このような《マクロコスモス》への《ミクロコスモス》の対置、対抗のヴェクトルとして、とらえない。そうではなくて、私たちの行為は、《ミクロコスモス》が《マクロコスモス》によって貫き通されることによってのみ、可能となり、実現されるのである。行為は、全自然史的過程のなかのひとつの位相として、いわば、対自化された「5×10^9〜7×10^9 の細胞の運動」として、社会のなかの投企（projet）となるのである。

柳澤桂子は、私より二歳年長の、生命科学者である。彼女は、ハツカネズミの「生命活動」を事例として、「なぜ一ミリにもみたない卵からネズミの形ができるのか」という発生学の研究に邁進していた。その最中に、激しい嘔吐、腹痛、頭痛、めまい、傾眠の諸症状を伴う難病に罹患し、三六年間もの闘病生活に入った。その彼女が、みずからの闘病生活の経験に立脚して、『般若心経』の新しい日本語訳を試みることとなった。周知のように、『般若心経』は三蔵法師玄奘の仏典解釈に依っているが、柳澤桂子によると、そこでは、「宇宙は粒子に満ちています。粒子は、自由に動き回って、形を変えて、おたがいの関係の安定したところで、静止します」とされている。彼女は、このような釈迦（ゴータマ・ブッダ）の宇宙観に導かれて、近代科学の「主・客」二元論の視座から、一元論的な全自然史的過程のとらえ方へと進む。そこでは、行深般若波羅蜜多時――彼岸に至る智慧を深く実践する時――照見五蘊皆空――色・受・想・行・識という此の世に存在するものや肉体・精神の構成要素はすべて空であることが明らかになる――。

リービ英雄による英訳を補うならば、次のようである。

Practicing the perfect wisdom,
Cast the light of perception on the five elements that compose all worlds and saw that they are all emptiness.

したがって、色即是空——一切の形あるものが、そのままでありながら、なにもない——、Form—it is, in fact, emptiness, と言う時、「空」(emptiness) は、「なにもない」という意味でありつつ、実は、10^{-28}から10^{27}までの広がりを有する《マクロコスモス》の全自然史的運動の総体であり、そこに内包された無数の「関係」の総体にほかならない。私は、柳澤桂子の方法論的「関係」主義の視座に共鳴するものを持ちながら、しかし、今しばらく、一元論の視点ではなくて、「主・客」二元論のそれにとどまらなければならない。なぜなら、私は、本書によって、現代社会学の到達点のひとつとして、《行為》—《関係》過程の理論の視点からの社会学原理の構案を提起しようとしているのであり、そこには、厳然として、《社会》＝社会諸関係の累重する総体が佇立しているのだから。

私たちの社会的行為は、一方において、私たち（人間的存在者）を前述のような全自然史的運動へと媒介して行く「ちょうつがい」の位置にありながら、他方、社会的行為であるが故にこそ、《社会》にs'engager（拘束される、はまり込む、責任を負う）されつつ、《社会》へとse jeter（身をおどらせる、跳ぶ、挺身する）して行く結節点そのものである。

問題の所在は、《社会》の実質を成すところの社会諸関係が、後に詳述されるように、自立化し、物化し、物象化して行き、そのように《Sache》や《Ding》と化した固い、硬結した「関係」として、私たちの行為を通じて内化されるところにある。今日では、ロナルド・D・レインやジャック・ラカンが指摘しているように、鬱病、自閉症、失語症、離人症などの精神疾患の多くは、個的人間の身体の病理症状という現象形態にとどまらず、「関係の病い」と呼ぶべきものとして、自立化・物化・物象化した社会諸関係が人びとの身体の生命活動のうちに内化され受肉化されたところに生ずる歪みとして理解されるようになって来ている。

また、これら社会諸関係の自立化・物化・物象化諸形態は、いわば全自然史的運動の総過程のなかでの「異物」として、環境としての自然の破壊と私たち人間の身体の内部の人間的自然の破壊との同時進行という事態を、生み出している。さまざまなタイプの癌やＨＩＶ（後天性免疫不全症候群）の増殖と増進という現象は、このような社会的背景のもとで、理解され、対処されるべき現象なのであろう。

こうして、現代社会を生きる私たちの社会的行為は、それ自体の裡に、自然・人間・社会の結節点を有しているのであり、そのようなものとして、前述の10^{-28}から10^{27}までの全自然史的運動の総体と連接しながら、目前の自立化・物化・物象化した社会諸関係の硬結した構造に立ち向かって行かなければならないのである。かつて、サルトルは、「森のなかへ分け入って行くように、未知の行為のなかに突入して行かなければならない。ひとつの行為。人間を拘束（engager）するが、しかし、人間は完全にこれを理解することが決してできないひとつの行為」と述べたが、私たちは、今、関係のなかへ分け入って行くように行為しなければならないのであり、しかも、私たち自身をs'engagerし、se jeterする行為の中枢に所在する私たちの投企（projet）を、全的に、明晰に、理解しなければならないのである。

二　労働とコミュニケーション行為

私は、三十数年前、プラハのフラッチャーヌイ城の城内で、グレゴリオ聖歌の典礼用楽譜を見たことがある。それは、中世のローマ・カトリックの聖書と同じように、美しく彩色され、部分的に銀細工を施されていた。周知のように、今日でも、カトリック教会の弥撒《ミサ》は、基本的に、歌唱で始められ（“Chant déntrée”）、その中枢部分も“Chant de Communion”によって占められている。私が見たプラハのグレゴリオ聖歌の楽譜も、フラッチャーヌイ城に付設する壮大なバロック＝ゴシック教会の《コミュニオン》の最中に、会衆たちの「歌唱」というコミュニケーション行為に由来する独特の音響空間を生み出していたことであろう。

ここに、興味深い一つのドキュメントがある。『市民政府論』と『人間知性論』によって知られるイギリスの思想家、ジョン・ロックは、一六六五年一一月から翌六六年二月にかけて、ブランデンブルク侯国へのサー・ウォルター・ヴェーンを代表とする外交使節団に、ヴェーンの秘書として参加していた。この時期、イギリスは、第二次イギリス＝オランダ戦争の真最中であり、海外の植民地の権益と海上貿易のための制海権をめぐるオランダとの激しい競合のなかで、ブランデンブルク選帝侯と同盟を結んで、東西からオランダを挟み撃ちにしようと企図していた。ヴェーンの代表団は、ミュンスター司教の仲介の力を得るべく、オランダとの国境に近い、ブランデンブルク侯国の最西端の地、クレーフェに滞在していた。

外交交渉そのものは、当代の選帝侯フリートリッヒ・ヴィルヘルムがオランダ側に加担する途を選んだために、失敗に終ったが、私が興味を抱いたのは、一六六五年一二月のクリスマスの日に、ロックがクレーフェのキリスト教諸宗派の教会の弥撒に参加し、観察している事実であった。

ロックは、まず、カトリック教会の弥撒の印象を、次のように記している。

「これはショーである（This was the show）。音楽は、すべて、聖歌隊によるヴォーカルのそれであり、私がかつて聴いたことのない種類のものであった。大音声の合唱であるが、残念なことに、音程は外れ、調和も不十分だったので、こういう歌を聴かされるのは災難であった」。

彼は、続いて、ルター派の教会を訪れており、その印象を、次のように述懐している。

「私は、会衆が、皆、帽子をかぶったまま、楽し気に歌っている姿を見て、建物の様子ともどもに、これでは劇場に居るのとまったく同じだと感じた。私は、場所をまちがえたのではないかと、思ったほどである」。

この時、ジョン・ロックは三三歳であり、生誕の時の洗礼以来のカルヴァン派のピュウリタンであった（ただし、晩年の彼の宗教的視座は「ユニテリアン」のそれであり、教会の弥撒にもほとんど参加することはなくなっていた）。私たちは、当代の選帝侯フリートリッヒ・ヴィルヘルムの下、ブランデンブルク侯国が、ルター派とカルヴァン派の和解に尽力し、ルイ一四世の圧迫に苦しめられていたフランスの「ユグノー」一万五〇〇〇人を迎え入れるなど、イギリスよりはるかに進んだ宗教寛容政策を展開していたという歴史的背景を、想起することができるであろう。実際、ロックは、クレーフェの街で、前述したカトリック、ルター派の他に、カルヴァン派やクェーカー教徒たちの集会にも参加しているのであり、この体験が『宗教寛容論』(*Epistola de Tolerantia*)（一六八九―九二年）執筆の基盤となっていることは、まちがいのないところであろう。

さて、フリートリッヒ・ヴィルヘルムは、一六四八年のウェストファリア条約を締結したことで知られているが、その後のブランデンブルク＝プロイセン同盟連合からプロイセン王国への発展を通じて、重商主義政策にもとづく産業振興と、フリートリッヒ・ウィルヘルム二世に代表される啓蒙主義的文化政策の展開を導いた。私たちは、ここで、ライプニッツ（一六四六―一七一六年）とヨハン・セバスチャン・バッハ（一六八五―一七五〇年）の二人の名だけを、このような歴史的背景の下で、想起しておくことにしたい。

話を、クレーフェのジョン・ロックに戻すと、問題の焦点は、カトリック教会の弥撒では聖歌隊だけが歌唱し、ルター派のそれでは会衆全体が歌唱していた、という事実にある。ローマ・カトリックの《宗教》によって主導されていたヨーロッパ中世社会は、端的に言えば、コミュニオンを中核とした社会諸関係の重層構造であった。そして、ロックが直接体験していたように、そのコミュニオンの内実にあっては、封建的身分制の牢固たる構制を反映して、聖歌の「歌唱」というコミュニケーション行為は聖歌隊のそれに限局され、一般会衆は「受け手」としての範域にとどめられている。これに対して、文字通り、ヨーロッパ中世社会におけるローマ・カトリックの《宗教》的覇権のありように「異議申し立て《プロテスト》」をしたルター派の集会にあっては、《Chant de Communion》は、全ての一般会衆の人びとのコミュニケーション行為によって担保されている。

時代は、ギルドからマニュファクチュアへと移行し、シャンパーニュの大市のような局地的市場圏の生成を契機として、《産業》の力を増大させつつあった。別言すれば、こうしてヨーロッパの中世封建制の社会構成体は、絶対王政の過渡期を辿りながら、近代市民社会へと移行し、やがて、産業革命の大転換を経て、資本主義のそれへと転変して行くのであるが、私がここで熟慮したいのは、このような中世封建社会から近代市民社会への社会変動が可能としたのは、単に、労働という行為を通じての人間の自己実現の方途にとどまらず、かえって、労働という行為とコミュニケーション行為という行為の、同時的解放における近代的人間の人間的・自然的諸力の自己表現・自己実現という途だったのではないか、という一点である。マックス・ウェーバーの『プロテスタンティズムの倫理と資本主義の精

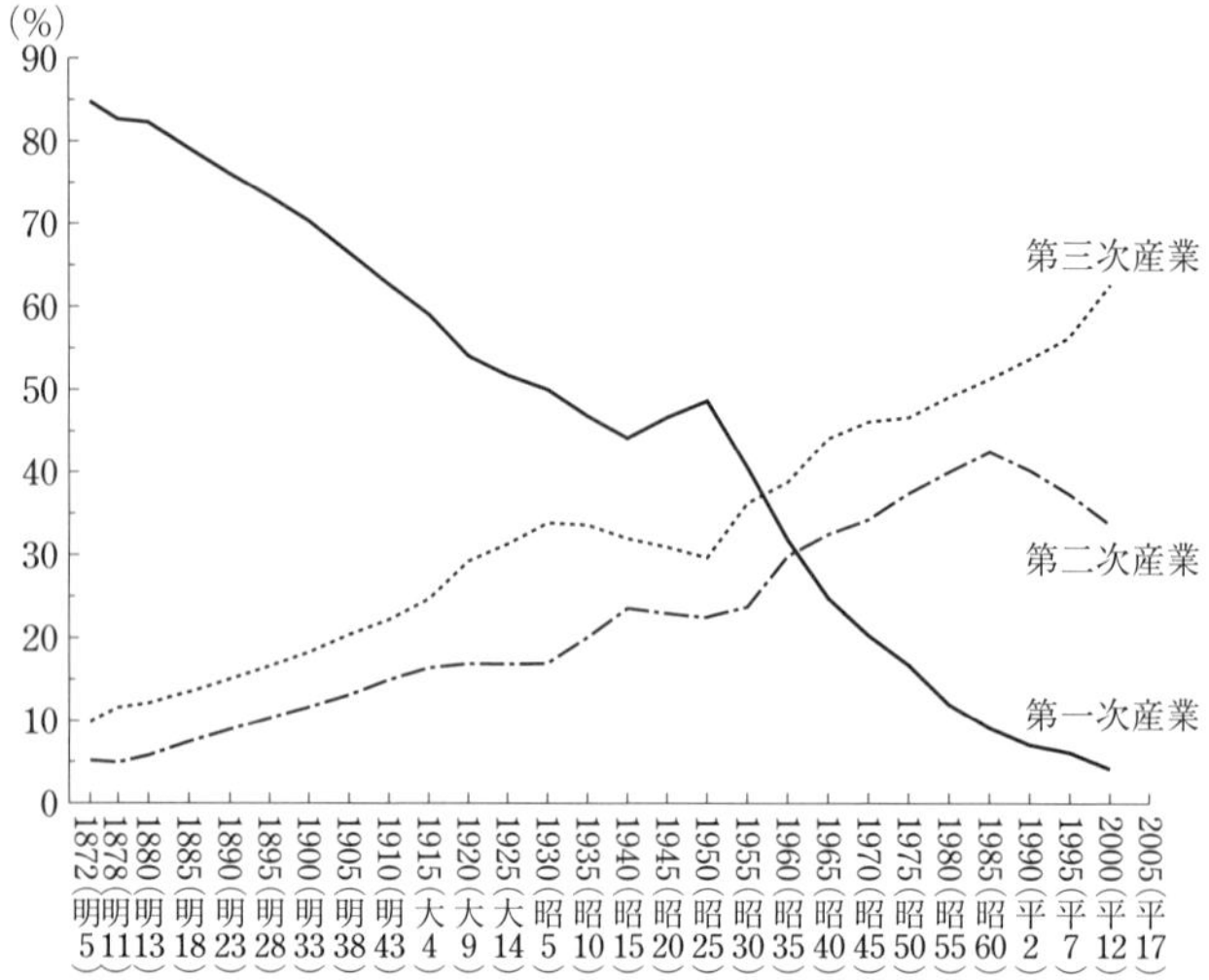

図10　就業構造の超長期的変動と2000年の構造推計（1872-2000年）

出所：佐貫利雄「巨大都市機能純化と工場分散論」『工業立地』Vol. 9, No. 2, 1979年2月, 24頁.

神』（一九〇四―〇五年）が明らかにしているように、ローマ・カトリックの《宗教》的支配に対抗するカルヴァン派やルター派などの《ピュウリタン》の「異議申し立て」は、前述のような経緯を辿って、中世封建社会から近代市民社会への推転をもたらしたが、そこにおける《近代》的人間の解放とは、私の視座から見るならば、労働という行為とコミュニケーション行為という行為とを通じての人間的自然の諸可能性の表現と実現にほかならなかった。

このような文脈に位置づけ直してみるならば、一九世紀後半から二〇世紀中葉にかけての電信、電話、映画、ラジオ、テレビその他の情報・メディアの簇生とパース、ソシュールの記号論の提起ならびにそれにつづくマラルメ、ヴァレリー、クリステヴァたちによるコミュニケーション行為の内容の「純粋化」、高度化の試みは、労働という行為を通じての自己実現を志向しながらも挫折させられ、搾取される結果となっている事態をめぐって先行的に展開していた《経済的》社会関係を中軸とする市民・労働者たちの社会運動を、さらに高度化していく資本主義社会の社会構成体のなかで、おなじく市民・労働者たちのコミュニケーション行為と《文化的》社会関係を中軸とする自己表現の回路を獲得する社会運動へと拡大し、連接させて行く理論的展望と実践的含意とを、内包していたのである。

ひるがえって、日本社会の歴史的展望を見ると、私は、まず、図10によって示される長期的変動に留目することが重要だ、と思う。

現代日本社会は、周知のように、一九六〇年代のいわゆる高度経済成長の時期を通じて、いわば決定的に脱第一次産業の労働力構成を持つようになったが、さらに、一九八五年を画期として、第二次産業の「重厚長大」型産業の労働力構成よりも第三次産業の「軽薄短小」型産業のそれの方が優越するに至り、その後の「バブル経済」の段階で、高度情報化社会・大衆消費社会・管理社会の社会構成体へと転成した。そこでは、ウェブ・デザイナー、システム・エンジニア、オペレーター、コピー・ライター、サービス・プロバイダーなどのいわゆる「カタカナ職業」が氾濫している。

私は、このような「超近代《ポスト・モダニティ》」の様相を有する先進資本主義社会の社会諸関係においてこそ、私たちの労働という行為とコミュニケーション行為という行為との内面的融合が進み、まさしく《行為》を通しての私たち人間の人間的・自然的諸力の全面的解放の、「物質的条件」が熟成しつつあるのではないか、と考えている。かつて、アルフレート・ゾーン＝レーテルや芝田進午が主張していた「頭の労働」と「手の労働」の統一、精神的労働と肉体的労働の融合は、私の視点からすれば、このようにして、現代の高度情報化、大衆消費社会化、管理社会化の社会変動の最中においてこそ、逆説的に、最高度の資本主義的社会構成の中での人間的自然の、《行為》―《関係》過程を通じての表現・実現という課題として、現前して来るのである。現代社会学の《行為》の理論は、このようにして、実は、現代における人間解放の理論の出発点として定位されなければならないのである。

三　歴史の運動と日常性

ジャン＝フランソワ・リオタールは、かつて、『ポスト・モダンの条件』（*La condition postmoderne*）（一九七九年）のなかで、「大きな物語は終った」と述べた。しかし、本書での私の視点からするならば、この述言は誤りである。あるいは、少なくとも、わが国では、誤って解釈されている。

リオタールが「大きな物語」と呼んでいるのは、「マクロ・ミュトス」（macro-mythes）のことである。言うまでもなく、これは、直接的には、「大きな神話」のことであって、当然のことながら、「すべての物語が神話である」ということまでを含意しているわけではない。

私は、以下の考察からも明らかになるように、現代日本社会を、《超（脱）近代《ポスト・モダニティ》》、《近代《モダニティ》》および《前近代《プレ・モダニティ》》という三つの位相が微妙なずれときしみとを内包しながら、同時的に重層している構造としてとらえている。そのなかで、日本社会の《超（脱）近代》的位相は、一九七三年頃に始まり、とりわけ一九八五年以降、その様相を深めて来ている。

そして、大事なことは、今日のこの《超（脱）近代》・《近代》・《前近代》という三つの位相の共時的な重層構造のなかで、人びとが、まさしく日々の生活世界を生きつつ、みずからの行為の構成契機としての価値体系を強く希求しているという事実にある。日本社会の「バブル崩壊」を含めて、先進資本主義社会を生きる現代人は、無機的な社会関係の重畳するなかで、有機的な「関係の豊かさ」を求め、その「関係の豊かさ」が発酵して来るところに、意味と価値との淵源を探し求めている。

価値体系は、そのまま神話と等価であるわけではない。「ミュトス」(mythos)、「ロゴス」(logos) および「パトス」(pathos) のトリアーデを考える時、「ミュトス」と「ロゴス」の対質にはやるあまり、「パトス」の存在を看過してはならないであろう。そして、あえて言うならば、現代社会学の《行為》の理論の要諦の一点は、《感覚》→《欲望》→《価値》という「上向」の回路の論理化にあるのである。

前述したように、ヘーゲルは、《主》(Herr) と《奴》(Knecht) との意識を、これら両者のとりむすぶ「関係」の力動態のなかで、考察していた。そこでは、《主》(Herr) ――支配者たち――は、「自立的な存在を介して奴に媒介的に関係する」(傍点はヘーゲル)。この「自立的な存在」は、その実質において、《経済的》社会関係、《政治的》社会関係および《文化的》社会関係の総体である。そして、《奴》(Knecht) は、まさしくこのような「自立化した社会諸関係」に《繋縛》(ヘーゲル) されて、その生を生きる。《奴》は、「物に労力を加え加工する」(傍点ヘーゲル) が、このような《奴》の労働という行為とそれによって形成されてくる生産の関係を通して、「物に媒介的に関係する」《主》(Herr) こそは、その物を「享受すること」を得る。

ヘーゲルは、《主》と《奴》の「関係」の力動をこのようにとらえた後で、次のように、述べている。

「主の欲望は対象の純粋な否定を自分のために取っておき、これを独り占めにし、またそうすることによってまじりけのない自己感情をうることをも独り占めにしたが、だからこそ、この満足はそれ自身ただの消失であるに過ぎない。なぜなら、この満足には対象的な側面あるいは存立が欠けているからである。これに対して、労働は欲望の抑制であり、消失の延期である。言いかえると、労働は形成するのである」(傍点ヘーゲル)。

高度情報化社会、大衆消費社会、管理社会としての先進資本主義社会は、その《超（脱）近代》・《近代》・《前近代》の三つの位相の重層する構成のなかで、とくに「高度情報化」と「大衆消費」の両契機の相即するところにおいて、本来《奴》である市民、労働者たちに、部分的に、虚偽意識としての似而非《主》的意識を分有させている。しかも、なお、《享受》（Genuß）を支配しているコンサマトリーな意識の中枢に、その窮極するところとして、存在するのは、‘consumption’→‘consummation’という意味の回路の果ての、「完成」と「成就」であり、《死》である。

これに対して、《奴》（Knecht）の側の労働という行為は、ヘーゲルの言うように、「欲望の抑制」であり、「消失の延期」によって特徴づけられる。それは、コンサマトリーな行為ではなくて、前述のような《主》と《奴》の力動的な「関係」のなかでのインストルメンタルな行為であり、「即時報酬」的であるよりは、はるかに「遅延報酬」的な行為である。

そして、想起しなければならないのは、パウル・クレーの『新しい天使』が翼を広げて護《まも》り、クロード・モネの『モントルグイユ街』が青・白・赤の三色旗の下に描いていたのは、この労働という行為によって日常性を支えている市民・労働者にほかならなかったという事実であるだろう。市民・労働者たちの日々の「形成」の《行為》は、今や、「小さな物語」の繋縛に息がつまり、そこからの解放を求めているのである。

私は、かつて、三〇年有余以前の日本社会について、次のように述べた。「現代日本の社会意識は、諸個人の日常の生活過程の深部において、信念への渇望によってつき動かされているにもかかわらず、その信念の何たるかを知らない。生活の根拠づけを身を焦がすようにして求めているのだが、それを何処に求めたらよいのかを知らないのである」。そして、今、イタリア、ローマ発祥の高級宝飾ブランド「ブルガリ」の最高経営責任者（CEO）、フランチェスコ・トラパーニは、こう述懐するのである。「贅沢品と贅沢なサーヴィスへの需要は、高まっています。裕福な人が増えているからです。そして、彼らは、裕福だけれども自分たちほどには裕福でない人たち、それを裕福な群衆と言ってよければ、裕福な群衆との違いを示す方法を、常に、求めています」（傍点引用者）。トラパーニによれば、「裕福な群衆」が求める宝飾品は二万ユーロから三万ユーロであり、「ブルガリ」が顧客として想定する現代の《主》(Herr) たちが買い求めるそれは、七万ユーロ以上の価格のものだとされる。

こうして、私たちは、何が'macro-mythes'であるか、何が「幻想」であり、何が日常性の根底に定礎されるべき「価値」であるか、をもう一度、熟慮すべき時であろう。そして、モネの描いていた青・白・赤の三色旗が、僅か二年の後に、フランスの国旗となったという歴史的事実にも、深く想到しなければならないのである。

第二章　社会的行為から開かれる地平

第一節　方法論的「自然」主義における行為と市民社会

一　ニコラウス・クザーヌスからジョン・ロックへ

ニコラウス・クザーヌス（一四〇一―一六四年）は、一五世紀ドイツの思想家である。ドイツ北西部、モーゼル河中流域のベルンカステル＝クースに所在する彼の生家に架けられているプレートは、クザーヌスを、神学者、哲学者、法律学者であると同時に、自然科学者（Naturwissenschaftler）であると規定している。彼は、もうすこし敷衍して言えば、北イタリア、ブレッサノーネ（ブリークセン）の司教、枢機卿を経て、一四五九年に、教皇に次ぐローマ・カトリック教会のナンバー・ツーである「司教総代理」（Legatus Urbis）となった高位聖職者であり、同時に、幾何学と微積分の視座を中心とする数学者であり、「精密科学の先駆者」（Wegbereiter der exakten Wissenschaften）であった。

こうして、端的に言えば、クザーヌスは、みずからローマ・カトリックの教会組織の中枢に位置していながら、ロ

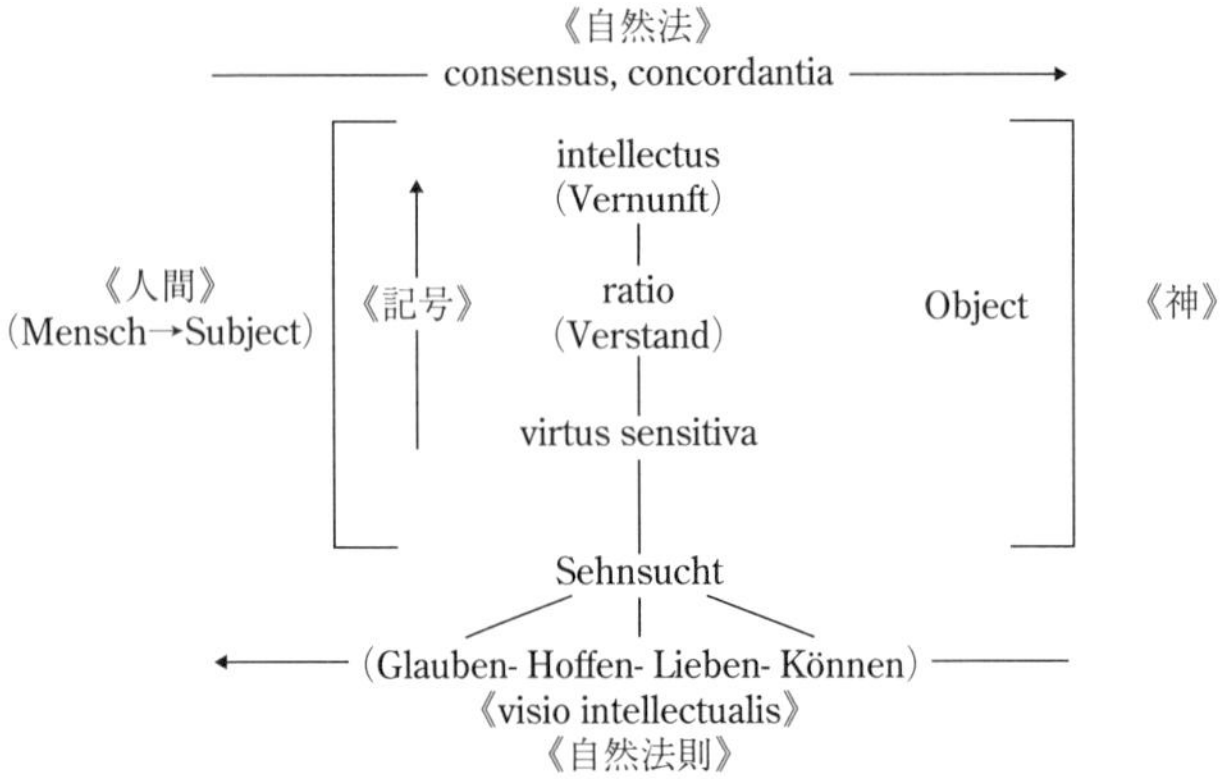

図 11　クザーヌスの基本的シェーマ

ーマ的《中世》からヨーロッパ《近代》への推転を、思想的・理論的に準備することとなった。私は、別稿において、それを《コミュニオン》から《コミュニケーション》への脱構築としてとらえ、それに対するクザーヌスの思想的・理論的貢献の内容を、《ヴィア・モデルナ》（Via Moderna――「新しい道」――）という認識論的視座と、《デヴォーチオ・モデルナ》（Devotio Moderna――「新しい敬虔」――）という存在論のそれとの結合・統合にもとめていた。

クザーヌスの基本的シェーマは、図11のようである。

私が第一に注目するのは、《神》の位置の変遷である。ローマ・カトリックの《宗教》的世界において、言うまでもなく、《神》は「絶対的最大者」（absoluta maximitas）であった。イギリスのヘンリー八世、フランスのルイ一四世、さらにはオーストリアのマリア＝テレジアたちの「絶対王政」は、それ自体、《政治的》社会関係と《経済的》社会関係の重合するところを、《文化的》社会関係のなかの《宗教》の絶対的権威によって縫合し、相即させている社会構成体であった。

そして、クザーヌスは、《絶対者》について言及する際、それを、つねに、最大限に――すなわち無限に――解放されたその、解き放たれたもの（maxime absolutum）として、捉える。absolutus――Absoluteness――は、日本語の語感にあるように、絶対的に――外在的な、高位にあるものとして――君臨するものではない。それは、かえって、ab――away from, off, apart――とsolute, solvere――untie, loosen, dissolve――の複合語として、「解き放たれた、溶解し、流れ出した」という水平的（horizontal）な意味内容を有していた。ヘンリー八世、ルイ一四世、マリア＝テレジアたち、《絶対》君主の「君臨する権威」は、あえて言うならば、仮象（Schein）なのであって、それらの《絶対》性をもたらしているのは、《神》から《人間》にむかって無数の《記号》――Signa, Chiffre, Phantasma, Aenigma, Numerus, Nomen, Imago, Ymago, Figura, Symbolum――を媒体として浸透し、浸潤している《宗教》的権威としての《神》の絶対性であった。

クザーヌスには『光の父の贈物』（*De visione Dei*）（一四五三年）という印象深い書物があるが、彼の、前述のような《宗教》的権威の絶対性についての説明は、ある意味では、原始宗教の太陽崇拝――たとえば仏教における「大日如来」――にもあてはまるものである。

さて、ここで重要なのは、クザーヌスの主要著作のひとつ、『隠れたる神』（*De Deo absconditio*）への留目であろう。私がニコラウス・クザーヌスという《人間》に関心を寄せた最大の理由は、ヴァティカンのナンバー・ツーとしてローマ教皇を支える「司教総代理」の地位にある高位聖職者が、何故、こういう表題の書物を書いたのであろうか、という素朴な疑問にあった。この点の詳細は別稿にゆずるが、クザーヌスは、前掲のシェーマのなかで、《神》を無限の彼方へと――図11に即して言えば、右端へと――運動させるのである。注意深い読者ならば既にお気づきのところであろうが、クザーヌスは、前述の《神》の絶対性についての説明のなかでも「無限」という言葉を用いており、この『隠れたる神』のなかでも、数学の微分・積分の発想を援用して、《神》が無限遠の彼方へと「離接」（Disjunction）して行く、と主張しているのである。こうして《神》が無限の彼方へと遠ざかり、「隠れて行く」時、私たち《人間》の前にクローズアップされて来るものは、無数の個別的存在者としての《Object》であるだろう。すなわち、クザーヌスの基本的シェーマの第一の含意は、このような事態のなかでの《人間》の側の Mensch→Subject という推転と併せて、《神》が後景に退くなかでの「主体（観）」－「客体」という認識論的な視座が胚胎しつつあるところにあった。クザーヌスは、このような位相から、《中世》から《近代》へのひとつの突破口を準備していたのである。

私が第二に注目するのは、クザーヌスの基本的シェーマの上端に位置する《自然法》と、下端に位置する《自然法則》との、相関である。クザーヌスは、初期の著作『普遍的和合について』（*De concordantia catholica*）（一四三四年）のなかで、バーゼル公会議の開催という歴史的事実を背景としつつ、'lex naturae quae est justia'（「正義であるところの自然の法」）と述べ、目前の教会権力と世俗権力の双方に優越するものとして、《自然法》を位置づける。クザーヌスのこの主張は、ローマのウルバヌス六世、アヴィニョンのクレメンス七世、それにピサ選立教皇としてのアレクサンデル五世が並び立って以来の、いわゆる「三教皇鼎立」という一五世紀前半の異常事態のもとで、たとえばゲルンハウゼンのコンラートが、'necessitas non habet legem'（「必要は法律を持たず」）という視点から、実定法秩序が崩壊した状況での「自然法的なるもの」の優越を主張した「公会議派」の流れに、棹さしている。クザーヌスは、ここで、「社会的人間」（homo socialis）の概念から出発し、彼らの「和合と合意」（concordantia et consensus）による意志決定こそが、中世末期の封建社会におけるローマ教皇と世俗領主たちの空虚な実定法秩序を超えて、目前の社会諸関係の支配原理となるべきだ、と主張するのである。

クザーヌスは、さらに、きわめて重要な著作『可能現実存在』（*De possest*）（一四六〇年）のなかで、このような《自然法》の見地を、《自然法則》の運動の視点へと連接させて、そこに《行為》の原型を見出そうとする。彼は、この書物の冒頭から、「創造する力」（virtus creativa）について語り、世界の創造という行為を通じての（a creatura mundi）『隠れたる神』の展開と顕現を、主題化する。「世界は、《見えない神の現われ》（invisibilis dei apparitio）である」。

しかも、後期のクザーヌスにとって、既に述べたように、《神》それ自体は、はるか無限遠の彼方へと「離接」し、私たち《人間》の前には、自然の法則性の展開する場としての「世界という機械」（machina mundi）が在るばかりであり、その内容は《運動》（motus）である。

クザーヌスは、このようにして、《Object》の領域をまさしく「可能現実存在」（possest）の具体化としての運動の領域としてとらえ、しかも、同時に、そのような運動を認識する《Subject》の内側にも、さまざまな表象像（phantasma）とそれらを操作し、駆使する表象力（phantasia, imaginatio）を通じての「意味作用」（significatum）の運動を見出すのであり、これこそが、《記号》を通じての virtus sensitiva → ratio → intellectus という認識の「上向」過程を内包するコミュニケーション行為の原型の出発点にほかならなかったのである。

ひとは、「'est'『存在する』ということは、'actu est'『現実に存在する』ということですから、'possse esse'『可能が現に存在すること』は、'posse esse actu'『可能が現実に存在すること』と同じだけの意味を表示しています。すなわち、それは、'possest'『可能現実存在』とよばれてよいでしょう」というクザーヌスの述言を、どのように理解するであろうか？　この述言を、前掲の基本的シェーマに即して承けとめるならば、《行為》とは、下端の《自然法則》に規定されつつ、そのようなものとしての《人間》の、'virtus sensitiva'（感覚諸力）を現実化することであり、その《行為》の現前を通じて、上端の《自然法》――人びとの「合意」（consensus）形成を通しての「協和」（concordantia）の樹立――が可能となる。そこでは、《人間》自身が「可能現実存在」なのであり、そのことを前提として、《行為》はこのような《人間》の存在証明にほかならないのである。

他方、クザーヌスの基本的シェーマのなかの《人間》－《神》という水平軸を見るならば、《神》が無限遠の彼方に「離接」して行くこととパラレルに、「主体」として、同時に、《神》のコミュニオンから放逐されて孤独に、佇立する《近代》的人間の姿がうかびあがって来るであろう。この地平は、周知のように、『方法叙説』(*Discours de la méthode*)(一六三七年)と『省察録』(*Meditationes de prima philosophia*)(一六四一年)のデカルトの視座と、それを「デカルトは《神》なしに済ませようとしている」と批判したパルカルの『パンセ』(*Pensées*)(一六七〇年)の視座とが交錯していたところであった。それは、既にして、人間的自然(Human Nature)の諸力能を「可能現実存在」の根拠とするところの《近代》的人間と、ガリレイ―デカルト―ニュートンの基軸によって発展させられて行った機械論的自然観――'deus ex machina'「機械仕掛けの神」――によって支えられた《客体》としての自然との対立軸の生成を意味していたのであり、言うまでもなく、この対立軸を基底として、《主体(主観)》(Subject)―《客体(客観)》(Object)の認識論の基軸が成立したのである。

ジョン・ロックは、実は、デカルトとパスカルの同時代者であった。彼は、クザーヌスの開いた地平を一歩進めて、《人間》の側の'virtus sensitiva'を「自然権」(Natural Right)の概念へと結晶させ、クザーヌスが無数の《記号》の解放というかたちで位置づけていた《行為》を、さらに、労働とコミュニケーション行為という二つの回路を有する《近代》的人間の自己表現・自己実現のそれへと、具体化し、拡充する。クザーヌスの基本的シェーマの中原に展開している、'virtus sensitiva'→ratio(Verstand)→intellectus(Vernunft)という領野は、ジョン・ロックの思想的営為を経て、さらに、カントの『純粋理性批判』(*Kritik der reinen Vernunft*)(一七八一年)と『実践理性批判』(*Kritir der praktischen Vernunft*)(一七八八年)、およびヘーゲルの『精神現象学』(*Phänomenologie des Geistes*)(一八〇七年)と『法の哲学』(*Grundlinien der Philosophie des Rechts*)(一八二一年)によって、その《行為》―《関係》過程の分析を深められて行く。私たちは、このことを確認しながら、ジョン・ロックの基本的シェーマの発展過程へと、考察を進めて行くことにしたい。

二　ジョン・ロックにおける自然法・労働・市民社会

ジョン・ロック（一六三二―一七〇四年）は、一七世紀、文字通り、《近代》の勃興期を生きた人であり、クザーヌスより二〇〇年ほど後の時代の思想家である。クザーヌスはモーゼル河の舟運にたずさわる「船主」（Schiffs-eigner）の家に生まれたが、ロックの出自は、父方、母方いずれの家系から見ても、'the Puritan trading class' のそれであった。父ジョン・ロック――まぎらわしいことに、思想家ジョン・ロックの名前と父のそれとは同じである――はサマセット州の治安判事の書記を務めていたが、父方の祖父ニコラス・ロックは「洋服商」（clothier）であり、さらに、このニコラス・ロックの祖父サー・ウィリアム・ロックは、ヘンリー八世御用達の「織物商」（mer-cer）で、一五四八年、ロンドン市の "sheriff" に就任している。イギリス経済史で照射されているように、「織物商」たちのギルドである「織物商組合」（the Mercers' Company）は、ロンドン商人たちのなかでも最も強力な《シティ》の中心メンバーであり、イギリス資本主義の源流のひとつと言っても過言ではなかった。

また、ニコラス・ロックの「洋服商」は、'clothier' が「ラシャ屋、服屋、織物仕上げ工」を意味すると英和辞典に示されているように、日本語の「洋服商」では包摂しきれない意味内容の広がりを有しており――むしろ、日本経済史のなかの「呉服商」の位置づけの方に近い――、原材料となる羊毛を買付け、それを下層農民たちに分配して「紡ぎ糸」（織糸）にし、さらにそれを機織り工たちに渡して服地を織り上げるという諸工程を仕切った上で、商品としての服地・洋服地を販売するのであって、要するに、《マニュファクチュア》を取り仕切っている毛織物産業「資本家」(entrepreneur) の生誕の形態なのである。

こうして、クザーヌスの父の「舟運」が「シャンパーニュの大市」に象徴される《中世》末葉の「北方貿易」と「東方貿易」を仲介する「通商・交易」(Trade) の展開に棹さすものであったとすれば、ロックの出自を成す'the Puritan trading class'の「通商・交易」は、まさしく毛織物マニュファクチュアの経営主体から産業資本が生成しはじめる時代のそれであった。実際、思想家ジョン・ロックの母方の家は鞣《なめし》皮業者であり、父ジョンの弟ピーター・ロックは製革業・醸造業を手がけ、別の弟エドワード・ロックは、ブリストルに出て、ビール醸造業者として成功しているのであって、これから検討して行くロックの視座の中での《行為》概念は、産業革命前夜の資本制生産の生成の諸形態のなかで、結晶化されて来るのである。

なお、ロックは、《名誉革命》の後、一六九六年から一七〇〇年にかけて、Board of Trade の'commissioner'——日本のロック研究のなかでは「通商弁務官」と訳されているけれども、こういう平板な訳語では、後述するような、当代の《経済的》社会関係の急激な変様のなかでの、ジョン・ロック自身の《行為》の意味は、ほとんど理解されずに終ってしまうであろう——に就任しているが、この時、すでに、「通商・交易」(Trade) は、「重商主義」の時代のそれであり、とくにロックにとって、大西洋をはさんだアメリカ一三州の植民地とのあいだの「商品」の交換・移動、および東インド会社を中軸とする東方世界への経済的進出という「関係」の拡大のなかでの《経済的》社会関係の中枢に位置を占めるキーワードであった。

このような背景のもとで、ロックの基本的シェーマは、まず、次のようなかたちでとりまとめられるであろう。

ロックにあって、《人間》は、最初から、「人間的自然」(Human Nature) の諸力を基底に有する《主体(主観)》である。そして、《人間》—《神》の関係枠組みも、クザーヌスの場合とは異なった位相を示しつつではあるが、「連接」(conjunction) から「離接」(disjunction) へと転じて行く。ロックは、生まれたその日に洗礼を受け、カルヴァン派の《ピュウリタン》として成長するが、前述のように、晩年には、ユニテリアンの視座からのほとんど名目的なキリスト教徒にとどまり、教会の弥撒《ミサ》にも参加していない。クザーヌスにおいて、《人間》―《神》の連関は、《神》→《人間》のベクトルを基軸としており、その実質は、《神》を仰ぎ見る‘Sehnsucht’を通じての、「信じ、希み、愛し、力の拠りどころとする」(Glauben—Hoffen—Lieben—Können) 準拠枠組みにあった。私が眼にしたクザーヌスの肖像(彫刻・絵画)は、すべて、この‘Sehnsucht’を具象化したものであり、彼の両手は《神》への祈りの所作を取っていた。これに対して、私は、オックスフォード大学のセント・アントニーズ・コレッジに客員研究員として滞在していた一年半のあいだに、かなり多くのロックの肖像画を眼にして来たけれども——個人的には、グロスターシャー・チェルテナム郊外のサドレイ城に所蔵されている肖像画が、ロックの思想世界を最も良く体現しているものとして、好ましく思われる——、《神》に祈りを捧げているジョン・ロック像を見たことがない。

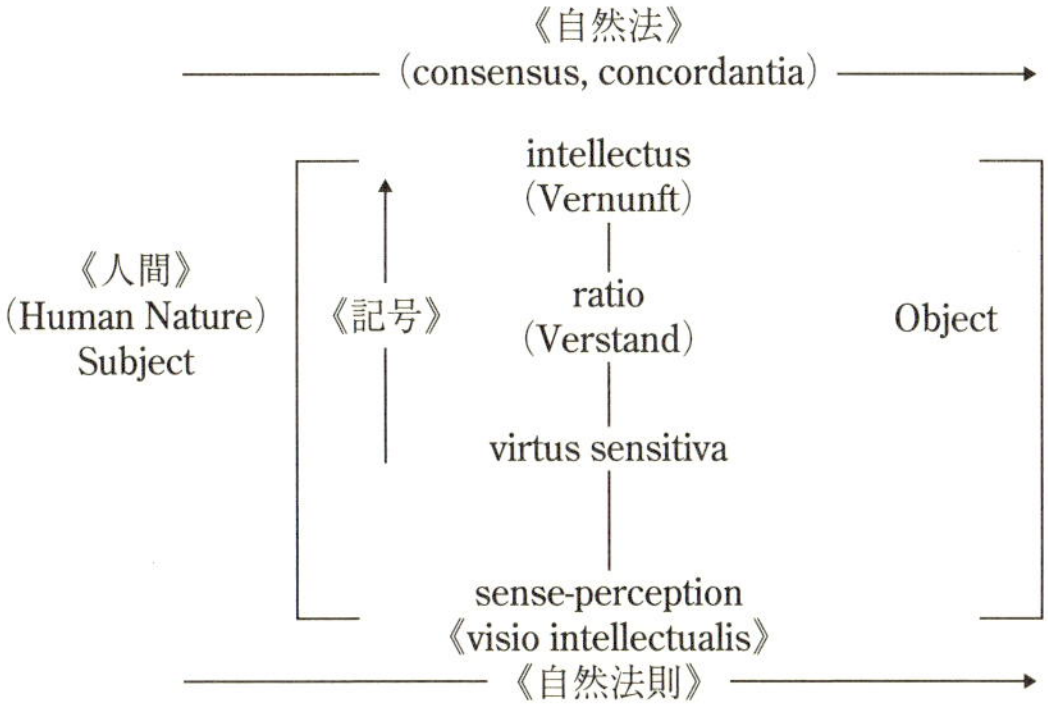

図 12　ロックの基本的シェーマ(Ⅰ)

　こうして、ロックの基本的シェーマ(Ⅰ)にあっては、クザーヌスの《神》→《人間》の連関の基軸を成していた‘Sehnsucht’はその《宗教》的外被を剝ぎとられ、ただ、単に‘Sense-perception’——人間的自然の諸力の一契機としての「感覚—知覚」過程——が横たわるばかりである。しかも、ロックの場合には、《人間》―《神》の関係枠組みは、《人間》↓《神》というベクトルを基軸としているのであって、その上に、《神》が、'deus ex machina' として無限遠の彼方に「離在」して行くのであるから、事実において、《人間》(Subject)―《客体》(Object) という「主観」―「客観」図式のそれへと脱構築されているのであった。まさしく、クザーヌスの《中世》最後の世界像からロックの《近代》の認識論的シェーマへの推転の姿が、ここに在る。

ロックは、『自然法論』(*Essays on the Law of Nature*)(一六六〇―六四年)の冒頭のところでは、自然法は、'the decree of the divine will discernible by the light of nature' であると述べて、ほとんどトマス・アクィナス以来の「中世的な」規定を踏襲しているかの如くである。しかし、その直後のところで、彼は、さらに、次のように主張する。

> By reason, however, I do not think is meant here that faculty of the understanding which forms trains of thought and deduces proofs, but certain definite principles of action from which spring all virtues and whatever is necessary for the proper moulding of morals.

私は、ロックのこの主張のなかに、二つの重要な留意点を見出す。それは、第一に、《理性》を「行為の明確な原理」として把握している点である。ここで語られている「いくつかの明確な行為原理」は、あらゆる “virtues” を湧き出させる(ロックがここで “spring” ――ラテン語原典では “fontes” ――という言葉を用いている含意は看過されるべきではない)とともに、みずからの「内側から」“morals” を適切にかたちづくるために必要なものを、すべて、生み出すのである。この場合、まず、“virtues” は、単に「美徳」とか「徳」などという訳語で済ませられる内容の言葉ではない。それは、フランス語の “vertu” が示すように「勇気」であり、ラテン語の “virtus” が雄弁に物語っているように直接的には「力」「強さ」であり、より広く「才能」「価値」を意味する言葉である。したがって、“morals”も、単純に「道徳」という無内容な訳語によって理解されるべきではない。それは、英和辞典に「風儀」「品行」とある意味に近く、フランス語の“moral”が「風俗」へと結びつけられて行く文脈のなかで、ほとんどウィリアム・サムナーの「モーレス」(mores, moeurs) と同義であり、「正義の感覚を含んだ行為様式であり、生活習慣」を意味する。それは、ロックの労働価値説を引き継いだアダム・スミスが *The theory of moral sentiment*（一七五九年）――これは、彼がグラスゴー大学で講義をしていた *Moral philosophy* の第二節であり、その他に、神学、法律学および経済学を含んでいた――を書き、さらに下って、ベルクソンが *Les deux sources de la morale et de la religion*（一九三二年）を書いた時、これら両者が念頭にうかべていた《生活世界の実質としての行為様式》にほかならない。

私たちは、第二に、ロックが、このような「行為の明確な原理」という地平に《理性》を措定した上で、‘faculty of the understanding which forms trains of thought and deduces proofs’という『人間知性論』(*An Essay concerning Human Understanding*)（一七〇〇年）の主題を、きわめて明確に、提起しているという事実に注目しなければならないであろう。しかも、ロックは、『自然法論』の諸論稿を書き続けている最中にも、人間の‘faculty of the understanding’の基軸を、《中世》スコラ哲学風の「演繹」(Deduction) 論理学から、まさしく人びとの生活と経験の基盤に立脚した「帰納」(Induction) 法のそれへと移しつつあったのである。

彼は、『自然法論』中の第五論文「自然法（the Law of Nature）は、人びとの一般的同意（the general consent）から知られることができるであろうか？　知られることはできない」のなかで、次のように、主張する。

『民の声は神の声』(Vox populi vox Dei, The voice of the people is the voice of God)。私たちは、たしかに、この格言が如何に疑わしく、如何にまちがったものであるかを、きわめて不安な経験によって、教訓として学んだばかりである。私たちは、この不吉な格言がどれほど弊害を生み出し、どれほど党派的利害に結びつけられ、如何に残忍な企図を以って民衆(the common people)のあいだに広く流布されたかを、最近の経験から、思い知らされたのである。

ここに言及されている「不幸な経験」とは、一六四九年一月三〇日の国王チャールズ一世の死刑執行のことである。ロンドンの中心部、ホワイトホール内、バンクェット・ハウスの傍らで、国王の処刑は、市民・群衆の見守るなかで、執行された。この時、ジョン・ロックは一六歳、ウェストミンスター・スクールの二年生であった。この学校からバンクェット・ハウスまでは五〇〇メートルほどの近さであるが、ロックは、この執行を目撃してはいない。彼は、校長リチャード・バズビーが全生徒を集め、処刑される国王のために、公然と祈りを捧げる哀悼の集会を開いていた、その中に居たのである。

そして、ロックが『自然法論』を書きはじめた一六六〇年は、実は、「王政復古」の年であり、ホワイトホールの断頭台に上ったチャールズ一世の息子チャールズ二世が国王の座に就き、《ピュウリタン革命》を主導したオリバー・クロムウェルの息子リチャードが、逆に、フランスへ逃亡した年であった。

私たちは、《ピュウリタン革命》の時期がイギリスにおけるジャーナリズムのめざましい発達の時期であったという事実を、想起しなければならないのであろう。周知のように、イギリスの新聞発達史の最初の隆盛期は、一六二一年の *The Courant* → 一六六五年の *Oxford Gazette* → 一七〇二年の *Dairy Courant*(最初の日刊新聞)という展開を基軸としており、とくに、一六四三年あたりをピークとして、《ピュウリタン革命》の進行のなかでの「王党派」

と「議会派」両陣営の新聞やパンフレットが大量に発行され、一種の「世論の沸騰（effervescence）」状況が生まれていた。ロックは、『自然法論』執筆当時は「右派の人間」（a man of the Right）であり、このようなイギリス最初のマス・ジャーナリズム状況に強く反発し、むしろ、「世論」のあやうさを強調していたのである。

しかし、同じ一六六〇年の五月、ロックは、生涯の盟友ロバート・ボイルに出会うのであり、マッキーが「ボイル―ロック理論」（the Boyle-Locke theory）と呼ぶ経験的な《自然法則》追究の視座を構築して行くことになる。しかも、「王政復古」以後、チャールズ二世とその弟ジェームズ二世がローマ・カトリックの側に加担して行き、そのこととパラレルに、反《市民》的統治――より具体的には、勃興しつつある産業資本家とロンドン商人たちの利益に逆行する政治――を強めて行く状況のもとで、ロックの視座は大きく変転し、やがて、《名誉革命》（一六八八―八九年）の思想的基盤を用意するそれとなって行く。

ロックは、『自然法論』第一論文の後半、やや唐突なかたちで、「ひとつの政治体の形成」（the shape of a body politic）とか「ひとつの共同社会というかたちで結合した人びと」（men united in a common wealth）という文言を用いはじめる。前掲の基本的シェーマ(I)に即して言うならば、彼は、ここで、《自然法》と《自然法則》――ひとは、これら両者がいずれもNatural Lawという《記号》表現を有することを看過すべきではない――のあいだの垂直的連関を論理化しようとしているのであって、《行為》はその中枢的な基礎概念となるのである。

ロックは、まず、次のように言う。

……the rightness of an action does not depend on its utility, on the contrary, its utility is a result of its rightness.

ロックにとって、「功利性」・「功用」（Utility）は、“virtues”と“morals”の源泉ではない。《人間》の“virtues”と“morals”を生み出し、そのようなものとして、《行為》（Action）を根拠づけるもの、それは、“jure naturae et creationis”――（natural right and the right of creation）――すなわち、「自然権と創造の権利」（『自然法論』第六論文）のほかにはない。そして、ここから、彼の『市民政府二論』（Two Treatises of Government: In the Former, *The False Prinsiples and Foundation of Sir Robert Filmer, and His Followers, are Detected and Overthrown.* The Latter is *an Essay concerning the True Original, Extent, and End of Civil-Government*）（一六七九―八〇年）までは、文字通り、目睫の間の近さである。よく知られているように、前篇である第一論文は、一六八〇年に刊行されたロバート・フィルマーの『父権論』――家父長制国家論の視点から国王・地主たちの伝統的権力機構を合理化し、擁護しようと企図した書物――に対する批判と論駁を内容としており、私がここで検討したいのは、一六七九年に書かれた後篇、第二論文、の方である。

そこでは、政治権力（Political Power）とは、「《Property》の保護と整序を目的として死刑およびそれ以下のあらゆる刑罰をともなう諸法律をつくる権利であり、それら諸法律を執行し、外敵から《Common-wealth》を防衛するにあたって、《Community》の力を使用する権利であり、しかもこれらのことがらを《Public Good》のためにのみ行なう権利である」。私たちが注意しなければならないのは、《Property》が、直接的には所有権のことであり、その外見的な姿として財産を意味するけれども、ロックの思想構造のなかで、このような通俗的理解よりもはるかに深い意味内容を有するという事実である。それは、《人間》がみずからの内側の人間的自然の諸可能性――人間的・自然的諸力――を確証し、それらを実現し、表現するという過程を内包した概念であり、今述べて来たばかりの「自然権と創造の権利」を具現化する《行為》としての労働へと、直結して行くのである。

ロックは、さらに、《Common-wealth》からの《Society》の生成について、次のように述べている。

The common wealth seems to me to be a society of men constituted only for producing, preserving their own civil interests (bona civilia).

《Civil Interests――bona civilia――》とは、「生命、自由、健康および身体の安全（indolency）であり、加えて、金銭、土地、家、家具その他の外的事物の所有である」。ロックの視座からすれば、《中世》以来の「共同社会」(Common-wealth）は、このような「市民的利益」の獲得と保全という目的のために特化されたひとつの《行為》―《関係》過程として、《近代》的な「社会」(Society）へと転成して行くのである。

ただし、最も重要な点は、このようなロックの「市民社会」の骨格構造が、次のような《人間》を前提としていたという一点であるだろう。

To understand Political Power right, and derive it from its Original, we must consider what state of all Men are naturally in, and that is, a State of perfect Freedom to order their Actions, and dispose of their Possessions, and Persons as they think fit, within the bounds of the Law of Nature, without asking leave, or depending upon the Will of any other Man.

今や、「市民社会」を構築する主体としての《人間》は、自然の状態において、「自然の全的な豊かさ」(all the

same advantages of Nature）を享受している《行為》主体のことである。この「自然の全的な豊かさ」こそが《自然法則》の展開する領野のポテンツェンにほかならないのであり、同時に、私たち《人間》の自然権の内包する根拠そのものなのである。《近代》的人間の《行為》概念は、こうして、ニコラウス・クザーヌスの基本的シェーマからジョン・ロックのそれへの推転の途を通じて、《自然法》―《自然法則》の垂直的連関をその中枢において収束する《自然権》（Natural Right）という「ゼロ度」（degré zéro）の範疇を見出し、逆に、この権利根拠によって、《行為》―《関係》過程の歴史的展開を支えて行くことになる。

三　ジョン・ロックにおける労働とコミュニケーション行為

ジョン・ロックの方法論的「自然」主義の視座は、《人間》から《神》が無限遠の彼方に「離在」（Dysjunction）して行き、「機械論的世界像」の存在論的地平に、無数の《客体》（Object）と対峙しあう《主体》（Subject）が析出されて来るという状況のなかで、さらに、この《主体》としての《近代》的人間を、自然権（Natural Right）の主体として、《自然法》と《自然法則》というNatural Lawの両義性を媒介する実践の領域としてその《行為―関係》過程を位置づけ、そこから、《市民社会》（Civil Society）の社会構成体の論理を導出した。私は、このようなロックの視座の骨格構造を、『自然法論』（一六六〇―六四年）→『市民政府二論』（一六七九―八〇年）→『人間知性論』（一六八九年）という基軸において、とらえている。そして、私たちは、『人間知性論』の刊行が、《名誉革命》（the Glorious Revolution）の成就の時、具体的には、一六八九年一二月一六日、「権利章典」（Bill of Rights――臣民の権利および自由を宣言し、王位継承を定める法律――）がコンベンション議会によって制定された時点、と時を同じくしていたという事実を、想起すべきであろう。上述の『自然法論』→『市民政府二論』→『人間知性論』というロックの思想構造の発展の過程は、私見によれば、自然権の《主体》としての《近代》的人間が、みずからの《行為—関係》過程を通じて、《市民社会》の社会諸関係を構築する過程の論理化のそれにほかならなかった。

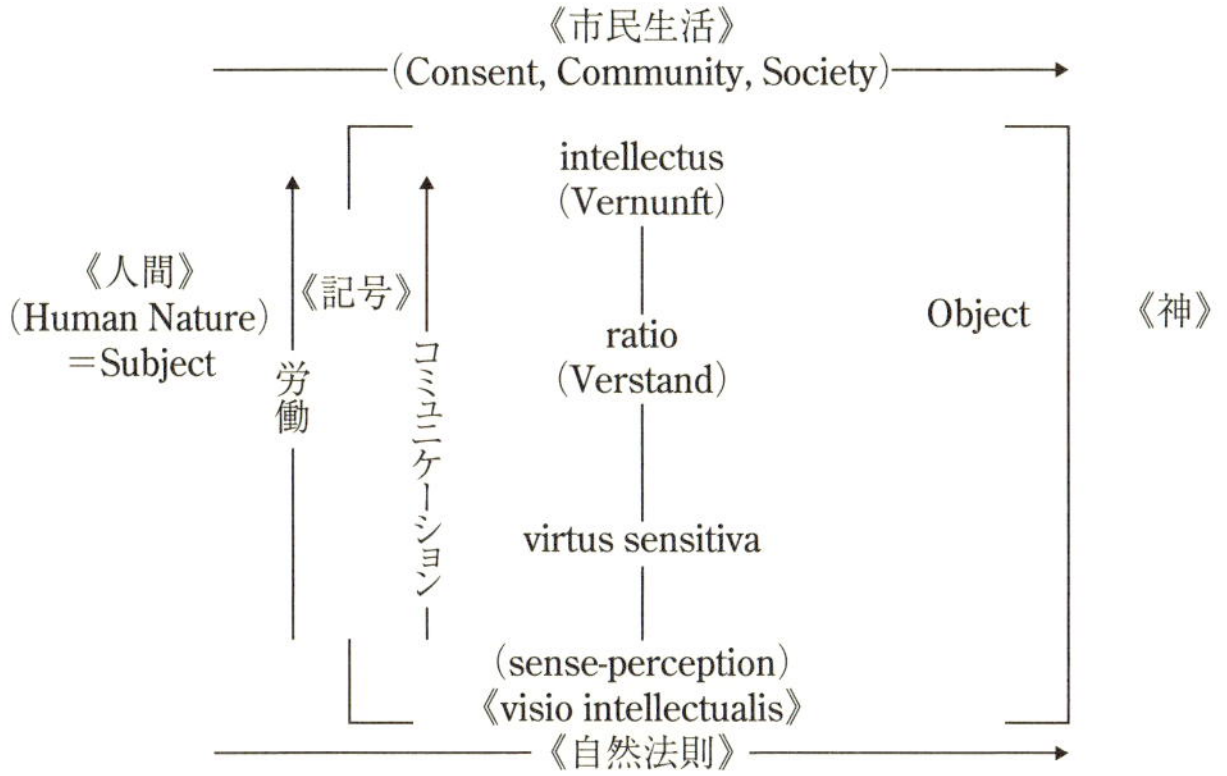

図13　ロックの基本的シェーマ（Ⅱ）

私は、こうして、ロックの方法論的「自然」主義の視座からの《近代》的な社会科学の生成の姿を、図13の、ロックの基本的シェーマ(Ⅱ)のようなかたちでとらえている。そこでは、なによりもまず、基本的シェーマ(Ⅰ)との対質において、《自然法》(consensus, concordantia) から《市民社会》(Consent, Community, Society) への脱構築 (deconstruction) という実態が、注目されるであろう。

私は、このような文脈のなかで、『市民政府論』——前掲『市民政府二論』の「後篇」——におけるロックの 'Preservation' の概念の含意が重要だ、と思う。それは、ロックの次のような主張のうちから、具体化されて来る。

……this *Freedom* from Absolute, Arbitrary Power is so necessaty to, and closely joined with a Man's Preservation, that he cannot part with it, but by what forfeits his Preservation and Life together. （第四章二三節）

Whether we consider natural *Reason* which tells us, that Men, being once born, have a right to their Preservation, and consequently to Meat and Drink, and such other things, as Nature affords for their Subsistence.（第五章二五節）

（いずれもイタリックはロックによる）

この 'Preservation' という言葉は、通常そう訳されているような「保全」という日本語の含意より、はるかに多くのものを意味している。それは、《人間的自然》（Human Nature）の諸力と《自然法則》との交響する関係を《Property》の内側へと運んで行く過程を意味しているのであり、そのようなものとして、私たち《人間》の自然権（Natural Right）を《行為》のなかで具現化する過程を、意味化しているのである。ロックは、さらに、"every Man has a *Property* in his own *Person*"（第五章二七節）と、主張する。私は、ロックのこの述言を、「人は誰でも自分自身の一身については所有権をもっている」（鵜飼信成訳、傍点は鵜飼）、あるいは「すべての人間は、自分自身の身体に対する所有権をもっている」（宮川透訳、ここでは、ロックのイタリックによる強調は見逃されている）と翻訳したのでは、ロックの真意を理解することができなくなる、と思う。直訳すれば「ひとりひとりの人間は、その人に固有の個体性の内部に、ひとつの所有を有する」というこの文章は、私見によれば、「ひとは、すべて、彼自身の身体の内側に、所有権を生み出す根拠をもっている」という意味に理解される。ロックは、この文章のすぐ後で、"The *Labour* of his Body, and the *Work* of his Hands, we may say, are property his"（イタリックはロックのもの）と述べているのであって、身体のなかの人間的・自然的諸力の表現・実現である労働、および私たちの「二本の手」——腕であり、四肢へと広がり、やがて身体へと一体化する——の成果こそが《所有》の内容を生み出すのであり、このような身体の活動こそが「保全」されなければならないのである。こうして、ジョン・ロックの《preservation》の概念は、ホリゾンタルには人間的自然（Human Nature）の諸可能性を《自然法則》（Natural Law）の展開・運動へと媒介《メディエイト》し、ヴァーティカルには、それら人間的自然の諸可能性の具体化された表現としての人間的・自然的諸力を、《労働》へと「上向」させ、さらに、その成果としての《所有》（その法律的表現——権利関係の地平でのそれ——が所有権であり、「市民社会《ブルジョアジー》」一般の表現が財産である）へとメタ的に「上向」させて行くのである。私たちは、ロックの《市民社会》のなかでの《人間》の「行為—関係」過程の中枢部に、このような《Preservation》→《Labour》→《Property》という論理的基軸が存在することを、しっかりと確認しておく必要があるだろう。

さて、ロックの『人間知性論』の冒頭にある「読者への手紙」では、「本書の主題である知性」（the Subject of this Treatise, the UNDERSTANDING）の位置づけがなされ、その直後の部分で、《眼》と《視覚》（Sight）に言及される。それは、あたかも、ニコラウス・クザーヌスの基本的シェーマのなかの“Sehensucht”と響き合っているかのごとくである。しかもなお、ロックが知性と判断力の出発点に措定する《視覚》は、クザーヌスのそれのように、《神》への憧憬のヴェクトルを含みつつ、《自然法則》の運動を解明しながら、そこに《神》の意志を読みとろうとする——クザーヌスは《visio intellectualis》と言う——眼差しではなくて、はるかに経験主義的であり、《自然的人間》の感覚の発動としての眼差しである。

私は、やはり、有名な、次の個所から出発することにしたい。

The Commonwealth of Learning is not at this time without Master-Builders, whose mighty Designs, in advancing the Sciences, will leave Monuments to the Admiration of Posterity; But every one must not hope to be a Boyle, or a

Sydenham; and in an Age that produces such Masters, as the Great-Huygenius, and the incomparable Mr. Newton, with some other of that Strain; 'tis Ambition enough to be employed as an Under Labourer in clearing Ground a little, and removing some of the Rubbish, that lies in the way to Knowledge.

言うまでもなく、ロバート・ボイル、トーマス・シデナム、クリスチャン・ホイヘンスおよびアイザック・ニュートンは、ロックの同時代者たちである。ボイルとの親交についてはすでに触れたが、ロックは、シデナムから医学を修得したのであり、一六七五年から八八年にかけての大陸ヨーロッパでの「亡命」生活の中でホイヘンスの光学・物理学に接し、さらに《名誉革命》後の、生誕しつつある《近代》市民社会にあって、造幣局長官としてのニュートンとともに、その《経済的》社会関係の整序に努力したのであった。したがって、前述のようなロックの言説は、ボイル、シデナム、ホイヘンス、ニュートンとの対比における自らの「謙遜」を示す述言としてのみ理解されるべきではないであろう。

人間の“Understanding”の起源・様態・範域を説明し、論証するという作業は、《宗教》から解放された《自然的世界》の解明を進める――ロックが“advancing the Sciences”と言い、“the way to Knowledge”と述べているのも、この点を指している――ためには不可欠な作業であり、これを十全に成しとげるということは、「ニュートンの勝利――彼の『自然哲学の数学的原理』（*Philosophiae naturalis principia mathematica*）（一六八七年）と『光学』（*Optics or a Treatise of the reflections, refractions, inflections and colours of light*）（一七〇四年）の成果――に比肩する」（ピーター・H・ニディッチ）と言っても過言ではないのである。“Understanding”とは、“the power to form reasoned judgements”のことであり、まさしく、ロックの基本的シェーマ（Ⅰ）・（Ⅱ）のなかの

《sense-perception》→《ratio》→《intellectus》という「上向」の回路を、みずからの《理性》の働きによって歩んでいくことにほかならない。ロックは、前述の引用文のすぐ後のところで、"the Endeavours of ingenious and industrious Men"――勤勉で、あれこれと工夫をこらす人びとのさまざまな努力――を挙げ、このような人たちに、文字通り《近代的《モダン》な》――「新しい」という意味と同時に、《宗教》から解放された自然的世界を対象とする《科学》の知に関わるという意味を有する――認識論をもたらそうとしているのである。

この"ingenious and industrious Men"は、『市民政府論』の「主体」(Subject)であり、あの《Preservation》→《Labour》→《Property》という《行為》の「上向」過程の担い手であった。ロックは、『人間知性論』によって、今度は、この人たちに、《コミュニケーション》の回路を「上向」して行く認識と判断の《行為》過程の明晰化をもたらそうとしているのだ、と言ってよいであろう。

『人間知性論』は、第一巻「生得観念について」(Of Innate Notions)、第二巻「観念について」(Of Ideas)、第三巻「言葉について」(Of Words)および第四巻「知識と意見について」(Of Knowledge and Opinion)という四部構成である。前半の部分では、デカルトの「生得観念」説に立脚する合理主義の視座を批判的に検討しているのであり、それを感覚―知覚に根づかせるところでの「観念」(Ideas)の経験主義的根拠づけが重要な主題である。私は、この点を前提として確認しながら、第三部「言葉について」の部分に集中して行くことにしよう。

ロックは、第三巻第一章で、まず、ここで用いられる"Words"が、その実質において、"Language"と等価であることを明らかにしている。そして、第二章「言葉の意味作用について」のなかで、ロックは、言葉＝言語が"sensible Signs necessary for Communication"である、と主張するのである。私たちは、あたかもチャールズ・サンダース・パースやフェルディナン・ド・ソシュールの《記号学》・《記号論》の視座と呼応するかのごとく、すでにして、《コミュニケーション》における記号との関連での「意味作用」(Signification) が分析されているという事実に、注目すべきであろう。

ロックは、次のように言う。

> *Words in their primary or immediate Signification, stand for nothing, but the Ideas in the Mind of him that uses them* ……（第二章二節、イタリックはロックによる）

言葉＝言語は、《コミュニケーション》の《行為》—《関係》過程のなかで、《人間》の精神の内なる「観念」を表現・表示する記号の体系にほかならない。彼は、さらに、「個々の、個別的な、事物すべてについて、それらについての明確な観念を枠づけ（frame）、保持する（retain）人間の主体的力能（the power of human Capacity）」（第三章一節）の所在を主張した後で、このように述べる。

> That *General* and *Universal*, belong not to the real existence of things, but *are the Inventions and Creatures of the Understanding*, made by it for its own use, *and concern only Signs*, whether Words, or *Ideas*. Words are general, as has been said, when used, for Signs of general *Ideas*. （同上一一節、イタリックはロックによる）

私は、少し前のところで《労働》という《行為》の根拠づけを確認して来たが、ここでは、ロックの《コミュニケーション行為》のそれの根拠を見出しているのであろう。そこでは、私たち《人間》が無数の《記号》——それらの具体化された表現が言葉であり、言語である——を用い、使いこなし、そこでの「意味作用」の展開を通じて、みずからの判断力を発揮する場面が、如実に論じられている。それは、ロック自身が提起していた《セメイオティケー》(σημειωτική, the Doctrine of Signs) ——第四巻第二一章——の構想をも含めて、前述のように、チャールズ・サンダース・パースや、フェルディナン・ド・ソシュールの視座へと通底するものであり、さらに、現代の情報化社会のなかでの《記号》状況を分析するバルト、ハーバーマス、ボードリヤールたちの視点にまで重なるものであることを、示唆している。

私は、このようにして、《中世》末葉から《近代》の初頭にかけての《行為》論の原初的な視座を確認して来たわけであるが、なによりもまず重要なことは、《労働》という《行為》と《コミュニケーション行為》というそれとが、時に錯視されるような、それぞれに切り離された、全的に異質なたぐいの《行為》ではない、ということへの留目であろう。《人間》は、かえって、《労働》という《行為》と《コミュニケーション行為》という《行為》とが重合し、融合するところにおいてこそ、みずからの人間的・自然的諸力の全的な実現・表現を獲得することができるのであり、また、そのためにこそ、日々の生活世界を生きるのである。

第二節　方法論的「社会」主義における行為と資本主義社会

一　功利性の原理と資本主義社会

社会学は、人びとの生活の《共同》の存立の現実的ありようとその理論的根拠とを解明しようとする個別社会科学である。そして、私自身は、この《共同》存在性を分析する切り口——基礎概念——として、《行為》—《関係》過程に留目しつづけて来た。

これを《近代》の歴史の展開の裡へと投影してみるならば、私たちは、ほとんど必然的に、一七世紀から一八世紀半ばにかけての「市民社会」の生成と、その後の産業革命の展開を通じての「資本主義社会」の発現という社会変動の現実的進行に、注目させられることになるであろう。私は、既に、社会学の出自をアダム・ファーガソンの『市民社会史論』(*An essay on the history of civil society*)（一七六六年）に求めていることを明らかにして来ているが、そのようなかたちでの社会学の生成の姿は、同時に、方法論的「社会」主義の二つの代表的視座、すなわち「功利主義」と「歴史主義」のそれのあわい・狭間での《行為》—《関係》過程に対する独自の留目の可能性を示唆するものであった。換言するならば、「市民社会」から「資本主義社会」へという人びとの《共同》存在性の変様そのものが、社会学という個別科学のまなざしを必然化したのである。

ジョン・ロックは、方法論的「自然」主義の視座からの「市民社会」の理論の象徴的著作とも呼ぶべき『自然法論』の巻末近く、次のように述べていた。

For what reason is there for the fulfillment of promises, what safeguard of society, what common life of man with man, when equity and justice are one and the same as utility?

「衡平と正義が効用・功利と同一のものであるとされる時、さまざまな約束を守り成就させるどんな理由があり得るか、社会というものの安全を保証するどんな装置が残るというのか、そして人間と人間とのあいだの共同の生活がどのようなかたちで存立し得るというのか？」。ここで、衡平（equity）とは、言うまでもなく、イギリス人の生活の根幹を成す《コモン・ロー》の骨格にあるものだ。そして、正義（justice）も、日本語の語感にあるような、「抽象的」で「宙に浮いた」無内容な言葉ではなくて、すくなくとも、私のオックスフォード生活の経験の教えるところによれば、原理的には、まさしく一人ひとりの《人間》の《自然権と創造の権利》が、等しく、相互に承認されているということであり、結果として、それら《人間》のあいだの諸関係性の内容において、透明性が確保され、そのなかでの公正（rightness）——とりわけ、原因から結果が導出されるまでの手続きの公正——が確保されている、という意味である。

ロックは、さらに、次のように言う。

Utility is not the basis of the law or the ground of obligation, but the consequence of obedience to it.

ここにある視座は、ロックの「市民社会論」の延長線上に生成したとされるデヴィッド・ヒュームの所論（たとえば、*Essays on moral and political*（一七四一－四八年）、およびジェレミー・ベンサムのそれ（たとえば、*Introduction to the principles of morals and legislation*（一七八九年））とは、かなり大きな懸隔を含むものである。ロックにとって、「効用・功利」(Utility) は、私たちの生活における"virtues"と"morals"の原点ではない。だからこそ、ロックは、『自然法論』の文字通り最後の二行を、こう締め括るのである。

And thus the rightness of an action does not depend on its utility, on the contrary, its utility is a result of its rightness.

多くの人びとは、今日の高度情報化社会・大衆消費社会・管理社会としての《資本主義社会》の発達しつくした地平のなかで、ロックのこのような《行為》の位置づけに、ある種のとまどいと困惑を覚えるであろう。フェルディナンド・テンニースが「利益社会」と呼ぶ「ゲゼルシャフト」化した社会諸関係の重層構造のなかでは、「効用」の最大化をめざす《利益》至上の行為こそが、賞揚されるべき《行為》にほかならないのだから。

しかし、私自身の《行為》論の要諦の一点はまさしくここに在るのであって、このような《近代》の展開過程における「市民社会」と「資本主義社会」との落差と断層とを看過したかたちでの《行為》論を展開するわけにはいかないのである。

私たちは、「市民社会」の存立の目的が《Public Good》にあったという事実を、想起すべきであろう。ロックは『市民政府論（後篇）』のなかで、「統治の目的は、the good of Mankind にある」(一九章)と言い、the care of the public（一四章）に言及し、これらを“Salus Populi Suprema Lex”というラテン語の文言によって支えていたが（一三章）、《公共善》・《共通善》（Public Good）の実質は、ここから導出されて来る。「民衆の“Salus”こそが最高の法である」と言う時、“Salus”とは、「健康」であり、「幸福」であり、「安全」であり、「生存」である。したがって、市民社会における「統治」の目的とされる《公共善》・《共通善》とは、直接的には、一六七九年、まさに『市民政府論（後篇）』が執筆されたその年に、シャフツベリーやロックの努力によって制定された「人身保護法」（Habeas Corpus Act）が保証するようになった一人ひとりの市民たちの私的生活空間と身体の《安全》であり、より深い意味では、《Property》の内容を成す諸個人の人間的自然の諸力の自己実現・自己表現の権利の確保にほかならない。「公共の福祉」とは、単に「生存」権の保証や「健康」を支える諸条件の整備を言うのではなくて、人間が、自然の法則の展開に支えられて運動する事物に働きかける自分自身の《行為》を通じて、彼の身体に内在する人間的・自然的諸力――人間的自然（Human Nature）のさまざまな可能性――の発現を確証し、そこにおいて《自己》を実現し、表現することを、「市民社会」の制度の全体によって保証し、擁護するというダイナミズムを意味しているのであった。

しかし、一七六〇年代に始まったイギリスの産業革命が、一八三〇年代以降のフランス、アメリカへと波及し、さらに、一八五〇年代以後のドイツ、一八九〇年代のロシア、日本へと拡大して行くなかで、「市民社会」は「資本主義社会」へと転成し、アダム・ファーガソンの同時代者アダム・スミス――この二人は、ともに一七二三年六月生まれであり、スミスの方がわずかに一五日の年長である――が主張していた「見えざる手」による《調和》は、一方における産業資本家の抬頭、他方における労働者たちの大群の生成、という階級対抗の社会状況のもとで、頓挫せざるを得なかった。私の視点から見るならば、「市民社会」から「資本主義社会」への、このような転変は、前掲の図2

からも明らかなように、社会構成体の外的・量的拡大であり、同時に、そのなかでの社会諸関係の「分化」・「発達」という内的・質的変容であった。そして、看過してはならないのは、このような社会変動のなかで、「市民社会」の教導理念であり、存立の目的であったところのあの《Public Good》――《公共善》・《共通善》――が、「資本主義社会」の社会諸関係――すなわち、《経済的》社会関係、《政治的》社会関係、《文化的》社会関係および《社会的》社会関係――の多元的「分化」の過程で、意識的にか無意識的にか、褪色させられ、拡散して行ったという事態であるだろう。既に触れたように、アダム・ファーガソン、オーギュスト・コントおよびフェルディナンド・テンニースの視座によって具体化される《社会学》という個別社会科学の生成は、このような背景の下での《社会的》社会関係の構造と意味とを確認し、確証する営為として、可能となり、必然化されたのであった。したがって、ここからは、私も、私自身の《行為》―《関係》過程についての社会学的モデルを積極的に提起しながら、まずは、現代社会分析のなかでの《行為》論の理論展開を企図して行くこととしたい。

私たちの《行為》が発現して来るのは、なによりもまず、次のような存在論的連関のマトリックスを基底として、である（図14）。

これまでの行論のすべてを前提として、《行為》は、第一に、私たち人間をとりかこむ自然環境の内側を貫通する自然法則の展開と私たちの身体そのものの内部に在る人間的・自然的諸力との対質――それは、ある文脈から言えば、《矛盾》と呼んでもよいものである――から、生成して来る。そして、これも既に述べて来たところから明らかな事実として、《人間》の「内的自然」――具体的には、成人男性の場合で六〇兆～七〇兆の細胞の運動であり、おなじく成人女性の場合には五〇兆～六〇兆の細胞の運動である――それ自体が、実は、全自然史的運動の総過程の一齣《こま》なのであり、それに包摂された存在者にほかならないのであった。だから、前掲の存在論的連関のマトリックスのなかで、「外的自然」と「内的自然」との両契機は水平的に、ホリゾンタルに、並置されているけれども、私たち一人ひとりの《行為》は、このような存在論的想定を前提としつつも、常に、そこからの飛躍として、その地平の「のりこ

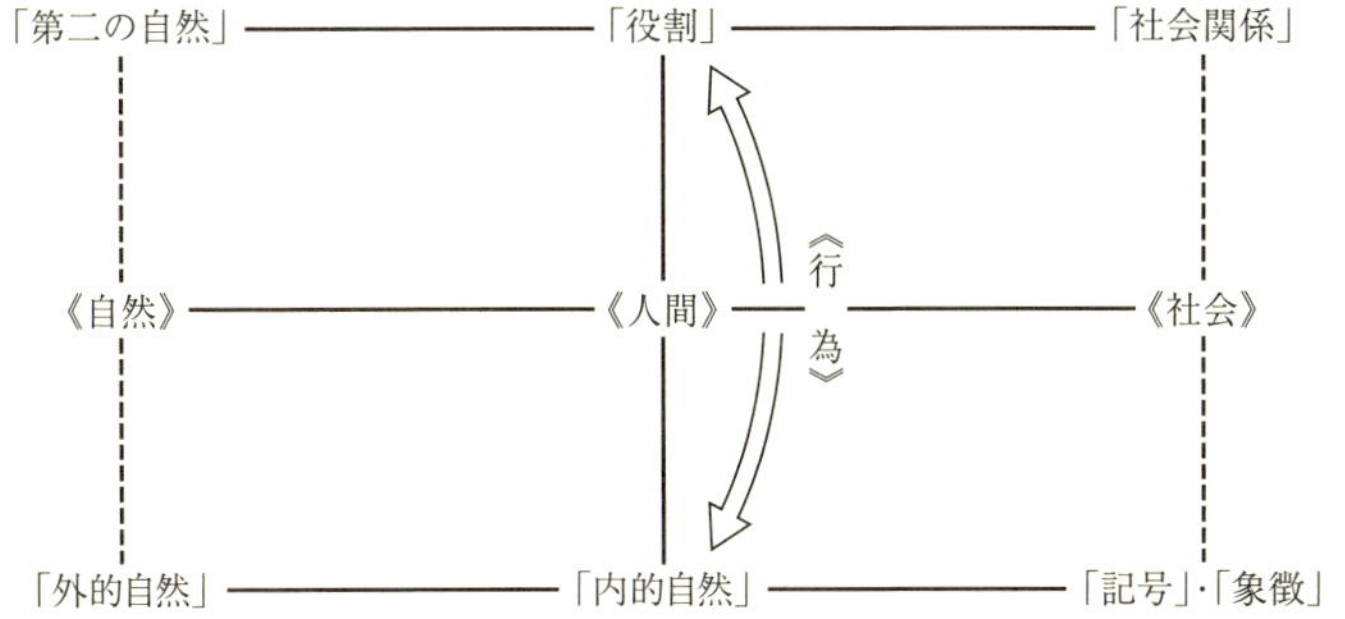

図 14

え」として、具体化されて来る運命を担っている。この点が、ベルクソンの‘élan vital’、およびサルトルの‘existence’の照射しているところである。あえて言うならば、行動は半ば以上「外的自然」に連接し、包摂されているのであり、これに対して、《行為》は、前掲の存在論的連関に支えられつつ、しかも、「外的自然」から離接し、それを「のりこえ」て行くところに、生成するのである。

　私は、このような《行為》を、左のモデルによってとらえている（図15）。この《行為》モデルを前出の存在論的連関のマトリックスの上にデュプリケイトした時に明らかになって来ることとして、《行為》は、第一に、「社会関係」の地平へとりこまれて行く「内的自然」の命運を、内包している。《行為》は、Verhalten—Verhältnis というコンテクストを内具しているのであり、常に、「関係行為」であるだろう。そして、そこにおいて、《行為》の主体——Actor——は、無数の「役割」を演じる存在者として、彼の日常生活世界を生きる演技者にほかならない。私は、いま、ルイージ・ピランデルロの『作者を探す六人の登場人物』(*Sei personaggi in cerca di autore*)（一九二〇年）という戯曲を想起しているが、たしかに、社会的《人間》の主体としての《人間》は、舞台とも

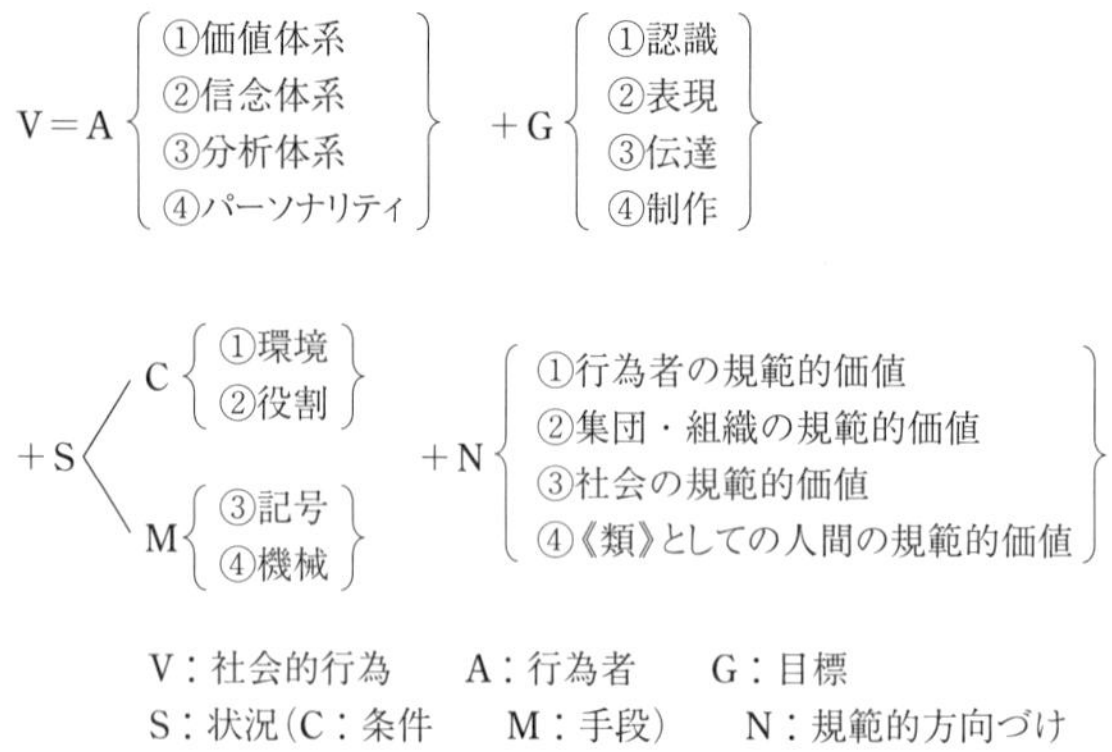

図 15

言うべき社会諸関係の地平において、原作者を持たないドラマの主人公として、みずからの《行為》—《関係》過程の網の目を織り成して行かなければならないのである。

J・P・リウーの産業革命の展開過程についての研究によれば、イギリスの綿紡績産業の生産量は、一八三〇年には二五万ポンドであったが、一八七〇年には一一〇万一〇〇〇ポンドへと、四・四倍の急成長を示している。繊維産業が産業革命の第一段階を主導したことは周知の事実であるが、私たちは、同時に、この事実の背景として、イギリスの石炭産業の生産量が、一八〇〇年には一万トンに過ぎなかったのに、一八七〇年には一一万トンへと激増し、鋳鉄生産量も、一八〇〇年の二〇万トンから一八六〇年の三八〇万トンへと、実に一九倍の拡大を遂げていた点を、見落してはならないであろう。

また、ディーンとコールのイギリス経済史の研究によると、イギリスにおける国民資産の構成比は、一七八九年の段階では、土地と農地という「相続資産」が六三・七%を占めており、「資本主義発達関連」の資産のそれは、わずかに二〇・八%にとどまっていた。ところが、一八八五年になると、前者（「相続資産」）の構成比は二三・三%へと急落し、工業・商業・金融資産のそれが三〇・二%、鉄道投資が一〇・五%、さらに海外資産が八・二%となり、これら三つのカテゴリーの資産の総計としての後者（「資本主義発達関連」の資産）の構成比は、四八・九%へと増大しているのである。よく知られているように、イギリスでは、一八二五年に、北部イングランド、クリーブランド州のストックトンとダーリントンの間を、蒸気機関車の発明者ジョージ・スティーブンソン自身の運転によって、初めて鉄道が開通した。五年後の一八三〇年には、リヴァプール－マンチェスター間の鉄道が開通しているが、このような産業革命と交通革命との相関が、イギリス人たちの生活を大きく変様させ、その実質を成すところの《行為》－《関係》過程のありように著しい影響をもたらしたことは、想像に難くない。私は、前記したオックスフォード生活のなかで、ＢＢＣ（英国放送協会）のホーム・ドラマ「コロネーション・ストリート」をしばしば視聴する機会を得たが、日本の「向う三軒両隣り」に相応する庶民生活を、レンガ造りのデタッチド・ハウスの家々を背景として描くこのホーム・ドラマは、マンチェスターに実在する労働者・大衆の生活世界をモデルとしていた。

ジェレミー・ベンサム（一七四八－一八三二）の主張した「最大多数者の最大幸福」(the greatest happiness of the greatest number) は、功利主義 (utilitarianism) の視座を代表するものであるが、その解釈をめぐっては多くの議論がくりかえされて来た。後にジョン・スチュアート・ミルやジョン・ロールズの議論に言及して行くことになるが、なによりもまず確認しておかなければならないのは、ベンサム自身がイギリスにおける産業革命の開始を目前にして没しているという事実であろう。彼は、実は、前述したような産業革命の進行する過程での社会諸関係の肥大と「分化」を目撃しているわけではない。したがって、私たちは、まず、既に検討して来たロックの《人間》像と、ベンサムの「快楽を求め、苦痛を避ける」という功利主義的《人間》像との位置関係を、明らかにしなければならないのである。

ロックの“Salus Populi Suprema Lex”という基礎概念によって照射される《公共善》は、自然法則の具体的な運動と展開の領域である「外的自然」と人間的・自然的諸力の可能的潜勢力を内容とする「内的自然」との物質的代謝という存在論的連関を基盤とする《行為》から導出され、生み出されるものであった。そのことは、彼の「貨幣論」のなかで展開されている労働価値説の視点からの「労働」についても、また、『人間知性論』で詳細に展開されている「コミュニケーション行為」についても、ひとしく見出される方法論的特色である。

これに対して、ベンサムの言うところの「快楽」と「苦痛」は、要するに、「内的自然」の側の、きわめて主観化された体験と経験の内容である。そこには、「外的自然」の運動を支える自然法則の骨太な姿は、それ自体として登場しない。功利主義の社会科学の方法論は、ジョージ・バークリー（一六八五―一七五三）とデヴィッド・ヒューム（一七一一―一七六）の認識論によって支えられているが、「存在とは知覚されることである」(esse est percipi) というバークリーの述言に象徴されるごとく、彼らの認識論は著しく主観的である。このような方法論的装置のうえで、かつてロックが《行為》を通じての「内的自然」の諸力の自己表現・自己実現の過程の果てに見出していた《自然権と創造の権利》が、ベンサムの「功利」・「効用」(Utility) に転化し、「快楽」の最大化と「苦痛」の最小化という主観的衡量と計算へと変容して行くこととなった。

ジョン・スチュアート・ミル（一八〇六―七三）は、その生きた時代の変遷からも窺い知ることができるように、ベンサムの極端な「功利性」の視座に対しては、かなりに懐疑的であり、批判的にならざるを得なかった。一時期東インド会社に勤めていたミルにとって、資本家と労働者とが同一の条件で「快楽と苦痛の功利計算」を遂行することが出来るとは信じられず、ましてや、展開しつつあった帝国主義的植民地経営の下で、イギリスの経営者たちとインドその他の植民地の労働者たちが、ひとしく、「快楽を最大化し、苦痛を最小化する」ことが出来るとは、到底考えられなかったであろう。

このようなミルが『功利主義』(*Utilitarianism*) を書いたのは、一八六三年であった。この年、アメリカでは、大統領エイブラハム・リンカーンがペンシルヴァニア州ゲティスバーグにおける演説で四〇〇万人の黒人奴隷を解放する宣言を発し、フランスではエドゥアール・マネが「草上の昼食」(*Le Déjeuner sur l'Herbe*) を描いて印象派への途を開き、日本では、イギリスの艦隊が九州の錦江湾に入って薩摩藩と交戦する「薩英戦争」が勃発していた。ミルは、前掲の著書のなかで、「功利性の原理」を、次の二つにまとめている。ひとつは、「幸福は望ましく、そして目的として望ましいただ一つのものである」という"Egoistic hedonism"であり、他のひとつは、正しい《行為》の基準は「行為者自身の幸福ではなくて、関係するすべての人びとの幸福にある」という前提から導き出されるところの、「全体の幸福 (the general happiness) はすべての人びとの総体にとって善である」という"Universalistic hedonism"である。しかし、前者、個人のレベルにおける「利己的快楽主義」が、アメリカの産業ブルジョアジーと黒人奴隷の双方にひとしく適用され、フランスの官展を主導したアカデミー会員ジャン＝レオン・ジェロームとそれに落選したマネの双方にひとしく該当し、さらに、日本へと艦隊をさしむけたイギリスのヴィクトリア女王・パーマーストーン首相と日本の孝明天皇・島津斉彬の双方にひとしく享受されたとして、その時、ミルの主張する「普遍主義的快楽主義」はどのようにして、どのようなかたちで成立すると言うのであろうか?

時代は、既にして、産業資本段階から国内的には独占資本主義、対外的には帝国主義の段階へと移行しつつある「資本主義社会」の社会諸関係を現前させており、J・S・ミルのいわゆる「エゴイスティックな快楽主義」と「ユニバーサリスティックな快楽主義」とは、実は、これら社会諸関係によって媒介され、現実的な連関づけを与えられていたのである。

一九二一年生まれのジョン・ロールズは、私たちの同時代者であるが、「公正としての正義」(Justice as Fairness) という視点から、ベンサム、ミル流の功利主義の視座からの「個人と社会」問題の定位の仕方とその解決プランの可能性とに、疑問を投げかけている。功利性の原理のもとでは、既に見て来たように、一般的な幸福は、同一のウエイトをもつ個人の効用関数の合計から成る社会的効用関数によって、把握される。そこでは、諸個人の効用関数は、すべての本質的な側面において、同一であると仮定されており、諸個人間に格差をもたらす「教育」や「躾け」などの諸条件は、単なる偶発事であるとされ、考慮の外に置かれる。ロールズは、一方において、ロックたちの自然法の見地に遡行し、他方、ジャン・ピアジェやローレンス・コールバーグたちの発達心理学的な視座をも参看しながら、「功利主義の基底にある考え方は、公正としての正義という考え方とは、非常に異なっている」と批判する。私たちは、功利性の原理からの「資本主義社会」の《のりこえ》という展望が自家撞着を含んでいると、考えざるを得ないのである。

二 人間的・自然的諸力と資本主義社会

方法論的「社会」主義の視座のドイツ・ヴァージョンとも呼ぶべき歴史主義（Historismus）において、人びとの《行為》とそれを規定する資本主義社会とは、どのように理解され、把握されていたのであろうか？ フリートリッヒ・マイネッケは、*Die Idee der Staatsräson in der neueren Geschichte*（一九五七年）のなかで、こう述べている。

たしかに、《一般の福祉》は、国家権力のもっとも野蛮な発展段階をのりこえていた各国家の目標であり、課題であった。がしかし、この《一般の福祉》は、民族にまで統一された個々の個人の福祉ばかりでなく、単なる個人の総計以上のものを意味し、一つの精神的な集団的個性をあらわしていた全体の福祉をも包括していた。そして、民族全体だけにとどまらず、それを導いていた国家もまた一個のこうした集団的個性であり、さらに、それが組織されたものであって、どのような瞬間にもその意志を主張できたのであるから、単なる民族よりもはるかに能動的な集団的個性だったのである。この意志の法則が、すなわち国家理性にほかならなかった。

このような《一般の福祉》と国家との関係枠組みについての理論的イメージは、私たちが検討して来たジョン・ロックの"Salus Populi Suprema Lex"やベンサム、J・S・ミルたちの「功利性の原理」のそれと対質させて見る時、著しく「有機体」説（Organologie）的である。そこには、やはり、一八〇六年の「神聖ローマ帝国」の解体・消滅という歴史的事実が、大きく作用していたであろう。なぜなら、一八〇三年以降の領土の再編の過程を経て生きのびた四〇あまりの独立主権国家に包摂されるドイツ人たちにとって、「ドイツ」という言葉は、単なる地名でしかなかったのであり、一八七一年の帝国統一に至るまで、マイネッケの言うところの「国家理性」を実感することができなかったのだから。

私は、これまで、方法論的「社会」主義の視座のひとつとしての歴史主義の展開を、ヘーゲル、フォイエルバッハ、ヘス、マルクスというそれによってとらえ、またフリートリッヒ・リストからレオポルト・フォン・ランケへのそれを参看しつつ、論じて来た。ここでも、また、ヘーゲルの『法の哲学』（*Grundlinien der Philosophie des Rechts*）（一八二一年）の検討から、出発することにしたい。

しばしば語られているように、『法の哲学』は、その実質において、ヘーゲルの「市民社会」論である――"Rechts"は、英語の"Right"であり、「権利」を意味し、「公正」を意味し、その上で、「法」を意味する――。前述したような歴史的経緯から、この本を執筆した当時のヘーゲルの眼前に「ドイツの市民社会」は現前していなかったから、彼は、実質的には、倫理学と国家論を両極として、その中間の、媒介された諸関係の領域に、「要請されるべき市民社会」を定位している。

ヘーゲルによれば、《法》は、次のような、三つの規定性を通じて、具体化されて来る。

［α］ひとつの民族の特殊な国民的性格と、その民族の歴史的発展段階と、自然必然性に属するすべての諸関係の連関とによって。

［β］ひとつの制定された法の体系なるものは、普遍的な概念をもろもろの対象と事件の特殊的な、外からわかる性質に適用することをふくまざるをえない、という必然性によって。

［γ］現実における決定のために必要なもろもろの末端規定によって。（緒論、§三、傍点はヘーゲル）

興味ぶかいことに、このような《法》の内容は、荻生徂徠（一六六六―一七二八）の『政談』に言うところの「法制節度」――これが当代の日本の《法律的・政治的》社会関係を表現する言葉であった――と、きわめてよく対応している。

私が注目するのは、ヘーゲルが、さらに進んで、「倫理的実体」――私の言葉を用いて言えば、社会諸関係――を、次のように区分しているところである。

a、第一に自然的な精神、――家族であり、

b、第二に、それ（倫理的実体）の分裂と現象においてあるあり方、――市民的社会であり、

c、第三に、特殊的意志の自由な自立性においてありながら同様に普遍的かつ客観的な自由として、国家である。

――［α］ある民族の、そのような現実的かつ有機的な精神は、［β］特殊的なもろもろの民族精神の関係を通じて、［γ］世界史のなかで、自分が普遍的な世界精神にじっさいに成りもし、かつ自分を普遍的な世界精神として現実的

に開示しもするのであって、この普遍的な世界精神の権利が最善のものである。(区分、§三三、傍点はヘーゲル)

こうして、ヘーゲルは、後進国ドイツの《行為》—《関係》過程の内容を、やはり、《道徳》(Moralität)と《倫理》(Sittlichkeit)の内側を上向し、下向する理念(Idee)と精神(Geistes)の運動として、とらえている。マイネッケによると、「国家理性《シュターツレゾーン》とは、国家行動の格率、国家の運動法則である。それは、健全な力強い国家を維持してゆく上に政治家がなさねばならぬことを告げるものである。ところで、国家の十全な力は国家がともかくもなお成長できる場合にだけ保持されるものであるが、国家とはそうした力をもつ一個の有機的形成体であるのだから、国家理性はこの力の成長の道程や目標をも指示する」ということであるが、ヘーゲルの『法の哲学』における「市民社会」は、結局のところ、この「国家理性」の裡に包含され、包摂された「市民社会」の姿にほかならない。しかも、この「国家理性」は、さらに、キリスト教という《宗教》の外被に強く、深く、覆われていたのであった。

よく知られているように、ヘーゲルは、一八〇六年一〇月一三日、バンベルクの友人ニートハンマー宛ての手紙で、次のように記した。「私は、皇帝、この世界精神が町を通って陣地偵察のために馬を進めるのを、見た。この一地点にあって馬上に座しながら、しかも全世界をおおい、支配する人を見るということは、まったくなんとも言えない感じがする」。この皇帝は、言うまでもなく、イエナに入城するナポレオン・ボナパルトである。そして、フランスの「歴史画」の王道を占めていたジャック・ルイ・ダヴィッド——彼の『ナポレオンの戴冠式』(一八〇七年)については前述した——からジャン=レオン・ジェロームに至る官展アカデミーの画家たちの《記号》表現が、やがて、エドゥアール・マネ、ポール・セザンヌ、クロード・モネたちの印象派の画家たちのそれによって《のりこえ》られて行ったのと同様にして、このような「国家理性」と「世界精神」による《行為》—《関係》過程の把握は、文字通り、顚倒させられ、脱構築されなければならなかった。

それでは、この顚倒のアルファにしてオメガである一点はどこにあったか？　それは《人間》である。ヘーゲルは、『法の哲学』の第一部、抽象的な権利ないし法、§三五において、《主体》としての人格（Person）について、次のように言う。

人格性（Persönlichkeit）は以下のことを含んでいる。すなわち、この者としての私は、あらゆる面から言って［内面的な恣意、衝動、欲望の点でも、また直接的外面的な現存在から言っても］、完全に規定されて、しかもまったくただ純粋な、自分への関係であるということ。したがって、私は、有限性のなかでそのように自分を無限なもの、普遍的なもの、自由なものとして知る、ということである。

ヘーゲルにとって、《主体》としての人間は、それだけでは、人格性の可能態でしかない。そして、人格とは、要するに、《主体》にとって、対自的にあるところの《主体》のことである。ヘーゲルの言葉を用いて言えば、人格こそが、「純粋の対自的存在における自由の個別性」である。

しかし、それは、また、人間を、「自由な意志の普遍性」（傍点はヘーゲル）という仮象を通じて、前述の「国家理性」へと包摂して行く理路のはじまりでもあるだろう。したがって、この点こそ、《人間》の理解の仕方の岐路にほかならないのであり、ルートヴィッヒ・フォイエルバッハが『キリスト教の本質』（*Das Wesen des Christenthums*）（一八四一年）において唯物論の方向へとヴェクトルをとり、モーゼス・ヘスが「行為の哲学」（"*Philosophie der Tat*" Einundzwanzig Bogen aus der Schweiz）（一八四三年）において、現実の「資本主義社会」のなかでの《行為》―《関係》過程の《主体》としての行為の分析へと進んだ、一点なのである。有名な「理性的であるものこそ現実的であり、現実的であるものこそ理性的である」（傍点はヘーゲル）という章句は、『法の哲学』の序文の裡に登場する。しかし、フォイエルバッハの不遇な生活過程から見る時、「現実的なものは理性的である」とは到底信じられないものであった。

『キリスト教の本質』のなかで、私が、まず、注目させられるのは、フォイエルバッハの次のような主張である。

神とは人間の最も主体的で、最も固有の本質が分離され、抽出されたものである。したがって、人間は自分自身からは行為することができない。したがって、すべての善は神から来る。神が主体的・人間的であればあるほど、人間はそれだけますます多く、自分の主体性と人間性とを疎外（entäussern）する。なぜなら、神そのものは人間の自己が疎外されたものだからである（傍点はフォイエルバッハ）。

顛倒は、このようにして、開始された。そして、フォイエルバッハの「発生的＝批判的哲学」（genetisch-kritische Philosophie）の視座から、《人間》は、感性的・自然的存在者、すなわち唯物論的人間としてとらえられるようになる。彼が、《人間》のうちに見出すもの、それは、「人間の類的な諸能力であり、理性（悟性）・意志（道徳性）・心情（Herz＝愛）であり」、要するに、「外的自然」―「内的自然」の地平から上向して来る人間的・自然的諸力にほかならない。

フォイエルバッハは、さらに、「人間は、他者なしには、物理的になにごともなし得ないし、精神的にもまたそうである。四本の手は二本の手よりも多くの事をすることができるし、同様にして、四つの眼は、二つの眼よりも、一層多くのものを見ることができる。この結合された力は、単に量的にだけではなくて、質的にも、分散された力とは区別される。人間の力は、個々のものとしては制限された力であるけれども、結合されたものとしては無限の力である」と述べて、《共同》存在性を重要視する。《人間》の「内的自然」の具体的発現である人間的・自然的諸力は、こうして、《共同》生活のなかでの「《類》的本質」の表現となる。

私たちは、功利性の原理の下では、「個人」の感覚、欲望の充足と「社会」全体の一般的福祉とが、外的に分離されたうえで、積分されているのを見て来ているが、フォイエルバッハの「顚倒された歴史主義」としての唯物論においては、《人間》の内側で、「個」と《類》とが質的に融合させられているのである。

モーゼス・ヘスは、フォイエルバッハから多くの影響を受けながら、ヘーゲルの「絶対精神」をキリスト教の《神》の模倣であるとして、その「精神の哲学」からの「行為の哲学」の生成を主張する。ヘスにとって、重要なのは、「作られたもの」(Werk) ではなくて、「作ること」(Wirken) であり、文字通り、「作る」行為である。それは、具体的には、「自己自身の表出ないしは発展としての労働」(das Ausarbeiten oder Hinausarbeiten seiner selbst) であり、私たちの人間的・自然的諸力の表現・実現にほかならない。

興味深いことに、ヘスは、『行為の哲学』の最終部分において、シャルル・ルイ・モンテスキューの『法の精神』(*De l'esprit des lois*)（一七四八年）の第三篇、第三章を引照しながら、「共和国 (res publica) と徳 (virtus) との不可分の結びつき」(傍点はヘス) を強調している。モンテスキューがジョン・ロックの『市民政府論』に多くを負っているという事実は、周知のところであろう。そして、ロックは、『市民政府論』の前提を成す『自然法論』のなかで、次のように述べていた。

By reason, however, I do not think is meant here that faculty of the understanding which forms trains of thought and deduces proofs, but certain definite principles of action from which spring all virtues and whatever is necessary for the proper moulding of morals.

モンテスキュー、およびロックの「徳」(virtus, virtues) は、実は、日本語の「美徳」とか「徳」などという曖昧な「指示対象」を意味しているのではなくて、フランス語の‘vertu’が示すように「勇気」であり、ラテン語の‘virtus’が雄弁にものがたっているように、直接的には「力」、「強さ」であり、より広く「才能」、「価値」を意味する言葉である。そのことは、‘virtuoso’という言葉の含意からも、明瞭に読みとれるところであろう。それは、まさしく、私たちの人間的・自然的諸力の表現・実現の境位を照射しているのであり、そこに生成する《行為》の結果形態=所産としての「価値」——労働価値から芸術的価値に至るまで——を表示しているのである。

また、ヘスの言う「共和国」(res publica) も、‘Republic’という結果形態=所産を生み出すところの《公》的領域——《公》的なるもの——を意味しているのであって、私たちは、後に検討するハンナ・アーレントの所説を俟つまでもなく、ここで、無数の《私》たちの人間的・自然的諸力——《行為》—《関係》の諸過程——(《公》的価値とその具体的表現としての公共性) という問題の布置連関の前に、立たされているのである。

このように、歴史主義における方法論的「社会」主義の視座の「顚倒」のなかで、フォイエルバッハの生命活動 (Lebensthätigkeit) は、モーゼス・ヘスにおいて、「社会的生活」(Gesellschaftliches Leben) の地平へと上向させられ、「協働」(Zuammenwirken) と「交通」(Verkehr) の生活過程のなかでの《類的行為》(Gattung act) へと転成する。ヘスは、さらに、次のように言う。

> 貨幣は、相互に疎外された人間の所産（das Product der gegenseitig entfremdeten Menschen）であり、外化された人間（der entäußerte Mensch）である（「貨幣体論」*Über das Geldwesen*, 1845）。

フォイエルバッハの『キリスト教の本質』は、ヘーゲル批判であり、《宗教》の批判であったが、そこにおける「顛倒」の結果ほりおこされた人間的・自然的諸力は、今や、「商品取引される生命活動」（verschacherte Lebensthätigkeit）としての労働という《行為》の裡に定位され、ヘスのいわゆる「貨幣体」としての資本主義社会に対する「政治経済学」の視座を生成しつつあった。ヘスは、周知のように、『ライン新聞』（*Die Rheinische Zeitung*）（一八四二―四三年）の共同創刊者のひとりであった。そして、前出の「貨幣体論」は、『ライン年報』（*Rheinische Jahrbücher zur gesellschaftlichen Reform*）第一巻に掲載されたものである。

言うまでもなく、ヘスは、この頃、『ライン新聞』出筆であったカール・マルクスと親交をもっており、「貨幣体論」の内容は、部分的に、マルクスの『経済学・哲学草稿』（*Ökonomisch-philosophisches Manuskript*）（一八四四年）の視点と響き合うものを含んでいた。しかもなお、この後、フォイエルバッハやヘスの途とマルクスのそれとは、大きく分岐していくこととなる。

マルクスは、「フォイエルバッハに関するテーゼ」（一八四五年）第六項において、次のように言う。

> フォイエルバッハは、宗教性《ヴェーゼン》を人間性へ解消する。しかし、人間性はおよそ個人に内在する抽象物ではない。それは、その現実性において、社会的諸関係の総体《アンサンブル》である（傍点はマルクス）。

彼は、また、第一〇項において、「古い唯物論の立場は市民社会であり、新しい唯物論の立場は人間的社会、もしくは社会的人類である」と、述べていた。それでは、この「人間的社会」とは何であり、「社会的人類」――《私》と《類》とが、内面的に上向・下向しあい、融合しつつあるというかたちで、《類的本質》は、具体化され、《のりこえ》られて行くのであろう――とは何か、この問いこそが私たちの《行為》―《関係》過程の理論の出発点である。

三　労働とコミュニケーション行為の乖離

アダム・スミスからベンサムを経てジョン・スチュアート・ミルに至る「功利主義」とヘーゲルからフォイエルバッハを経てマルクスに至る「歴史主義」とをメルクマールとする方法論的「社会」主義の視座の時代は、それ自体、資本主義社会の生成と発展の時代であり、とりわけ、前述したように、産業革命の進展と植民地獲得競争の激化を通じて、資本主義そのものの不均等発展とそれにともなう先進資本主義諸国間の矛盾と緊張を増大させて行く歴史過程であった。資本主義社会をとらえる眼差しは、スミスの『国富論――諸国民の富の本質と原因に関する研究――』(*An inquiry into the nature and causes of the wealth of nations*)(一七七六年)とフリートリッヒ・リストの『政治経済学の国民的体系』(*Das nationale System der politischen Ökonomie*)(一八四一年)とでは、大きく異なっているのである。

一九世紀イギリスの資本主義社会は、M・G・ミュルホールによれば、左図のように概括される(図16)。

そして、産業革命の進展につれて、この図のなかのP1――物質的生産の領域――が急激に拡大し、それと逆相関するかたちで、P2――自己消費用の生産領域――のウェイトが低下し、今日に至るまで、基本的に、P1によるP2の包摂、

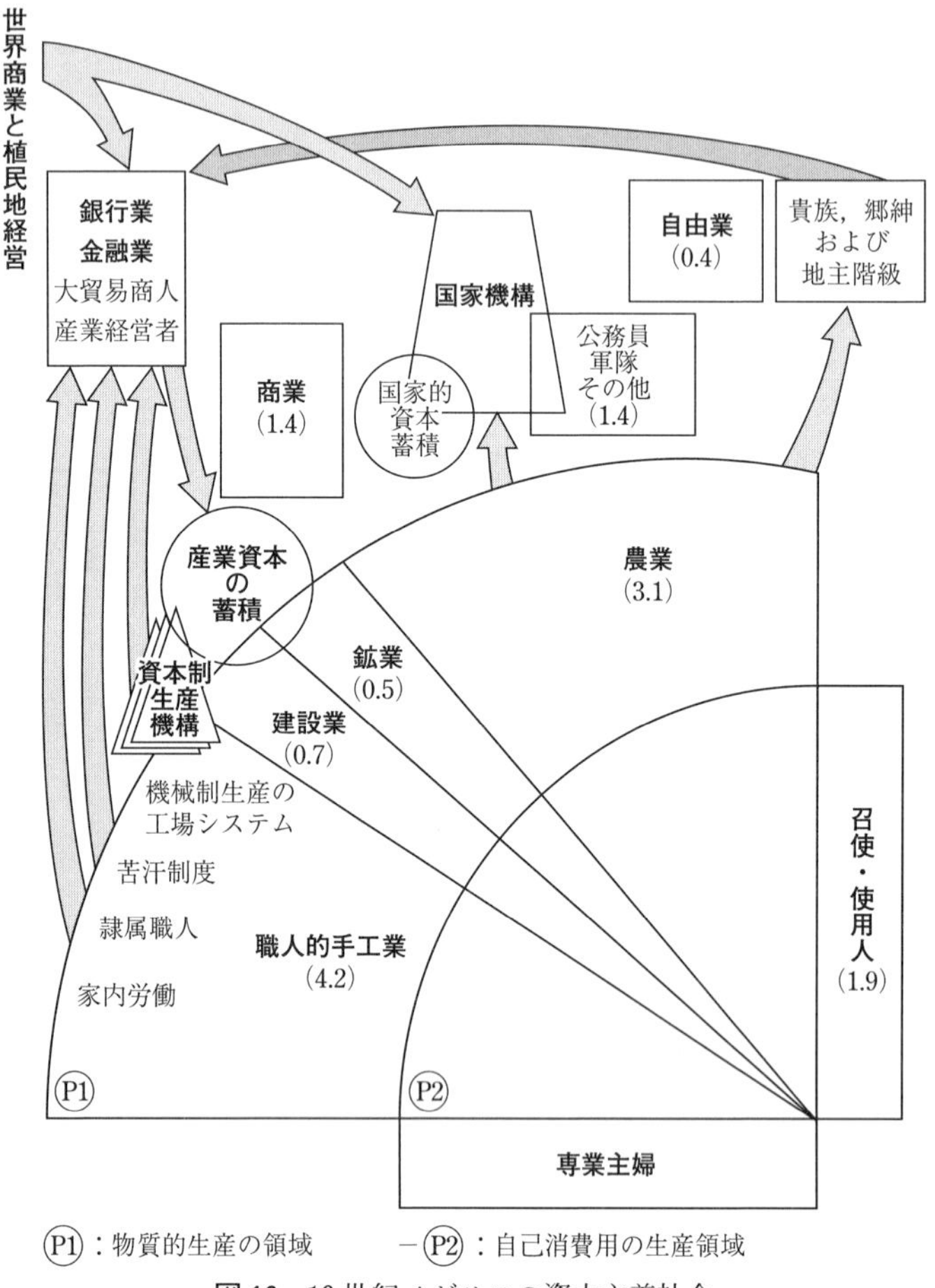

図 16　19 世紀イギリスの資本主義社会

出典：M. G. Mulhall, *A Dictionary of Statistics*, p. 267, 1898.
注：各部門の（　）内の数字は，1861 年の労働力人口（単位：100 万人）.

「囲い込み」という事態が進行して来ている。私たちは、フェルディナンド・テンニースの『ゲマインシャフトとゲゼルシャフト』（一八八七年）の背後に、このような社会構成体の推移を見出すべきなのであろう。さらに言えば、私たちは、この社会学草創の古典的書物の眼差しを、同一の著者によるところの *Thomas Hobbes*（一八九六年）、および *Karl Marx*（一九二一年）、のそれとの重合のうちに、理解しなければならないのである。

ミシェル・ボーは、先進資本主義諸国の国民総生産（produit total）の「一〇年間成長率」を比較しているが、それによると、一八八五―九四年の時期から一九〇五―一四年の時期にかけての成長率は、イギリス（二三・八％）、フランス（一五・七％）、ドイツ（三二・九％）、アメリカ（四四・七％）、となっている。また、彼は、国民一人あたりの生産（produit par tête）の「一〇年間成長率」の比較も行なっており、同じく一八八五―九四年の時期から一九〇五―一四年の時期にかけて、イギリス（一一・四％）、フランス（一三・五％）、ドイツ（一七・〇％）、アメリカ（二〇・一％）、という成長率である。ちなみに、日本の資本主義発達のなかで、これと同一の時期のあいだの国民一人あたりの生産の「一〇年間成長率」は二五・五％であり、その後の、一九〇五―一四年の時期から一九二五―二九年の時期のあいだのそれは、実に、三二・八％という高い数字を示している。

時代は、「一八七三年の世界恐慌」の後であり、これら先進資本主義諸国間の富の増大から、「帝国主義」の段階へと移行し、やがて、第一次世界大戦へと突入して行くそれである。アダム・ファーガソンからテンニースへの社会学草創の視座は、「市民社会」から「資本主義社会」への転変の姿を、功利主義と歴史主義のあいだの狭間で、とらえようとしていた。そして、オーギュスト・コント（一七九八―一八五七）は、サン＝シモンからの影響のもとに技術と産業を重視し、J・S・ミルとも交流をかさねながら、独自の方法論的「社会」主義の視座を構築しようと努力していた。

一九世紀の末葉、一八九六―一九〇〇年の時期、世界の工業生産に占める先進資本主義諸国の比重は、イギリス（二〇％）、フランス（七％）、ドイツ（一七％）、アメリカ（三〇％）、であり、これに対して日本は一％、ソ連が五％であった。このデータは、第一次世界大戦の直前の一九一三年になると、イギリス（一四％）、フランス（六％）、ドイツ（一六％）、アメリカ（三八％）、日本（一％）、ソ連（六％）、という相対比へと変化し、端的に言えば、世界資本主義のなかでのイギリスの「ヘゲモニーの終焉」と、アメリカの「影響力の拡大」とを、顕著にものがたっている。さらに、第二次世界大戦の勃発を目前にした一九三六―三八年になると、このデータの数字は、イギリス（九％）、フランス（五％）、ドイツ（一一％）、アメリカ（三二％）、日本（四％）、ソ連（一九％）、となっており、アメリカ、イギリス、フランス、ソ連、中華民国などの「連合国」側と、ドイツ、日本、イタリアなどの「枢軸国」側との、いわゆる国力の差は歴然としており、一九三九年のドイツによるポーランドへの「電撃作戦」、日本のノモンハン事件以降の「大東亜新秩序」の形成、に始まる第二次世界大戦というかたちでの、ファシズム化した「後発資本主義諸国」の軍事的挑戦が如何に無謀なものであったか、を如実に示している。

帝国主義とは、資本主義社会が、国内的には独占資本段階へと移行し、国外的には、植民地や従属国を政治的・経済的に支配するようになった状態を意味する概念である。それを、ジョン・A・ホブソン（一八五八―一九四〇）は、これまで見て来たような先進資本主義諸国の内部での過少消費に由来する資本輸出によって説明し、ルドルフ・ヒルファーディング（一八七七―一九四一）は「金融資本」（Finanzkapital）の成立によって説明しているが、このような《経済的》社会関係の規定性と同時に、帝国主義段階での資本主義社会が、「自民族中心主義」的なナショナリズムの政治文化を生み出し、労働運動を初めとするさまざまな社会運動を抑圧して来た側面をも看過してはならないであろう。実際、第一次世界大戦や一九二九年の「大恐慌」を契機として、膨大な財政手段・機構と官僚制とを伴う《国家》が独占資本と癒着する状況が一般化して行く――国家独占資本主義（State-Monopolistic Capitalism）の成立――のであり、資本主義社会の現段階は、《経済的》社会関係、《政治的》社会関係、《文化的》社会関係、および《社会的》社会関係、という社会諸関係の構成体としてとらえられ、そのなかでのそれら社会諸関係の相関しあうダイナミズムの姿において把握されるであろう。

ミシェル・ボーによれば、帝国主義の段階での資本主義社会のありようは、左図の如くである（図17）。

オーギュスト・コント（一七九八－一八五七）の『実証的精神論』（*Discours sur l'esprit positif*）（一八四四年）の見開きの扉には「秩序と進歩」という言葉が掲げられ、『実証政治体系』(*Système de politique positive*)（一八五一－五四年）全四巻のそれぞれの見開きには、「秩序を基礎とし、進歩を目的とする」と掲げられている。コントの“Ordre et Progrès”は、これまで検討して来た「功利主義」と「歴史主義」との

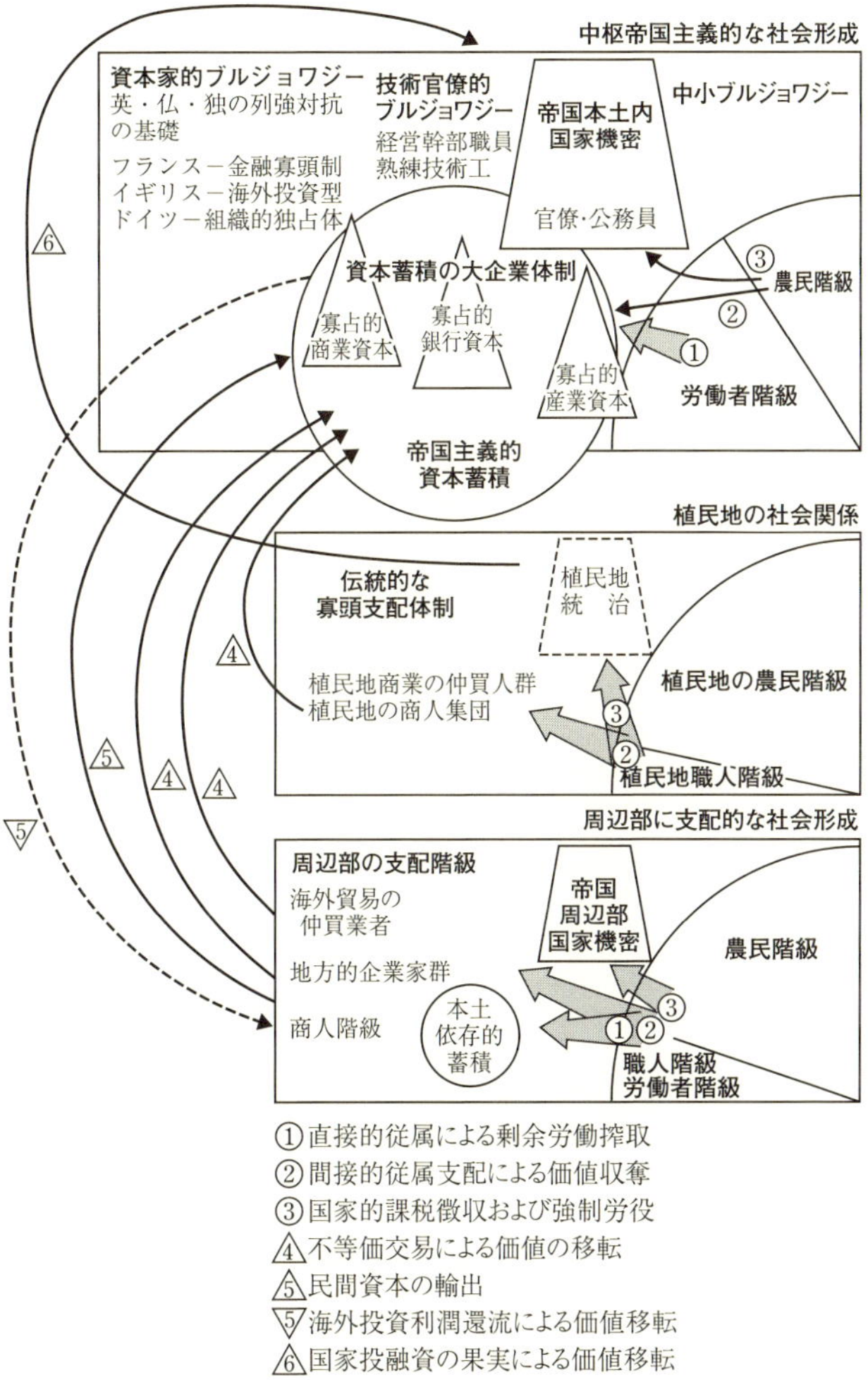

図17　帝国主義段階の資本主義社会

＊　言語は M. Beaud の造語：TECHNO-BUREOISIE.
訳注：英・独・仏の資本蓄積体質のタイプは訳者が追記.

あいだの狭間で、一七八九年のフランス大革命がもたらした混乱と激動に「秩序」を与え、一七六〇年代――一七六四年のハーグリーヴズによる多軸紡績機の発明、同六九年のアークライトの水力紡績機の発明、ならびにジェームズ・ワットによる蒸気機関の改良、特許取得――のイギリスに始まり、一八三〇年代以降、ヨーロッパ各地へと波及して行った産業革命の成果を組織化して、「進歩」の社会動学を生みだそうとするものであった。彼にとって、なによりも必要とされるもの、それが、有機的原理をもつひとつの新秩序であった。

しかし、私たちが、留目しなければならないのは、《政治的》社会関係に基礎範疇を求めていた「市民社会」の理論が、《経済的》社会関係における《資本》の増殖を独立変数とする「資本主義社会」の理論によって脱構築（de-construction）されて行く時、前述のように、P1――物質的生産の領域――が拡大され、これと相関するかたちで、P2――自己消費用の生産領域――が縮小し、同時にP1のなかへと包摂され、人びとの「生活世界」の統一性が解体されて行ったという事実である。資本主義社会の歴史的現実のなかで、「生産」と「消費」は分断され、人びとの《行為》―《関係》過程の「有機的統合」は解体され、融解されるのである。コントの生涯の最晩年の時点、一八五〇年から一九一〇年にかけて、手工業に雇用された人びとの数は二五〇万人から九〇万人へと減少し、逆に、工業的企業――サン＝シモンとコントが「進歩」の原動力とした「産業」（industrie）――で労働する従業員の数は、一二〇万人から四五〇万人へと激増している。

イギリスでも、同じ一八八一年から一九一一年にかけての時期に、工業労働者の数は、五七〇万人から八六〇万人へと増大しているのであって、一九一一年の段階では、これに運輸部門の賃金労働者が一五〇万人、付加されることになる。

このようにして、ミシェル・ボーによれば、一九世紀末のイギリスの資本主義社会では活動人口の八〇％が賃金労働者に転化しており、一九〇二年のフランスでは五八％、ドイツで六六％が賃金労働者となり、さらに、一八八〇年のアメリカでも六三％が賃金労働者となっていた。そして、賃金労働者とは、『広辞苑』（第六版）に記述されているところの「賃労働をする人。プロレタリア」にほかならない。『広辞苑』は、さらに、賃労働（wage-labour）について、「生産手段（土地・工場・機械・原料など）をもたない労働者が、労働力を、生産手段の所有者たる資本家（企業主）に売り、賃金をうけとる労働の形態。資本主義社会において一般的となった」と述べている。

私たちは、今や、資本家階級―労働者階級という階級対抗の《関係》の下で、人びとの「生活世界」を把握しなければならないのであり、そこにおける《行為》―《関係》過程の分析は、前述の四種類の社会関係の肥大化と累重のなかで、やがて、人びとの《行為》における労働とコミュニケーション行為との乖離とその固定化が生じる事態をうきぼりにして行くであろう。

私は、資本主義社会における私たちの《行為》―《関係》過程の構造を、次のようなシェーマによってとらえている（図18）。そこでは、今見て来たばかりの賃労働という《行為》とそれを強力に包摂し、規定しているところの《経済的》社会関係の事例に示されているように、既に、「自立化した関係」の支配力が、大きくクローズアップされはじめている。

私たちの《生》は、このような《行為》―《関係》過程の理論の視座からすれば、まず、特定の物理的時間・空間の規定を受けたかたちでの《行為》の束であり、同時に、それは、前述のVerhalten―Verhältnisの基軸の意味するところにしたがって、《関係》の網の目のなかに包摂された《行為》の束である。そして、言うまでもなく、《労働》は社会的再生産の行為の中枢にあるものであり、また、《コミュニケーション行為》は、私たちの生活過程のなかで、精神的生産・消費の行為の骨格を成す行為である。

生活過程	関係構成の基軸	社会関係
δ．自己回復の行為	「機軸」＝「組織規範」	《政治的》社会関係
γ．精神的生産・消費の行為	「所有」＝「言語規範」	《文化的》社会関係
β．社会的再生産の行為	「所有」＝「役割規範」	《経済的》社会関係
α．自然的再生産の行為	「所有」＝「生活規範」	《社会的》社会関係

図 18　《行為》－《関係》過程の構造

市民社会から資本主義社会への転成は、このような私たちの《生》の構造を、その根底における時間・空間のありようから、激変させた。それは、自然的（物理的）時間から社会的時間（Social Time）への変様であり、象徴的に言えば、《労働》という行為に関わる時間の編成と組織化は、私たち《行為》主体の側の意志によってよりも、《経済的》社会関係のなかでの〈資本〉の回転によって、決定されるところとなった。自然的（物理的）空間から社会的空間への変容は、たとえば「囲い込み」（Enclosure）運動——とくに、一八世紀後半から一九世紀初頭にかけての第二次「囲い込み」運動——による下層農民たちの都市への流入という事態を想起すれば、明らかであろう。前述した賃金労働者たちの生成は、社会学の文脈で言えば、都市化のもとでの「生活世界」の変容として語られて来たのであった。しかし、*The Concise Oxford Dictionary* の ‘enclosure’ の項には明確に ‘Enclosing (esp. of common land, to make it private property, as *Enclosure Act*)’ と記されているのであって、ゲマインシャフトにおける「共有地」という空間が、「私有財産」に転化し、やがて、ゲゼルシャフトの原動力とも呼ぶべき「資本」へと転成し、逆に、下層農民から転成した賃金労働者たちの《行為》の束を、強力に支配し、規定して行くこととなるのである。

　私たちは、一九世紀後半から二〇世紀前半にかけての時期に、人びとの「生活世界」が大きく変容し、とりわけ、その基底としての時間・空間の、《自然》的規定に優越するところの、《社会》的規定の増大のもとで、まず《労働》と《コミュニケーション行為》の分断が固定化され、その上で、さらに、《コミュニケーション行為》における「生産」と「消費」の分断という事態が進展して行ったことに、留目しなければならない。マルティン・ハイデガーの『存在と時間』(*Sein und Zeit*)(一九二七年)は、このような歴史過程の変容のなかでの方法論的「社会」主義の視座から方法論的「個人」主義のそれへの変遷を根拠づける存在論的眼差しを含んでいるが、それにもかかわらず、私は、前述のような「功利主義」と「歴史主義」とをメルクマールとする方法論的「社会」主義の視座を《のりこえ》て行く《行為》—《関係》過程の理論の定礎するところとしては、ハイデガーの前掲書に先行し、それに少なからぬ示唆を与えたジェルジ・ルカーチの『歴史と階級意識』(*Geschichte und Klassenbewusstsein*)(一九二三年)の視座に、拠る。そこには、ヘーゲルの《Herr》—《Knecht》の視座からの方法意識の継承があり、'Arbeit'——「教養」ではなくて、「労働」であり、やがて、「コミュニケーション行為」との統一、融合を通じて、人びとのPersönlichkeitの中枢規定を生むところとなる——への留目からの《行為》—《関係》の理論への方法論的寄与が含まれている、からである。

時代は、すでに、方法論的「社会」主義から方法論的「個人」主義への、転換期である。そして、私たちは、この時期の社会学の共有財産として、ジンメルの『社会分化論』(*Über soziale Differenzierung*)(一八九〇年)とデュルケームの『社会分業論』(*De la division du travail social*)(一八九三年)とを、持っている。これら二つの古典は、私の視座からすれば、いずれも、資本主義社会における「関係構成の基軸」の規定力の増大のもとでの、社会諸関係の分化の進展と、'Arbeit'の編成様式としての分業のそれとを剔抉した労作である。しかも、なお、ジンメルは、後に述べるような《事象化》(Versachlichung)への留目にもかかわらず、《Herr》—《Knecht》の基軸ではなくて、《Formen》—《Leben》のそれによって当代の社会をとらえており、デュルケームは、'Arbeit'——デュルケームの場合には、'Travail' ――の多元的分化から生ずる機能団体の相互依存から「有機的連帯」(solidarité organique) の存立を展望しようとしたが、《行為》のなかの労働とコミュニケーション行為が乖離して行く事態の進行を「組織型」(le type organisè) の深まる資本主義社会の裡に見出すことは、なかった。

ジョルジュ・フリードマンが述べているように、眼前の資本主義社会において、《経済的》社会関係に包摂された《行為》としての労働は、「旋盤工」、「鋳物工」、「製材工」、「機械組み立て工」等々、いずれもオートメーションとベルト・コンベアの下での、「細分化された単調労働」である (George Friedmann, *Où va le travail humain?* (一九五〇年)。フリードマンは、また、労働の現場としての工場が、労働者としての《人間》の人間的・自然的諸力の「表現・実現」の空間ではないのであり、そこでの単能工としての労働者たちにとって、「全体へのパースペクティヴや仕事の意味さえも取り除かれた」行為空間となっていることを、実証的に明らかにしている (*Le travail en miettes*) (一九五六年)。私たちは、さきに、一九世紀イギリスの資本主義社会における「機械制生産システム」(M・G・ミュルホール) の高度化の下で、P1――物質的生産の領域――が拡大し、P2――人びとの自己消費用の生産領域――を縮減させつつ、包摂して行く状況を見て来ているが、今、フリードマンが、国家独占資本主義社会の《分業》のシステムのもとでとらえている労働という《行為》のありようは、デュルケームが「有機的連帯」への連接においてとらえていたそれにはほど遠く、かえって、チャールズ・スペンサー・チャップリンが『モダン・タイムス』(一九三六年) で描き出していた労働そのものである。そして、フリードマンは、このような「細分化された単調労働」からの《人間》の自己解放の時間・空間を、「能動的余暇」(Le loisir actif) のそれに見出そうとしているけれども、私は、一九世紀末葉から二〇世紀前半にかけての資本主義社会における《関係》の編成の高次化を《行為》―《関係》過程の理論の視点から分析する時、一層重要な問題が残されている、と主張しなければならない。

それが、《労働》という行為と《コミュニケーション行為》という行為の分裂の固定化であり、これら両者の乖離という問題である。あらためて言えば、テンニースの『ゲマインシャフトとゲゼルシャフト』（一八八七年）から、ジンメルの『社会分化論』（一八九〇年）を経て、デュルケームの『社会分業論』（一八九三年）に至る一九世紀の末葉の時代は、産業革命の帰結の世界大への波及のもとで、《資本制》的生産関係が普及しつくし、最終的に、「生産」と「消費」の機構的分裂が画定した歴史過程である。後論を先取りして言うならば、これら分裂した「生産」と「消費」は、その上で、物象化・事象化・物化した社会諸関係によって媒介され、《資本制》的に、つまり《人間》から見て外在的に、《人間》にとって没主体的に、統合されるようになって行ったのである。このような資本主義社会における《関係》の編成の高次化は、実は、前述のP1――人びとの自己消費用の生産領域――、P2――物質的生産の領域――に加えて、社会構成体の全範域において、P3――精神的生産の領域――を生み出した。それが、前述したサミュエル・モールスによるワシントン－ボルティモア間の電信の開通（一八四四年）を嚆矢として、ベルの電話機の発明（一八七六年）、マルコーニの無線電信の発明（一八九六年）、アメリカの新聞『デイリー・メール』の一〇〇万部突破（一八九六年）などを経て、トーマス・エディソン、リュミエール兄弟の映画の発明（一八九三－一九〇三年）、ラジオ、テレビの放送開始に至るコミュニケーション革命――マス・コミュニケーションの成立――である。私たちは、さらに、このようなP3――精神的生産の領域――の制度的確立とそれにともなうマス・コミュニケーションの生成という状況のなかで、チャールズ・サンダース・パースの《記号学》(Semiotics) とフェルディナンド・ソシュールの《記号論》(Semiologie) という「コミュニケーション行為の科学」の成立の意味を確認し、とらえかえさなければならないのである。

　ジョン・ロックの『自然法論』－『市民政府論』－『人間知性論』の視座にあっては、'homo faber' と 'homo

sapiens’とは分裂せず、《近代》の主体としての人間は、「労働」という《行為》の主体であると同時に、「コミュニケーション行為」という《行為》の主体、でもあった。私は、『コミュニケーション理論史研究（上）』（二〇〇〇年）において、このような主体としての《近代》的人間が、ローマ・カトリックの《コミュニオン》にもとづく全体論的《ホーリスティック》な《中世》から、みずからの人間的・自然的諸力の表現・実現としての原子論的《アトミスティーク》な行為を通じて、「労働」と「コミュニケーション行為」の重合・集積の結果としての「市民社会」を析出する過程を、明らかにした。しかし、「コミュニケーション行為」―《政治的》社会関係を基軸とする「市民社会」は、これまで述べて来たような産業革命の進行のなかで、「労働」―《経済的》社会関係を基軸とする「資本主義社会」へと転成し、産業資本家―賃金労働者という階級対抗の関係の支配の下で、《近代》的人間の《行為》の地平での「労働」と「コミュニケーション行為」を分裂させ、それら両契機の分断を固定化することとなった、アルフレート・ゾーン－レーテルの言う「頭の労働」と「手の労働」の分裂と、その固定化という事態（Alfred Sohn-Rethel, *Geistige und Körperliche Arbeit*）（一九七〇年）の出来《しゅったい》である。

《中世》の社会は、言うまでもなく、テンニースの「ゲマインシャフト」を旨とする社会構成体であり、前述のP1――人びとの自己消費用の生産領域――を包摂するP2――物質的生産の領域――は、相対的に小規模のものであった。産業分類から言えば、農業・林業・漁業などの第一次産業のウエイトが支配的だったのである。これに対して、《近代》への転回以降、とりわけ産業革命の開始以後、ミシェル・ボーが述べていたように、地下資源をとりだす鉱業と、鉱産物・農林水産物をさらに二次的に加工する製造業、および建設業、から成る第二次産業に従事する賃金労働者の数が急激に増大し、P2――物質的生産の領域――によるP1――人びとの自己消費用の生産領域――の包摂は、全域的なものとなり、決定的となった。そして、それは、同時に、「生産」と「消費」の分断の固定化であり、人びとの

《労働》の所産としての生産物（「商品」）は、後に詳しく述べるような資本制的《経済的》社会関係の媒介のもとで、同じく、人びとの消費の対象となる。

私が、今、留目している一九世紀末から二〇世紀初頭にかけてのコミュニケーション革命——マス・コミュニケーションの成立——は、さらに、P1、P2、の生産領域に加重されるP3——精神的生産の領域——の制度的確立をもたらすこととなった。そこに進行する第三次産業のウエイトの増大——産業分類表的に言えば、商業・運輸通信業・サービス業などに従事する賃金労働者の増加であるが、端的に、今日のマス・メディア、情報、通信、流通、ファッション、医療、介護などのサービス業のウエイトの増大を考えれば、瞭然たるものがあろう——のなかで、今度は、私たちの「コミュニケーション行為」が、一方においては、現代の精神的労働として、大きく「生産」の領域へと包含されて行き、他方、やはり、資本制的《経済的》社会関係の規定性の下で、マス・メディアの「受け手」、サービスの「受益者」等々、のそれという姿態をとるようになっている。

このような背景のもとで、私たちは、あらためてチャールズ・サンダース・パースの《記号学》とフェルディナン・ド・ソシュールの《記号論》というかたちでの「コミュニケーション行為の科学」の視座の意味を、とらえかえしておかなければならないのである。私自身は、ここで、ジュリア・クリステヴァの視座（Julia Kristeva, *La révolution du langage poétique*）（一九七四年）との交響のうちに、ひとつの理論的突破口を見出したい、と思う。彼女は、まさしく一九世紀後半の資本主義社会を対象として、ステファーヌ・マラルメ（一八四二—一九八）とロートレアモン伯（一八四七—七〇、本名はIsidore Lucien Ducasse）の‘signification’を事例としながら、当代の「コミュニケーション行為」—《文化的》社会関係の構造的変動を分析し、そこから、‘le siymbolique’の状態にある記号と、‘le sémiotique’のそれにある記号とを、区別する。前者は、目的—手段の地平での道具性・伝達性が優越する「意味作用」(signification) の場での記号であり、言ってみれば、関係行為（Verhältnis に包摂された「コミュニケーション行為」の側からとらえられた記号である——ちなみに、'le symbolique' は、「記号象徴相」（西川直子）とか「象徴界」（松島征）などという訳語があてられているけれども、「象徴界」ではジャック・ラカンのそれに引きつけられ過ぎていると思われるので、ここでは、「ル・サンボリック」とだけ表記しておくことにしたい。これに対して、後者——'le sémiotique' は、「前記号相」（西川直子）と訳されているが、ここでは、「ル・セミオティック」としておく——は、むしろ、Verhalten そのものとしての「コミュニケーション行為」の内側からとらえられた記号であり、私の言葉を用いて言えば、'Virtus sensitiva' への連接における「意味作用」(signification) の場での記号であり、意味がたちあがって来るところでの記号にほかならない。

すでに述べて来たように、ジンメルの『社会分化論』（一八九〇年）とデュルケームの『社会分業論』（一八九三年）の時代は、実際には、資本主義社会が、産業資本段階のそれから、国内的には独占資本主義の、そして国外的には帝国主義の段階の、それへと移行しつつあった時代であり、社会構成体の実質を成すところの社会諸関係がそれぞれに肥大しながら、相関しあい、重層化して行った時代である。このような社会諸関係の肥大・相関・重層化の、臨界性を帯びた、到達点こそが、私の主張する方法論的「社会」主義の視座から、方法論的「個人」主義の視座への転換が生じた時点だったのである。先進資本主義社会における社会諸関係の肥大・相関・重層化の相互矛盾が激発した、文字通りの、臨界点が、第一次世界大戦であったと言えば、事態の推移は一層明瞭であるだろう。

《制度化》された社会諸関係の重層構造を、「コミュニケーション行為」—《文化的》社会関係の基礎視角から、マラルメは、それら《制度化》された社会諸関係の上へ、上へと、超越して行く記号の「意味作用」によって《のりこえ》、ロートレアモンは、かえって、この《制度化》された社会諸関係の底へ、底へと下降して行く記号の「意味作用」によって《のりこえ》ようとした。

マラルメとロートレアモンによって、私たちの「コミュニケーション行為」の《主体》は、ジークムント・フロイトとジャック・ラカンの眼差しによってとらえられた身体へと、底礎されて行くのである。

ジュリア・クリステーヴァは、次のように言う。

> 言語の措定としてのsignifiantの措定に先行する快楽に満ちたリズム、イントネーション、韻律的朗唱を再発見すること。したがって、差異化されていない母、のちに鏡像段階とともに母語に変質してしまう母にあなたがたを結びつけていた、音声化された息を再発見すること（*Polylogue*, 1977）

ここで「母語」（la langue mère）とは、言うまでもなく、日本語・英語・フランス語などの「国語」であり、それぞれの民族文化、政治文化を負荷されたところの《ラング》にほかならない。私たちは、今、「口唇期」の母–子関係の地平において、ソシュールの言う《パロール》と《ラング》という、ひとつの《行為》–《関係》過程のダイナミズムを、眼前にしているのである。そして、クリステヴァによれば、かつて、そこから分離し、今となっては禁忌（tabou）とされなければならない、母の身体との最融合を果そうとするものこそ、「近親相姦へと志向するエディプス」であり、この《リビドー化された関係》の「場」から詩的言語（le langage poétique）が生れてくる。ラカンの「鏡像段階」の理論が照射しているように、幼児・《子》–《母》のコンサマトリーな関係こそが、自由な《パロール》の横溢する「場」であるけれども、それも、やがて、口唇期から肛門期へと移行し、さまざまな「トイレット・トレーニング」を課される過程で、《制度》の地平——差異化された個別・特殊的な「母」から「母語」への変質、《パロール》を呑みこみ、包摂して行く《ラング》の卓越――へと、文字通り、「社会化」されて行く。こうして、《子》―《父》の関係が、「ル・サンボリック」の記号場として、当初から《ラング》の規定性の下にあり、《父》の背後に、ユダヤ教・キリスト教のいわゆる「律法」の審級――これは、《制度》の側の社会諸関係の重層し、累重する姿態をあらわす言葉である――を担っているのに対して、《子》―《母》の関係は、端緒において「ル・セミオティック」の記号場として、むしろ、《パロール》からの《ラング》への挑戦・侵犯の「コミュニケーション行為」の契機を内包しているけれども、前述のような《子》の発達と成長の過程を通じて、全体としての《制度化された社会関係》へと包含されて行くのである。私たちが「エディプス・コンプレックス」や「エレクトラ・コンプレックス」という用語によってとらえている心的かまえは、このような《行為》―《関係》過程から発現して来るフェノタイプであるだろう。

マラルメは、物象化の深まり行く資本主義社会から、私たちの《コミュニケーション行為》の意味と尊厳とを救い出そうとした人である。それは、たとえば『エロディアード』（*Hérodiade*）（一八七一年）の第六連、四三―五一行にかけての、'…ce miroir. Ô miroir! …gelée, …désolée, …sont, …profond, …lointaine, …fontaine, …la nudité!'（*OEuvres complètes*, I, 1998, p. 19）という韻律の美しさを味わうだけでも、瞭然としている。私たちは、さらに、その後の資本主義社会の転変の果てに、今、「言葉と行為とが応答しあう世界――le monde où les paroles et les actes se répondent――」（ポール・ヴァレリー）としての情報化社会を、生きている。それは、また、「言葉が制度化されている世界――un monde où la parole est *instituée*――」（モーリス・メルロー＝ポンティ）そのものであり、私たちは、「商品化された記号と情報」の氾濫のなかで、しかもなお、私たち自身の《コミュニケーション行為》の裡に、意味への透明性を奪い返し、確保して行かなければならないのである。

マラルメは、大蔵省の役人（登記管理所副主任）を《父》に持ち、晩年には、みずから「金銭」（argent）についてのエッセイを書いている。また、ロートレアモンは、南米、ウルグアイのモンテビデオに所在するフランス大使館の副領事を《父》に持ち、短い生涯の半分は、ウルグアイで過ごしていた。すなわち、彼らの生きた一九世紀後半の資本主義社会は、すでにして、グローバリゼーションのただなかにあり、「商品」と「貨幣」の君臨する社会構成体だったのである。そして、私の課題は、今日の一層高度化した世界資本主義の現実態のさなかでの、単に《コミュニケーション行為》のみの解放ではなくて、それと《労働》との、融合を通じての人間的・自然的諸力それ自体の解放を求める道筋を明らかにすることである。

第三節　方法論的「個人」主義における行為と国家独占資本主義社会

一　マックス・ウェーバーの行為概念

私は、一九世紀後半における資本主義社会の構造変動を、前述のように、国内的には独占資本の成立、国外的には植民地の獲得・拡充と周辺従属国群の形成、によってとらえていた。それは、一言で言えば、帝国主義段階への移行であり、重化学工業を中心とする第二次産業革命の進展するなかで、イギリス（一八七〇年代）、フランス（一八八〇年代）、ドイツ（一八九〇年代）、アメリカ（一八九〇年代）、ロシア（一九〇〇年代）、および日本（一九〇〇年代）というかたちで、いわゆる「列強諸国」の世界政策の激突と矛盾の深まりの様相を生み出すこととなり、その帰結としての第一次世界大戦の勃発を招来した。日本の資本主義社会は、明治維新以降の「富国強兵」・「殖産興業」というかたちでの政府主導による資本主義発達の過程が一八八九年の大日本帝国憲法の発布で「国内レジーム」の一応の完成を見ると、その後、日清戦争（一八九四―九五年）、三国干渉（一八九五年）、日露戦争（一九〇四―〇五年）を経て、韓国併合（一九一〇年）へと、露骨な帝国主義的進出の途を辿るのであった。

私は、これからマックス・ウェーバー（一八六四―一九二〇）の方法論的「個人」主義の視座における《行為》の概念の内容と意味の精査に赴くわけであるが、この作業を進める場合にも、このような当代の歴史過程の「屈曲」を看過するべきではない、と思う。とりわけ、ドイツの資本主義社会における一八九〇年の「屈曲」への留目は、きわめて重要であるだろう。この年、時系列を逐って、この「屈曲」の詳細を述べると、まず一月、社会主義者鎮圧法の延長を狙って、ビスマルクが議会に提出した法案が、中央党、自由思想家党、社会民主党の反対に加えて、保守党と自由保守党（帝国党）両党にも反対されて、否決された。さらに、二月、一年半前に即位したばかりの新皇帝ヴィルヘルム二世が、いわゆる「二月勅令」を発し、日曜労働の禁止、婦人・青少年の夜間労働や地下労働の禁止、出産前の三週間・出産後の四週間の労働の禁止などを盛り込んだ、労働者保護政策の実施をうち出した。ビスマルクの下で、社会保険に限定されていた社会政策の枠を打破した新しい政策の実行という事態は、プロイセンの土地貴族（Junker）の出身で、官僚となり、普仏戦争（一八七〇－七一年）の勝利の後、ドイツ帝国初代宰相となったビスマルクには、大きな打撃であった。

ヴィルヘルム二世の「二月勅令」の発布は、二月四日のことである。そして、同月二〇日、総選挙が実施されたが、ビスマルクを支えていた選挙「カルテル」三党――前記した両保守党と国民自由党――は大敗を喫し、この結果をうけて、三月、彼は帝国宰相を辞任した。帝国議会における議席数は、この選挙によって、保守党が八〇から七三、自由保守党（帝国党）が四一から二〇への減少であったが、国民自由党のそれが、九九から四二へと激減している。これに対して、中央党は九八議席から一〇六議席へと微増し、社会民主党が一一議席から三五議席へと、一挙に三倍の増加を示している。これを、もう少し長い時間的経過において見るならば、一九一二年の段階では、保守党は四三議席にまで退潮し、中央党が九一議席と横ばい、もしくは微減の状態にあり、社会民主党は一一〇議席へと急速に勢力を拡大している。

こうして、ビスマルクが一八六二年にプロイセンの首相に就任してからの所謂「ビスマルク体制」の下で、ドイツは、工業生産力においてイギリスを抜く先進資本主義社会となり、前述したように、アメリカとともに最も強い経済成長力を示すようになった。それは、明白に階級対抗を基軸とする社会諸関係の重層構造としての《資本制》的社会構成体となりつつあり、しかも、その後の歴史過程が如実にものがたっているように、帝国主義列強諸国の「世界分割」の展開のなかで、とくにイギリスの世界戦略――周知のように、カイロからケープタウンまでアフリカを縦断的に支配し、さらにカルカッタに象徴されるインド支配を東アジアへと横断的に拡大しようとする戦略――に対抗し、後発の帝国主義国として、それを分断するようにして勢力を伸長しようとする世界戦略――バルカン半島への勢力をイスタンブール（ビザンチウム）からバクダードへと伸長し、さらに中近東地域から東アジア・極東へと拡大しようとする戦略――を旨としていた。

このような背景のもとで、一八八八年、二四歳のマックス・ウェーバーは社会政策学会に入会し、翌八九年、『中世商事会社の歴史――南ヨーロッパの資料による――』をまとめている。彼は、さらに、一八九〇年、社会政策学会の依頼により、エルベ河以東の農業労働者の調査に従事し、同九三年の社会政策学会の大会でその調査結果を報告した。この調査は、ドイツの西南部・西部・北部・東部の土地所有者たち、約三〇〇〇人に調査票を送付して実施され、ウェーバーはそのなかのエルベ河東部諸州の調査票を、集計し、分析したのであった。エルベ河の西では、小規模ないし中規模の土地保有が支配的であり、自営農民が多数を占めていたけれども、相対的に痩せた土地が多いエルベ河以東では、零細農家と巨大農場との組み合わせが多く、自営農民よりも日雇労働者たちの方が、はるかに多かった。そして、この巨大農場の所有者たちが《ユンカー》であり、ビスマルクの出自を成す階級にほかならなかった。ウェーバーが見ていたのは、上記のような世界資本主義の強烈な変動の下での「農民層分解」の進行する姿であり、急速に《近代》化しつつある資本主義社会のなかでの《隷農制》と《家父長制的支配》の遺制であった。

私は、学生の頃から、カール・レーヴィットの *Max Weber und Karl Marx*（一九三二年）から多くのものを学んでいるが、彼は、この論稿の末尾のところで、次のように述べていた。

　マルクスとウェーバーの両者が本来ひとしくその意義を見てとり、探究の対象としたところの全体者は、近代的人間世界の問題性である。その際、人間の自由に関する、したがって一般に人間に関する一定の理念が、彼らを導いた。このような《理念》は、正しくもなければ、誤ってもいない。一部は正しく一部は誤っているのではさらにない。それは、人間に関する理念（Idee über den Menschen）ではなく、人間の理念（Idee vom Menschen）であり、それゆえに人間のものである。したがって、その理念の《真実さ》は、それが人間的に真実なものとして証拠立てられること、すなわち確証されることによってのみ証明され得る。しかし、人間的真理は――人間そのものが《類的存在》でないかぎり――原理的に、一つにとどまらない。ところで、人間が類的存在でないということは、両者――ウェーバーとマルクス――の相違を見出すために比較が行なわれたということのうちに、既に示されている。

ところが、レーヴィットは、一九六〇年、この論稿を論文集（*Gesammelte Abhandlungen*）に収録するにあたって、上述の部分を全面的に書きかえている。新しい結論は、以下のごとくである。

　この近代的人間世界は、経済的観点から見れば《資本主義的》であり、政治的観点から見れば《市民的》である。この世界を、ウェーバーは、すでに一八九五年の大学就職の講演《国民国家と経済政策》において、とりあつかっていた。この講演で、彼は、自分の所属する階級にむかって快からざる真理を語り、ユンカー階級、飽食せるブルジョア階級、および社会民主的労働階級を政治的に否認することを、テーマとした。《幻想のヴェール》をひきはがす能力も、ビスマルクの遺産がその政治的亜流の禍いになり了ったことを認める能力も、ブルジョア階級にはもはやなくなったのではないか、という疑念に照応して、ラディカルな社会主義に関する一九一八年の講演においては、ウェーバーは、私経済を排除すれば人間に対する人間の支配は終るのだというマルクス主義の期待に疑問を呈している。

そして、「この改訂がなぜ必要であったか訳者（安藤英治、脇圭平）には理解できない」と書き添えられている。ここでの私の課題は、ウェーバーの《行為》概念の理論的検討にあり、レーヴィットの「ウェーバーとマルクスの比較」の当否にはないのだから、この改訂それ自体が問題なのではない。私が問わなければならないのは、前述して来たような帝国主義段階に入りつつあったドイツの資本主義社会にあって、とりわけ「ビスマルク体制」以降、ウェーバーの社会学的視座が、どのようにして、《隷農制》と《家父長制的支配》の遺制を《のりこえて》行く「市民社会」的突破口を見出したか、という一点である。

さて、安藤英治と脇圭平は、一九七六年、「マックス・ウェーバーとその時代」と題したシンポジウムで、生松敬三の問題提起に対して、次のような対応をしている。

（生松）　シュテファン・ゲオルゲはそもそもフランスのサンボリスムの詩を翻訳紹介し、ドイツにおいてもサンボリスムの確立をはかろうとしたわけで、基本的には精神のアリストクラシー。ただやはり、ウェーバーとは毛色がひどく違いますね。

（脇）　ゲオルゲは徹底した精神貴族主義と大衆蔑視ですね。ウェーバーも精神的貴族主義の立場に立つが、それはゲオルゲのような「大衆に反して」ではなく「弱き大衆への共感」とセットされたもので、それがゲオルゲとウェーバーの決定的な対立点のひとつだったようですね。この大衆に対する態度が。

（安藤）　ウェーバーの場合、アリストクラシーはそれが大衆化することがひとつの夢なんでしょう。そのモデルがイギリスになる。あのジェントリー、ヨーマンの、ピュウリタンになるわけですね。

私は、みずから『コミュニケーション理論史研究（上）――コミュニオンからコミュニケーションへ――』（二〇〇〇年）において、ドイツのニコラウス・クザーヌス（一四〇一―六四）から、イギリスのウィリアム・カクストン（一四二二?―九一?）、ジョン・ミルトン（一六〇八―七四）を経て、ジョン・ロック（一六三二―一七〇四）への途を辿り、とくに、ミルトンの《教会政治》批判と『アレオパジティカ』の意義、ロックの《市民政治》理論の発展と《近代》的コミュニケーション主体像の定立を基軸として、ローマ・カトリックのコミュニオンを基盤とした《中世》ヨーロッパからの《近代》市民社会の生成を論じているので、とくに安藤英治の指摘には、共感するところが大きい。

実際、ミルトンは、《ピュウリタン革命》を主導したオリバー・クロムウェルの「共和国」(Commonwealth) 政府において、'Secretary for the Foreign Tongues to the Council of State' という外交関係の要職に就いていたのであり、ロックは、まさしく、ジェントリーの出自である。

周知のように、『プロテスタンティズムの倫理と資本主義の精神』(*Die protestantische Ethik und der* »*Geist*« *des Kapitalismus*)（一九二〇年）は、二章から成っているが、ウェーバーは、一九〇三年秋に第一章「問題」の部分に着手し、その第三節「ルッターの職業概念」までを仕上げた後、一九〇四年八月から一二月にかけてアメリカに旅行し、学会への出席や講演の合間に、ニューヨークのコロンビア大学図書館その他で資料を収集した上で、一九〇五年、第二章「禁欲的プロテスタンティズムの職業倫理」の部分を含めて、全体を書きあげた。ウェーバーは、禁欲的プロテスタンティズムの担い手として、カルヴィニズム、敬虔派（パイエティズム）、メソジスト、および洗礼派の運動から生成したバプティスト派、メノナイト派、クェーカー派、の諸教派 (Sekten) ――大塚久雄は「信団」と訳すが、ここでは従来の定説にしたがっておく――をとりあげる。具体的には、前に触れたジョン・ミルトン、それにバクスター（Richard Baxter）（一六一五―九一）、バニヤン（John Bunyan）（一六二八―八八）、ジョン・ウェズレー（一七〇三―九一）、およびベンジャミン・フランクリン（一七〇六―九〇）などの「生活のスタイル」が検討され、「天職」、「召命」としての《職業》（Beruf）を基軸とした生活態度の合理化のエートスの深まりが、検証されて行く。ただし、ウェーバーは、第二章第一節において、ミルトンについて「早くから二重の決断というかたちをとった予定説から抜け出しはじめており、ついに老年に至って、まったく自由なキリスト教信仰に到達している」と述べて、世俗内的生活を神の意志に沿うように合理化しようとする運動＝ピュウリタニズムとした上で、「ミルトンは単にそうした広義における『ピュウリタン』にすぎなかった」としている。たしかに、ミルトンは、当初、「長老派」（Presbytarian）の視点に立ち、後に「独立派」（Independent, すなわちCongregationalist）のそれに転じたピュウリタンであり、一六六一年、チャールズ二世の「王政復古」の反動政治の下であやうく処刑されそうになった危機を弟クリストファー・ミルトンたちの努力によって免れた後の晩年には、ほとんど全く教会に姿をあらわすことのない純粋信仰の人であった。しかもなお、彼は、『イングランド宗教革命論』（*Of Reformation touching Church-Discipline in England*）（一六四一年）の刊行以降、《ピュウリタン革命》の進行する過程でオリバー・クロムウェルの領袖のひとりとなっているのであり、その軍隊（「議会軍」）の軍隊付き牧師であったリチャード・バクスター――彼はミルトンより七歳年下だった――と同じ《行為》―《関係》過程のなかを生きていた。ミルトンは、当代のスチュアート朝絶対王政の《教会政治》を批判するなかで、人びとの‘Congregation’（会衆）というかたちの「関係」から、‘Assembly’（集会）という一層社会的かつ政治的な「関係」を析出し、そこから、「国教会」型《教会政治》に代わる「キリスト教徒の連合体」という政治体を生み出そうとしていたのである。Westminster Assemblyが開始されるのは一六四三年であり、この‘Assembly’が、やがて、市町村などの議会の呼称となり、今日では、アメリカの州議会下院の名称となっている。

ウェーバーは、また、アメリカにおける資本主義の勃興とプロテスタンティズムの生活態度との結びつきを分析する際に、実にしばしば、ベンジャミン・フランクリンの「生活のスタイル」に関わる資料に、依拠している。彼は、まず、第一章「問題」の設定のところで、フランクリンの父——厳格なカルヴィニスト——が、青年時代のフランクリンに対して、『聖書』のなかの「箴言」二二章二九節の文言——「あなたはそのわざ（Beruf）に巧みな人を見るか、そのような人は王の前に立つ」——をくりかえし教え、諭したという事跡に言及する。そして、ウェーバーは、この文言の傍点部分——Beruf——（もちろん傍点はウェーバーのもの）が、ルッター訳の『聖書』では ≫in seinen Geschäft≪ となっており、旧英訳『聖書』では ≫business≪ とされていたことを、注記する。

彼は、次いで、フランクリンが「市民的中産身分——明らかに使用人も含めて——の大衆」に向かって書いた著作——よく知られているように、最も「ポピュラーな」著作は『貧しきリチャードの暦』（*Poor Richard's Almanac*）（一七三二—五七年）であり、現在の文脈に一層よく適合するものは、*Necessary hints to those that would be rich*（一七三六年）であり、*Advise to a young tradesman*（一七四八年）である——の内容に事例を求めて、「彼（フランクリン）の道徳のまさしくアルファでありオメガとなっているもの」を探究する。

しかもなお、当代のアメリカで教育的読み物として利用され、その意味で、「民衆の日常生活の実践に深い影響を与えるといった種類のものだった」フランクリンの小冊子について、ウェーバーは、「本書では、ベンジャミン・フランクリンを、はっきりと、色あせはじめたピュウリタンの生活規準を踏みこえている人物として引用した」と、言うのである。ウェーバーは、この点について、第二章第二節「禁欲と資本主義精神」の中段やや後ろの部分で、一層明瞭に、こう書いている。

こうした強力な宗教運動が経済的発展に対してもった意義は、何よりもまず、その禁欲的な教育作用にあったのだが、ウェズリーがここで言っているとおり、それが経済への影響力を全面的に現わすに至ったのは、通例は純粋に宗教的な熱狂がすでに頂上を通りすぎ、神の国を求める激情がしだいに醒めた職業道徳へと解体しはじめ、宗教的根幹が徐々に生命を失って功利的現世主義がこれに代わるようになった時――すなわち、ダウデン（Dowden）の言葉を借りれば、民衆の想像力のなかで、「虚栄の市」のただなかを天国に向かって急ぐバニヤンの「巡礼者」の内面的に孤独な奮闘に代わって、「ロビンソン・クルーソー」、つまり同時に伝道もする孤立的経済人が姿をあらわした時、であった。

ここでウェーバーが引用しているジョン・ウェズレーの有名な指摘の内容にまで触れているいとまはないけれども、オックスフォードの宗教家で、メソジストの宗教運動の指導者となり、一七三〇年代から五〇年代のアメリカの「大覚醒」運動（the Great Awakening）の思想的源泉となった彼の《ピュウリタニズム》に比べて言うならば、フランクリンは、みずからその『自伝』（*Autobiography*）（一八一八年）で述べているように、「どの》Sekten《にも属さない理神論者」だったのであり、だからこそ、ウェーバーは「色あせはじめたピュウリタンたちの生活規準」を代表する人物として、フランクリンを選んでいたのである。

今、私は、手許に、アメリカの独立宣言の最終草案を広げている。それは、In Congress, July 4, 1776, A Declaration by the Representatives of the United States of America in General Congress assembled と題されている。この有名な文書は、一三のアメリカ植民地が組織した――'assembled' という言葉が用いられている点に留意したい――革命機関である「大陸会議」（General Congress）で、ニューヨークを除く一二の植民地が七月二日に行なった「独立決定」の決議にもとづいて採択した宣言であり、その内容は、宗主国イギリスの国王ジョージ三世の弾圧行為を列挙して糾弾しつつ、「独立決定」の根拠を社会契約説の視座から展開したものである。よく知られているように、この最終草案を準備した起草委員は、フランクリン（一七〇六—九〇）、ロジャー・シャーマン（一七二一—九三）、ジョン・アダムズ（一七三五—一八二六）、トマス・ジェファーソン（一七四三—一八二六）、およびロバート・R・リヴィングストン（一七四六—一八一三）の五名であり、原案の骨格は主としてジェファーソンの努力によるものであった。ヴァージニア植民地の代議員だったジェファーソンは、直接的にはトマス・ペインの『コモン・センス』(*Common Sense――On the origin and design of Government in General, with concise remarks on the English Constitution――*)（一七七六年）、間接的にはジョン・ロックの『政府二論』(Two Treatises of Government: In the Former, *The False Principles and Foundation of Sir Robert Filmer, and His Follow are Detected and Overthrown.* The Latter is *an Essay concerning the True Original, Extent, and End of Civil-Government*)（一六八九年）からの影響の下に、原案を作成しており、他の四人の起草委員の手による修正はわずかなものであった。五人の起草委員のなかで、フランクリンは最年長者ではあったが、この決定的な《政治》判断の状況のなかでは、法律家・弁護士であったシャーマン（コネティカット州代表）、アダムズ（マサチューセッツ州代表、後に、ワシントンの後を継いで、第二代大統領）、リヴィングストンたちの「起動力」に伍することはなく、ジェファーソンの影響力の後塵を拝するかたちであった。

　マックス・ウェーバーは、『プロテスタンティズムの倫理と資本主義の精神』において、ゾンバルトの『近代資本主義』(*Der moderne Kapitalismus*)（一九〇二年）に触発されて、《近代》の資本主義《経済》における「合理化」の進展とそれを担う主体像を解明しているのであり、それは、同時に、これまで述べて来たベンジャミン・フランクリンその他の具体的な事例を素材としながら、「理念型」としての《資本主義の精神》の概念を構成し、それによって、言わば、一七世紀におけるイギリス、一八世紀のアメリカで展開した《市民社会》→《資本主義社会》という歴史的推転を追体験・追思考（Nachdenken）していたのである。

ウェーバーは、前述したように、ジョン・ウェズレーからの引用の後のところで、こういう世俗化が進行していくなかで、功利主義的な勤労が《神の国》の探究にとって代わり、特殊ブルジョア的な経済的エートスがつくりだされて来た、という趣旨のことがらを、記していた。この部分について、ラインハルト・ベンディクスは、次のように言う。

ベンジャミン・フランクリンの自叙伝は、若い事業家への忠告の個所で、このエートスを表現していた。ウェーバーはこの文献を、「資本主義の精神」の定義をこころみる際に引用したが、このことは、多くの読者を混乱に導くこととなった。というのは、フランクリンの著作がプロテスタンティズムの倫理の世俗化の段階の証拠ともなっていたからである。

実際、私の眼から見ても、アメリカにおけるプロテスタンティズムの歴史的展開のなかには、ジョナサン・エドワーズ（一七〇三―五八年）からラルフ・ワルドー・エマーソン（一八〇三―八二年）に至るまで、フランクリンより秀れた《宗教者》たちが、少なからず挙げられる。私たちは、このような文脈で、ディルク・ケスラーの次のような述懐を、理解しなければならないのであろう。

したがって、いつまでもベンジャミン・フランクリンにとどまってはおらず、ウェーバーは、彼の調べる意味解釈の「担い手」として「市民的中産階級」へと移行する。この意味解釈は、時の経過のなかで、ひとつの「心情」を明示するが、かかる心情自体はウェーバーによって「長い年月の教育課程の成果」として叙述されるものなのである。

ウェーバーにとって、フランクリンは、一七世紀から一八世紀にかけての禁欲的プロテスタンティズムの展開の裡に《市民社会》から《資本主義社会》への「合理的」推転の途を》Nachdenken《しようとする理解社会学の「理念型」的概念構成のための、ひとつの素材にほかならなかった。ただし、私は、ここで、ジョン・ロックが述べていた《行為》と《功利》・《功用》の関係についての主張を、想起しないではいられない。

ロックは、『自然法論』(*Essays on the Law of Nature*)(一六六〇―六四年)の末尾近く、次のように述べている。

> Utility is not the basis of the law or the ground of obligation, but the consequence of obedience to it.

ロックにとって、《功利》・《功用》(Utility)は、人びとの「生活のスタイル」――この言葉は、マックス・ウェーバーが『プロテスタンティズムの倫理と資本主義の精神』において、かなり多く用いている言葉である――のなかで、“virtues”と“morals”を支える基盤となるものではない。

そして、ロックは、さらに、こう言うのである。

> And thus the rightness of an action does not depend on its utility, on the contrary, its utility is a result of its rightness.

《行為》の正しさ、真正性が《功利》・《功用》を生むのであって、その逆ではない。ロックのこのような視座が、後に、ジェレミー・ベンサムの《功利主義》によって顚倒させられている事態については、既に見てきた。ここで確認しておきたいのは、ロックのこのような視座が、その延長線上において、『政府二論』――前述のように、この一六八九年に刊行された著作は、ロバート・フィルマーの*Patriarcha*（家父長制的国家論）を批判した前篇（一六八〇年執筆）と、通常『市民政府論』として理解されている後篇（一六七九年執筆）、という二つの論文から成っている――の後半部分で展開されている《公共善》（Public Good）の概念を生み出しているという事実である。

ロックにとって、政治権力（Political Power）とは、「《Property》の保護と整序を目的として死刑およびそれ以下のあらゆる刑罰をともなう諸法律をつくる権利であり、それら諸法律を執行し、外敵から《Commonwealth》を防衛するにあたって、《Community》の力を使用する権利であり、しかもこれらのことがらを《Public Good》のためにのみ行なう権利である」。そして、この《公共善》は、次のような文脈のなかから生み出されて来る。

The commonwealth seems to me to be a society of men constituted only for procuring, preserving their own *civil interests* (bona civilia).

ここで、《Civil Interests――bona civilia――》とは、「生命、自由、健康および身体の安全であり、加えて、金銭、土地、家、家具その他の外的事物の所有」のことである。ただし、ロックは、所有（Property）を人びとの《労働》から生みだされるものと考えているのであって、ここには、「外的自然」―「内的自然」の関係枠組みに立脚した人間的・自然的諸力能の表現・実現という契機が内包されていることを、看過してはならないであろう。

ロックは、さらに、『市民政府論（後篇論文）』のなかで、「統治の目的は、the good of Mankind にある」（一九章）と言い、‘the care of the public’（一四章）に言及し、これらを“Salus Populi Suprema Lex”という ラテン語の文言によって支えていた（一三章）。「民衆の“Salus”こそが最高の法である」と言う時、“Salus”とは、「健康」であり、「幸福」であり、「安全」であり、「生存」である。こうして、《公共善》(Public Good) とは、単に「生存」権の保障や「健康」を支える諸条件の整備を言うのではなくて、これを、『市民政府論（後篇）』が執筆されたのと同じ一六七九年に、シャフツベリーやロックの努力によって制定された「人身保護法」(Habeas Corpus Act) と重ね合わせて考えるならば、一人ひとりの《市民》たちの私的生活空間と身体の《安全》の保障の上での、《Property》の内容を生み出す諸個人の人間的自然の諸力の自己表現・自己実現の権利の確保、のことである。ロックの方法論的「自然」主義の視座にあっては、《行為》の「真正性」(Rightness) が、《市民社会》における諸個人の《行為》―《関係》過程を通じて、《公共善》(Public Good) という価値的理念とその具体化としての諸制度の構築へと関連づけられ、積分されていた。これに対して、ベンサムの《功利主義》というかたちでの方法論的「社会」主義の視座においては、《行為》の「真正性」と「功用」(効用) の内面的連関は顚倒させられ、《労働》する諸個人の「エゴイズム」の承認の上で、「最大多数の最大幸福」という「効用の」最大化のための方策の追求が、‘the principles of morals and legislation’（一七八九年刊行の彼の主著のタイトル）の課題となった。

マックス・ウェーバーが『プロテスタンティズムの倫理と資本主義の精神』の第二章、かなり後段のところで、「宗教的根幹が徐々に生命を失って、功利的現世主義がこれに代わるようになった時」と述べている状況において――それは、また、ベンディクスが「フランクリンの著作がプロテスタンティズムの倫理の世俗化の段階の証拠ともなっていた」と述べている状況にほかならない――、ロックの《行為》―《関係》過程の内側に確保されていた《真正性》――“Rightness”, すなわち《真》――から《公共善》“Public Good”――すなわち《善》――への上向という価値的連関は消失し、《功利》・《功用》(効用)の汜濫するなかで、「エゴイズム」の利害状況(Interessenlage)が一般化し、産業資本・独占資本と労働者の階級対抗が尖鋭化して行ったのである。ベンサムの『道徳と立法の原理序論』が刊行された一七八九年は、同時に、Liberté, Egalité および Fraternité という価値を標榜するフランス革命の勃発した年であり、それは、また、ミルトンやロックの生きた一七世紀イギリスの《ピュウリタン革命》・《名誉革命》、ジェファーソンやアダムズたちの名前に結びつけられる一八世紀アメリカの《独立革命》とともに、《市民社会》の推転する果ての到達点を示しつつ、《資本主義社会》へと転成していく予兆をはらんでいた。

ウェーバーは、“Wirtschaftsethik der Weltreligionen”の分析へと歩を進め、さらに、*Wirtschaft und Gesellschaft* に結実する膨大な「合理化」過程の研究へと邁進する。私たちは、こうして、いよいよ「共同社会行為」(Gemeinschaftshandeln)から純化されて来た「社会的行為」(Soziales Handeln)の概念の前に、そして、「共同体」(Gemeinschaft)から「団体」(Verband)への推転の裡に析出されて来る「社会的関係」(Soziale Beziehung)の概念の前に、立つこととなる。それは、また、商法や経済史の領域から「一般社会学」の視座への転換を意味していたのであり、私たちは、ここに、理解社会学の方法からの「理念型」的概念構成の所産としての、ウェーバーの《行為》概念の全容を目前にすることとなるのである。

ウェーバーにとって、社会学とは、「社会的行為を解釈によって理解し、それを通して社会的行為の過程および結果を因果的に説明しようとするひとつの科学」(eine Wissenschaft welche soziales Handeln deutend verstehen und dadurch in seinen Ablauf und seinen Wirkungen ursächlich erklären will)である。

そして、彼は、㈠行動（menschliches Verhalten）、㈡行為（Handeln）、および㈢社会的行為（》Soziales《 Handeln）の三層構造のイメージを提起する。まず、行動とは、「外的あるいは内的活動、不作為あるいは我慢」（äuβeres oder inerliches Tun, Unterlassen oder Dulden）とされている。次いで、このような人間行動の部分領域、もしくはそれを基盤として生成してくる部分領域、としての行為は、「単数あるいは複数の行為者が主観的な意味をそれに結びつける場合、またその限りでの」（wenn und insofern als der oder die Handelnden mit ihm einen subjektiven *Sinn* verbinden）行動、のことである。さらに、社会的行為とは、「単数あるいは複数の行為者の考えている意味が他の人びとの行動と関係を持ち、その過程がこれに左右される」（welches seinen von dem oder den Handelnden gemeinten Sinn nach auf das Verhalten *anderer* bezogen wird und daran in seinen Ablauf orientiert ist）ような行為、を指している。

私たちは、まず、ウェーバーの「行動」の概念の《消極性》に、驚かされるであろう。今日、私たち《人間》の身体の内側にあるもの――それは、後に詳しく言及することになる「パーソナリティ特性」を生み出すところのものである――は、直接的には、成人男性の場合で六〇兆―七〇兆の細胞の運動であり、成人女性の場合五〇兆―六〇兆の細胞のそれであり、要するに、人間的自然（Human Nature）の具体化された表現としての「生きるエネルギー」である。ウェーバーの言う「行動」は、《意味》の被覆の下にある生命活動の力であり、準備状態（'readiness'）にある人間的・自然的諸力にほかならない――Tun は英語の 'Do' であり、Unterlassen は法律用語の「不作為」に連なる《行為化の不在》――不履行、怠慢――を意味し、Dulden は、ひたすら耐え忍び、辛抱することを指す。それは、今日の行動心理学における「ブラックボックス」のようなものである。

それでは、次に、《意味》(Sinn) とは何か？ ここで、ウェーバーは、意味を、次のように区分する。

(一) (イ)ある歴史上のケースにおいて、ひとりの行為者が実際に主観的に考えている意味。
(ロ)多くのケースを通じて、多くの行為者が実際に平均的近似的に主観的に考えている意味。
(二) 概念的に構成された純粋類型において (in einem begrifflich konstruierten *reinen* Typus)、類型として考えられた単数あるいは複数の行為者が主観的に考えている意味。

ウェーバーにおいては、「意味のある行為、すなわち、理解可能な行為は、多くの精神物理的過程にはまったくあらわれない」(Sinnhaftes, d.h. verstehbares, Handeln liegt in manchen Fällen psychophysischer Vorgänge gar nicht) のであって、社会学の分析すべき対象としての《行為》の裡には、「合理的に理解できるもの」が、作為的に、構成されていなければならないのである。

これが、なにはともあれ、マックス・ウェーバーの「理解社会学」の方法的出発点である。そして、その《意味》(Sinn) は、たとえば丸山圭三郎が、英語の sense と meaning、フランス語の sens と signification、およびドイツ語の Sinn と Bedeutung の諸概念を比較・対照しながら、「意味は自存体ではなく、関係の結節点でしかない」と主張していることと対応させてみても、きわめて独特なものである。しかもなお、私たちは、ウェーバーの《行為》概念を、二〇世紀初頭の帝国主義段階に入った資本主義社会の《行為》―《関係》過程において理解しなければならないのであり、そのことは、高度に「ゲゼルシャフト化」しつつある社会諸関係の重層構造のなかでの《行為》の内容と意義とを理解しなければならないということを意味していた。ウェーバーは、一九〇九年に『経済と社会』(*Wirtschaft und Gesellschaft*) の執筆を計画し、一九一一年から一三年にかけて、その第二部・第三部の実質的分析の部分の草稿を書き、その上で、一九一三年、その第一部として、今、検討している《行為》の概念を含む社会学の根本概念（Grundbegriffe）についての考察を、付加したのであった。私たちは、一九世紀末から二〇世紀初めにかけてのドイツ帝国、オーストリア＝ハンガリー帝国、イタリア王国の三国同盟と、グレートブリテン＝アイルランド連合王国、フランス共和国、ロシア帝国の三国協商、との対抗的基軸を背景として、一九一二年に第一次バルカン戦争が勃発し、さらに一三年、ブルガリア王国とセルビア王国の衝突を中心として、第二次バルカン戦争に突入し、これらを序奏とするかのようにして、一九一四年七月の第一次世界大戦の開始を迎える、という歴史の激動の最中でウェーバーの《行為》概念が生み出されているという事実を、想起しておく必要があるであろう。

ウェーバーにとって、《社会的行為》》soziales Handeln《は、科学としての社会学に構造をもたらす（*konstitutiv*）中枢的事実であり、それは、次の四つの種類に区別される。

㈠　目的合理的（*zweckrational*）行為――外界の事物の行動および他の人間の行為についてある予想（Erwartungen）を持ち、この予想を、結果として合理的に追求され、考慮される自分の目的のための《条件》》Bedingungen《や《手段》》Mittel《として利用するような行為。

㈡　価値合理的（*wertrational*）行為――ある行為の独自の（*Eigen*）絶対的価値――倫理的、美的、宗教的、その他の――そのものへの、結果を度外視した、意識的な信仰による行為。

㈢　感情的（*affektuell*）行為――特にエモーショナルな（*emotional*）行為。直接の感情や気分（Gefühlslagen）による行為。

㈣　伝統的（*traditional*）行為――身についた習慣（Gewohnheit）による行為。

私たちは、《行為》を、《行為》―《関係》過程のなかでとらえるのであるが、ウェーバーの場合、社会的《関係》

（》Beziehung《）とは、「意味内容が相互に相手をめざし（*eingestelltes*）、それによって方向を与えられた（*orientiertes*）多数者の行動」のことである。それは、また、意味の明らかな方法で社会的行為が行なわれる可能性（*chance*）の所在を、意味している。

ウェーバーは、このような意味での「多数者の行動」としての一般的な現前の姿を習慣（Brauch）と慣習（Sitte）としてとらえた上で、そこに《秩序》（Ordnung）を生み出すものとして、慣例（Konvention）と法（Recht）を位置づける。慣例は、それに違反した場合になされる社会的な「非難」（Mißbilligung）のチャンスによって妥当性の秩序を生み出し、これに対して、法は、その遵守の強制や違反の処罰を本務とする専門のスタッフの行為による「物理的あるいは心理的強制」（(physisch oder psychischen) *Zwanges*）のチャンスによって、人びとの《行為》の妥当性を枠づける秩序を生み出す。

こうして、彼は、社会的《行為》、社会的《関係》、および「正当な」（legitimen）秩序、という根本概念の論理的展開から、「共同社会関係」（Vergemeinschaftung）と「利益社会関係」（Vergesellschaftung）の対質を生み出し、それらを歴史的＝経験的分析へと投影して行くことから、私たちのよく知っている「法社会学」、「経済社会学」、「支配の社会学」などの個別領域の分析を生み出して行ったのである。

私は、本書の冒頭部分において、私の視座からの方法論の構造を明らかにしておいた。それは、(1)概念装置・概念体系、(2)基礎概念、(3)方法論的基礎（認識論と存在論との結合による）、という三層構造から成っていた。そして、言うまでもなく、マックス・ウェーバーが提起している》soziologische Grundbegriff《は、ほとんどの事例において、(2)基礎概念の位置づけに対応するものである。

私は、また、私自身の《行為》—《関係》過程についての理論的枠組みを構築するために、これまでの叙述からも明らかであるように、《近代》以降の社会科学の生成と発展とを支えて来た方法論的「自然」主義、方法論的「社会」主義、および方法論的「個人」主義、の諸視座の内面的構成を検討し、それらの積極的契機を吸収し、綜合した上で、みずからの《関係》主義の視座からの社会学的展望を提起しようと、考えている。このような文脈において考察するならば、既に多くの論者たちが述べているように、「原始キリスト教」、「中世都市経済」、「プロテスタンティズムの経済倫理」、「資本主義の精神」、「ゲルマン＝ローマ風荘園制」、「古代ポリス経済」等々の《理念型》(Idealtypus)的基礎概念を駆使して構築されたウェーバーの具体的な社会学の膨大な体系は、その方法論的基礎の地平で、カントの認識論、リッケルトたち新カント派の《文化科学》(Kulturwissenschaft)の論理学に、多くを負っている。しかし、方法論的基礎のもう一つの重要な契機である存在論の側面については、未だ多くの検討されるべき事柄が残っているようである。私は、本章では、方法論的「個人」主義の視座を、「生」の哲学、実存主義、プラグマティズム、という三つの視座によってとらえているけれども、たとえば「生」の哲学の代表者とも言うべきウィルヘルム・ディルタイは、《精神科学》(Geisteswissenschaften)を提起し、それを「了解」・「理解」の方法によって基礎づけたが、社会学という個別社会科学の存立については懐疑的であった。また、カール・ヤスパースにとって、師とも呼ぶべきウェーバーは「ひとりの実存的哲学者」であり、哲学的《実存》であった。ウェーバー自身はヘーゲルの「流出論」的視座を批判していたが、ベンディクスによれば、「市民社会」と「国家」の区別と相互関係の分析については、ヘーゲルの分析とウェーバーのそれとのあいだに類縁性が存在する。にもかかわらず、全体として、存在論的基礎の側面においても、マックス・ウェーバーの社会学は、カントの視座に立脚している。この点を確認しておいた上で、私たちは、本書での全自然史的運動の視点からの《行為》概念の確立という目標をめざして、一歩の歩みを進めて行くことにしよう。

ウェーバーの《理念型》的基礎概念については、「類的」、「類型的」、および「《平均的》」な、一般概念としての《理念型》と、《歴史的―相対概念》としての《理念型》とを区別すべきであると主張するアレキサンダー・フォン・シェルティングの批判があるが、私は、ここでは、さらに、存在論的地平での《外的自然》―《内的自然》の連関を包摂し得る《行為》概念の確立をめざす視点から、若干の論点を提起しておくことにしたい。ウェーバーは、《行為》を、㈠目的合理的（zweckrational）行為、㈡価値合理的（wertrational）行為、㈢感情的（affektuell）行為、㈣伝統的（traditional）行為、という四つの類型に、区分していた。そして、言うまでもなく、彼が眼前にしていた一九世紀の《世紀末》から二〇世紀の初頭にかけての「近代資本主義」（ゾンバルト）の社会構成体は、目的合理的行為の卓越する社会であった。私は、これから、今日の高度情報化社会、大衆消費社会、および管理社会の相貌を有する「社会諸関係の重層構造」に至るまでの《行為》―《関係》過程の変容を逐って行くわけであるが、それは、アーサー・ミッツマンとともに言えば、まさしく「目的合理性」の全面的支配とその頽落を内容とする「鉄の檻」の全域化である。

そして、私自身は、このような文脈のなかでの目的合理的《行為》の卓越と全域化に対して、ウェーバーの言うところの感情的《行為》と価値合理的《行為》との内面的結合の可能性を追求したいと、考えている。それは、別言すれば、人間的・自然的諸力の可能性を基盤とした価値合理性の発現の途であり、》affektuell《なもの、》emotional《なもの、》Gefühlslagen《、からの価値合理的《行為》の生成の論理構造であるだろう。マックス・ウェーバーと同じドイツの人、ニコラウス・クザーヌス（一四〇一―一六四）は、*De concordantia catholica*（一四三四年）から、*De Deo abscondito*（一四四五年）を経て、*De possest*（一四六〇年）に至る理論展開を通じて、ローマ・カトリックの《恩寵の王国》(Regnum Gratiae) に対して、《外的自然》―《内的自然》の架橋――クザーヌスの語を用いて言えば'μεθεξῖς'(メテクシス) であり、Conjunction (連接) ――をもとに、自然権と自然法則によって根拠づけられた人間的自然 (Human Nature) の表現と実現を可能とする「自然の王国」(Regnum Naturae) としての《近代》を対置した。そして、ヤスパースの *Nikolaus Cusanus* (一九六四年) が明らかにしているように、クザーヌスは、《可能現実存在》(possest) ―― 'est' (存在する) ということは、'actu est' (現実に存在する) ということですから、'posse esse' (可能が現に存在すること) は、'posse esse actu' (可能が現実に存在すること) と同じだけの意味を表示しています。すなわち、それは、'possest' (可能現実存在) と呼ばれてよいでしょう、というのがクザーヌスの言である――としての人間の《行為》の裡に、《労働》という行為と《コミュニケーション行為》という行為との有機的綜合――今日の情報化社会のような「離在」、「離接」(χωρισμος――Disjunction――) の上での、機械的で、無機的な、結合ではない――の可能性を見出していた。

私は、ウェーバーの《行為》(Handeln) の概念の裡に、この'possest' (可能現実存在) の契機を、看取することができない。しかし、《行為》(Action) は、まさしく私たち人間の'actu est' (現実に存在する) 人間的自然の諸力・諸可能性の表現と実現なのであり、'posse essse actu' (可能が現実に存在すること) が aktualisieren されて行く過程そのものなのである。

ウェーバーは、一九一〇年、フランクフルトで開催された第一回ドイツ社会学者会議で、当代のドイツ社会における喫緊の社会学的課題を、「ジャーナリズム」(Zeitungswesens) と「結社」(Vereinswesens) に求めていた。前者を支えているものは Aktualität ――マス・コミュニケーション研究では「現実行動性」と訳しているが、その複数形は単に「時事問題」であり、後者――ウェーバーは、具体的には、遊戯クラブ、政党、宗教的ゼクテ、芸術的ゼクテをあげている――は、まさに、「下からの」《関係》形成の過程であり、そこにおける感情的《行為》から価値合理的《行為》への上向の論理を内包している。《文化人》(Kulturmensch)は、あらためて、「下から」、「基底から」再構成されなければならなかったのである。そして、そのためには、《外的自然》と《内的自然》との「連接」こそが真の出発点となるであろう。

二　タルコット・パーソンズの行為概念

タルコット・パーソンズ(一九〇二―七九)は、アメリカ、コロラド州に牧師の子供として生まれ、アーモスト大学で経済学を学んだ後、一九二四―二五年、ロンドン・スクール・オブ・エコノミックスの大学院研究生として、ホッブハウスとギンスバーグから社会学、マリノフスキーから文化人類学を学んだ。さらに、一九二五年に、ドイツのハイデルベルク大学に移り、ここで、初めてマックス・ウェーバーの著作に出会い、とくに『プロテスタンティズムの倫理と資本主義の精神』から強い影響を受けて、一九二七年、「マックス・ウェーバーとゾンバルトの理論における資本主義の概念」と題する学位論文をまとめた。

母校アーモスト大学の経済学講師を経て、その後、ハーヴァード大学に転じ、一九三一年以降、社会学を講じるようになり、四五年には社会関係学科長に転任し、さらに、四九年、アメリカ社会学会会長となった。

私は、これから、*The Structure of Social Action*(一九三七年)、*Toward a General Theory of Action* (Editor and Contributor with Edward A. Shils and others)(一九五一年)、および *The Social System*(一九五一年)を手がかりとして、パーソンズの社会学における《行為》の概念の内容を検討して行くわけであるが、私の脳裏には、

今、なぜか、ボストン西郊のニューイングランドの風景が去来している。私は、二〇〇一年の秋、チャールズ・サンダース・パースに関わる資料の収集と検討のためにハーヴァード大学を訪れ――その検討と考察の結果は、『コミュニケーション理論史研究（下）』に包摂される予定である――、一日、友人の車でマサチューセッツ・ターンパイクを西へ向って走り、マールボローから北上して、コンコードとレキシントンをまわり、夜おそくケンブリッジに戻った。この日の旅の目的は、パースの思想形成に対するラルフ・ワルドー・エマーソン（一八〇三―八二年）の影響について考えるべく、エマーソンゆかりのコンコードで資料を収集し、併せてアメリカ《独立革命》の発端の地レキシントンを訪れることにあったが、実は、パーソンズが学んだアーモストの町は、マールボローからさらに西へ六〇マイルほどのところに在り、エマーソンも牧師の子供として生まれ、みずから一時期ユニテリアン派の牧師となっていただけに、私の心の中には、アメリカ建国以来の、ニューイングランドにおける《プロテスタンティズム》の具体的な姿とその影響力とをどう秤量するか、という問題が大きくのしかかっていた。しかも、この地域は、ローウェルやローレンス、さらにはケンブリッジのすぐ西側のチャールズ河そのものの水力を利用して、繊維産業を中心としたアメリカ最初の「産業革命」が生成した故地であり、私には、前記したパーソンズの学位論文の主題と底深く通いあうものが感じられたのである。よく知られているように、ウェーバーが『プロテスタンティズムの倫理と資本主義の精神』を執筆するひとつの動機づけをもたらしたゾンバルトの『近代資本主義』（*Der moderne Kapitalismus*）（一九〇二年）は、資本主義社会における経済発展の原動力を「経済的合理主義」に求めていたが、それは、また、「近代技術全体を発生させた共通の『精神』」（*Technik und Wirtschaft*）（一九〇一年）でもあった。パーソンズも、同様にして、社会体系の変動を説明する際に、「制度化された合理化と『文化的遅滞』」を重視し、ゾンバルトの「経済的合理主義」よりはるかに拡大された《合理化》（Rationalisierung）過程の内側のひとつの変数として技術発達の過程を位置づけていた。これから検討されて行くように、パーソンズの《行為》概念の彫琢の背景には、世界最大にして最強の資本主義社会として発展しつつ、しかもなお、一九二九年五月二二日のニューヨーク・ウォール街の証券取引所の破綻に始まる「世界大恐慌」以降の、諸帝国主義間の矛盾の顕在化――それは、やがて、ドイツ、イタリア、日本のファシズムを生み、第二次世界大戦を勃発させることになる――のなかで、世界資本主義を主導するアメリカの資本主義社会そのものを、このような《合理化》過程の極限形態として、斉一的かつ整合的に理解し、説明しなければならないと考えるパーソンズの目的意識があった。

パーソンズの『社会的行為の構造』には、*A Study in Social Theory with special reference to a Group of Recent European Writers* という副題が、付けられている。パーソンズの《行為》概念は、方法論的「個人」主義の視座の典型例としての「生」の哲学、実存主義、プラグマティズムの諸潮流のなかで、もとより、プラグマティズムの方法論的基礎に根ざした構想から生みだされた。しかし、それは、あえて言えば、対自化されたプラグマティズムであり、反省的にとらえかえされたプラグマティズムである。そして、副題にある“a Group of Recent European Writers”とは、周知のように、アルフレッド・マーシャル（一八四二―一九二四）、ヴィルフレード・パレート（一八四八―一九二三）、エミール・デュルケーム（一八五八―一九一七）、およびマックス・ウェーバー（一八六四―一九二〇）、の四人であった。私たちは、これら碩学たちの生きた時代が、まさしく一九世紀後半から二〇世紀の初頭であり、私がこれまで検討して来た「高度資本主義社会」の形態変容――産業資本段階から独占資本段階へ、そして、対外的な植民地獲得競争のために政治的・軍事的な国家の諸装置を総動員して、国家独占資本主義へと移行し、いわゆる《帝国主義諸列強》の矛盾を激発させ、やがて、一九一四年の第一次世界大戦を勃発させることとなった――に真正面から立ちむかった社会理論家たちであったことに、想到するであろう。

それでは、パーソンズの副題にある、'with special reference to' の「特殊な連関・準拠」とは何か？　彼は、同書の冒頭部分で「スペンサーは死んだ。しかし、だれが、どのようにして、スペンサーを死に至らしめたのか、このことこそが真の問題なのだ」と述べており、明示的には、ハーバート・スペンサー（一八二〇―一九〇三）の社会学理論に象徴される社会有機体説と《功利主義的な》個人主義の《のりこえ》こそが、この 'special reference' の内実であるだろう。しかし、それは、さらに、パーソンズ自身の社会学的視座の存在論的基礎を成すところのプラグマティズムに内包されていた素朴な《行動》の概念――もともと、プラグマティズム（Pragmatism）という言葉の語源であり、その思想的中核であるギリシア語の 'pragma' は英語の 'do, deed' に連なる意味を有する――の《のりこえ》を含意していたのであり、同時に、今述べて来たばかりの当代の社会変動の下で、最強、最大の資本主義社会となりつつあったアメリカ社会のなかでの《功利主義》の頽落の最中で、《行為》の概念の再構築をはかろうとする努力を、凝縮して表現していたのである。

パーソンズの《行為》概念は、彼自身が述べているように、《主意主義的》（voluntaristic）な行為の概念である。それは、また、次のような内容を有する「単位行為」の措定から、出発する。すなわち、単位行為とは、「古典力学の単位という意味での質点がその質量・速度・重さ・空間的位置・運動方向などによってのみ規定されることができたように、まさしく行為体系の諸単位も、それなくしては『存在』としての単位を考えることができないような基礎的な内容を含んだ」行為、のことである。

その基礎的な内容とは、㈠ひとりの「行為者」、㈡行為の「目標」、㈢行為の「状況」、㈣行為の「規範的方向づけ」であり、さらに言えば、「状況」は、それに対する行為者のコントロールの及び得るもの（「手段」）と、コントロールし得ないもの（「条件」）とに、区分される。こうして、パーソンズの《行為》概念の原初的なイメージは、これら諸要素（行為者・目標・状況＝手段＋条件・規範的方向づけ）のあいだの「一定の関係性の様態」として、あたえられることになる。読者の皆さんはすでに気づかれたことと思われるが、私自身が提起している《行為》のモデルは、形式的にはパーソンズのこの原初的イメージを踏襲しており、少なくとも私の願望としては、それを発展的に脱構築して、私の方法論的「関係」主義の視座からの《行為》－《関係》過程の理論的展望を得ようとしているのであって、後論に明らかなように、内容的には大きく異なった方向へとシフトして行く。ついでに付言しておくならば、私は、一九六五年に東京大学大学院社会学研究科に提出した修士論文の第六章（「分析体系論序説(Ⅱ)－行為－」）のなかで、パーソンズの《行為》概念を全面的に考察しており、したがって、今ここで展開している作業においても、稲上毅・厚東洋輔による邦訳書（一九七四－八二年）の訳語にはかならずしも一致しない用語をもちいている場合がある。

パーソンズは、これら諸要素の「関係性の様態」としての《行為》の概念を明晰化するにあたって、前述のように、マーシャル、パレート、デュルケーム、ウェーバーの、'the shoulders of Giants' の嶺々を踏んで行くわけであるが、その内容としての実質を見るならば、経済学、政治学、社会学、心理学、および「テクノロジー」、の地平からの分析の「綜合」――それが「行為の一般理論」である――の作業を、進めて行くことになる。パーソンズは、まず、「経済学的な概念は、行為体系に対してのみ意味をもつが、それは個別的な個人の行為体系に適用される――『ロビンソン・クルーソーの経済学』」と述べて、マーシャル以前の「古典学派」の経済学の視点を、批判する。彼によれば、資本主義社会の進展のなかで、「ロビンソン・クルーソー」の神話は崩壊し、個人の「手段」－「目標」シェーマによる《行為》に対して規範的秩序の側面からのコントロールが加わり、増大しつつあるのであった。私たちは、ただちに、マックス・ウェーバーが、『プロテスタンティズムの倫理と資本主義の精神』の第二章、最終部分で「ロビンソン・クルーソー」に仮託して、孤立的経済人（傍点は同上書でウェーバーが付けているもの）の問題性に言及していた事実を、想起するであろう。ウェーバーは、「純粋に宗教的な熱狂がすでに頂上をとおりすぎ、神の国を求める激情が次第に醒めた職業道徳へと解体しはじめ、宗教的根幹が徐々に生命を失って功利的現世主義がこれに代わるようになった」状況（傍点はウェーバー）を描写するために、ダウデンの言葉を借りて（Dowden, *Puritan and Anglican*）、「民衆の想像力のなかで、『虚栄の市』のただなかを天国に向かって急ぐバニヤンの『巡礼者』の内面的な奮闘に代わって、『ロビンソン・クルーソー』、つまり同時に伝道もする孤立的経済人が姿をあらわしたときだった」と、書いたのである。ウェーバーは、この「孤立的経済人」に傍注を付し、「デフォーは熱心な非国教派の信徒だった」としている。ダニエル・デフォー（一六六〇—一七三一）は、ジョン・ロックの時代の直後の時代のジャーナリストであり、その『ロビンソン・クルーソー漂流記』（*The life and strange, surprising Adventures of Robinson Crusoe*）（一七一九年）は、スコットランドの船乗り、アレキサンダー・セルカークが実際に体験したチリ西方の南太平洋の無人島マス・ア・ティエラ（Mas a Tierra、今ではロビンソン島と呼ばれている）での漂流生活をモデルとした小説であった。

そして、一九世紀末葉から二〇世紀初頭にかけて、独占資本と帝国主義の時代の資本主義社会にあって、パーソンズの視座からすれば、「ロビンソン・クルーソー」の神話は崩壊し、《功利主義》の堕落した状況のもとで、かつての「伝道もする孤立的経済人」は、伝道を忘却するだけではなくて、エゴイズムにまみれ、沸騰するマス・カルチャーの渦に呑み込まれて行く「大衆」に転化しつつあった。

パーソンズは、こうして、「個人の行為体系は、経済学的合理性だけではなくて、強制的合理性をも有するであろう」として、「古典学派」の経済学の想定に反して、《他者》に対して相対的な位置に立つ《行為》概念へと転成させて行く。ウェーバーも述べていたように、強制は《他者》に対する力の行使なのだから、逆に、《他者》からのそれは自己に対する力の行使として、ある個人の行為体系を相対化することとなる。ここから、行為体系の政治学的位相が顕在化する。パーソンズの場合、この《行為》に対する強制の問題は、「ホッブズ問題」という名の社会的秩序のそれと連接したかたちで、論理化されるのであり、具体的には、「複数の個人を含む安定した行為体系が存在し得るような秩序のなかには、その体系のなかでの諸個人の関係の権力的側面からの規範的強制が存在しなければならない。この意味で、そこには分配的秩序が存在しなければならない」という視点から、前述のように、《行為》の「規範的方向づけ」という要素が導入されるのであり、やがて、役割規範という拘束的契機として具体化されて行くのである。言うまでもなく、ここには、ウェーバーからの示唆とともに、デュルケームの集合意識論や社会的連帯の分析の視点から学んだものが、吸収されている。

ところで、私たちが少し前のところで見て来たように、マックス・ウェーバーは、社会学を、社会的行為を解釈によって理解するという方法を用いて、社会的行為の進行過程（Ablauf）とその結果（seinen Wirkungen）を因果的に説明しようとする科学である、と規定していた。そして、ウェーバーは、さらに、次のように付言していた。

》Soziales《 Handeln aber soll ein solches Handeln heißen, welches seinem von dem oder den Handelnden gemeinten Sinn nach auf das Verhalten *anderer* bezogen wird und daran in seinem Ablauf orientiert ist.（イタリックはウェーバー）

パーソンズは、このような《社会的》行為の行為主体と《他者》とのあいだの相互性の地平を、もう一段、高次化する。パーソンズにあって、社会学とは、「社会的行為の体系が共通価値の統合の属性によって理解されることができるかぎりにおいての、社会的行為の体系に関する分析的理論を発展させようとする科学」にほかならない。それは、行為主体が、みずからの《行為》を遂行する際に、「手段―目標」図式と規範的方向づけとをどのように調和させているかを明らかにする個別科学、なのである。ここには、もちろん、「古典学派」経済学の《功利主義》的な個人主義の「手段―目標」図式を、ウェーバーとデュルケームの「共通価値」への留目を付加することによって、《のりこえ》ようとするパーソンズの方法論的努力が存在する。しかし、私は、事柄はそれのみにはとどまらないと、考える。

前述したように、パーソンズは、単位《行為》の概念を措定するにあたって、「古典力学」の「単位」という意味での「質点」のそれからのアナロジーに、依拠していた。ここに言う「古典力学」とは、周知のように、ガリレオ・ガリレイからアイザック・ニュートンに至るマクロ物体の運動に関わる物理法則の解明を主とした理論のことであり、静力学、動力学、質点力学、剛体力学その他の諸領域を含む。パーソンズは、アーモスト大学に入学した当初は、医学を専攻している兄の影響も受けて、生物学を学んでおり、三年生になってから、制度学派の経済学者W・H・ハミルトンの講義を契機として、経済学を専攻するようになった。彼は、アーモスト大学を卒業すると、これも前述しているように、ヨーロッパに渡り、イギリス、ドイツでの研究を経て、一九二六年に帰国し、母校の経済学講師に就任したが、翌二七年、ハーヴァード大学の経済学講師に転じた――彼が、同大学の社会学講師となるのは一九三一年のことである。そして、彼がハーヴァード大学に移った時、そこには、ローレンス・J・ヘンダーソンが居た。

ヘンダーソンは、一言で言えば、たいへんな（英語の'superb'）人である。私は、率直に言って、彼の生年・没年も知らないし、*The fitness of the Environment: An inquiry into the biological significance of the properties of matter*（一九一二年）を読んでいるだけで、*Blood: A study in general physiology*（一九二八年）や、*Pareto's general sociology: A physiologists' interpretation*（一九三五年）は未読である。

ヘンダーソンは、パーソンズの《行為》概念の生成のために、とくに、本書の冒頭に掲げた私の方法論の三層構造のひそみにならって言うならば、《基礎概念》と《方法論的基礎》——とりわけ存在論的基礎の側面——との「ちょうつがい」の部分に、多大な示唆をもたらした。私見によれば、パーソンズは、ヘンダーソンからの寄与がなければ、『社会的行為の構造』の実質的内容を成すところのマーシャル、パレート、デュルケーム、ウェーバーの諸視座からの「分析的実在論」(Analytical Realism) による《綜合》という作業を果たすことができなかったであろうし、これから詳しく述べるようなヘンダーソンの具体的な知見こそが、『行為の総合理論をめざして』と『社会体系論』へのパーソンズの歩みの「跳躍台」(jumping board) となったのである。

ヘンダーソンが『環境の適合性』と言う時、この「環境」(the Environment) は、直接的にはクロード・ベルナール（一八一三—七八）の「環境」概念——とくに「内部環境」(le milieu intérieur) ——の延長線上にあるが、より大きくは、ダーウィンの進化論の「生物と環境とのあいだの相互関係」のそれに、対応している。周知のように、一九世紀後半は生物進化論やそのコロラリーとしての社会有機体説が、科学の世界にとどまらず、宗教の世界にまで、多くの論争をまきおこしていた。チャールズ・R・ダーウィン（一八〇九—八二）自身、当初、エディンバラ大学の医学部に入学し、医師への途をめざしたが、中途退学して、ケンブリッジ大学の神学部に学んだ経歴（一八二八—三一年）を、持っている。そして、彼の『種の起源』(*Origin of species by means of natural selection*)（一八五九年）は、世界中に「進化論」論争をまきおこすこととなり、当然のことながら、前述の《方法論的基礎》の存在論の根底に関わる事柄として、その論議の余波は二〇世紀初頭にまで及んでいた。

ヘンダーソンの『環境の適合性』という書物は、外見的には小著と言っても良いほどのものであるが、内容的には、このようなダーウィンの進化論の提唱以降の存在論的動揺とアメリカのプロテスタントたちの《自然神学》との「折り合い」をつける――参考までに言えば、ローマ・カトリックの側の《自然神学》は、一九五〇年に至るまで、進化論に対して距離を置き、むしろ否定的な立場をとっていた――狙いを有し、その検討している実質は、既に見て来たニコラウス・クザーヌス――彼は、ヴァティカンの「司教総代理」(Legatus Urbis) という高位聖職者でありながら、数学者であり、「精密科学の先駆者」(Wegbereiter der exakten Wissenschaften) であり、「自然科学者」(Naturwissenschaftler) であり、同時に、『可能現実存在』(De possest) という存在論の書物を書く哲学者であった――の分析・検討していた世界のひろがりと、ほぼ同等の領域にわたっている。私は、今、プロテスタントの《自然神学》との「折り合い」をつけるという表現を用いたが、ヘンダーソンは、実際には、それと進化論との「調停」をはかる体裁をとりつつ、ジョサイア・ロイス（一八五五―一九一六）から示唆を得て、私の言う「全自然史的過程」についての科学的な存在論的視座を構築しようとしていたのである。ヘンダーソンは、この書物の内容を、ハーヴァード大学の生物科学を学ぶ学生たちへの講義として述べていたのであり、それを、一九一一年、同大学の論理学のゼミナールの議論に供した上で、一二年に公刊した。ここで、私たちは、ハーヴァード大学が、もともと、プロテスタントの聖職者たちを養成する目的のもとに創立された（一六三六年）という事実を、想起しなければならないであろう。ヘンダーソンは、一九三六年、ハーヴァード大学の「創立三〇〇周年記念」の講演をしているが、その講演のタイトルは“Social Environment”である。前記したように、パーソンズの『社会的行為の構造』は一九三七年――つまり、このヘンダーソンの講演の翌年――の刊行であるから、パーソンズの《行為》概念の形成過程へのヘンダーソンからの影響は、否定すべくもないであろう。しかも、そのヘンダーソンが「拠りどころ」としたロイス――ヘンダーソンは、同書の緒言のなかで、「ハーヴァード大学の同僚に対しては、その貴重な助力と批評と意見の開陳について、負うところが多い。私が大きな過誤に陥っていないという保証、結論が経験豊かな科学者たちにとっても合理的なものとして受容されたという保証なしには、私は、自分の知識を凌駕するような課題にあえて取り組むようなことは、しなかったであろう。また、一九世紀後半の科学思想の多くのものと一致しない内容を含む問題提起を、積極的に展開することもなかったであろう。とくに、ジョサイア・ロイス教授に対して、感謝しなければならない。彼の学殖と包容力の大きさに依拠することによって、私は、科学に関わる哲学的諸問題の理解に、到達することができた。このようにして、本書をまとめるに際して、ロイス教授からの示唆が私をどれほど正しく導いてくれたかは、はかり知れないものがある」と述べている——は、アメリカの思想界に、ドイツ観念論、とりわけヘーゲルの哲学、を紹介し、導入した人であり、ウィリアム・ジェームズの心理学と架橋する作業を通して、《主意主義的》(Voluntaristic) 観念論の視座を、提起していた。

ヘンダーソンは、このような背景のもとで、ダーウィン以降の進化論の視点に、修正を加える。彼によれば、「適合性」(the Fitness) は、生物の側と同様に、環境の側にも存在しなければならないのであり、「適者生存」という言葉に含意されているような、生物の側からの環境への「順応」のみを考えるのは、誤りである。ヘンダーソンにおいて、「適合性は、生物と環境とのあいだの、協働的、もしくは相関的、関係である」。そして、このような環境世界——『環境の適合性』が書かれた一九一二年段階では、「環境」は自然環境と同義であったが、前記したように、一九三六年の段階では《社会環境》(Social Environment) に転成しており、そこからパーソンズの《社会体系》(Social System) まではほんの一歩の距離である——のなかで、《生命》は、㈠複雑性 (物理学的、化学的、生理学的)、㈡持続性 (物理・化学的な調節によって支えられる)、によって特徴づけられる「ひとつの機構であり、'mechanism' である」。それは、みずからの新陳代謝の能力 (metabolism) によって、環境世界とのあいだで、㈠物質と、㈡エネルギー、の交換を行なっているのであり、これこそが《人間》の生命活動の基底なのである。

私たちは、このようなヘンダーソンの視座の延長線上にパーソンズの《行為》概念の生成を位置づける時、そこには、前に見て来たウェーバーの《行為》概念とは、かなりに異質な地平が拓かれているという事実に、想到させられるであろう。そこでは、まず、第一に、ウェーバーの「理念型」的な概念枠組みからの人間の《行為》の解放があり、《外的自然》—《内的自然》の関係枠組みが復活させられている。パーソンズは、『社会的行為の構造』のなかで、アレキサンダー・フォン・シェルティングのウェーバー批判に賛同しつつ、《行為》の「理念型」的な概念把握に疑義を呈しているが、それは、《方法論的基礎》の認識論的側面における新カント派（とりわけハインリッヒ・リッケルト）の「自然科学」（法則定立的科学）と「文化科学」（個性記述的歴史科学）を峻別する視座をも《のりこえ》て行く性格のものであった。さらに言えば、ヘンダーソンはジョサイア・ロイスに多くを負っているのであり、そこには、ウェーバーが斥けていたヘーゲルの「流出論」的視座からの継承の契機が含まれていた。パーソンズの《行為》概念は、この文脈からも、《外的自然》—《内的自然》の相互に関係しあう領域を視野に収めることができるようになり、その後の『行為の総合理論をめざして』（一九五一年）への道筋を確保することが可能となったのである。

ヘンダーソンの『環境の適合性』のなかに、私は、次のような、美しい文章を見出す。「生物は典型的な形態を保っている、もしくは保とうとつとめている。そして、その間、たえず交換しつつあるエネルギーと物質の流れが生物体の裡をよこぎり、流れる。生命は、それを、瞬時のあいだだけ、已れに適合させているのである」。これが、私たち《人間》の《行動》の基底にある人間的自然の諸力のアルファにしてオメガであるところの出発点である。ヘンダーソンは、この過程を「物質とエネルギーの有機化」の過程と呼んでいるが、それを'le métabolisme'として把握したのは、アントワーヌ・L・ラヴォアジェ（一七四三—九四年）であった。

このようにして、《生命》はひとつの「物理化学的メカニズム」であり、それを特徴づける、前述の複雑性と持続性とは、「内部条件と外部条件とが一定である場合にのみ」、保たれる。ヘンダーソンの言葉を用いて言えば、「環境の自律的調節と生体の内部条件の調節とが可能であることが、生命にとっては必要なのである」。

このような《生命》活動の存在論的基底は、「感情的」(*affektuel*) 行為の構成要素や《カリスマ》(Charisma) の資質としてのみ、限定的・特殊的に存在するものではない。それは、ひろく、すべての《行為》主体の、文字通り主体的条件の基底であり、ロイス、ヘンダーソンそしてパーソンズへと引き継がれて行った《主意主義的》(Voluntaristic) な人間的自然の諸力そのものである。

パーソンズは、こうして、第二に、ウェーバーの《行為》概念とは異なって、《行為》の存在論的基底からの、内部構造の論理化へと志向することになる。その出発点は、「生命は、構造と機能とにおいて、高度に複雑化して行かなければならない。また、環境の側の諸条件も調節されていなければならない。その上で、有機体のなかで、構造的・機能的条件が精密に調節される必要がある」(ヘンダーソン) という構造・機能主義 (Structural-Functionalism) の視座にあった。

そのことは、同時に、《行為》の概念が、今や、リッケルト、ウェーバー的な、個性記述的「文化科学」の視座によってではなくて、かえって、法則定立的な「自然科学」のそれとの連接の《方法論的基礎》から、導出され、再構築されて行くことを意味していた。私たちは、この点を、ヘンダーソンとクロード・ベルナール、およびウィラード・ギブスの視座の連関するところを参看しながら、確認して行くことにしよう。

ヘンダーソンには、前記したように、***Blood: A study in General Physiology***（一九二八年）という著書があるが、これはクロード・ベルナールのいわゆる「内部環境」説についての体系的な考察を内容としている。この本の副題にもあるように、ベルナールは生理学者であり、ヘンダーソン自身も、基本的には、生理学者である。私たちは、パリのコレージュ・ド・フランスの正門入り口の傍らに、ミシェル・モンテーニュのそれと相対峙して、ベルナールの像が建てられていることを、想起するであろう。『実験医学序説』(*Introduction à l'étude de la medicine expérimentale*)（一八六五年）の著者として知られるベルナールは、彼自身、パリ大学教授の後、コレージュ・ド・フランスの教授（一八五五―六六年）に就任しており、血液循環の研究とともに、「内分泌」(la sécrétion interne)の概念を提起し、私たちの身体の内側に「内部環境」という独自のシステムが存在することを明らかにした。

ヘンダーソンは、『環境の適合性』においては、ベルナールの「生命は、生物の進化的な力である」という視点を踏襲しつつ、それを、「機械的、物理学的、ならびに化学的な力」の展開過程として、具体化する。そして、一方において、天文学、地球物理学から「水」と「二酸化炭素」の運動に関わる「機械的、物理学的、化学的」分析に至るまでの《外部環境》の適合性についての知見を精査しつつ、他方で、あらゆる生物の《内部環境》(le milieu intérieur)のなかでの自律的、もしくは順応のかたちでの、身体の生理的活動を考察する、という『環境の適合性』の基軸の部分で、ベルナールの《基礎概念》を導入しているのである。ただし、ヘンダーソンは、第三章への注(6)のなかで、自分の用いる「環境」(Environment)は、ベルナールの「環境」(milien)よりやや広く、身体の内部の生理的調整メカニズムに加えて、《外部環境》とのあいだの食物の供給・摂取の過程をも含む、と述べている。ここからウォルター・B・キャノン（一八七一―一九四五）の「ホメオスタシス」(Homeostasis)の概念までは、まさに、ほんの一投足であり、パーソンズは、このような文脈を通じて、みずからの《行為》概念に連接するところの社会体系のシステム論的均衡とその維持の考え方を、導出したのであった。

ヘンダーソンは、さらに、《外部環境》の適合性の分析を具体化するところで、ウィラード・ギブス（Willard Gibbs)（一八三九―一九〇三）の「位相運動」(phase rule)の理論を、援用する。周知のように、ギブスは、熱力学の法則の視座を拡大するかたちで、「ある物質系における均衡状態が、その組成分（components）の数、その位相の数、温度、圧力、各組成分の濃度、といった諸変数の相関関係によって、定まる」ことを、明らかにした。たとえば、「水」は、前述したように、ヘンダーソンの《外部環境》の重要な構成要素のひとつであるが、よく知られているように、氷、水、水蒸気という「固体」「液体」「気体」という三つの「位相」において存在し、その具体的な存在の形態は、その空間・時間における温度、圧力、組成分の濃度の《関係》のあり方から、帰結する。ヘンダーソンは、「有機化合物の熱化学的性質ならびに水の熱学的特性は、いずれも、生命によく適合している。生物に対しての熱の貯蔵、生物と環境との温度の一定さ、水素の永続性、などの重要な帰結が、この熱力学的な特性から導き出されて来て、その独自の適合性の所在を、立証している」と述べて、《外部環境》の側からの適合性の有力な説明原理として、ギブスの「位相運動」の理論を位置づけているのである。

私たちは、今、ヘンダーソンからパーソンズへの問題意識の展開と継承を通して、パーソンズの《行為》概念の生成して来る境域を見ているわけであるが、そこにたちあらわれて来る《行為》概念の原風景は、ウェーバーのそれとは、かなりに異質なものである。そこには、まず、《外的自然》－《内的自然》の代謝メカニズムが、厳然として、存在する。そして、クロード・ベルナールの「内部環境」によって照射された身体の自律と順応の調節メカニズムは、やがて、パーソナリティ特性（Personality Trait）として《行為》主体の内生変数に転化し、ウィラード・ギブスが提起していた「位相運動」の理論は、私たちが「ＡＧＩＬ」理論として周知している社会全体――それは、ヘンダーソンがハーヴァード大学創立三〇〇周年記念講演で述べていた《Social Environment》の具体化され、ソフィスティケートされた表現である――の均衡維持のメカニズムを説明する理論へと、転成したのであった。私たちは、ここに、現代社会学の地平での《行為》－《関係》過程の、最も有力な理論的枠組みを持つことになった、と言うべきであろう。そして、なお、私たちの課題は、そこで、ウェーバーのいわゆる「感情的行為」から「価値合理的行為」への転轍・連接の途は確保され、論理化されているか、という一点に収斂するのである。

パーソンズの《行為》概念は、このようにして、ベルナール、ヘンダーソンの流れを受けつぎながら、行為主体の《パーソナリティ特性》を分析する視座として、心理学のそれを導入する。パーソンズの《行為》論において、心理学とは、「パーソナリティの遺伝的側面（環境的側面ではない）への準拠からひき出される行為体系の変わりやすい属性に関わりを有する分析的科学」であり、ヘンダーソンが検討した『環境の適合性』に対して、言わば、『主体の側からの適合性』を分析するために、要請されるべき視座なのである。私たちは、ヘンダーソンが基本的には生理学者であった事実を想起しなければならないのであり、その地平から照射された知見は、さらに、心理学の地平によって媒介されながら、社会学的《行為》の概念の地平へと《上向》して来るのである。

パーソンズは、その《行為》概念の彫琢の作業のために、こうして、経済学、政治学、社会学、心理学の諸視座からの分析視角を導入した上で、これらとはやや異なったかたちで、技術（Technology）への留目の必要性を強調する。それは、「エレメンタリーな手段－目標の行為図式」を解明するために必要とされるのであるが、ここでパーソンズが想定している「技術論」は、彼の用語を用いて言えば、次のようである。すなわち、「産業的、軍事的、科学的、エロティック、儀式的、禁欲的、冥想的、芸術的等々の具体的な目標を持った単位行為の一般的属性に関する科学――テクノロジー」である。周知のように、技術についての理論的一般化の方向としては、㈠「労働手段」の体系説、㈡「客観的法則性の意識的適用」説、㈢主観的技術論、の三つが考えられるけれども、パーソンズの「技術」論は、ゾンバルトが『高度資本主義』（*Hochkapitalismus*）（一九二八年）の第三部「技術」の部分で展開していたそれに近く、基本的には、前述の㈢主観的技術論の視座に属する。

あらためて言うならば、パーソンズは、マーシャル、パレート、デュルケーム、ウェーバーの社会諸科学の知見を検討するなかで、今まで見て来た経済学、政治学、社会学、心理学、および「技術」論の諸側面から、《行為》の概念の理論的一般化の契機を吸収し、彼独自の社会的《行為》の概念を定式化したのであった。その全体像は、次のようである。

A＝単位行為

S＝状況
- C＝条件、M＝手段
- i＝規範的もしくは観念的要素
- i_e＝規範的もしくは観念的要素の象徴的表出

T＝行為者によっていだかれた科学的に妥当な知識
- F＝検証可能な事実の主張
- L＝Fからの論理的に正しい推論

t＝観察者によっていだかれた知識にもとづいて科学的に正しい定式とすることができる諸要素、しかし実際には、その行為主体において非科学的に主張されている諸要素
- f＝事実であるかのように装われた誤った主張
- l＝論理的誤謬
- i_g＝無知……客観的に知り得るのに、主観的な表明のないもの

r＝Tとtの定式に対応してランダムに変化する諸要素

E＝目標

N＝EとSに関わる選択基準

Z＝行為の体系

R_{el}＝行為体系のなかでの、さまざまな単位行為の第一次的な関係、すなわち、その体系がいやしくも行為の準拠枠によって記述されるかぎり、およそ存在し得る複数の単位行為から成る体系という考え方の中に論理的に含まれているもの。

R_i＝集合化して、個人とか行為者のような相対的に大きな単位を成すところの単位行為の、その集合化の複雑さの程度にしたがってその行為体系のうちに見出される関係性。

R_c＝社会集団すなわち「集合体」の成員としての諸個人のあいだの関係に応じて生成する関係性

A＝S｛M（それはT・t・rによって表明される）＋C（やはり、T・t・rのうちに表現される）＋i_e（これも、内容的には、T・t・rのうちに存在する)｝＋E＋N(T・t・r・iによって規定されるか、もしくはi_eによって規定される)＋r(Sを表現するものとして以外の役割、すなわちi_rとして)

Z＝(A_1＋A_2＋A_3……＋A_n)＋R_{el}＋R_i＋R_c

ひとは、パーソンズの《行為》概念の中枢にある「単位行為」のモデルが意想外にシンプルであることに、驚くであろう。しかし、このモデルが、「万能細胞」とも呼ぶべきものとして、細胞分裂と位相変換を重ねた末に、パーソンズのあの壮大な理論体系を生み出したのであった。

彼は、このモデルに準拠して、実証主義的《行為》概念——それは、さらに、「ラディカルな」実証主義と「統計的」実証主義の二つに分れる——と、観念論的な《行為》概念——パーソンズは、具体的には、カント、ヘーゲル、マルクス、ゾンバルトその他の《行為》概念に言及しているが、それらに共通する特色として、「ドイツ観念論の主要な特色は、行為主体の理論的・精神的側面と行為そのものとを切り離してしまうところにある」としている——の両者を批判しつつ、みずからの《主意主義的》行為のモデルを、次のようなかたちで定式化する。

$$A=S(T\cdot t\cdot i_e\cdot r)+E(T\cdot t\cdot i\cdot r\cdot i_e)+N(T\cdot t\cdot i_e\cdot i\cdot r)$$

$$Z=(A_1+A_2+A_3+\cdots\cdots A_n)+R_{el}+R_i+R_c$$

このようにして、パーソンズの《行為》概念は、イギリスの「功利主義」の流れからパレート、デュルケームの視座にまで及ぶ実証主義的な、「孤立した個人の合理的行為」という説明原理に対する修正の意図を、強く内包している。それは、また、先行する《行為》概念が、目的に対する手段の合理性のみを主張し、目的そのものを「功利主義」の《快楽原則》にもとづいて安易に前提していたために、結果として、目的それ自体を説明することができなくなり、このことから、現存の社会的《行為》を規制する規範的秩序の根拠を説明できなくなってしまった、という事実を確認した上で、方法論的「個人」主義の視座の隘路を抜け出て行こうとしている《行為》概念である。パーソンズは、このような文脈において、「行為の規範的方向づけ、すなわち目的論的性格」（傍点はパーソンズ）を含んだ《行為》概念の必要性を、訴えているのである。今や、《行為》は、単に、「条件的」であるばかりではなくて、同時に「規範的」でなければならない。パーソンズの主意主義的な《行為》概念は、こうして、条件的秩序と規範的秩序との諸要素のあいだの緊張状態——その内的連関と相関——を理論化し、そのことによって、二〇世紀の「高度資本主義社会」における諸個人の《行為》—《関係》過程を説明することができる包括的なパラダイムを提起するための出発点、となった。それは、《行為》主体の内部での「条件的秩序と規範的秩序の諸要素のあいだの連関・相関」を説明しようとする点で《主意主義的》(Voluntaristic)なのであり、そのために、デュルケームとウェーバーからの理論的契機を継承し、内包した《行為》概念なのである。

パーソンズ自身は、自然科学の側からの、'Social Environment' についてのヘンダーソンの一般的定式化の試み(一九三六年、ハーヴァード大学創立三〇〇周年記念講演)に触発されて、『社会的行為の構造』(一九三七年)というかたちで、これまで述べて来たような《行為》モデルを定式化した後、「行為の一般理論」(General Theory of Action)の構築をめざして、社会学者のエドワード・A・シルズとサミュエル・A・スタウファー、心理学者のゴードン・W・オルポート、ヘンリー・A・マレイ、エドワード・C・トールマンおよびロバート・R・シアース、さらに、文化人類学者のクライド・クラックホーン、社会人類学者のリチャード・C・シェルドンの協力を得て、『行為の総合理論をめざして』(一九五一年)という協同作業を行ない、みずからも『社会体系論』(一九五一年)において、パーソナリティ体系、社会体系、文化体系という「行為システム」の三つの内部システムの連関と相関についての概念図式を、提起した。私は、ここでは、彼の社会学理論の全体像を祖述することを企図しているわけではないので、このような展開過程の詳細に触れているとはいないけれども、そこから析出されて来た「型の変数」(Pattern Variables)の内容と理論的意義についてだけ、言及しておくことにしたい。それは、周知のように、文化人類学の「文化類型」(Cultural Pattern)の概念の延長線上で、パーソンズの場合、前記したパーソナリティ体系における「欲求性向の型」、社会体系における「期待の型」、および文化体系における「規範の型」の連関と相関を説明するために導入された概念であり、具体的には、次のような内容を有する二者択一的価値の類型として、定式化されている。

(一) Affectivity —— Affective Neutrality
(感情性——感情中立性)

(二) Self-Orientation —— Collectivity-Orientation
(自己志向——集合体志向)

(三) Universalism —— Particularism
(普遍主義——個別主義)

(四) Ascription —— Achievement
(属性本位——業績本位)

(五) Specificity —— Diffuseness
(限定性——無限定性)

これら五組の「パターン・ヴァリアブル」は、諸個人の《行為》を、《関係》の地平へと結びつけ、関連づけて行く「ちょうつがい」の位置にある価値概念である。したがって、私たちは、後論において、あらためてその理論的意義を検討することになるであろう。

三　モーリス・メルローポンティの行為概念

モーリス・メルローポンティは、一九〇八年三月一四日、フランス南西部、大西洋に面したシャラント・マリティーム県のロシュフォールに、生まれた。ロシュフォールは、同様に大西洋に面しているナントの南一六〇キロメートル、ボルドーの北一三〇キロメートルに位置し、ルイ一四世の下でフランス資本主義の勃興期を支えたコルベール（一六一九―八三）の《重商主義》とともに発展した港町である。ナントがロワール河の河口に位置し、ボルドーがガロンヌ（ジロンド）河のそれに開けたのと同じく、ロシュフォールは、シャラント河――フランス中南部の「中央山地《マッシフ・サントラル》」の西側、リムーザンの山塊に源を発し、アングーレム、コニャックを経て、ロシュフォールに至る――の河口に位置し、リシュリューを引き継いだコルベールの国内産業の育成・外国貿易の振興・植民地獲得競争の展開の下で、具体的には、軍港が建設され、ガラス、冶金、煙草、砂糖などのマニュファクチュアが設立され、サン・クリストフ、グアドループ、マルチニックなどのカリブ海地域、アフリカ、インドとの貿易の拠点となり、フランス有数の海港都市として発展していった。このあたりは、「百年戦争」（一三三七―一四五三年）の間、イギリスの占領地域となっていた時期を有し、また、カルヴァン派をはじめとするプロテスタントの勢力が相対的に強い地域であった。周知のように、フランスの宗教戦争は、一五九八年、アンリ四世の「ナントの勅令」によって一応の終結を見たが、ロシュフォールに隣接するブルアージュ出身のシャンプラン（Samuel de Champlain）（一五六七―一六三五）は、当初、アンリ四世配下の軍人――生家は船乗りの家系である――であり、その後、西インド諸島とカナダを探検・航海し、一六〇八年にケベック植民地を建設し、アンリ四世によって「ヌーヴェル・フランス」の初代総督に任命されている。

メルロ－ポンティは、このようにして、フランスのなかでも比較的明るく、開放的な風土をもつ港町に生まれ、家庭内でも、第一次世界大戦の直前に父親を失うけれども、母親、弟、妹とともに、おだやかな幼少年期を過しながら、育った。私は、今、ひとつの感慨におそわれている。それは、たとえばニコラウス・クザーヌスの場合、「船頭」をしていた父親――私がモーゼル河中流域の街、ベルンカステルに所在するクザーヌスの生家を訪れた時、家のすぐ前の河岸には当代の交易船が七、八隻係留できそうな船溜まりがあったから、単なる「船頭」'Schiffer' と言うより、「船主」'Schiffs-eigner' に近く、日本語の「回漕業（店）」に対応するであろう――の長男として生まれながら、父とそりが合わず、家業を継がなかったこと、また、ジョン・ロックの場合、サマセット州の治安判事の書記を務めていた父親は「儼《いか》めしく、不屈で、寡黙な」（'stern, unbending, taciturm'）性格で、厳格な雰囲気の家庭に育ったこと、しかも、クザーヌスの母親は宗教的に敬虔な女性であり、妹――彼女もクザーヌスと同様に宗教の道に進んだ――とは、終生、深い信頼関係にあったという事実、そして、ロックの母親が、ジョン・ロック自身の言葉を用いて言えば、「きわめて敬虔な女性であり、情愛に満ちた母親」（'a very pious woman and an affectionate mother'）であったという事実、へと連なる感慨である。

周知のように、マックス・ウェーバーの父親は、ドイツ西部の織物業者の一族の出身であり、ビスマルク時代のドイツにおける富裕な法律家であり、また、国民自由党――ビスマルクを支える与党連合《カルテル》の一員――の代議士であった。母親は、「教養のある敬虔な婦人で、彼女の人間的・宗教的関心を、夫は分ちもっていなかった」（ベンディクス）。一八九七年七月、息子のマックス・ウェーバーは、母に対する父の「権威主義的家父長的態度」を批判して、父マックス・ウェーバーと激烈な口論をする。翌八月一〇日、父は、妻や息子と二度と意思疎通の機会を持つこともなく、リガで客死した。息子マックス・ウェーバーの神経の危機の最初の兆候があらわれるのは、この年の秋のことである。前述のジョン・ロックの場合にも、マックス・ウェーバーのそれとまったく同様にして、父親と息子は、同一の名前である。そして、ディルク・ケスラーが「完全に《エディプス的状況》とみなすことができる」という父マックス・ウェーバーと息子マックス・ウェーバーの衝突は、程度の差こそあるものの、ニコラウス・クザーヌス、ジョン・ロック、およびウェーバーのパーソナリティ形成の背後にある「関係の様相」の共通のパターンの存在をものがたっているように思われる。クザーヌスの父は《経済的》社会関係に棹さし、ロックの父は《法律的》社会関係の職務に従事し、そして、ウェーバーの「世俗的な、自信たっぷりの」（ベンディクス）父は、言うまでもなく、《法律的・政治的》社会関係における泰斗であった。これに対して、クザーヌス、ロック、ウェーバーの母親たちに共通しているのは、《敬虔》（Pietät）であり、内面性であり、あえて言えば、《文化的》社会関係への親近性である。

私は、タルコット・パーソンズのライフ・ヒストリーの詳細についてはとくに関心を持つことはないが、彼は牧師の息子だったのであり、このようなクザーヌス、ロック、ウェーバーのパーソナリティ形成の基盤となる「関係の諸相」の共通のパターンには、パーソンズが「型の変数」としてあげていた五つの二者択一的価値類型のなかの、とくに、「感情性」（Affectivity）――「感情的中立性」（Affective Neutrality）と「所属性本位」（Ascription）――「業績本位」（Achievement）という二つの《カルチュラル・パターン》と強く、響き合うものが、含まれていたと思う。

さて、翻って、メルロ－ポンティの場合、六歳になる頃に父親を亡くしているけれども、その母親、弟、妹との幼・少年期は、きわめて平穏なものであった。メルロ－ポンティは、みずから「自分は、比類のない幼少期から、ついに癒えないでしまった」と述べているけれども、後年、彼が四五歳、すでにコレージュ・ド・フランスの教授となっていた時に、母親の死に際会し、悲嘆にくれることとなった。その際の悲しみの深さについて、盟友ジャン・ポール・サルトル（一九〇五―八〇）が、次のように書いている。

彼は、まるで自分の命に執着するようにして、母親に執着していた。より正確に言えば、彼女はメルロ＝ポンティの命であった。彼の幼年期の幸福は、彼女が惜しみなく注いでくれた心遣いのおかげであった。……（中略）……メルロ＝ポンティは、彼女との死別までは、この黄金時代を、一日一日しだいに遠ざかって行く天国として、また彼にそれを与えてくれた女《ひと》の生身をもった日常的な現存として、生きていた。……しかし、母親が亡くなった時、風はすべての扉を閉めきってしまい、彼は、それらの扉が二度と開かないであろうということを、知った。……（中略）……メルロ＝ポンティは、しばらくした後、シモーヌ・ドゥ・ボーヴォワール（一九〇八―八六）に出会った際、自分の生真面目さを隠すあの淋しげな陽気さで、とくに誇張することもなく、『ぼくは、もう半分以上死んだも同然だよ』と述懐した。

実際、その後のメルロ＝ポンティは、「世捨人」（サルトル）のような生活を送り、コレージュ・ド・フランスに出講することを除けば、日々、みずからの書斎を離れることはなかった。

読者の皆さんには、ここで、本書の冒頭で触れているパウル・クレーの『新しい天使』（“ANGELS NOVUS”）（一九二〇年）という絵を、想起していただきたい。それは、「歴史の天使」であり、クレーが既にその《身体》によって予兆を感じはじめていた歴史の逆風から、私たち民衆を守ろうとして、中空に羽搏《はばた》きながら立ちはだかる天使を、描いていた――逆説的なことに、そこでは、メルロ＝ポンティの場合の「天国」に相反して、「楽園」はやがて牙をむくヒトラーのファシズムであった。

メルロ＝ポンティの幼・少年期における《母》―《子》関係は、マックス・ウェーバーの場合のそれについてディルク・ケスラーが述べていた「エディプス的状況」を共有しているであろうが、それは、さらに深く、メルロ－ポンティ自身の言葉を用いて言えば、“Chiasme”――通常、「交叉配列」と訳される場合が多いが、私は「交互反転」と訳すことが多くなる――の《関係》にあり、しかも、“Chair”の語感のふくらみが示しているように、身体性に支えられた《有機的》な関係にほかならない。クレーの「天使」と私たち民衆のあいだにある《関係》は、パウル・クレーという《人間》の身体が感じとっていたものであり、私たちは、ワルター・ベンヤミンとともに、その《関係》を追体験（nachdenken）しているのである。これに対して、メルロ－ポンティにその幼・少年期の「黄金時代」という《天国》をもたらしたところの彼の《母》－《子》関係は、母親の身体性と《子》であるモーリスのそれとのあいだの「交互反転」の《関係》だったのであり、さらに言えば、母親の身体――サルトルの言う「女《ひと》の生身」――と《子》であるモーリスの身体とのあいだの《肉》――メルロ－ポンティの“Chair”は、直訳すれば《肉》であるけれども、私は、後論に明らかなように、その含意を身体的に分節化して行くことになるであろう――の《関係》であり、クレーの場合より、はるかに有機的な、《自然》性の基盤に根ざしているのである。

　私たちは、方法論的「個人」主義の視座からの《行為》の諸概念を、マックス・ウェーバー、タルコット・パーソンズと辿り、今、こうしてメルロ－ポンティのそれの検討へと到っているわけであるが、やがて、そこに、㈠《外的自然》－《内的自然》の存在論的紐帯の回復、と㈡‘Passage à la culture’としての《身体》の位置づけ、とを確認することになる。そして、それは、一方において、方法論的「個人」主義の到達点からの方法論的「関係」主義の視座の胎生を明らかにし、他方、私たちの生活世界における《労働》と《コミュニケーション行為》との質的・内面的統合の可能性を示唆して行くことになるであろう。

　メルロ－ポンティは、パリのルイ・ル・グラン高等中学校《リセ》を経て、一九二六年、高等師範学校《エコール・ノルマル・シュペリウール》に入学した。

彼は、そこで、レイモン・アロン（一九〇五—八三）、ポール・ニザン（一九〇五—四〇）、サルトル、ボーヴォワール、クロード・レヴィ＝ストロース（一九〇八—　）などとの交友関係を持つことになるが、私は、ここでは、それらの詳細に立ち入らない。彼は、一九三〇年一〇月から一年間、兵役（陸軍少尉）に服した後、ボーヴェ、シャルトル、カルノーなどの高等中学校の哲学教授を務め、そのなかで、一九四二年、最初の主著、『行動の構造』（*La structure du comportement*）を、公にする。

メルロ＝ポンティは、一九四五年、この年に刊行されたばかりの『知覚の現象学』（*Phénoménologie de la Perception*）を主論文とし、『行動の構造』を副論文として、学位を請求し、授与された。したがって、これら二著は、当然のことながら、相互に通底しあう、ひとつのセットを成す著作であるけれども、その連関の仕方と内容については、アルフォンス・ドゥ・ヴァーレンのように両者の連続性を強調する見方、ポール・リクールのように両者の差異を強調する見方、さらにはリクールの主張を評価しながらも、基本的には連続しているとするグザヴィエ・ティリエットの見方などがあり、今日なお、議論は定まっていないようである。

しかし、私自身は、これまで検討して来たマックス・ウェーバーの行為概念とタルコット・パーソンズのそれの延長線上において、方法論的「個人」主義の視座からの《行為》の概念のひとつの到達点としてメルロ＝ポンティの行為概念を位置づけ、さらに、そこに内包されている方法論的「関係」主義の視座への助走路と言うべき含意と示唆を剔抉しようと企図しているのであって、このようなヴァーレン、リクール、ティリエットなどの諸説の検討そのものには、ほとんど関心がない。したがって、以下、基本的には、『行動の構造』における《行為》の概念を精査し、それとの連関において、必要とされる範囲内で、『知覚の現象学』におけるメルロ＝ポンティの視座を参看するというかたちで、検討を進めて行くことになるであろう。

『行動の構造』は、全四章構成であり、第一章「反射行動（Le comportement réflexe）」、第二章「高等な行動（Les comportements supérieurs）」、第三章「物理的秩序、生命的秩序、人間的秩序（L'ordre physique, l'ordre vital, l'ordre humain）」、および、第四章「心身の関係と知覚的意識の問題（Les relations de l'âme et du corps et le problème de la conscience perceptive）」、から成っている。私が主要に考察する行動の、三つの範疇（trois catégories）、三つの水準（trois niveau）、すなわち三つの形態（trois formes）――そして、それらの中の「象徴的形態」（Les formes symboliques）こそが、メルロ－ポンティの《行為》の概念の生成するところである――の分析は、第二章、第三節の(2)、行動の構造の記述（Description des structures du comportement）、の部分にある。

私たちは、まず、序論の最後に付けられた注（pp. 2-3, n(2)）の内容に、留目しなければならないであろう。メルロ－ポンティによれば、行動の概念の出生の地であるアメリカの心理学、とりわけ行動主義の方法論的基礎は、きわめて脆弱である。

彼は、次のように言う。「その代表的創始者ワトソン（John B. Watson）（一八七八－一九五八）において、すでに、その概念は、不十分な哲学的解釈（une traduction philosophique insuffisante）にしか、出会わなかった。行動というものは、中枢神経系のなかには定位されず（A Tilquin, *La Behariorisme*, pp. 72, 103）、それは個体と環境とのあいだにあり（*ibid.*, p. 34）、したがって、行動の研究は生理学の言葉をひと言も用いないで行なうことができ（たとえば p. 107）、それは、結局のところ、生物が自己の周囲に投ずる活動流（un flux d'action—*stream of activity*—que le vivant projette autour de lui）を問題とするのであって（*ibid.*, pp. 180, 351）、その活動流が刺戟にひとつの特徴的な意味を与え（*ibid.*, p. 106）、それを反応に組み入れるのだ（*ibid.*, p. 346）、と言われた。しかし、行動についてのこのような直観の裡にある健全にして深遠なもの（ce quiil y a de sain et de profond dans cette intuition de comportement）は――すなわち、人間を物理的世界や社会的世界との不断の応答や「協議」（《explication》）としてとらえる見方は――、ひとつの貧弱な哲学（une philosophie indigente）によって危うくされていたのである」。私たちは、このようなメルロ－ポンティの述言のなかに、‘projet’――言うまでもなく、動詞projeter の活用変化形であり、名詞 projet＝「投企」に連なる――という実存主義の視座の基礎概念が含まれていることに、気づかされるであろう。実際、彼は、この注記の末尾のところで、こう述べているのである。

われわれの考えでは（それはティルカン氏の考えではないが）、ワトソンは、行動について語る時、他の人びとが実存と呼んだもの（ce que d'autres ont appelé *l'existence*）をめざしていたのであって、この行動という新しい概念は、因果的もしくは機械的思考を捨てて、弁証法的思考を採った場合にのみ（si l'on abandonnait la pensée causale ou mécanique pour la pensée dialectique）、その哲学的な位置づけ（son statut philosophique）を与えられることが可能となるものなのであった。

私たちは、今、マックス・ウェーバーの行為の概念において、その新カント派の視座からの制約によって切断されていた《外的自然》－《内的自然》の連関が、タルコット・パーソンズの行為概念によって再架橋された上で、さらに、メルロ－ポンティの行為の概念の地平で、一層高次化されて行く過程を、目撃しはじめているのである。

メルロ－ポンティは、『行動の構造』の第一章では、イギリスのチャールズ・シェリントンやフランスのアンリ・ピエロンなどの「条件反射」説的な《行動》のとらえ方を、ゴルトシュタイン（Kurt Goldstein）（一八七八－一九六五）とヴァイツゼッカー（Viktor von Weizsäcker）（一八八六－一九五七）の視座によって《のりこえ》、ヴェルトハイマー、コフカ、ケーラーたちのゲシュタルト心理学の《行動》概念へと、シフトして行く。後論において明らかになるように、メルロ−ポンティの行論のなかで、'Gestalt' は、実存主義の《人間》把握のうえでの 'Forme' へと、等値転換されて行くのである。

彼は、第二章では、前述のゴルトシュタイン、コフカ、ケーラーの視座に、さらにアンリ・ワロンとジャン・ピアジェの視点を加えつつ、一層直接的に、パブロフ（Ivan Petrovich Pavlov）（一八四九−一九三六）の「条件反射」理論を批判し、その上で、E・C・トールマンの「目的的行動主義」とF・ボイテンディクの動物生理学の知見を、批判的に検討している。私たちは、この章の第三節の(2)における《行動》の三つの類型の直前のところで、メルロ−ポンティがトールマンの 'Sign-Gestalt' 説の視点をかなり丁寧に検討している事実（*ibid.*, pp. 104-105）を、看過すべきではないであろう。そして、この部分で、メルロ−ポンティは、このように主張するのである。「さらに考究しなければならないのは、目的とそのための準備的諸動作（les actions préparatoires）とのあいだに定立される関係、すなわち、この準備的諸動作によって結びつけられる多様な諸要素の運動にひとつの意味を与え（donnant un sens à la multiplicité des mouvements élémentaires quélles combinent）、このような諸要素の運動の多様性から、言葉の本来の意味でのひとつの行為（un acte au sens propre du mot）を生成する関係——その時から、行動の歴史が質的に変えられてしまうような未知の創造であるところの関係——とはどのようなものなのか、という事柄である」。

私たちは、タルコット・パーソンズの《行為》概念の成立に、エドワード・C・トールマンの助力が加わっていた事実——『行為の総合理論をめざして』（*Toward a General Theory of Action*）（一九五一年）の九人の共同研究者の一人がトールマンであった——を、想起することができるであろう。実際、その第二部「価値・動機・行為体系」のI「行為の志向と組織化の範疇」においては、トールマンの「目的的行動主義」の視点が援用されて、行為主体と状況とのあいだの「関係」の認識的、カセクシス的、評価的諸過程を生み出す「媒介変数」(intervening variables) を導出する一助とされていたのであった。しかもなお、パーソンズの《行為》概念には、コミュニケーション行為を生み出す、‘Sing-Gestalt’の契機の積極的理論化の道筋は、含まれていなかったのであり、それに先行するマックス・ウェーバーの《行為》概念にあって、やはり、感情的行為と価値合理的行為とを架橋するところに、《記号》とコミュニケーション行為との内面的に通底する「関係」の様相への留目は存在していなかった。私たちは、やがて、メルロ－ポンティの‘Les formes symboliques’という《行為》の概念――それは、《行動》の三類型の最後のものでありつつ、後論するように、コミュニケーション行為の概念の生成して来る胎盤そのものである――のうちに、ウェーバーの《行為》概念を‘These’とし、パーソンズのそれを‘Antithese’とした場合の、ひとつの‘Synthese’としての《行為》概念の成立を見ることになるのである。

メルロ－ポンティは、『行動の構造』の第三章において、新しい展開を示す。そこでは、第一に、もはや彼の基本的視座となっているゴルトシュタイン、ヴェルトハイマー、コフカの視点に、さらに、ヤーコプ・J・フォン・ユクスキュル (Jakob Johann von Uexküll)(一八六四－一九四四)の「環境世界」(Umwelt) の基礎概念が付加され、その上で、エルンスト・カッシーラーの認識論的「関係」主義の視点が導入されている。私たちは、すでに、ここに、物理的秩序 (L'ordre physique) と生命的秩序 (L'ordre vital) を結節する部位での方法論的「関係」主義の萌芽を、見出すことができるのである。メルロ－ポンティは、この章にとどまらず、『行動の構造』の全体にわたって、ゴルトシュタインの『生体の機能――心理学と生理学のあいだ――』(*Der Aufbau des Organismus*――Einführung in die Biologie unter besonderer Berücksichtigung der Erfahrungen am kranken Menschen――)(一九三四年)から多くの影響を受けているが、ゴルトシュタインは、すでに、この著書のなかで、「生物学と存在論」について述べ、それを前提にした「生物の階層的構造」という視点を、提起していた（第九章「生命と精神」）。ゴルトシュタインは、また、この本のなかで、「精神を感覚的なるものの単なる否定と考えるのは、精神の本質をまったく誤解するものだ。否定は、精神と生命との統一的はたらきとしての、より高次な存在への道筋である。否定は、危機反応と同じく、分裂によって生じ、常に肯定的（積極的）な存在を生成させる根源として、緊張を生む何ものかの表現である。人間は、自然を単に否定しているだけであるならば、本来の人間ではなくて、せいぜい分裂した人間、不十分に統合された、非生産的な人間でしかない」と、述べていた。

メルロ－ポンティは、この章の導入の部分で、すでに、'Umwelt' や 'Merkwelt' の概念を用いているが、ユクスキュルによれば、私たち人間は、物理的な環境（Umgebung）を前提としながらも、その環境それ自体のなかに生きているのではなくて、私たち自身が知覚するすべてのものから成る「知覚世界」（Merkwelt）――'Merk' は、英語の 'Mark' であり、要するに「マーク」（目印）である――と、私たち自身の行動・行為によって働きかける対象のすべてから成る「作用世界」（Wirkwelt）との統合としての、それぞれに特有の《環境世界》（Umwelt）のなかを、生きる（*Streifzüge durch die Umwelten von Tieren und Menschen*）（一九三四年）。そして、メルロ－ポンティは、みずから、「有機体の現象においては、さまざまな生命活動に、必ずひとつの意味（un sens）があり、それらの活動は、科学においてさえ、相互に外的な諸過程の総和としてではなくて、いくつかの理念的統一体の時間的・空間的展開（le déploiement temporel et spatial de certaines unités idéales）としてとらえられている」と述べながら、ユクスキュルの「すべての有機体は、みずから自分自身のことを歌いだすひとつのメロディである」（《Tout organisme est une mélodie qui se chante elle-même》）という言葉を、引用するのである（*ibid.*, p. 172）。

私たちは、このようなフォン・ユクスキュルとゴルトシュタインの視座に、『行動の構造』の第一章のなかで準拠されていたヴァイツゼッカーのそれを加えてみるならば、これら一九世紀末から二〇世紀半ばにかけての《人間的自然》についての考究に多くを負っているメルロ－ポンティの《行為》概念の性格を、一層よく理解することができる、と言うべきであろう。

ヴィクトーア・フォン・ヴァイツゼッカーは、一八八六年、ドイツ、ヴュルテンベルク州の首都、シュトゥットガルトで生まれ、フライブルク大学で生理学、ハイデルベルク大学で哲学を学んだが、結局のところ、内科学を中心とする医学を専攻することになった。ハイデルベルク大学の神経科部長などの臨床と並行して理論的研鑽を積み、《医学的人間学》(medizinische Anthropologie)――一九二七年の‘*Über medizinische Anthropologie*’から、一九四七年の‘*Grundfragen medizinischer Anthropologie*’に至る展開――という独自の視座を提起し、一九五七年、ハイデルベルクで死去した。

ヴァイツゼッカーの基礎概念は、「分割」「分析」(teilen)よりも「統合」「一体化」(einen)であり、「存在」よりも「生成」であり、さらに、「静的客観性」であるよりも「力動的主体性」である。彼は、したがって、臨床の現場においても、患者としての《人間》の裡に、「世界の裡にある一切のものの連帯性を受苦《パトス》(Leiden)の様相において示している」症例を見出す視点――彼は、それを、《パトゾフィー》(Pathosophie)と呼んでいる――に立つ。もうすこし詳細にわたって言うならば、彼は、従前の反射生理学もしくは感覚生理学が「刺戟」と「感覚」という二つの要因に依拠していたのを批判して、「刺戟」「感覚」「運動」の三つの契機から成る《生物学的活動》(biologischer Akt)という概念を提起するのであって、そこでは、‘Akt’は、「主体」と「客体」との出会い(Begegnung)のなかでとらえられ、そこにおける「運動」の有効性(Wirksamkeit der bewegung)は、「目的論的規定性」(teleologische Bestimmtheit)、「最小値の原理」(Minimumprinzip)および「個別性」(diskrete Einzelakte)によって、特徴づけられる。

ヴァイツゼッカーのこのような視点は、たとえば前述のエドワード・C・トールマンの「目的的行動主義」のそれに対比してみても明らかであるように、はるかに《人間学的》である。「病的、もしくは生理学的現象の背後にあるもの」を、ヴァイツゼッカーは、行動主義的、機械論的、実証主義的——実証的ということと「実証主義的」であることとは、決定的に異なることがらである——に把握することに、断固として反対する。彼は、したがって、神経科の臨床においても、「神経症、あるいは、どちらかといえば神経症的な人間のうちに、人間的なるものの姿が、きわめて意味深く、新鮮に、そして包括的に、露呈されている」という視点に立つのである。

私は、パーソンズの《行為》概念を検討する際に、その生成に多大な影響を与えたローレンス・J・ヘンダーソンについて、「たいへんな（英語の'superb'）人」という評言を用いていたが、本書において、行為論・関係論および人間論のトリアーデからひとつの社会学原理を構築しようとする私自身の視座から言えば、ヴィクトーア・フォン・ヴァイツゼッカーは、ヘンダーソンと同等、いやそれ以上に、「たいへんな（'superb'）人」である。読者の皆さんは既に気づかれている事柄であると思われるけれども、メルロ－ポンティの『行動の構造』のなかでは、'acte'という概念がかなり頻繁に用いられているのであり、それらの少なからざる部分において、ヴァイツゼッカーの'Akt'の上述のような含意との共振し、交響しあう関連が見出されるのである。

ヴァイツゼッカーは、その《医学的人間学》の視座において、「人間関係の過程」に注目する。それは、(一)生理学的機能分析、および精神物理的生物学（psychophysische Biologie）の地平、(二)医師－患者の「関係」における医療的思考・行為の成立の地平、(三)基礎概念の批判と探究の地平、の三つのレベルで、具体化されている。私は、ここでは、とくに(三)の地平に留目して、ヴァイツゼッカーとジークムント・フロイト（一八五六－一九三九）との連関に触れておくことにしたい。ヴァイツゼッカーの「人間の共同性（Gemeinschaftlichkeit）」を重視する視点からすれば、フロイトの《自我》の三層構造――すなわち、「超自我」（Über-ich）・「自我」（Ich）・「エス」（Es）の三層構造――のなかの「エス」は、いわゆる《リビドー》としての恒常的不変の基盤ではなくて、《Es-Bildung》と《Ich-Bildung》の相互作用の過程のうちに在り、「自我」が「エス」から分化・派生するのと同様にして、「エス」が「自我」の'Akten'によって形成される側面も存在するのである――ヴァイツゼッカーが、ここで、両契機の相互的連関を説明するために用いている「回転扉の原理」（Drehtürprinzip）は、後のメルロ-ポンティの'chiasme'を彷彿させるものである――。ヴァイツゼッカーは、第一次世界大戦の際には、野戦病院に配属されて、前線に出ていたが、一九一五年のある日、みずからの体験した一場面を、次のように描き出している。

「……その瞬間、主体と客観が根源的に不可分離のものであることが、いわば身体的に（leiblich）思索していた私に、開示されたのであった。その場所に懸けてあった弾薬盒をじっと眺めていると、私はその弾薬盒であり、弾薬盒は私なのであった……」（回想録『自然と精神』）。

これは、まさしくメルロ-ポンティのいわゆる《交互反転》（chiasme）が照射する《人間》と《環境世界》とのあいだの相互に反転しあう連関そのものであるだろう。そして、驚くべきことに、ヴァイツゼッカーは、このような《医学的人間学》の視座の根底のところで、ニコラウス・クザーヌス（一四〇一―一六四）からの深い影響を、受容していたのである。彼は、《人間》と《環境世界》との連関をひとつのゲシュタルト化された円環の運動過程としてとらえる《ゲシュタルトクライス》（Gestaltkreis）という方法概念を提起しているけれども、そこには、クザーヌスの「対立物の合致・統一」(Coincidentia oppositorum) という基礎概念の延長線上にある視座が包含されており、さらに、彼の「全体論的医学」(holistic medicine) の視点からする「単純な反射生理学・感覚生理学」の《のりこえ》の裡には、同様にして、クザーヌスの“Docta ignorantia”――クザーヌスが一四四〇年に公刊した『学識ある無知』*De docta ignorantia* については、拙著『コミュニケーション理論史研究（上）』の第一章・第二章を参照されたい――の「全自然史的過程」の構想が受容され、基盤とされていたのである。

私たちは、また、ヴィクトーア・フォン・ヴァイツゼッカーが、ドイツ連邦共和国第六代大統領（在位、一九八四―九四年）として、一九八九年の「ベルリンの壁」崩壊の危機を文字通り《のりこえ》、翌九〇年の東西ドイツの再統一を実現した――同年一〇月三日の式典の演説「統一することとは、分断を学ぶことだ」は、前述のクザーヌスの‘Coincidentia oppositurum’の視点を想わせる――リヒアルト・フォン・ヴァイツゼッカーと、叔父と甥の関係にあるという事実を、付言しておこう。リヒアルトは、大統領に就任したばかりの一九八五年五月の連邦議会における演説『荒れ野の四〇年』のなかで、第二次世界大戦の終結をもたらしたドイツ降伏四〇周年にあたって、「過去に眼をとざす者は、未来に対してもやはり盲目となる」と述べ、「ナチスの暴力支配による非人間的システムからの解放の日」にふさわしい《市民的勇気》の必要性を、強調した。リヒアルトの長兄カール・フリートリッヒ・フォン・ヴァイツゼッカー（理論物理学者）は、みずからをヴィクトーアの「精神的息子」と呼んでいるのであり、リヒアルトの強靱なリベラリズムとそのなかでの《人間》とは、少なからず、ヴィクトーアの《人間学》の視座と、呼応するものを含んでいるであろう。

私たちは、このようにして、『行動の構造』第三章において、メルロ―ポンティが、ゴルトシュタイン、ヴェルトハイマー、コフカ、ユクスキュル、ヴァイツゼッカーからの影響を導入しつつ、ワトソン流の「行動主義」の視座を批判的に《のりこえ》て行き、《人間》を一層高次化した地平での《行為》の概念の提起に、大きな一歩の前身を示しているということを、確認し得るのである。

メルロ－ポンティは、第二に、このような《人間》の行為を、ヘーゲル、フッサール、ベルクソンおよびカッシーラーからの示唆を得ながら、明瞭に方法論的「関係」主義の視座へと移行しつつ、論理化する方途に入って行く。メルロ－ポンティ自身の言葉を用いて言えば、その出発点は、次のような述言にある。

> したがって、有機的個体とその環境とのあいだのさまざまな関係（Les rapports de l'individu organique et de son milieu）は、言葉の正しい意味において、弁証法的な関係であり、そして、この弁証法的なるものこそが、物理的システムの地平での諸関係に対比してとらえられることができない新しい諸関係、その有機体を解剖学や物理的諸科学のもたらす有機体像に還元してしまう時には到底理解されることができないような新しい諸関係を出現させるのである（*ibid.*, p. 161）。

そして、彼は、ゴルトシュタインの「有機体の意味がその存在である」（《Le sens de l'organisme est son être》, *Der Aufban des Organismus*, p. 351）という視点に導かれながら、「ある様式において有機体を構成している物理－化学的諸活動」（les actions physicochimiques dont l'organisme est d'une certaine manière composé）を、ヘーゲルの用語であるところの、相対的に安定した「結び目」（《noeuds》）としてとらえ、「渦動」（《tourbillons》）としてとらえるのである。ここにおいて、《人間》の身体は、《現象的身体》（corps phénoménal）として、たちあらわれるようになる。メルロ－ポンティは、ベルクソンの、'l'élan vital' の「生気論」（le vitalisme）をそのまま認めるのではなくて、前述の「結び目」と「渦動」のなかでの物理－化学的諸活動（les actions physico-chimiques）を

「生成して行く生命」(la vie qui se fait) と「解体して行く生命」(la vie qui se défait) とのあいだの《関係》の裡に、措定するのである。

メルロ‐ポンティは、また、ヘーゲルの「概念とは自然の内面にほかならない」(《Le concept n'est que l'intérieur de la nature》) という述言にしたがいつつ、《現象的身体》の内側に、「意味作用の内的統一」(unité intérieure de signification) という分析の単位を、見出す。そして、身体の内部での、このような「意味作用の統合体」は、メルロ‐ポンティの場合、労働という《行為》とともに、生成し、成立するのである。《人間》と《環境世界》とのあいだの弁証法的関係は、第一に、「物理的システムが環境からの諸力とのあいだに均衡を生み出す」(un système physique s'equilibre à l'égard des forces données de l'entourage) 地平に成立し、次いで、第二に、「動物の有機体が欲求と本能との単調なア・プリオリに対応する安定した環境をみずから確保する」(l'organisme animal samenage un milieu stable correspondantaux *a priori* monotones du besoin et de l'instinct) 地平に成立し、「人間の労働は、第三の弁証法を開始させることになる」(le travail humain inaugre une troisième dialectique)。そこでは、《人間》は、自分と物理‐化学的刺戟との間に、衣服、机、庭などの‘objets d'usages’と、本、楽器、言語などの‘objets culturels’とを導入することによって、行動の新しい連環を生み出し、「人間に固有の環境」(le milieu propre de l'homme) を構築していくことになるのである。

私たちは、このようにして、すぐ後に詳論することになる「行動の三類型」――そして、そのなかの第三の類型、‘Les formes symboliques’の行動こそは、メルロ‐ポンティの《行為》概念の成立するところである――のプレリュードに、直面させられる。しかも、ここで、メルロ‐ポンティが導入している、‘objets d'usage’は、彼自身が注記しているように、フッサールが *Ideen zu einer reinen Phänomenologie und phänomenologische Philosophie*

(一九一三年) で用いていた、Gebrauchsobjekte の概念そのものであり、同様にして、'objets culturels' もフッサールの *Méditations cartésiennes* (一九三一年) から採られたものである。

　メルロ－ポンティは、端的に言えば、《人間》の実存的解釈を「身体の現象学」の方へと開いて行くことによって、ベルクソンやピエール・ジャネの見ていた地平を、《のりこえ》て行くこととなった。彼によれば、《人間》を定義するところのもの (Ce qui définit l'homme) は、生物学的自然の向こう側に、第二の自然 (une seconde nature) ——経済的、社会的、文化的——を創造する能力にあるのではなくて、むしろ、既に創造されてある古い諸構造の、のりこえ (dépasser) の裡に、もうひとつの構造を創り出してゆく能力、にある。メルロ－ポンティは、第三章の最後の部分で、前述のトールマンの「目的的行動主義」——トールマン自身の用語では Purposive behaviorism であるが、メルロ－ポンティのフランス語訳では《Behaviorisme intentionnel》である——を単純な「唯物論的」(《matérialiste》) 地平にあるものとして厳しく批判しているが、それは、この 'Purposive' → 'intentionnel' の移行の上で、《行為》の内側での、身体から立ちあがって来るところの《志向性》(Intentionalität) を正当に論理化したいという彼自身の目的意識によるものであった。

　私たちは、『行動の構造』の第三章のなかでのメルロ－ポンティの新しい展開を二つの側面からとらえて来たわけであるが、それは、私の言葉を用いて言えば、第一に、《人間》－《環境世界》の関係枠組みのなかでの身体の《主体的》根拠——ニコラウス・クザーヌスのひそみにならって、ヴィクトーア・フォン・ヴァイツゼッカーは、これを、'Natura naturans' という言葉によってとらえている——を確認する作業であり、第二に、私たち《人間》の身体の内側にある、このような「能産的自然」の諸力を、所与の《環境世界》の構造を《のりこえ》て行く関係行為 (Verhalten) の地平に位置づけ——そのためにこそ、フッサールの《志向性》の概念が導入されているのである

——、方法論的「関係」主義の視座構築への胎動を秘めながら、新しい《行為》の概念を生成する基盤を確認する作業にほかならなかった。それは、また、現代の物象化した社会諸関係から成る《構造》をのりこえ（dépasser）て行くための橋頭堡として、労働という《行為》とコミュニケーション行為という《行為》との内面的統一を追求して行く方途の可能性をも、示唆しているのである。

さて、『行動の構造』の最終章である第四章、「心身の関係と知覚的意識の問題」（Les relations de l'âme et du corps et le problème de la conscience perceptive）では、メルロ－ポンティは、フッサール、ピアジェの示唆に導かれながら、デカルトの視座を再検討し、最終的に、同書を執筆した当時の盟友サルトルの《自我》論を批判的に検討して、みずからの結論に達する。

彼は、「認識のパースペクティヴ性」（le perspectivisme de la connaissance）の概念から、出発する。たとえば、ジャン・ピアジェに質問された幼児が「自分の考えは《喉《のど》のなかにある》」と答える時（J. Piaget, *La Représentation du monde chez l'enfant*）（一九四八年）、フッサールのいわゆる《志向性》は、「心」（l'âme）のなかに局在しているのでもなく、また幼児が実感しているように「身体」（le corps）のなかに局在しているのでもない。幼児の認識——それは知識に支えられているのだが——は、「心」と「身体」とを繋《つな》ぐひとつの《パースペクティヴ》の地平に、生成しているのである。

これは、ある意味では、デカルトが『屈折光学』（*Dioptrique*）（一六三七年）で述べていた「見るのは《心》であって、《眼》ではない」という主張と、逆説的に一致する知見であろう。

メルロ－ポンティは、次のように言う。

En ce qui concerme la perception, l'originalité radicale du cartésianisme est de se placer à l'intérieur d'elle-mème, de ne pas analyser la vision et le toucher comme des fonctions de notre corps, mais «la seule pensée de voir et de toucher». (*ibid*., p. 210)

知覚は、《人間》と《環境世界》とのあいだの「関係」の様相なのであって、「視覚や触覚を私たちの身体の機能として分析すること」は、誤りなのだ。そうではなくて、「見ることだけを考え、触ることのみに考えを集中する」(Descartes, *Réponses aux Cinquiemes objections*, Œuvres et Lettres éd. Bridoux., p. 376）ということは、知覚そのものの内にみずからを置くということなのであり、そこでは、前述のピアジェに尋ねられた幼児の答えも、デカルトの主張も、同一の《パースペクティヴ》のそれぞれに異なった側面を照射しているだけのことである。このようにして、メルロ－ポンティは、ゴルトシュタイン、フォン・ユクスキュル、ヴァイツゼッカーたちの《能産的自然》のゲシュタルト心理学の視座によって、ワトソン、ハル、トールマンなどの行動主義のそれを《のりこえ》つつ、'l'âme' と 'le corps' との相関しあう諸関係の《場》から起ちあがって来る《行動》の概念を精錬して行くのであり、それが、『眼と精神』（*L'Oeil et l'esprit*）（一九六四年）から『見えるものと見えないもの』（*Le Visible et l'Invisible*）への道筋なのであった。

今や、精神は、身体を使用するのではなくて（...n'utilise pas le corps, mais...）、身体を絶えず物理的空間の外へ 'transferer' しながら、その身体を横断するようにして生成して来る（...se fait à travers lui）のである。そして、メルロ－ポンティの到達した結論は、以下の通りである。

Les deux termes ne peurent jamais se distinguer absolument sans cesser d'être, leur connexion empirique est donc fondée sur l'opération originaire qui installe un sens dans un fragment de matière, l'y fait habiter, apparaitre, être. En revenant à cette *structure* comme à la distinction et l'union de l'âme et du corps.（*ibid.*, p. 226）＊

＊　「心と身体という二つの関係項が絶対的に区別されるということは、けっしてありえない」というメルロ－ポンティの視座は、私の方法論的「関係」主義の《行為》論の基本的視座の裡に、ひきつがれている。この根源的実在としての《構造》こそ、私たちの《行為》の出発点だからである。

「心」と「身体」とが絶対的に区別されるということは、存在することを止めないかぎり、けっしてありえないことなのだ。しかも、私たちの「心」と「身体」とを架橋する《パースペクティヴ》は、素材としての物質のなかに意味をうかびあがらせ（installer）、やどらせ（habiter）、顕現させ（apparaitre）、存在させる（être）ところの根源的なはたらき（l'opération originaire）の上に、定礎されているのである。私たちは、根本的な現実性（la réalité fondamentale）としてのこの《構造》にたちかえることによって、「心」と「身体」との区別と統一とを、同時に、理解することができるようになる。

私たちの《行為》の概念は、このようにして、トールマンの「目的的行動主義」の地平から構築されていたパーソンズの《行為》概念の「機能主義」を《のりこえ》るとともに、ウェーバーの《行為》概念において、切断され、架橋されていなかった「感情的行為」（affektuell Handeln）と「価値合理的行為」（wertrational Handeln）とを、通底させ、相互に関連させた《行為》へと脱構築して行く方途を、わがものとすることとなるのである。

なお、メルロ-ポンティは、第四章の末尾のところで、サルトルの《自我》論——具体的には、J. P. Sartre, *Le Transcendance de l'Ego*（一九三六—三七年）——を批判しながら、《行為》から《関係》への出口を、模索している。サルトルの《自我》は、ある意味では、方法論的「個人」主義の視座からの、最も典型的な《人間》の把握であるけれども、ここで、メルロ-ポンティがそれに対置するのは、'coexistence'のなかの《人間》である。

メルロ-ポンティによれば、他者の行動は、「ある考え方」（une certaine manière de penser）を意味化するより前に、「ある実存の仕方」（une certaine manière d'exister）を表わしている。

> Et quand ce comportement s'adresse à moi, comme il arrive dans le dialogue, et se saisit de mes pensées pour y répondre, – ou plus simplement quand des «objets culturels» qui tombent sous non regard s'ajustent soudain à mes pouvoirs, éveillent mes intentions et se font «comprendre» de moi, – je suis alors entraniné dans une *coexistence* dont je ne suis pas l'unique constituent et qui fond le phénomène de la nature sociale comms l'expérience perceptive fond celui de la nature physique.（*ibid.*, p. 239）

「心」と「身体」とを繋ぐ《パースペクティヴ》の地平に成立する「知覚的経験」（l'expérience perceptive）が私たちの物理的自然についての経験を基礎づけていたように、他の人びととの《ダイアローグ》や、さまざまな《文化的対象》についての私たちの「理解」（«comprendre»）は、私たちがひとつの《共存》（coexistence）——共同存在性——のなかに引き込まれているから可能となるのであって、この《共存》こそが私たちの社会的自然の現象を基礎づけているのである。

サルトルの《人間》は、'être dans le monde' の個人であり、これに対して、メルロ－ポンティのそれは、'être au monde' の個人である。前者がより多くハイデガー的であるのに対して、後者は、より多くヤスパース的であり、「世界へと――à＋le――開かれた《生命活動》の主体」を意味している、と言ってよいであろう。そして、この 'à＋le' のところに、メルロ－ポンティの《行為》概念が成立するのである。

それでは、いよいよ、メルロ－ポンティの《行為》の概念の内容を明らかにして行くことにしよう。

A　癒合的形態（Les formes syncrétiques）

これは、(1)状況のなかの一定の抽象的側面（certains aspects abstraits des situations）に結びつけられた《行動》、および(2)きわめて特殊な刺戟の複合体（certains complexes de stimuli très spéciaux）に結びつけられた《行動》、である。'syncrétique' には「混同している」とか「融合している」という意味がこめられているが、ここでは、状況に《埋没》し、《癒着》している地平での行動のことを指している。ある種の動物は、特定の「振動する対象」に対して反応（réaction）するのではなくて、「振動する対象一般」（un objet vibrant en general）に対して、反応する。そして、このような動物の反応の「抽象的性格」（le caractère《abstrait》）を明らかにしたのが、ほかならぬ行動主義であった。

この機械的な「抽象」（une «abstraction» automatique）の反応は、「受容器の構造そのもの」（la structure même des réceptures）によって決定されている。そこでは、状況のなかでの刺激とそれに対する反応としての運動とのあいだの相関する《関係》は、硬直したかたちで固定されており、柔軟に変化するということがない。それは、本能に導かれた反応のレベルの《行動》であって、パースペクティヴの変換にもとづく自由度を欠いている。

そして、私たちが見落してはならないのは、メルロ－ポンティの次のような述言である。

> …ils établissent un rapport de sens entre la situation et la réponse, ils expliquent la fixation des réponses adaptées et la généralité de l'aptitude acquise. Ils font interrenir, dans le schéma stimulus –réponse, non les propriétés matérielles des stimuli, mais les propriétés formelles de la situation, les relations spatiales, temporelles, numériques, fonctionelles qui en sont l'armature. C'est dans la mesure où des relations de ce genre émergent et deviennent efficaces par elles-mêmes que le progrès du comportement est explicable. (*ibid.*, p. 113)

《行動》から《行為》への転成の過程は、「状況と反応とのあいだに、意味の関係（un rapport de sens）を定立すること」によって、見えはじめて来る。私たちは、そのことから、「刺戟―反応の図式」（le schéma stimulus―réponse）の地平を超えて、「状況に骨格をもたらす空間的・時間的・数的・機能的な諸関係」（les relations spatiales, temporelles, numériques, fonctionnelles qui en sont l'armature）を分析する地平に、立つことができるようになるのであった。メルロ－ポンティによれば、このような領域の諸関係がたちあらわれ、それら諸関係の力自身によって効果的なものとなるところでのみ、《行動の進歩》（le progrès du comportement）というものが解明されるようになるのである。

私は、ここに、方法論的「関係」主義の視座からの《行為》概念の出発点が存在する、と思う。それは、また、《行為》―《関係》過程の理論の出発点であると同時に、やがて、《人間》そのものを「関係のアンサンブル」としてとらえる視座の橋頭堡ともなって行くのである。

B　可換的形態（Les formes amovibles）

‘amovibles’とは、「自由に、とりかえることができる」という意味であり、ここでは、状況のなかでの《パースペクティヴ》の変換可能性の有無とのかかわりにおいて、用いられている。英語で言えば、直接的には‘detachabele’であり、もうすこし広くとらえれば、‘removable’である。この地平には、《信号》（signaux）が登場する。そして、それは、動物の〈種〉のさまざまな本能のモンタージュ（les montages instinctifs de l'espèce）によって決定されるものではない。

メルロ－ポンティは、この段階で、「信号による行為」（la conduite du signal）という表現をするようになり、当初は、「条件づけられた刺戟」（un stimulus conditionné）と「条件づけられていない刺戟」（un stimulus inconditionné）との単なる時間的、空間的隣接（la simple contiguïté）として存在していた《状況》（la《situation》）が、このような「信号」の操作によって、「諸関係のあいだのひとつの関係」（un rapport entre des rapports）へと転成するのであって、そこに、ひとつの「求心的構造」（une structure afférente）が出現する、と考える。彼の言葉を用いて言えば、‘Le signal est une configuration’――直訳すれば、「信号はひとつの布置連関である」となるが、私たちは、configuration＝‘con’＋‘figuration’であり、私たちが《信号》を用いることを通じて、「さまざまな図化作用が集約される」事態をイメージし、それが、《信号》に触発された運動性反応にともなう「図と地の関連」を編成し、収束するところの「求心的構造」を出現させるという過程であることを、理解しなければならない――である。そこにおいて、《信号》は、‘Sign-Gestalt’（*ibid.*, p. 116）にほかならない。

メルロ－ポンティは、単純な条件反射説を批判する――パブロフの見解の不十分さ（l'insuffisance des vue de

Pavlov)、パブロフの誤謬（une erreur de Pavlov）という言い方をしている——だけではなくて、ケーラーの実験やトールマンのそれなどを詳細に検討しながら、ゲシュタルト心理学や行動主義心理学の視座から、さらに高次の地平において、《人間》の行動を他の動物のそれから質的に差異化する特徴を見出すことができる視座の構築へと、進んで行く。

彼は、ボイテンディクの実験について、次のように言う。

Le succès de l'enfant dans cette épreuve et l'échec du singe manifestent chez le premier l'aptitude et chez le second l'impuissance à se déprendre de la structure élémentaire qui confère au lieu où l'on a atteint le but une valeur réflexogène positive, pour s'ouvrir à des structures plus complexes où la valeur réflexogène est distribuée *en fonction* de l'espace et du temps. (*ibid.*, p. 119)

ボイテンディクの設定した状況において、幼児は成功し、サルは失敗した。そこでは、幼児——すなわち《人間》——は、目標に到達できた場所に正の反射生起値を付与している初歩的な構造（la structure élémentaire）からわれとわが身を引き離して、反射生起値が空間と時間との関数として（en fonction）配分されている一層複雑な構造（des structures plus complexes）へと身体を開いて行く能力を有し、サルはその能力を欠いているのであった。

ここでは、条件刺戟と無条件刺戟とが、単に隣接しているのではなくて、私たちが論理的な関係とか客観的な関係と呼ぶような関係の地平にたちあらわれているのであって、まさしくこの地点から、《人間》の行為は、——ここで、メルロ－ポンティは明瞭に'les conduites'という概念を用いている——《信号》のレベルの初歩的な行為（les conduites élémentaires du signal）から、もっと「難しく」（《difficiles》）、もっと「統合された」（《intégrées》）行為へと、発展して行くことになる。メルロ-ポンティは、このようにして、《行為》の内側に、「目的と手段」（le *moyen* d'un certain *fin*）の関係の生成を、見出すのである。

今や、《行為》は、動力学的および静力学的構造（des *structures mecaniques et statiques*）を深層に持ち、その上に、目的–手段の関係（La relation du moyen à la fin）を有し、それらを、'Sign-Gestalt' の力を借りながら、「諸関係のあいだにひとつの関係を定立する」（établir une relation entre des relations）かたちで、みずから生成するのであって、この「生きられる空間」（l'espace virtuel）のなかで、'Sign' は、'Signal' から、'Symbol' へと高次化されて行くのである。

C 象徴的形態（Les formes symboliques）

本書に籠《こ》められた全体的な構想からすれば、前述の《可換的形態》の行動――それは、端的に言って、「脱着可能なパースペクティヴの自由度」によって支えられていた――は、ウェーバーの「目的合理的」行為に対応する《行為》の生成するところであり、これから詳述して行く《象徴的形態》の行動は、その実質において、ウェーバーのいわゆる「価値合理的」行為の生成する地平である、と言ってよいであろう。

《記号》（Signe）が、条件刺戟に反応する地平での《信号》（Signal）ではなくて、ひとつの《象徴》（Symbol）としてあらわれて来るためには、それは、「表現されようとしているひとつの活動の、固有の、主題」（le thème propre d'une activité qui tend à *l'exprimer*）を、内包していなければならない。私がリヨンの市街地図を見ながら、三〇〇メートル近い川幅のローヌ河に架かる「大学橋」（Pont de l'Université）を渡り、「大学通り」（Rue de l'Université）を右折して、「クロード・ベルナール河岸」（Quai Claude Bernard）を数十メートル歩いて、リヨン第二大学・第三大学本部のキャンパスを訪れる時――後に触れるように、メルロ－ポンティは、一九四五年七月、リヨン大学専任講師となり、四九年、パリ大学の「児童心理学」・「教育学」講座、主任教授として、パリに移るまで、ここで「マールブランシュ、ビラン、ベルクソンにおける心と身体の結合」(L'Union de l'âme et du corps chez Malebranche, Biran et Bergson)、「言語とコミュニケーション」(Langage et communication) などの講義をしていた――、私の身体の裡には、「さまざまな視覚的刺戟といくつかの運動性興奮とのあいだの新しい相関関係」(la nouvelle corrélation des stimuli visuels et des excitations motrices) が生成しているのであって、この、'des excitations motrices' を上述の 'une activité' へと高次化するものこそが、《象徴》のはたらきなのである。

メルロ－ポンティの言葉を用いて言えば、次のようになる。

Nous verrons que le comportement symbolique est la condition de toute création et de toute nouveauté dans les «fins» de la conduite. (*ibid.*, p. 131, n. 2)

このようにして、「象徴的形態」における《行動》は、それ自体、《結果》――目的と言っても良いであろう――のうちにあらわれるすべての創造とすべての新しさをもたらす条件でありつつ、《行為》(la conduite) へと転成して行くのである。

《人間》は「関係のアンサンブル」であるけれども、その《行為》においても、《象徴》という記号を媒介とした「表現することと表現されたものとの関係」(Le rapport de l'expression à l'exprimé) は、それぞれの部分にあっては並列しているにすぎないものであるが、それら諸契機のアンサンブルを生み出す運動――そして活動――のなかで、

「内的であり、必然的である」（intérieur et nécessaire）関係として、うかびあがって来る。

ここにおいて、メルロ－ポンティは、あたかもフェルディナン・ド・ソシュールであるかの如く、次のように言うのである。

Le signe vrai représente le signifié, non pas selon une association empirique, mais en tant que son rapport aux autres signe est le même que le rapport de l'objet signifié par lui aux autres objects. (*ibid*., p. 132)

私たちは、すでに、メルロ－ポンティが「心」（l'âme）と「身体」（du corps）のあいだの諸関係を考察し、そこに生成する《パースペクティヴ》によって《人間》の知覚的意識（le conscience perceptive）の成立を根拠づけているのを見てきているが、「癒合的形態」の《行動》から「可換的形態」のそれへの上向の過程を導いて来た《信号》（Singal）という記号は、このような「心」と「身体」の《関係》の「経験的連合」（une association empirique）――ソシュールのいわゆる《パロール》（la parole）の地平――において、その意味作用の力を発揮していた。これに対して、「可換的形態」の《行動》から、さらに、「象徴的形態」のそれという名の《行為》への上向をもたらす《象徴》（Symbol）としての記号は、「その記号と他の諸記号との関係」（son rapport aux autres signe）が、「その記号によって意味表現されている対象と他の諸対象との関係」（la rapport de l'objet signifié par lui aux autre objets）と同一であるかぎりにおいて――ソシュールのいわゆる《ラング》（la langue）の「示差作用」（différenciation）の地平――、その意味作用の力を発揮する。こうして、《象徴》は、「諸構造から成る構造」（Cette structure de structures）を表現し、意味化するのである。

《行為》は、信号・狭義の記号・象徴という《記号》(Signes) の多次元性にわたる操作と活用の契機をとりこみながら、《パースペクティヴの多様性》(《multiplicité perspective》) を生み出すのであって、私は、ここに、直接的には、《コミュニケーション行為》の概念の成立する基盤を見出し、さらに、間接的には、ウェーバーの《行為》概念の段階で確保されていなかった《感情的行為》と《価値合理的行為》との架橋が、方法論的「関係」主義の視座から、現実化されて行く可能性の根拠を、見出すことができると思う。

メルロ－ポンティ自身は、この点について、次のように言う。

Avec les formes symboliques, apparait une conduite qui exprime le stimulus pour lui-même, qui s'ouvre à la vérité, et à la valeur propres des choses, qui tend à l'adéquation du signifiant et du signifié, de l'intention et de ce qu'elle vise. Ici le comportement *n'a* plus seulement une signification, il *est* lui-même signification. (*ibid.*, p. 133)

既に見て来た「可換的形態」の《行動》は、その 'amovible' が、'detachable'、もしくは 'removable' であるかぎりにおいて、《行動》から《行為》への転生の過程の状態にあった。言いかえれば、それは、半ば以上《行動》の地平にあり、「脱着可能な」、「取り除くことができる」パースペクティヴの力は、所与の「目的」(fin) に対する「手段」(moyen) の合目的的――すなわち、形式合理的・目的合理的――動員と配置との関わりにおいてのみ、《行為》の水準に到達していた。それは、「目的」それ自体の《可換性》を含む行為ではないのである。

これに対して、「象徴的形態」の《行動》は、その内容からすれば、既にして全的に《行為》である。メルロ－ポンティがその性格を規定するために述べている、「事物のそれぞれに固有の真理へと開かれ、それらの固有の価値へと開かれた」（s'ouvre à la vérité et à la valeur propres des chose）《行為》、「意味するものと意味されるものとの充全な対応・結合へと向かう」（tend à làdéquation du signifiant et du signifié）《行為》、そして、「志向とそれが目指しているものとの充全な対応・結合へと向かう」（tend à l'adéquation de l'intention et de ce qu'elle vise）《行為》という規定は、きわめて重要である。なぜなら、そこには、《パースペクティヴの多元性》のもとに、「目的」それ自体の「適切性」――'l'adéquation'――へのまなざしも含まれているのであり、とくに、'la vérité et la valeur propres des choses' という規定の裡には、現代の情報化社会のなかで《人間》と《もの》とが蒙《こうむ》っている「商品化されたイメージ」――それは、また、《イマーゴ》の氾濫とPseudo-environmentの問題性とに、深く相関している――の部厚い被膜を破りすて、突破して行く契機が、含まれているからである。

あえて言えば、「可換的形態」の地平での《行為》は「目的合理的」行為の概念に対応し、「象徴的形態」の地平でのそれは、ウェーバーの「価値合理的」行為へと、連接して行くのである。後者は、'l'adéquation du signifiant et du signifie, de l'intention et de ce qu'elle vise' という言葉が示しているように、《行為》の主体としての《人間》の裡に、「純粋な内面性の構造――関係――」（structure de pure intériorité――la relation――）が生成しているところで、成立するのである。

メルロ－ポンティは、後に、『言語の現象学について』（*Sur la phénoménologie du langage*）（一九五一年）のなかで、「意味するもの」（le signifiant）と「意味されるもの」（le signifié）との関係を《身体的志向性》（l'intentionalité corporelle）――これまで述べて来た《パースペクティヴ》は、これが、具体的な状況において、高次化され、《記号》との結びつきを通して、意識化されて行ったものにほかならない――によって根拠づけ、さらに、『眼と精神』（*L'Œil et l'esprit*）（一九六四年）のなかでは、次のように述べている。

「セザンヌは、存在の芸術家にふさわしい素晴しい言葉で、色は『われわれの脳髄と世界とが接合する場所』であると語ったが、それを、パウル・クレーは好んで引用する。色のためには、形《フォルム》の劇をくつがえさなくてはならない。それゆえ、問題となるのは、『自然の色彩の似姿』としての、あれこれの色彩ではない、――色という次元、すなわち、おのれ自身のおのれ自身に対するさまざまな同一性や差異性、ひとつの肌理《きめ》、物質性、そして遂になにか或るもの……を創造するような次元、が問題なのである」。

私たちは、今、期せずして、ポール・セザンヌ、パウル・クレー、およびモーリス・メルロ－ポンティの《パースペクティヴ》の交叉するところに、たちあっているのであろう。

あらためて言えば、「癒合的形態」の《行動》は、物理的な出来事と同じように、先行する諸条件の関数として、機械的な反応（des reactions mécaniques）であり、客観的な空間・時間（l'espace et le temps objectifs）のなかに展開されるけれども、「象徴的形態」の《行動》――すなわち、《行為》――は、「物質的な意味での刺戟」（des stimuli matériellement pris）には依存しないのであって、かえって、「状況の意味」（du sens de la situation）に依存しているのであり、したがって、その状況を《見ること》（une《vue》de cette situation）、その状況を「探索」すること（une prospection）を前提し、もはや、《即自的な秩序》（l'ordre du pour soi）にではなく、《対自的な秩序》（l'ordre du pour soi）に属しているのである。そして、「可換的形態」の《行動》は、これら両者の中間的な、過渡の段階であり、そのより基底的な部分は「癒合的形態」へと連接し、一層高次の部分は、前述のように、「目的合理的」な《行為》の地平へと遷移しつつある。

メルロ－ポンティは、「象徴的形態」の《行動》において《行為》が生成して来る状況について、「この瞬間から、行動は、みずから即自的秩序を離れて、有機体がその身体の裡に内在させている可能性（une possibilité）を、その有機体の外部に対して投企すること（la projection）となる」のであり、そこに、「世界へのひとつの対処の仕方、《世界へと開かれた存在》の仕方、あるいは、まさしく《実存する》仕方」（une certaine manière de traiter le monde, d'《être au monde》ou d'《exister》）の成立を、見るのである（*ibid.*, p. 136）。

私たちは、メルロ－ポンティの《行為》の概念の成立のうちに、実存主義という方法論的「個人」主義の視座の内側からの、《外的自然》－《内的自然》の交互反転（chiasme）および《身体の志向性》（l'intentionalité corporelle）の視座を梃子《てこ》として、文字通り、方法論的「関係」主義の新しい視座が生成して来ていることを、見てとれるであろう。そこでは、'je dépasse effectivement l'alternative du pour soi et de l'en soi'（*ibid.*, p. 137）なのであり、「象徴的形態」の《行動》としての《行為》において、'Le comportement est donc fait de relations'（*ibid.*, p. 138）にほかならないのである。

モーリス・メルロ－ポンティは、一九六一年五月三日、『見えるものと見えないもの』（*Le Visible et l'Invisible*）（一九六四年）の執筆の途次、心臓麻痺のために急逝した。五三歳になったばかりであり、これまで述べて来たような生成しつつある方法論的「関係」主義の視座からの存在論の構想を展開しはじめた矢先での、「惜しまれる死」であった。

遺稿となってしまった『見えるものと見えないもの』の本論部分の最後のところに、L'entrelacs――le chiasme――と題した、不思議な、しかし、私にとっては看過し難《がた》い論稿がある。通常「絡み合い－交叉配列」と訳される表題については、もうすこしその含意について付言しておく必要があるだろう。'entrelacs'は、entrelacer＝（糸や文字などを）「組み合わせる、編み合わせる、絡み合わせる」という動詞の名詞化されたものだが、要するに、'entre'（between, among）＋'lacer'（lace up）から生み出されている。さまざまなものを「レース編み」の編み目のように織り合わせるという原義から、メルロ－ポンティの場合、その《身体の現象学》によって有機化され、力動化され、意味のふくらみを生み、したがって、そこでは、《主体》としての人間と《環境世界》としての自然とのあいだに、'chiasme'——交叉配列であるが、上述のような含意が浸透するとき、「交互反転」しあう様相がもりこまれて来る——の《関係》が生成する、のである。

メルロ－ポンティは、たとえば、現代フランスの画家アンドレ・マルシャンの次のような述言に拠っている。

森のなかで、私は、幾度も、私が森を見ているのではないと感じた。樹が私を見つめ、私に語りかけているように感じた日もある……。私は、と言えば、私はそこにいた、耳を傾けながら……。画家は、世界によって貫かれるべきなのであって、世界を貫こうなどと望むべきではないと想う……。私は、内から浸され、すっぽり埋没されるのを待つのだ。おそらく、私は、浮かびあがろうとして、描くのであろう（『眼と精神』）。

そして、私たちは、『見えるものと見えないもの』の「絡み合い－交叉配列」のなかに、メルロ－ポンティ自身が次のように主張しているのを、眼にすることになる。

On peut dire que nous percevons les choses mêmes, que nous somme le monde qui se pense, —ou que le monde est au cœur de notre chair. En tout cas, reconnu un rapport corps-monde, il y a ramification de mon corps et ramification du monde et correspondence de son dedans et de mon dehors, de mon dedans et de son dehors. (*ibid.*, p. 179)

私たちは、さまざまな事物それ自体を感じとっているのであり、みずからを考える（se pense）世界にほかならない。世界が「私たちの肉（chair）の中心に在る」と言う時、その世界は、前述のような意味での「交互反転し、交叉配列させられている」諸関係の、「レース編み」のような編み目であり、しかも、それら諸関係が、有機的な温《ぬく》もりと火照《ほて》りをもって、絡みあっているのである。

このようにして、《身体―世界》の関係（un rapport corps-monde）から見るならば、そこでは、私の身体が、木の葉の「葉脈」のように、網状に枝わかれして行く《関係》の総体であり、世界もまた、「無機質に、固着したもの」――《関係》がこのような姿態にある現代的な状況についての批判的検討こそは、後述する「関係論」の課題である――ではなくて、有機的に、有意味に、枝わかれして行く《関係》の総体であり、それら無数の《関係》の累重と集積――そして、それらの《交叉》――に包まれて、私の「内部」（dedans）と世界の「外部」（dehors）とのあいだの照応しあう関係、および私の「外部」と世界の「内部」との照応関係、が成立しているのである。

メルロ＝ポンティは、死の前年、'Toucher-se toucher, voir-se voir, le corps, la chair comme Soi' と題する断章（一九六〇年五月）のなかで、こう述べている。

「世界という肉――『質』――」（La chair du monde―le《quale》―）は、私自身であるところのこの感覚的存在（cet Être sensible que je suis）と、私の内部でおのずから感じて来るところの、他のすべてのもの（Tout le reste qui se sent en moi）とのあいだの未分化のありさま（indivision）であり、快感―現実の未分化のありさま（indivision plaisir-réalité）、のことである。そして、ここにおいてこそ、私たち《人間》は、《私にはできる》（《je peux》）という実存的志向性――メルロ＝ポンティは、「触覚的感覚プラス運動感覚」（sensations tactiles＋《kinesthèses》）という言い方をしている――を中枢とする特有の《身体図式》（Le schéma corporel）をわがものとしながら、《関係》構成の主体としての自己を見出して行くのである。

私たちは、一九六一年三月、メルロ－ポンティが死の直前に書きのこした'Mon plan : I le visible, II la Nature, III le logos'という文字通りの遺稿に、次のような文言を見る。

Il faut décrire *le visible* comme quelque chose qui se réalise à travers l'homme, mais qui n'est nullement anthropologie (donc contre Feuerbach-Marx 1844).
La Nature comme l'autre côté de l'homme (comme chair—nullement comme《matière》).
Le Logos aussi comme se réalisant dans l'homme, mais nullement comme sa *propriété*.
De sorte que la conception de l'histoire à laquelle on arrivera ne sera nullement *éthique* comme celle de Sartre. Elle sera beaucoup plus près de celle de Marx : le Capital comme *chose* (non comme objet partiel d'une enquête empirique partielle comme Sartre le présente), comme《*mystère*》de l'histoire, exprimant les《mystères spéculatifs》de la logique hégélienne.（Le《*Geheimnis*》de la merchandise comme《fétiche》)（Tout objet historique est fétiche）
Matière-ouvrée-hommes = *chiasme*.

（Notes de travail., *ibid*., p. 327）

言うまでもなく、「一八四四年のフォイエルバッハ―マルクス」とは、フォイエルバッハから強い影響を受けていた初期マルクスの'Ökonomische-philosophische Manuskripte aus dem Jahre 1844'（MEGA, Erste Abteilung, Bd. 3）のことである。私たちの《行為》―《関係》過程において、「見えるもの」（*le visible*）の領域は、直接的には、《関係》の領域である。しかもなお、私たちは、私たち自身の《行為》の'l'autre côté'として、有機的な、「温もりと火照り」をもった、《肉》（chair）であるところの《自然》の基底を有し、そこには、また、「見えざる」（invisible）《関係》の領域、諸《関係》の運動の領域、が存在する。

私たちは、後に論述される「関係論」の主題である社会諸関係の物象化とそのなかでの《行為》の変容とについて、メルロ－ポンティの眼差しが届いていることに、驚かされるであろう。そこにあるのは、彼が、当初、サルトルとともにわかちあっていた実存主義の方法論的「個人」主義の視座ではなくて、《fétiche》としての「商品」（la marchandise）が君臨する社会諸関係を、「加工された物質」（matière-ouvrée）と「人間」の《*chiasme*》の場としてとらえる方法論的「関係」主義の視座、そのものである。《経済的》社会関係、《政治的》社会関係、および《文化的》社会関係が自立化し、物象化するところで、‘chair’ としての《自然》は素材としての「物」に頽落し、そこに、‘fétiche’ と化した《商品》の ‘Geheimnis’ が漂《ただよ》いはじめる――これは、すでに、私たち自身の方法論的「関係」主義の視座が立ち向かうべき現代世界の姿そのものである。

第三章　人間的自然と行為

第一節　方法論的「関係」主義における行為と現代社会

一　関係の一次性と行為モデル

方法論的「関係」主義の視座は、《近代》の生成以降の社会科学方法論の発展と変遷を支えてきた方法論的「自然」主義、方法論的「社会」主義、および方法論的「個人」主義の、それぞれの視座の基底的な、基礎概念である《自然》、《社会》、および《個人》を、解体し、逆に、「関係の一次性」の視点から、再構成する。したがって、私の《行為》モデルも、あらためて、方法論的「関係」主義の視座のなかでの、その方法論的含意を確認される必要があるであろう。

日本語の《行為》の概念と《関係》のそれとのあいだには、'signifiant' — 'signifie' の地平において、少なくともソシュールのいわゆる 'image acoustique' の共振し、共鳴するところがない。したがって、それを基盤とした、これら両概念のあいだの「論理的関係」が可視化（visible）されてこないのであって、この点は、方法論的

「関係」主義の視座からの、現代的な、社会学原理を構想するためには、著しく不便である。

しかもなお、《行為》と《関係》は、英語の 'Action' — 'Inter Action' — (Social) Relation、およびドイツ語の 'Verhalten' — 'Verhältnis' の交響しあう 'image acoustique' が浮かびあがらせ、伝播してくるように、内面的に通底し、相互に連関しあっている。すなわち、《行為》は、その実質において、関係行為なのであり、また、《関係》は、諸《行為》の網の目の運動する過程のなかから、ある時間的契機において——やはり、ソシュールの「通時態」(diachronie) と「共時態」(synchronie) の《キアスム》(交互反転) を、想起しなければならないのであろう——〈図〉化され、切り取られてきたものなのである。

私は、本書における論考を、パウル・クレーの『新しい天使』(一九二〇年) の 'image acoustique' に対する私自身の共振し、共鳴するところの叙述から、開始した。そのクレーの手稿 (『造形理論ノート』) のなかに、次のような一節がある。

水槽の列が、限界のないほど長くなれば、それだけ全体の並びに本質的な変化を与えることなく、いくつかの水槽を追加したり取り除いたりすることは、容易になる。それと同じ意味で、概念のさまざまな系列を並べることができる (すなわち、音、シラブル、単語、センテンスなど、である)。

低次元の (あるいは分割的な) 概念と、高次元の (あるいは非分割的な) 概念とは、絶対的に異なるものではなく、相互に依存している。概念の領域を拡張すれば、より次元の高い知覚可能な全体を、作りあげることが可能となるのである。

ここには、ソシュールの 'signifiant' と 'sifnifie' の結びつきについての《関係》論的な視座と、強く響き合うものがある。よく知られているように、ソシュールは、記号現象を《音＝観念》の諸結合・諸関係のさまざまなヴァリアントとしてとらえているが、そのなかでの、《観念》の領域――ソシュールの言葉を用いれば「面」（plan）――を「さまざまな観念が融合しているところの限りなく広がる面」（le plan indéfini des idées confuses）とし、他方、《音》の領域を「さまざまな音から成る、同じように、混沌とした面」（celui non moins indéterminé des sons）とした上で、前者――ソシュールは(A)と表記している――を空気になぞらえ、後者――同様にして(B)と表記されている――を水にたとえ、これら両者のあいだの波動によって、具体的な記号現象を分析するのである。しかも、ソシュールは、(A)の空気の面と(B)の水の面との結びつきを、'une série'（系列）と呼んでいるのであって、このような空気と水の中間に、ざわめき、波立つ「系列」こそが、クレーの言うように、シラブル、単語、センテンスなどの、諸単位――実体としての単位ではなくて、諸関係の結節点としての《フォルム》――を生み出すのであった。ソシュールは、さらに、このような空気と水の類比のすぐ前のところで、この記号現象の実質を、「みずから明確な諸部分へと分かれて行くことを通じて、思考が必要とするもろもろの'signifiants'をもたらす可塑的な質料」（une matière plastique qui se divise à son tour en parties distinctes pour fournir les signifiants dont la pensée a besoin）と、呼んでいる――この'une matière plastique'がクレーの言う「造形質料」なのである――。

あらためて言うまでもなく、クレーは、スイスの人であり、一八七九年にベルンに生まれ、一九四〇年、南スイス、マッジョーレ湖畔のロカルノの郊外、ムラールドで死去した。彼は、一九一一年にカンディンスキーたちの「青騎士」（Der Blaue Reiter）グループのメンバーとなり、表現主義（Expressionismus）の流れに棹さし、翌一二年にはパリに出てピカソに会い、その立体主義（Cubisme）の影響を受け、二〇年にはワイマールに所在したバウハウス（Bauhaus）の教授となったが、基底的には、ソシュールとおなじスイス人である。したがって、一九一六年に公刊されたソシュールの『一般言語学講義』（前述のように、バイイとセシュエによって編集されたもの）には早くから触れていたようであり（Rainer Crone and Joseph Leo Koerner, *Paul Klee－Legends of Sign*－, 1991, 参照）、実際、ライナー・クローンによれば、クレーの描く絵画には、一九一七年以降、文字や言葉、数字や格子（グリッド）、網の目や織り物状の《関係》のパターンが数多く見られるようになって行くのであった。

『新しい天使』はバウハウスに参加する頃に描かれた作品であるが、クレーは、その前年に『窓のあるコンポジション』（Komposition mit Fenstern）を描き、『新しい天使』の翌年、『あなたの口の口づけをもって、私に口づけして下さい』（Er küsse mich mit seines Mundes Kuss）を、そして、翌々一九二二年には、『歌手ローザ・ジルバーの声の織り物』（Das Vokaltuch der Kammersängerin Rosa Silber）を、描いている。

『窓のあるコンポジション』は、赤紫のやや重く沈んだ色調のなかに、「窓」をシンボライズする格子を散乱させ、中央やや下に、大きなBのゴシック活字を置く。そして、『あなたの口の口づけをもって、私に口づけして下さい』は、茶色の濃淡のグラデーションを含んだ一五層の水平の層――地層や断層を連想させる――を描き、標題の八行詩を、それらのなかの八段の層に、活字で配列し、そのところどころに明るいオレンジの暖色を、また、これらの暖色とバランスを取るようにして、五、六カ所に青・緑の濃淡の差異を含んだ色彩が、描き出されている。『歌手ローザ・ジルバーの声の織り物』は、全体として、まさしく一枚のショールであるかの如く、灰色がかった淡いバラ色に、文字通り'Vokal-tuch'（「母音」の「布地」）としてa. e. i. o. uの「小文字の母音」を散りばめ、それらの上部・中央にローザ・ジルバーの頭文字であるR、Sを大きなゴシック活字で、黒く描き出している。

私たちは、クレーの描き出した'une matière plastique'の世界に、一方で、モンドリアン（Pieter Cornelis Mondrian）（一八七二―一九四四）の新造形主義の幾何学的抽象絵画――たとえば、Composition with Red, Blue and Yellow（一九三〇年）——と響き合うものを感じとり、他方で、それらの幾何学的諸《関係》のパターンの上に彩られる色彩の、解体させられ、流動化された様相に、後期印象派の画家たちとの親縁性を感じとることができるであろう。

クレーは、その『日記』のなかで、セザンヌを「最高の教師」と呼んでいた。すでに、私たちは、「私はものを信じない。私は、ものとものとの関係を、信じている」（ジョルジュ・ブラック）という現代の表現者たちの《表象》世界へと、参入して来ているのである。そして、あえて言えば、ブラックのいわゆる「もの」も、実は、「関係のアンサンブル」なのである。セザンヌは、《深さ》（profondeur）の画家であり、諸《関係》の積層構造としての‘matière’を、その最深部から「奥行き」によって内側から構築された諸《関係》として、描き出したのであった。

方法論的「関係」主義の視座からする《行為》－《関係》過程の理解にとって、一九世紀後半から二〇世紀の半ばにかけての、フランスの《印象主義》（Impressionnisme）とドイツの《表現主義》（Expressionismus）の同時的もしくは継起的な展開は、看過し得ない意味を、有する。それは、単に、《自然》と《人間》とのあいだの印象や感覚の「内化」（‘in’ ＋ ‘presse’）および「外化」（‘ex’ ＋ ‘presse’）という相関の《関係》を表示しているだけではなくて、やがて、《自然》と《人間》そのものを「関係のアンサンブル」としてとらえて行く視座の生成を、ものがたっていたのである。

周知のように、《印象主義》の流れのなかには、前述したマネ、モネ、シスレー、ルノアール、モリゾたち画家だけではなくて、オーギュスト・ロダン（一八四〇－一九一七）の彫刻、クロード・ドビュッシー（一八六二－一九一八）の音楽、およびマルセル・プルースト（一八七一－一九二二）の文学も、含まれる。そして、《表現主義》の場合でも、ワシーリー・カンディンスキー（一八六六－一九四四）、フランツ・マルク（一八八〇－一九一六）およびパウル・クレーという画家たちにとどまらず、ゲオルク・トラークル（一八八七―一九一四）やフランツ・ヴェルフェル（一八九〇―一九四五）の文学、ゲオルク・カイザー（一八七八―一九四五）の戯曲・演劇――たとえば、『カレーの市民』（Bürger von Calais）（一九一四年、初演は一九一七年）は、ロダンの彫刻『カレーの市民』（一八九五年制作）と、呼応しあっている――などが、包摂されるようである。

私は、二〇〇三年のある一日、パリのオルセー美術館で、モネの『ルーアンの大聖堂』（La Cathédrale de Rouen）五点を、凝視し、立ちつくしていた。一八九四年に描かれたこの標題の油絵は、これら五点の他に、さらにもう一点（アメリカ、ボストン美術館所蔵、「夜明け」の大聖堂を描いたもの）、あわせて六点が存在する。私が凝視していた五点は、一番小さいもので縦九一センチ、横六三センチ、一番大きいものが縦一〇七センチ、横七三センチ、そして、それらのあいだに、大体、縦一〇〇センチ強、横七〇センチ前後の三つの作品が配列されるというかたちで、'matière' それ自体としては、ほぼ同じ大きさであった。

さて、これら五点には、それぞれ、「朝日を浴びて、青の調和」（soleil matinal ; harmonie bleue）、「朝の効果、白の調和」（effet du matin ; harmonie blanche）、「燦々たる陽光、青と金の調和」（plein soleil ; harmonie bleue et or）、「曇り空」（temps gris）、および「正面から、茶の調和」（face ; harmonie brune）、というサブ・タイトルが付けられている。すなわち、私たちは、これらの油絵という《表象》――諸 'Signes' の《関係》の構成によって 'représenter' されたもの――を通して、朝、昼、そして黄昏――ボストン美術館のそれを含めて言えば、黎明が付加される――という《時間》のセリーのなかで変遷して行く 'une matière' の姿を、〈青〉、〈白〉、〈金〉、〈灰〉、〈茶〉を基軸（Axis）とする色彩の調和―― 'harmonie' も、また、もうひとつの《関係》である――のなかで、捉えるのである。

したがって、モネという表現者――それは、現代的に言えば、コミュニケーション行為という《行為》の主体のひとつの様相であるだろう――は、このような〈青〉、〈白〉、〈金〉、〈灰〉、〈茶〉を基軸とした色彩の調和という《関係》のなかに反映された風景を、描いていたのである。太陽の光が《白い》というのは、簡単に言えば、私たち《人間》の錯覚であって、《時間》の変化の裡に、そのような陽光の基軸が変化すれば、それと相関するようにして、私たちの眼に見えて来る風景も変化する――モネの絵は、この事実を、私たちに教えてくれているのである。

このようにして、一八七四年四月一五日の「画家、彫刻家、版画家の無名協会」のグループ展、すなわち第一回印象派展が開催された当時、サロンを支配し、「由緒正しい」サロン展から、モネ、ルノアール、シスレー、およびセザンヌたちを落選に追いやったジェロームを筆頭とするアカデミーの「歴史画」家たちは、実は、《表現》という行為の構造の理解という点において、敗北者たちだったのであり、クレー、モネ、そしてセザンヌたちの側にこそ、その正確な理解に向けての一歩の前進が確保されていた、と言わなければならないのである。この点は、実は、方法論的「個人」主義の視座からの《行為》の概念の内容を、ウェーバー、パーソンズ、およびメルローポンティのそれの展開といったかたちで捉えて来たことと、その実質において、パラレルなのである。私は、それを、エルンスト・カッシーラー（一八七四―一九四五）の視点に即しながら、明らかにして行くことにしたい。

私は、メルローポンティの《行為》概念の生成の過程を検討する際に、ゴルトシュタイン、フォン・ユクスキュル、およびヴァイツゼッカーとともに、カッシーラーにも言及していたが、その視座の内容には触れていなかった。カッシーラーは、周知のように、ヘルマン・コーヘンやパウル・ナトルプによって代表されるマールブルク学派の新カント主義に立脚する哲学者であるが、ここでは、アインシュタインの一般相対性理論の定式化（一九一三―一六年）に対応する《世界像》の変化を、《近代》初頭以降の「力学的世界像」から「電気力学的世界像」への構造的変動として分析し、その視点から、《自然》、《人間》、および《記号》の諸領域の関係論的把握の方途を具体化した人として、重要である。「電気力学的世界像」とは、カッシーラー自身が用いている表現であるが、要するに、ローレンツ変換とミンコフスキー変換によってとらえられる量子力学的な《場》を分析の単位として採用する視座であり、そこでは、空間、時間、そして物質が、不可分な結合の関係にあり、電磁的な波動とその形態（Form）の相互変転する運動が諸《関係》を生成する。私は、本書のかなり前のところで、方法論的「自然」主義の成立に始まる《近代》の科学的認識論の出発点をニコラウス・クザーヌスに求めていたけれども、カッシーラーは、*Zur Einstein'schen Relativitäts-theorie : Erkenntnistheoretische Betrachtungen*（一九二一年）のなかで、クザーヌスを「近代哲学の創始者」のひとりとして位置づけており、その上で、ガリレイ、デカルト、ニュートン以来の「力学的世界像」からアインシュタインその他の「《場》の理論的世界像」の現在への変遷を、説明しているのである。

私は、かつて、方法論的「関係」主義の視座の生成を、現代物理学におけるローレンツ変換に依拠するアインシュタイン力学の内包する新しい方法意識の裡にもとめていたが、その実質は、物質の運動形態を、㈠その運動速度が「光速度」よりも小さい《マクロ的世界》の論理としてニュートン力学の論理構制が存立し、㈡その運動速度が「光速度」より小さい《ミクロ的世界》の論理として非相対論的量子力学のそれが存立し、㈢その運動速度が「光速度」とほぼ等価である《マクロ的世界》の論理として特殊相対性理論の論理構制が存立し、㈣その運動速度が「光速度」とほぼ等価である《ミクロ的世界》の論理として相対論的量子力学のそれが存立する、という全自然史的過程のイメージのなかで、理解するところにあった。そのことは、また、前出の[X]《ミクロ的世界》の素粒子の地平—[X′]分子—[Y]有機的な《マクロ的世界》としての複合社会系を範域とする《行為》—《関係》過程の分析を、[X]—[X′]—[Z]無機的な《マクロ的世界》としての超銀河系に至るまでの物質の運動の上に定礎し、それらの全領域を、《関係》の概念の

「上向」と「下向」の運動によってとらえる方法意識の成立を、意味していた。

したがって、カッシーラーは、ヒットラー・ナチスの迫害を逃れてアメリカに亡命した後、七〇歳の時に書いた *An Essay on Man — An introduction to a philosophy of human culture*—（一九四四年）のなかで、その《象徴形式の哲学》（"Philosophie der Symbolische Formen"）という方法論的「関係」主義の視座から、「関係」→「関係の関係」→「関係の関係の関係」等々への分析の展開の可能性と必然性とを、主張したのである。言うまでもないことであるが、メルロ－ポンティが述べていた"Les formes symboliques"とカッシーラーが用いている"Symbolischen Formen"とは、同一の意味内容をもつ言葉である。

このようにして、今や、私たちの方法論的「関係」主義の視座からする《行為》—《関係》過程の分析は、なによりもまず、その方法論的基礎の地平において、「関係の一次性」の視点を定礎する。《自然》、《人間》、そして《社会》は、それぞれの範域において「関係の一次性」に規定された諸運動の発現形態であり、したがって、上述のような《自然》の階層性を貫く全自然史的運動の過程を前提した上で、《人間》は「関係のアンサンブル」であり、そのような《人間》の諸可能性の表現・実現の過程である《行為》は、それ自体「関係行為」なのであり、《行為》⇅《関係》という"chiasme"——交互反転・交叉反転——のなかで、私たちの《行為》—《関係》の諸過程を生み出すのである。そのことは、同時に、メルロ－ポンティとカッシーラーとが、ともに、深い方法意識をこめて留目していた"Symbol"が、現代社会の現実態において、如何に無惨にして、酷薄な状況に頽落させられているかという点を直視することの必要性を強く示唆しているのである。

二　高度情報化社会・大衆消費社会・管理社会のなかの関係行為

私は、現代日本社会を、図19のような範式によってとらえている。

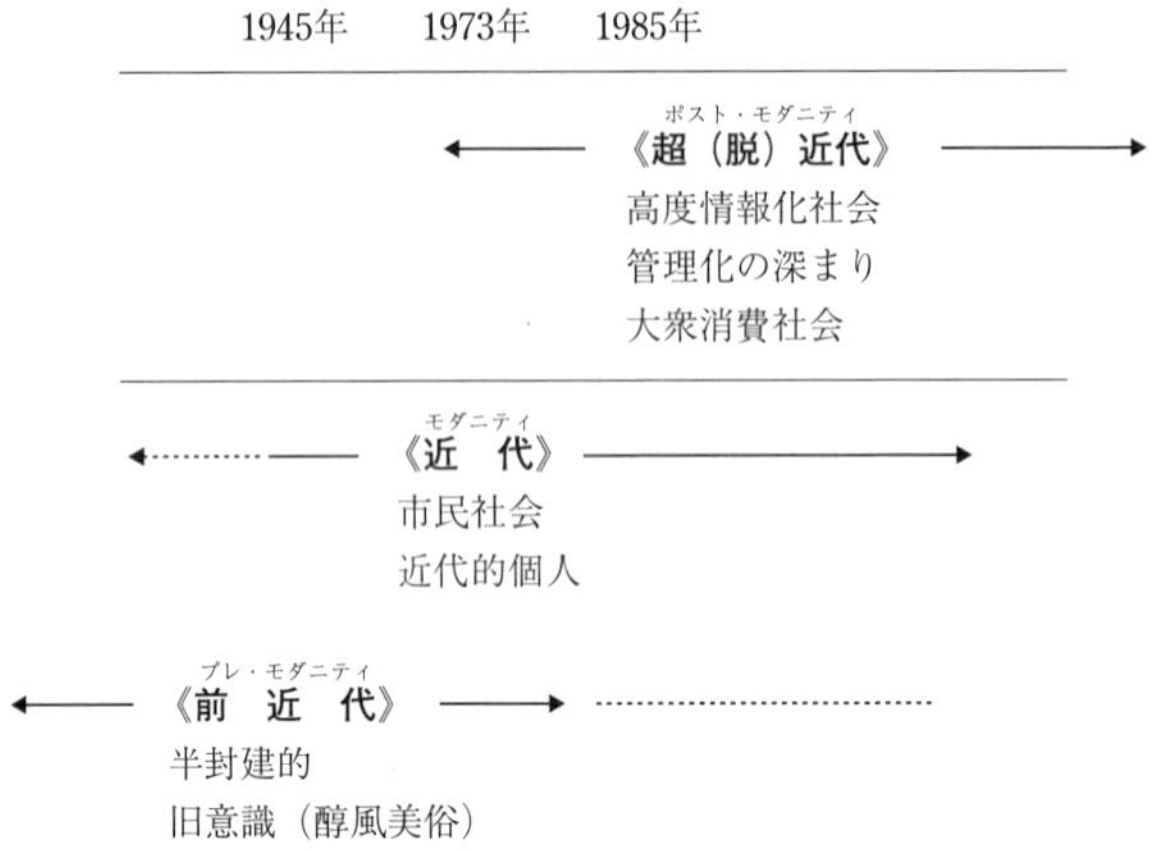

図19　現代日本社会のモデル

私たちの日本社会は、かりに一九四五年の第二次世界大戦の敗北の後、アメリカをはじめとする連合国側の占領と統治のもとで、《民主化》──あるいは、より表層的な意味において、「欧米化」(Westernization) ──というかたちでの近代化過程に入ったとしても、その社会諸関係の深部には、つねに、《前近代》(Pre-modernity) の契機を抱えこんでいる。私は、二〇〇五年に提起した図19のモデルの背後にある仮説として、(一) 一九四五―五五年の《民主化》(「欧米化」) の時期、(二) 一九五五―七三年の《産業化》の時期、(三) 一九七三年から現在に至る《情報化》・《管理化》の時期、という三つの社会変動によって戦後日本社会の歴史過程をとらえ、これに、一九八五年九月のいわゆる「プラザ合意」以降、一九九〇年の年末までの《バブル》経済の時期──よく知られているように、一九九〇年、年初の大発会の際、東京証券市場一部の株式時価総額は五九〇兆円、全国のそれは九〇〇兆円にのぼっていたが、同年末の大納会までに、東京で二二五兆円、全国で四〇〇兆円の

《バブル》が吹き飛んでしまった——を加えて、現代日本社会を、「高度情報化社会・大衆消費社会・管理社会」と、規定している。

戦後日本社会における《近代》(Modernity) の実質的展開を、一九四五年の「敗戦」とともに始まり、今日に至っているそれとして把握することについては、おそらく大方の首肯されるところであろう。なお、図19の範式において、破線によって示されている部分は、たとえば、明治時代初期の「明六社」の活動や大正期のいわゆる「大正デモクラシー」の風潮のように、その時期・時代の基調や顕勢となることはなかったとしても、一九四五年以降の《近代》の推転へと連なり、その前史とされることができるベクトルの所在をあらわしている。したがって、逆説的な意味で、私たちの日本社会は、二〇〇八年の今日、なお、社会構成体の基底部に、破線としてではあれ、《前近代》のそれを温存しつづけているのである。

日本における《情報化》の起点は、一般的には、一九七五年、当時の通産省（現在の経済産業省）が提唱した「知識集約」型の産業構造への転換の具体化にもとめられているが、私は、一九七三年・七四年の第一次オイルショックを、起点としている。言うまでもなく、この第一次オイルショック、および一九七八年の第二次オイルショックは、高度に発達した先進資本主義社会としての国家独占資本主義諸国と発展途上の石油産出諸国との関係と矛盾を背景として生じた「エネルギー危機」に対応して生成した現象であり、これを契機として、日本経済の基軸は、それまでの重工業中心の産業構造から、「知識集約型産業」としての情報・通信・サービス分野の拡充へと、大きく転換されて行ったのである。したがって、前に触れたように、一九八五年を画期として、日本人の就業構造のなかで、第三次産業の就業人口が急激に増大し、この時期から、第二次産業のそれが低落して行ったという事実は、きわめて重要な意味をもっていた、と言わなければならない。

今日、私たちの生活の周辺で日常的に遭遇するオペレーター、サービス・プロバイダー、コピー・ライター、システム・エンジニアその他のいわゆる「カタカナ職業」の人びとは、このような《情報化》の進展のなかでの就業構造の変容を、具体的に体現している。それは、汎用コンピュータよりも、主として、オフィス・コンピュータの導入から進行して行ったのであり、次いで、一般に「ME革命」と呼ばれるマイクロ・エレクトロニクスの応用の拡大を通じて、産業用ロボットの普及に象徴されるようなかたちで第二次産業の現場の《情報化》として展開され、さらに、第三段階として、一九八〇年代の半ば以降、政府の行政機関ならびに地方公共団体において、急速に進展して行った。一九七三年の時点では、政府の行政機関におけるコンピュータの運用経費はわずかに二四七億円であり、地方公共団体におけるそれは、総額で、三六五億円であった。これらは、一九八七年になると、前者が二五五九億円、後者が三三一三億円と、激増しているのである。

私は、このような状況のなかでの《行為》の現実態を理論的に把握するためには、次の二点に対する留目が重要である、と考えている。すなわち、第一に、本書における行論の根本前提として来た全自然史的運動の過程のなかでの《自然》―《人間》―《社会》のトリアーデを背景として、現代社会における私たちの《行為》は、原子論的《アトミスティック》な個人のいわゆる単位行為ではなくて、《関係》に包摂された、《関係》のなかでの、《行為》である。現代の《行為》―《関係》過程は、文字通り、《行為》⇅《関係》の相即する“chiasme”――交互反転・交叉反転――の連関において、把握されなければならない。換言すれば、方法論的「関係」主義の視座からの《行為》概念は、今や、《関係》とのあいだに「入れ子」、もしくは機関車と客車とをつなぐ「連結器」の相互に連関しあう「場」(le champ)を有し、逆に、そのような「場」のなかで生成し、成立する《行為》であるだろう。私は、これを、端的に、《関係行為》と呼ぶ。

第二に、今日の高度情報化社会・大衆消費社会・管理社会の状況において、このような《関係行為》を生成させる「場」は、それ自体、‘Sign-Gestalt’——記号場——として、理解されなければならないであろう。前述のように、現代社会の第三次産業の「カタカナ職業」に従事する人びとの《労働》という行為は、もはや記号や情報との接触、およびそれらの処理（オペレーション）なしにはありえないし、そのような職業人口に含まれる以前の青少年たちの場合でも、彼らの生活世界におけるパーソナル・コンピュータや携帯電話（mobile）の比重と、彼らの諸《行為》へのこれら情報機器の癒合の程度は、増大するばかりである。

メルロ－ポンティは、『行動の構造』の第二章の‘Les formes amovibles’についての説明のところで、あたかもカッシーラーの視座を想起させるようなかたちで、「諸関係のあいだの関係」（un rapport entre des rapports）に言及し、その直後に、‘Le signal est une configuration (Sign-Gestalt)’と述べている（Maurice Merleau-Ponty, *La structure du comportement*, p. 116）。記号は、通常、‘index’（指標）、‘signal’（信号）、‘sign’（記号）、‘symbol’（象徴）、‘icon’（類像）などの広がりにおいて理解され、たとえばチャールズ・サンダース・パースは、これらのなかで、‘index’、‘symbol’および‘icon’を重視し、これと対照的に、フェルディナン・ド・ソシュールは広義の‘sign’によって記号現象全体を分析しようとしており、視点の設定によって、その意味するところに微妙な偏倚が生じて来る。私は、ここでは、前記したような記号現象の広がりを前提し、それらを、‘signal’（信号）、‘sign’（記号）、‘symbol’（象徴）という基軸を中心として、分析して行くという視座に立っている。そして、今日の高度情報化社会にあっては、当然のことながら、これらの広義の《記号》が、さまざまなかたちで電気的・電磁的に媒介《メディエイト》され、増幅されながら、広汎に流布されているわけである。

私は、方法論的「個人」主義の視座からの《行為》概念を検討するなかで、人びとの「感情的」（*affektuell*）行為から「価値合理的」（*wertrational*）行為への内面的「上向」の回路が確保されていない――そのような状況において、「目的合理的」（*zweckrational*）行為の領域が、圧倒的に拡大され、卓越している――というアポリアを、指摘しておいたが、この問題と‘Sign-Gestalt’の現代的布置連関のありようとの関わりこそが、ここで、大きくクローズアップされて来ることになる。すなわち、高度情報化社会・大衆消費社会・管理社会としての現代社会にあっては、「目的」―「手段」の合理的編制のなかでの‘instrumental’な《行為》としての「目的合理的」行為は、基本的に、‘index’（指標）、‘signal’（信号）、および‘sign’（記号）によって多くを占められた‘Sign-Gestalt’との親和性が強く、それ自体として、‘symbol’（象徴）へと通底するチャネルを持たない。これに対して、現代社会において、より多く‘consummatory’な《行為》としてあらわれる「感情的」行為は、実は、《生産》と《消費》との分断を前提とした上で、「目的合理的」行為と同じように、‘index’、‘signal’および‘sign’の領野へと連接しているのであって、ここには、精査されるべき独特の双対性が存在する。《経済的》社会関係を中心とする「目的合理的」行為の領域においては、これらの‘index’、‘signal’および‘sign’から成る《記号場》（Sign-Gestalt）は、外在的な「目的」に向かって合理的に組織化され、統合される。他方、《文化的》社会関係を中心とする「感情的」行為の領域では、さまざまな‘index’、‘signal’および‘sign’から成る《記号場》は、文字通り、‘hic et nunc’――「この所・この時」――の特性をもって沸騰するのであり、そのかぎりにおいて、より多く非合理的な要素を含む。

私たちの現代社会にあって、‘icon’は、もはや、あの「ウラジーミルの聖母」によって代表されるビザンチン美術の「聖画像」の《イコン》ではなくて、コンピュータの画面上で、それぞれのオペレーティング・システム（OS）に指示・命令を伝える《アイコン》である。チャールズ・サンダース・パースの‘icon’は、通常、「類像」と訳され、彼の《シネキズム》（Synechism）という存在論的運動の連続性と第一次的に結びつく重要な概念であり、本来、ロシア・イコンのような「聖画像」への親和性を含むものであるけれども、今日の「情報化」の大波のなかで、《アイコン》の平板な意味の表面へと吸着させられているかのようだ。

このような背景のもとで、現代社会における《記号場》の実態を考える時、私たちは、ものごころが付くか付かないかの幼児期からのテレビ接触――とりわけテレビ・コマーシャルの画面へのそれ――、小児期のテレビゲームやファミリー・コンピュータでのゲームへの接触、および青年期前期の携帯電話の利用（もしくは「没入」）などの状況を、ジャック・ラカン（Jacques Lacan）（一九〇一―八一）の「鏡像段階」（le stade du miroir）の理論、ローレンス・コールバーグの「道徳性の発達段階」（“Moral Stages”）の理論、およびロナルド・D・レインの『ひき裂かれた自己』（*The Divided Self: An existential study in sanity and madness*）（一九六〇年）などの方法論的「関係」主義の視座から、とらえかえしていかなければならないのであろう。

私は、メルロ－ポンティの《行為》概念が、状況に埋没した‘Les formes syncrétiques’の行動の地平から、‘signal’への対応から、‘sign’への応答へと進んで行く‘Les formes amovibles’の段階を経て、‘Les formes symboliques’の地平において《行為》の成立をとらえていることを検討してきたが、その際、《行為》の裡に確保されている《記号場》のなかでの‘Symbol’の利用は、直接的には《パースペクティヴ》の成立をもたらし――メルロ－ポンティは、「生きられるパースペクティヴ」（des perspectives vécues）という言い方をしており、その内容として、《人間》が、みずからの「生きる空間」（l’espace virtuel）のなかで、自分の持つ視覚像を組織化し、そこに表象された諸対象のあいだに必要な関係（les relations dont nous avons besoin）を描く能力をあげている――、間接的には、《行為》の構成契機のなかでの《価値》の生成をもたらしているのだ、と思う。つまり、ここにおいて、方法論的「関係」主義の視座からの《行為》は、「価値合理的」行為の側面を概念的に把握する方途の可能性を、見出すことができるのである。

私は、メルロ－ポンティの《行為》概念の検討を開始する際に、その「比類のない幼少期」に触れ、とくに、彼と母親とのあいだの「関係の豊かさ」の所在を確認しておいた。それは、ニコラウス・クザーヌスの場合にも、ジョン・ロックの場合にも、ひとしく見出され、マックス・ウェーバーの場合には、家父長制的で権威主義的な父親との対照の上で、やはり、その所在を確認されていた母親との「関係の豊かさ」であり、私は、ここで、《リビドー化された関係》(The Relation libidinised) と呼んでおくことにしたい。現代の高度情報化社会・大衆消費社会・管理社会のなかでの《記号場》(Sign-Gestalt) は、このようにして、それ自身の背景として「人間的自然」(Human Nature) と「人間的自然」(Human Nature) との共振し、共軛する《場》――これこそが'chiasme'の意味するところであり、その所産として「関係の豊かさ」を結果するのである――を確保し、そのような「関係の豊かさ」のさなかでの関係行為の相互化の舞台となるところで、《人間》の感覚の解放を価値へと結晶化するのである。

一九世紀後半からの資本主義社会それ自体の構造的な変化――産業資本段階から独占資本段階へ、そして国家独占資本主義の段階へ、の変化――に対応して、社会学の方法意識は、ひとまず方法論的「個人」主義の視座を成立させ、やがて、二〇世紀の後半、方法論的「関係」主義のそれへと、遷移していった。私たちは、方法論的「個人」主義の視座が有意味なかたちで登場して来たという歴史的事実そのものが、すでに、社会構成体の内容としての社会諸関係の巨大化――マックス・ウェーバーが「この圧倒的な官僚制化の傾向」と述べていた事態は、ゲオルク・ジンメルの『社会分化論』(*Über soziale Differenzierung*)(一八九〇年) とエミール・デュルケームの『社会分業論』(*De la division du travail social*)(一八九三年) とが照射していた社会諸関係の肥大化・累重化して行く社会変動を、その内部における「形式合理性」の深まりによってとらえていた事態にほかならない――への「ひとつの異議申し立て《プロテスト》」であったということを、想起しなければならないのであろう。そして、それから一〇〇年有余の時間的経過を経て、今日の方法論的「関係」主義の視座からの社会学は、グローバリゼーションのなかでの社会構成体の一層の巨大化・累重化——イマニュエル・ウォーラーステインは、これを、「資本主義的世界経済システム」（The Capitalist World-Economy）と呼び、ミシェル・ボーは「一国／世界階層化システム」（Le Système national/mondial hiérarchisé）と名づけている——という眼前に進行する事態に対して、この「全域化する資本主義」（le capitalisme généralisé）の物象化する諸《関係》の重層構造を客観的に分析しつつ、その最中《さなか》での《人間》たちの「関係の豊かさ」の可能性ある根拠を解明し、そこにおける《リビドー化された関係》からの意味の生成を理論的に把握しなければならないのである。私が、これまで確認して来た㈠行為を、《行為》⇅《関係》の“chiasme”——交互反転・交叉反転——の連関のなかで、《関係行為》として概念化すること、および㈡そのような《関係行為》の生成し、存立する「場」としての‘Sign-Gestalt’——記号場——の現代的意義をとらえ、高度情報化社会・大衆消費社会・管理社会としての現代日本社会のなかでのその現実態の分析に立脚しながら、そこにおける「人間的自然」（Human Nature）の諸可能性の表現・実現の回路の展望を論理化すること、この二点こそは、方法論的「関係」主義の《行為》概念の出発点なのである。

　私たちは、同時に、やはり、一九世紀の後半から、具体的にはクロード・ベルナールの「内部環境」（le milieu intérieur）の概念の提起以降、《人間》の内側、すなわち身体の内部に、諸《関係》の重層する構造を見出す視点が生まれて来ていたことを看過すべきではない。私たちの身体は、それ自体としては、大略六〇兆前後の細胞の運動を内容としており、これが生理学的、心理学的地平の《生命》活動の過程をとおして、やがて、《行為》という社会学的地平での主体的な活動を根拠づけ、前述のような社会諸《関係》の再生産の循環の過程へと参入し、編入されるのであった。このような《人間》の内部の諸《関係》の力動的なありようは、既に述べてきたように、フォン・ユクスキュル、ローレンス・ヘンダーソン、およびクルト・ゴルトシュタインなどの理論化の努力を経て、当初の「恒常性」(homeostasis) の概念の地平から、カッシーラーのいわゆる「関係の関係」、「関係の関係の関係」等々の諸《関係》の重層し、累重する構造として、理解されるようになった。

したがって、私たちは、現代の方法論的「関係」主義の視座から、一方において、《人間》の外部に聳立する無機質な、物象化した諸《関係》——すなわち、《経済的》社会関係、《政治的》社会関係、および《文化的》社会関係——を見出し、他方、私たち《人間》の身体の内部に、有機的な、人格的諸《関係》の生成へと連接して行く諸「内的関係」——これが《社会的》社会関係の〈原風景〉である——の存在を、見出すこととなった。現代の、地球規模で「全域化する資本主義」(le capitalisme généralisé) のなかでの、このような《無機質に物象化した》諸関係と、《有機的で人間化された》諸関係とのあいだのインターフェイスの諸相こそ、方法論的「関係」主義の社会学が分析し、その《のりこえ》をめざして格闘すべき対象なのである。

三　労働とコミュニケーション行為の相互浸透

私の《行為》モデルは、図20の通りである。

そして、これを《行為》の一般モデルとするならば、労働という《行為》とコミュニケーション行為というそれとは、図21のようなかたちで範式化されることができる。

私は、この高度情報化社会・大衆消費社会・管理社会としての現代日本社会において、さまざまにプロブレマティカルな現象や状況が出来《しゅったい》しているにもかかわらず、原理的には、人びとの《行為》の現実態のなかで、労働という《行為》とコミュニケーション行為という《行為》とが、融合し、統合されて行く可能性が増大する、という仮説的展望をいだいている。

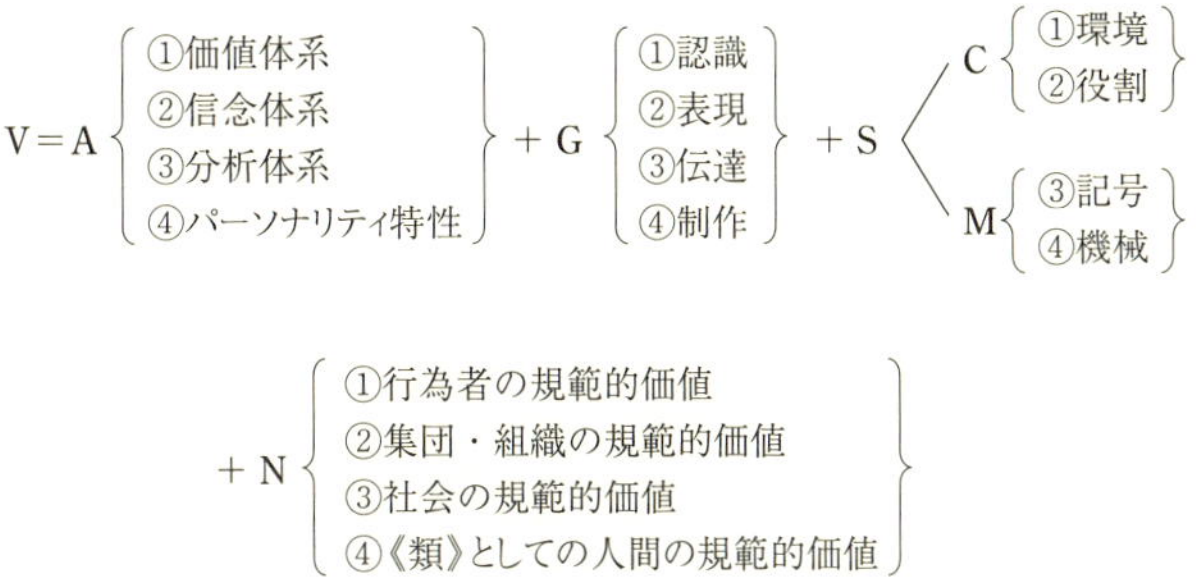

V：社会的行為　A：行為者　G：目標
S：状況（C：条件，M：手段）　N：規範的方向づけ

図 20 《行為》のモデル

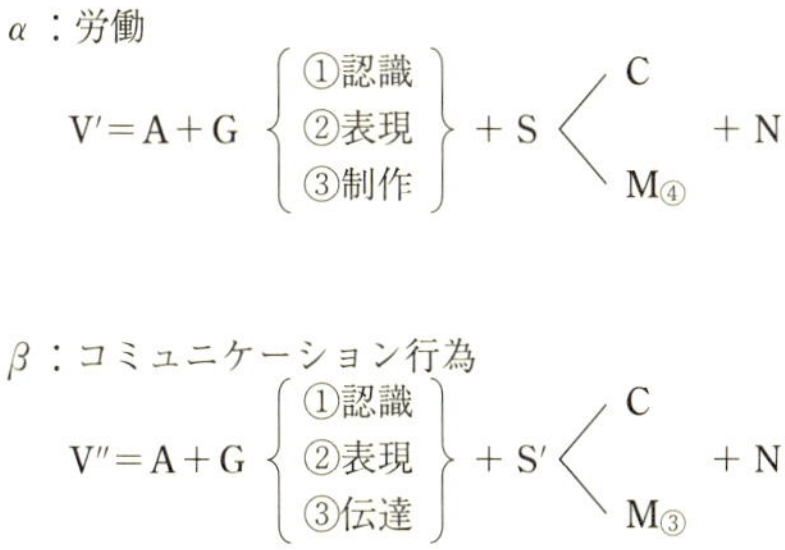

図 21

労働という《行為》を特徴づけるS（状況）のなかのM④（機械）は、今日、とりわけ第三次産業の「カタカナ職業」に従事する人びとに即して考えるならば、「記号」や「情報」の契機なしには、実際には、オペレーショナルにはなり得ないであろう。他方、私たちのコミュニケーション行為の生成の根拠であるところのS（状況）のなかのM③（記号）は、この高度情報化社会のただなかにあって、その生産・流通・消費の全域にわたり、ほとんどの場合、道具と機械のシステムに依存しながら、《行為》の構成契機となっている。私は、このような労働とコミュニケーション行為の相互浸透とが、いわば、ジェームズ・D・ワトソンとフランシス・H・クリックが発見したDNA（デオキシリボ核酸）の「二重螺旋」構造のように、

相互に縒《よ》り合わせられ、絡《から》み合って行くのではないか、と考えているのである。すなわち、これら両者の《行為》のあいだにも、あの“chiasme”——交互反転・交叉反転——の傾向が強まって行き、あたかも「ネッカーの箱」や「ルービンの盃」のように、ある側面から見れば《労働》であり、他の側面から見れば、《コミュニケーション行為》であるようなかたちで、これら両者の《行為》の統一のモーメントが増大して行くのではないか、という仮説的展望である。

私は、今、この文脈で、アルフレート・ゾーン－レーテルの *Geistige und Körperliche Arbeit, Zur Theorie der gesellschaftlichen Synthes*（一九七〇年）の視点を、想起している。

ゾーン－レーテルは、ドイツ、ブレーメン大学で認識論と社会理論の講義を担当していたが、もともと、アルフレート・ウェーバーの教え子であった。一八九九年生まれの彼は、しかし、第一次世界大戦におけるドイツの敗北とその後のウィルヘルムスハーフェンやキールの水兵たちの反乱（一九一八年の「ドイツ革命」）、一九一九年のベルリンにおける「スパルタクス団」の蜂起とその悲劇的な敗北（カール・リープクネヒトとローザ・ルクセンブルクの惨殺）という時代背景のもとでの青年期に、エルンスト・ブロッホ、ワルター・ベンヤミン、マックス・ホルクハイマー、ジークフリート・クラカウアー、およびテオドーア・W・アドルノなどとの親交を深め、ジェルジ・ルカーチやヘルベルト・マルクーゼの書物に親しんでいた。

彼は、《労働》という行為が、「精神的労働」（Geistige Arbeit, Intellectual Labour）と「肉体的労働」（Köperliche Arbeit, Manual Labour）という両契機に分断され、そのまま固定化されて社会的分業に編入されている実態を、《商品》交換の進展とそのなかでの《労働》そのものの形態変容——奴隷労働、農奴の労働、そして賃金労働——という視角から、分析する。その際、彼は、アルフレート・ウェーバーの兄マックス・ウェーバーが『プロテスタンティズムの倫理と資本主義の精神』（一九二〇年）の後半部（「禁欲的プロテスタンティズムの天職倫理」）で、「同時に伝道もする孤立的経済人」（傍点はウェーバー）の典型例としてあげていたロビンソン・クルーソーの位置づけを、批判する。すなわち、諸《商品》の交換可能性という形式（the form of exchangeability）を生み出すところの社会関係こそが、結果として、「孤立的経済人」（ゾーン－レーテルの場合には、'the singleness of their existence'）を必然化するのである。

私は、方法論的「関係」主義の視座から、《行為》を「関係行為」としてとらえる地平に立っているわけであるが、ゾーン－レーテルがこのように諸《商品》の交換の連鎖の法則性——the laws of the exchange nexus——のもとでの《労働》の内面的分裂とその固定化に注目している点を、重要なものと考えている。彼は、要するに、資本制生産の高度化のなかで進行する「交換過程の抽象化」（the abstractions of exchange）と「人びとの思考過程の抽象化」（the abstractions of thought）とのあいだの因果関係の分析を進めようとしているのであって、そこにおける《行為》⇅《関係》の'chiasme'——交互反転・交叉反転——の解明を、さらに、ウィルヘルム・ライヒ、エーリッヒ・フロム、およびマルクーゼの「人間的自然」の理論に、結びつけようとするのである。

ひとつの具体的な事例をあげるならば、一般的な「使用・効用」（'use'）の地平で、《自然》は、その実質において「物質的・素材的」（'material'）なものとして、「第一次的自然」（'the first or primary nature'）としてあらわれているけれども、これに対して、諸《商品》の交換という関係の地平では、全域的に抽象化された装いのもとにあらわれるのであり、「第二次的で、純粋に社会的な、自然」（'the second, purely social, nature'）へと、変換させられている。前者は、言いかえれば、《行為》の対象として措定される際に、「使用価値」の形態においてあらわれる《自然》であり、他方、後者は、「交換価値」の形態において、すなわち「関係の関係」の結節点の抽象化された

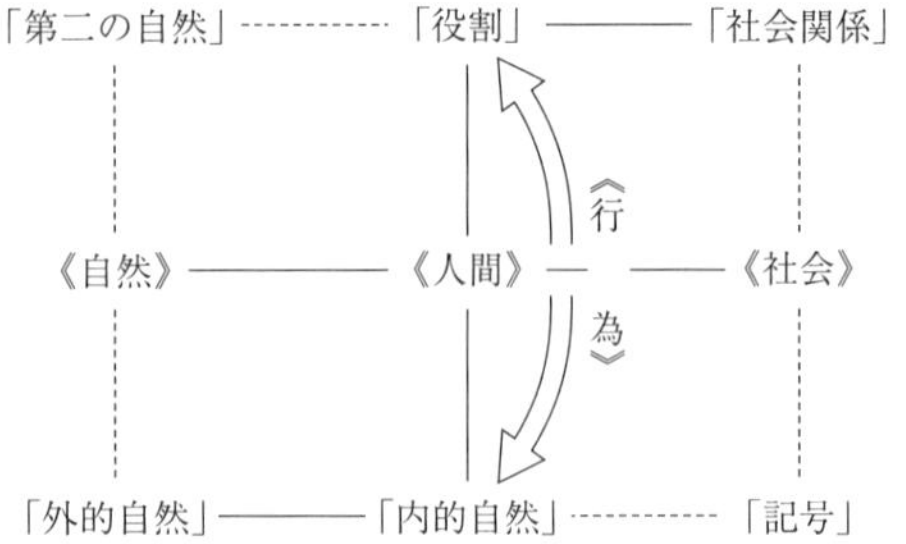

図 22　行為のマトリックス

表現の衣装をまとってあらわれる《自然》、にほかならない。

実は、私自身も、《行為》－《関係》過程の基底としての「外的自然」と「内的自然」の相互連関と物質代謝に加えて、「第二の自然」――《反自然》もしくは《非自然》の装いをもってあらわれる都市、街路、劇場、広告、デザイン、流行、ファッション、映画、テレビ、ラジオその他、いわゆる「文明」の内容――の概念を、提起してきた（具体的には、「コミュニケーション行為と社会関係」（一九八六年）、「現代文化と《関係》主義」（一九八七年、および「コミュニケーション行為と〈文化的〉社会関係」）（一九八九年）を参照）。

それは、まず、第一に、図22のような「行為のマトリックス」のなかに、位置づけられた。

私は、このマトリックスを前提として、第二に、《労働》という行為と《コミュニケーション行為》というそれを、図23のようなモデルにおいて理解することを、提唱した。

さて、ゾーン－レーテルは、一九二四年の前半、イタリアのカプリ島にベンヤミンおよびブロッホとともに滞在し、その夏、スイスのダボスで開催された「国際大学課程」(An International University Course) に参加して、マルティン・ハイデガー、エルンスト・カッシーラー、アレクサンドル・コイレなどの教授を受け、そのまま結核の治療のために、一九二七年まで、その地に留まった。彼が、カッシーラーからどのような理論的示唆を得たか、その詳細は明らかではないが、カッシーラーのいわゆる「関係の関係」、「関係の関係の関係」等々と、諸《関係》の重層構造を概念化していく方法論的「関係」主義の視座は、ゾーン－レーテルの場合、前述のライヒ、フロムおよびマルクーゼの「人間的自然」の理論の方向性においてではなくて、むしろ、社会諸《関係》のなかでの「第二の自然」の卓越のもとでの《行為》の変容の方に力点を置いて、発展させられて行ったようである。

ゾーン-レーテルが留目しているのは、産業資本段階から独占資本段階へ、そして、さらに国家独占資本段階へと、《経済的》社会諸関係が高度化し、高次化して行く過程での《労働》という行為の変容である。それは、このような過程のなかで、「第一次的自然」(‘the first or primary nature’)との直接的な絆を喪失して行くのであり——ゾーン-レーテルの言葉を用いれば、‘It has lost its direct social cohesion’——、資本制生産の下での「交換のネットワークの媒介性」(‘the intermediary of a network of exchange’)のただなかに在る「第二の自然」(‘the second, purely social nature’)によって支えられるばかりである。ここにおいて最も重大な問題は《関係》の「抽象化」であり、人びとの《労働》が、「第一の自然」という原生的な「苗床」から引き剝がされ、本来の物質的事物の「使用・効用」(‘use’)に内在していた経験的実質(‘the empirical realities’)を全域的に「抽象化」(‘abstract’)されて行くという事態が深まって行くところ、やがて、《行為》-《関係》過程の全体が「抽象化」することとなる。これは、私が後論において《関係》の物象化する諸形態として述べる事態と、部分的に照応するとらえ方であり、現代イギリスの主導的社会学者、アンソニー・ギデンズの主張する「脱苗床化・離床化」(‘dis-

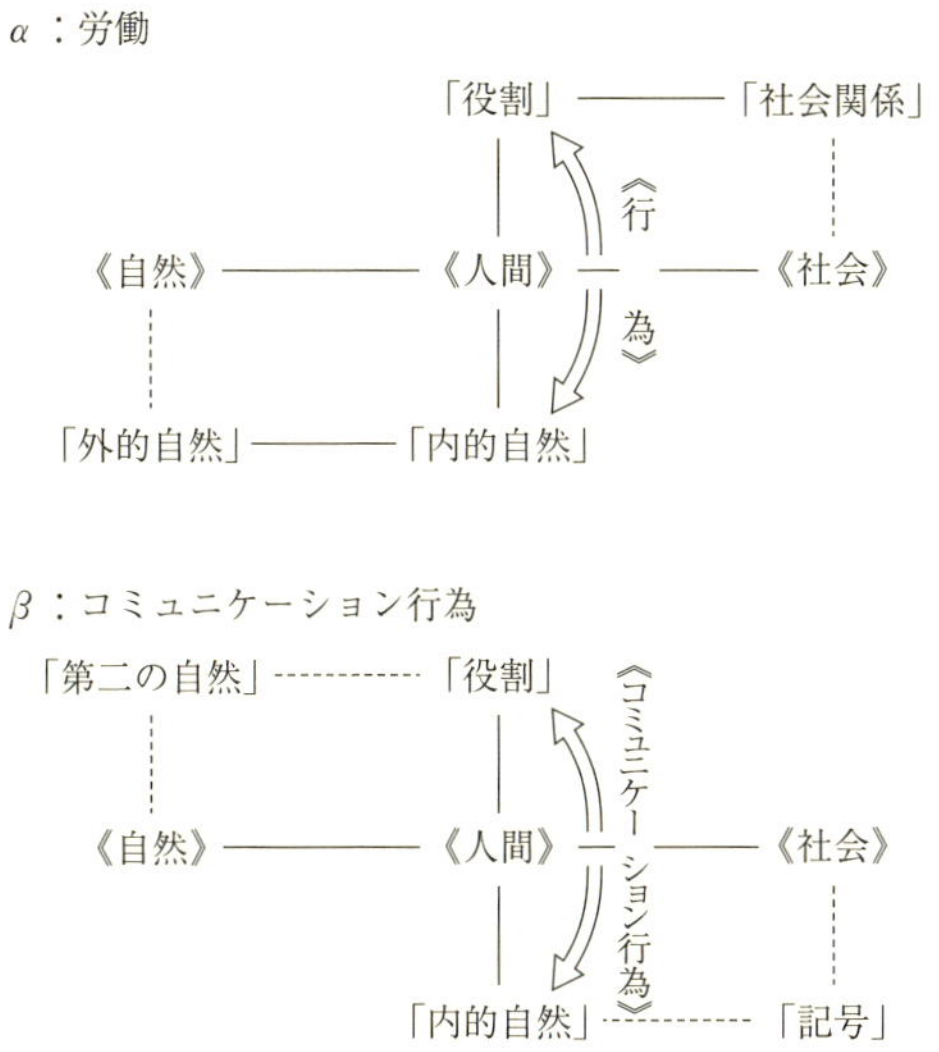

図 23

embedding')と共通する内容を持つ概念であるだろう。

私たちは、既に、一八七三・七四年の最初の世界恐慌とそれに対応する社会諸関係の変容をジンメルの『社会分化論』(一八九〇年)およびデュルケームの『社会分業論』(一八九三年)の社会学的視座がとらえ、その後の労働過程の変化を、たとえば、ジョルジュ・フリードマンがデュルケームの楽観的な分業観を批判しつつ、「単調労働」化し、「単能工」化する労働という《行為》の内容の問題性として、解明しているのを見てきた。

これに対して、ゾーン-レーテルは、一八七三年・七四年の世界恐慌に、一九二九年から三〇年代初頭にかけての世界大恐慌を類比しつつ、アメリカで一二〇〇万人、ドイツで六〇〇万人、イギリスで三〇〇万人の大量失業者を生むに至った事態を当代の国家独占資本主義諸国の《経済的》社会関係が必死に《のりこえ》て行く過程に、留目する。彼は、具体的には、フレデリック・W・テイラー(一八五六―一九一五)の「テイラー・システム」(いわゆる「科学的管理」――'Scientific Management'――法)とヘンリー・フォード(一八六三―一九四七)の「フォード・システム」(ベルト・コンベヤ方式に象徴される'Flow Production'の効率的管理)を詳細に分析するのであり、さらに、アメリカのT・V・A(一九三三年に設置されたテネシー河流域開発公社)から旧ソ連の「総合開発計画」(一九四八年にスターリンが提起した'Plan for the Remaking of Nature')に至るまでの、「科学的管理」の延長線上にあり、その応用であるところの総合開発を支えていた「抽象化された思考法」を、批判的に検討する。周知のように、テイラーはもともとthe Midvale Steel Companyの旋盤工であり、後のthe Ford Motor Companyの創立者・社長となるヘンリー・フォードも、最初は、デトロイトの機械工場の徒弟であり、エディソン電灯会社の機械工であった。ゾーン-レーテルは、独占資本段階から国家独占資本のそれへと高次化して行く資本制生産関係のなかでの、このような《労働》という行為の編制について、それを、「商品」の交換価値を最大化するための科学と技術の導入による、「完全に社会的視野から編制された労働過程」（a labour process of a completely social scope）である、と言う。そこでは、「抽象化された知識」の応用によるさまざまな技術的手法（Technological devices）――テイラーの“unit times”の管理からフォードの「作業」管理を経て、一九七〇年代に、日本のトヨタ自動車が確立した“just-in-time”の「かんばん方式」に至るまで――が、《労働》する人たちの人間的・自然的諸力を、「個人の有機的・身体的な諸制約」（‘the organic limitations of the individual’）から解き放ち、その上で、それら人間的・自然的諸力を「機械のシステムの社会的な力」（a social power of machinery）の内側へと編入して行くのである。

私は、一九世紀後半から二〇世紀の全体にわたっての科学と技術の「抽象化された知識」の応用を通じて展開され、蓄積されてきた《経済的》社会関係の「抽象的性格」とそこに包摂された《労働》という行為の無惨な姿についてのゾーン－レーテルの分析に、反対するものではなく、基本的には、賛同する。にもかかわらず、私は、前述のように、二一世紀の初頭、高度情報化社会・大衆消費社会・管理社会のただなかに在って、《労働》という行為と《コミュニケーション行為》というそれとの統一・統合という理論的展望を、敢えて提起したい。この仮説的展望の根拠は、私見によれば、これら二つの形態の《行為》の対象（Objects）とその背後にある法則性の展開に求められるであろう。

図21のモデルに即して言うならば、《労働》は、S_M④（道具と機械の体系）に媒介されながら、対象としての《自然》もしくは《人間》へとはたらきかける。そして、《コミュニケーション行為》は、同様にして、S_M③（記号と情報の体系）に媒介されながら、対象としての《人間》もしくは「第二の自然」へとはたらきかけるのであった。現代日本の社会のように、第三次産業の就業人口が、第一次産業・第二次産業のそれに比して、圧倒的に大きな比率を占めているところでは、実際の労働形態は、従来の《労働》と《コミュニケーション行為》という二つの形態の行

為を融合させるようなかたちで、編成される方向をたどっている。それは、ある意味では、フォン・ユクスキュルが《人間》の行為の生成を支える「環境世界」としてとらえていた「作用世界」（Wirkwelt）と「知識世界」（Merkwelt）とが相互に融合し、重合して行く事態と言っても良いであろう。

しかし、私がより大きく留目したいのは、このような《労働》と《コミュニケーション行為》とを、一方において、「関係行為」としての《労働》と《コミュニケーション行為》としてとらえかえしつつ、他方、このような《行為》の対象の背後を流れている運動法則と、《行為》主体としての人間――前出のモデルに即して言えば、A④（パーソナリティ特性）――の、人間的・自然的諸力との出会うところ（Interface）を概念化して行く可能性の所在である。

私は、まだ二〇歳代の頃に、現代社会の技術の展望と人間の関わりについて考察したことがあるけれども（「現代技術と人間――人間と社会の自然的基礎――」）（一九六九年）、現代技術論の視点には、大別して、「労働手段の体系」説と、「客観的法則性の意識的適用」説という、二つの視点が存在する。前者は「物質的生産力の一定の発展段階における社会的労働の物質的手段の体系」＝労働手段の体系を重視する視点であり、これに対して、後者は、「環境としての自然はそれ自身弁証法的運動であり、その展開過程を洞察して意識的に適用すること」が技術の本質規定である、とする視点にほかならない。

私は、このような現代技術論の二つの視点に連関させる時、ゾーン－レーテルの視座は、より多く「労働手段の体系」説に近い分析である、と思う。そして、私自身は、現代社会における《労働》と《コミュニケーション行為》との統一・統合の理論的可能性を展望するために、より多く、「客観的法則性の意識的適用」説の視点に立脚する必要がある、と考えている。

本書における論理の構制を鑑みるならば、《労働》と《コミュニケーション行為》との統一・統合という理論的課題は、その実質において、ヘーゲル、フォイエルバッハ、マルクスの《労働》の概念と、パース、ソシュールの《コミュニケーション行為》の概念とを、メルロ＝ポンティの《行為》概念の地平において、融合させ、結晶化すること、を意味する。それは、換言すれば、今日の世界資本主義の「技術水準」に対応した《経済的》社会関係のなかで、高度に発達した労働手段の体系によって媒介されながら、本書の冒頭に提起した私の[X]—[X′]—[Z]という無機的《自然》の展開、および[X]—[X′]—[Y]の有機的《自然》の展開、を総合した全自然史的運動法則の展開過程の裡に、《労働》と《コミュニケーション行為》とを位置づけ、パースの「シネキズム」(Synechism)の理論とソシュールの「意味作用」(signification)の理論との合流するところに、メルロ＝ポンティの《記号場》(Sign-Gestalt)の概念を措定して、現代社会に相応《ふさわ》しい、新しい《行為》概念を析出すること、にほかならない。

《労働》という行為の構成要素としてのS_M④、および《コミュニケーション行為》のそれとしてのS_M③のすぐ先にあるもの――そのような《行為》の対象の基底に在るもの――こそは、[X]—[X′]—[Y]と[X]—[X′]—[Z]の全自然史的過程であり、その運動法則である。そして、これらの《行為》の主体の側にある《人間》の契機――A④(パーソナリティ特性)――は、それ自体、[X]—[X′]—[Y]のなかの分子→細胞→組織・器官→個人という「上向」の過程に存在論的な《根》をもちながら、その「シネキズム」を「意味」へと変換し、やがて、《価値》を生み出して行く人間的・自然的諸力そのものである。私は、メルロ＝ポンティの'Sign-Gestalt'の現代的形態のなかで、これら両契機が融合され、そこから《労働》と《コミュニケーション行為》とが統一され、結合されて行くと考えているのである。

第二節　行為の構造モデルと自然・人間・社会

一　行為の構造モデルと階層性

　私が、これまで、提起してきた行為のモデル――$V=A+G+S\left\langle{C \atop M}\right.+N$という形で範式化されている――は、単位《行為》の理論モデルでありつつ、ウェーバーやパーソンズの《行為》概念と同一の地平にあるものではなくて、「関係行為」の概念化でなければならない。それは、直接的には、メルロ－ポンティの'Les formes symboliques'の地平に生成する「関係行為」であり、間接的には、カッシーラーの認識論のなかの「関係」、「関係の関係」、「関係の関係の関係」等々と、重層する諸《関係》の地平を「上向」し、「下向」するところの《行為》⇅《関係》の連関を内包した「関係行為」の概念として、方法論的「関係」主義の視座からの《行為》概念の生成を意味する。

　それは、また、［X］―［X′］―［Y］という有機的自然の階層性、および［X］―［X′］―［Z］という無機的自然の階層性――私は、これら両者を統合した全体を、全自然史的運動の過程と呼んでいるのだが――、と対質させ、その全域的な「上向」⇅「下向」の運動の過程のなかに位置づけるならば、直接的には、［X］―［X′］―［Y］のなかの「分子」→「細胞」→「組織・器官」→「個人（個体）」という生理学的・心理学的・社会学的範域にその生成の基盤を有し、その上で、さらに、「個人」→「集団」→「社会」→「複合社会系」というすぐれて社会学的な範域を「上向」し、「下向」して来る「関係行為」である。既述の通り、現代物理学の把握している［X］「素粒子」の地平は、たとえば「電子」を例にとれば、その静止質量は9.106×10^{-28}グラムであり、「ニュートリノ」もこれとほぼ同一の質量をもち、「中間子」がその10^2倍のオーダー、重粒子が10^3倍のオーダーの質量をもち、最も重い「グザイ粒子」でさえ、「電子」の質量の二五八五倍である。しかも、これらの「素粒子」は、ゲルマンとニーマンによる'octet theory'から「クォーク」の理論以降、㈠「強い相互作用」（これには電磁的な力のそれも含まれる）、㈡「弱い相互作用」（放射性原子核の《ベータ崩壊》に例示されるもので、この場合、「電子」一個と「ニュートリノ」一個とが放出されて来る）、㈢「重力相互作用」（これは、前二者より、さらに弱い相互作用である）、という「関係」の位相における《スピン》の運動によって、とらえられているのである。

他方、［Y］の極にある「複合社会系」は、たとえば「ヨーロッパ連合」（European Union）のように、単一・単独の「社会」の地平を超えた、いわば「関係の関係」の地平に生成しつつある「複合社会」のシステムである。周知のように、《EU》は、一九九三年、マーストリヒト条約により、アイルランド、イギリス、イタリア、オランダなど一二カ国が加盟して発足したが、二〇〇七年の段階では、二七カ国が参加する巨大な「複合社会系」（面積四三四万平方キロメートル、人口四・九億人）となっており、このような趨勢は、二一世紀を通じて、アジア、アフリカ、中南米等々の諸地域において、強まって行くと思われる。

最後に、［Z］の「超銀河系」は、今日までのところ、半径3.5×10^{22}キロメートルの広がりを有し、私たちの地球は、半径5×10^{17}キロメートルの「銀河系」のかなり外側に位置する「太陽系」のなかのひとつの惑星であり、その半径6.3×10^3キロメートルの《場》こそが、私の《行為》―《関係》過程の理論の準拠する「世界」にほかならない。

このようにして、方法論的「関係」主義の視座からの、「関係行為」としての《行為》の概念は、あらためて言えば、CGS単位で、10^{27}という《マクロ世界》から10^{-28}という《ミクロ世界》までの広がりのなかの《行為》⇅《関係》の連関のなかに、みずからを措定するのである。

前に触れたように、生命科学者、柳澤桂子は、難病との三六年におよぶ闘病という《行為》を通じて、『般若心経』の世界に導かれて行きつつ、「宇宙は粒子に満ちています。粒子は、自由に動き回って、形を変えて、おたがいの関係の安定したところで、静止します」という視点に、到達した。それは、『般若心経』の原文に、「行深般若波羅蜜多時——彼岸に至る智慧を深く実践する時——、照見五蘊皆空——色・受・想・行・識という此の世に存在するものや肉体・精神の構成要素はすべて空であることが明らかになる——」とあり、英語で表現すれば、次のようになる「世界」である。

Practicing the perfect wisdom,
Cast the light of perception on the five elements that compose all worlds and saw that they are all emptiness.

（リービ英雄訳）

私は、このような文脈における「色即是空——一切の形式あるものが、そのままでありながら、なにもない——'Form—it is, in fact, emptiness—'」にあって、「空」（emptiness）は、「なにもない」という意味でありながら、実は、10^{-28}から10^{27}までの広がりを有する《マクロコスモス》の全自然史的運動の過程そのものであり、そこにおける無数の「関係」を意味している、と理解した。そこに照射されている世界、すなわち全自然史的運動の過程は、実は、ニコラウス・クザーヌスの『可能現実存在』（*De possest*, 正確には *Trialogus de possest*）（一四六〇年）が捉えていた世界、でもあった。そして、この全自然史的運動の総過程を、“natura naturans”（能産的自然）のそれとして把握するか、それとも“natura naturata”（所産的自然）として把握するか、という一点こそが、今日の社会科学における方法論的「関係」主義の視座の、最も重大な試金石なのである。

私たち《人間》の身体は、成人男性の場合で、おおよそ六〇兆から七〇兆の細胞の運動の《場》であり、同様にして、成人女性の場合、五〇兆−六〇兆の細胞から成っている。そして、社会学的な視野にあっては、とくに、[X]−[X′]−[Y]という有機的な《自然》の階層性のなかで、[X′]「分子」→「細胞」→「組織・器官」→「個人（個体）」の境位における《行為》の生成する過程への留目が、重要であるだろう。

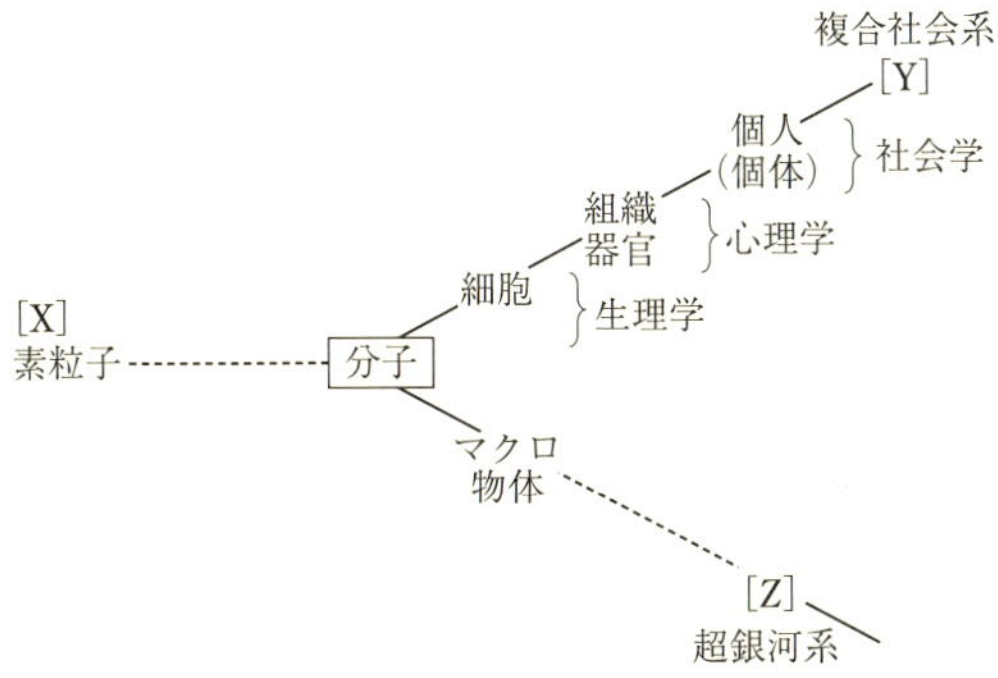

図 24　《行為》−《関係》過程の基盤

方法論的「関係」主義の視座からの《行為》−《関係》過程の理論の最も基底的な仮説は、《人間》を、このような「分子」→「細胞」→「組織・器官」→「個人」のラダーを「上向」して行く“natura naturans”（能産的自然）の運動としてとらえることである。しかし、現代の高度情報化社会・大衆消費社会・管理社会を生きる《人間》は、同時に、同じく[X]−[X′]−[Y]の有機的自然の階層性のなかで、逆に、[Y]「複合社会系」→「社会」→「集団」→「個人（個体）」と「下向」して来るベクトルに強く規定されているのであり、「関係のアンサンブル」としての《人間》は、このような意味での「上向」と「下向」のさまざまな方向性を与えられた（負荷された）諸《関係》の積分された姿にほかならない、と言って良いであろう。たとえば、今日の環境破壊と大気汚染のもとで、癌やＨＩＶ（後天性免疫不全症候群）などの難病は、前述のような「社会」→「集団」

↓「個人（個体）」↓「組織・器官」↓「細胞」と「下向」して来るトランス・メタモルフォーゼの回路による負の所産であり、後に触れるジャック・ラカンの方法論的「関係」主義の視点からすれば、統合失調症、躁うつ病、失語症、離人症その他の精神疾患も、多くの場合、物象化した諸《関係》のもとでの「関係の病い」なのである。

私たちの高度情報化社会・大衆消費社会・管理社会は、言うまでもなく、グローバリゼーションという地球全域化のなかでの最も高度に発達した諸国家独占資本主義の段階での社会構成体であり、その内容を成すところの《経済的》社会関係、《社会的》社会関係、《政治的》社会関係、および《文化的》社会関係、という社会諸関係の重層した構成体、である。こうした諸《関係》のさなかでの、［X′］「分子」⇅「細胞」⇅「組織・器官」⇅「個人（個体）」⇅「集団」⇅「社会」⇅「複合社会系」［Y］という「上向」と「下向」のベクトルの錯綜体こそが、現代の《人間》なのであり、私たち《人間》自身が、みずからの身体のなかの五〇兆―七〇兆という細胞の運動から成る《生命活動》によって、「分子」⇅「細胞」⇅「組織・器官」という生理学的地平、「組織・器官」⇅「個人（個体）」⇅「集団」という心理学的地平のトランス・メタモルフォーゼを基盤としつつ、「個人」⇅「集団」⇅「社会」⇅「複合社会系」という社会学的地平を、二一世紀の現代史の展開する過程としての《行為》―《関係》過程へと、日々に具体化しているのである。私は、このような有機的《自然》の階層性を“natura naturans”（能産的自然）としての《人間》の人間的・自然的諸力の自己表現と自己実現の過程としてとらえる視座に立っているけれども、今日の「物象化する世界」の論理の方から見れば、《効用》と「費用対効果」の眼差しのもとで、《人間》は、“natura naturata”（所産的自然）としてとらえられ、「資源」の一部として凝結させられて行くのである。

二　人間的自然と役割

ジョン・デューイ（一八五九－一九五二）の *Human Nature and Conduct: an introduction to social psychology*（一九二二年）は、『人間性と行為』という標題を与えられて、日本語訳されている。私は、しかし、パース、ジェイムズ、デューイたちの名前に連なるプラグマティズムという思想が、その基盤を定礎したパースの‘Synechism’という全自然史的運動をとらえようとする視座を内包しているとするならば、デューイのこの代表的著作の‘Human Nature’は、「人間性」という内容の不分明な言葉においてではなくて、まさしく《人間的自然》という概念によって、その実質を把握されるべきである、と思う。デューイは、一八七九年にニューイングランドのヴァーモント大学を卒業すると、ジョンズ・ホプキンス大学の大学院に進学し、そこで、一八八二－八四年、パースから「上級論理学」と「哲学用語」を、学んだ。周知のように、デューイの前掲の書物では、《行為》が衝動・習慣および知性という三つの契機によって規定される、と述べられているわけであるが、衝動のような「内的自然」の構成契機は、パースの視座から見た場合には、前項で述べて来た[X]素粒子－[X′]分子－[Z]超銀河系へと展開して行く《シネキズム》の運動に支えられながら、[X]－[X′]－[Y]の有機的自然の諸《関係》の地平を、「細胞」→「組織・器官」→「個人（個体）」へと「上向」して行く人間的・自然的諸力のひとつの構成契機として、とらえられるのである。ここには、パースのいわゆる‘Pragmaticism’とデューイの「プラグマティズム」とのあいだの大きな方法論的懸隔がよこたわっているのであるが、私は、すくなくとも本章に関するかぎり、パースの視座により近い立場から、‘Human Nature’を《人間的自然》としてとらえ、その内容としての人間的・自然的諸力（および諸可能性）を、《行為》の理論モデルにおける「パーソナリティ特性」の実質として把握しているのである。それは、なによりもまず、「外的自然」の運動法則の展開と対質させられ、その上で、みずから［X］－［X′］－［Y］の諸《関係》の重層する地平を、自己表現し、自己実現して行く人間的・自然的諸力であるだろう。

現代日本の社会学において、役割は、「相互行為場面において、各行為者の行為がばらばらなものでなく組織化されたものであるとき、一連の首尾一貫した行為の系列を『役割』という」（富永健一、『社会学辞典』有斐閣、一九五八年）とされ、また、「集団や社会のある地位を占める行為者は、その地位に対応した行動様式を集団や社会によって期待され、また行為者自身もそうした行動様式を認識し、評価し、解釈しながら、行為を通じてそれを実現してゆく。このような地位に付随した、集団や社会によって期待され、行為者によって取得される行動様式が役割である」（小林直毅、『社会学事典』弘文堂、一九八八年）という文脈のなかで、概念規定を与えられている。英語のRoleには、'Actor's part' とあり、'one's function, what one is appointed or expected or has undertaken to do' とされ（*The Concise Oxford Dictionary*）、フランス語から移されたものであるとされている。そして、フランス語の「役割」（rôle）は、語源としては、ラテン語の 'torullus'（「地ならしのローラー」や絵・布などの「巻き物」）に遡り、さらに、'rota'（「車輪」、対応するフランス語のroueは「歯車」）へと辿りつく。付言しておくならば、前掲の富永健一の概念規定の後段には、「役割の織りなす構造的布置は、これに力学的な相互依存の関係を付加するときに、『社会体系』と呼ばれる」とあり、タルコット・パーソンズの《行為》概念を検討した際に見て来たように、人びとのパーソナリティを「社会システム」へと編入し、統合する媒介項としての位置づけが与えられていた。

さて、私は、私自身の《行為》－《関係》過程の理論のなかで、役割を《行為》の理論モデルのなかのS^c（「状況」における客観的側面としての「条件」）のひとつの契機として、とらえている。それは、《行為》の主体としての私たち《人間》にとって、「条件」のもうひとつの契機である環境と同様に、私たち自身の主観的な意志や願望によって自由に変換することができない部分が多いという意味で、外在的であり、客観的である。

生後六カ月ないし七カ月の赤ちゃんが「這い這い」をおぼえて初めて何かの対象物をめざし、前へ進むのを眼にした時、若い父親、そして母親は、驚き、かつ歓喜の声を上げるであろう。しかし、軍事作戦の最中、歩兵たちが軍装に身をかためながら匍匐《ほふく》前進をする時、そこには重苦しい沈黙をともなった緊張が支配するばかりである。こうして、同一の行動・行為が、前者の場合には、両親との家族の《関係》のなかでの幼児の役割に包摂されている状況をうきぼりにし、これに対して、後者の場合、「社会システム」のなかでも最も重く、緊密な役割遂行の目的（任務）を課せられた集団のそれを表象していることになる。

《行為》は、前項で述べてきた通り、それ自体として、[X]—[X′]「分子」—「細胞」—「組織・器官」—「個人（個体）」—「集団」—「社会」—[Y]「複合社会系」という有機的自然の階層性を「上向」して行く人間的自然の諸力の表現と実現であるが、同時に、[Y]「複合社会系」↓「社会」↓「集団」↓「個人（個体）」と「下向」して来るベクトルを内包した《役割》という外被の規定性を逃れることができない。それは、《行為》の構成要素から見るならばA④「パーソナリティ特性」の表現・実現であり、「行為者」（Actor）と「行為対象」とをふたつながら支えている全自然史的運動の法則的展開に定礎しながらも、S^cの②「役割」とNの②「集団・組織の規範的価値」および③「社会の規範的価値」の相乗し、重合するところからの《役割》の編成によって、拘束されなければならないのである。だからこそ、《役割》という社会学の基礎的なタームの語源には、巧まずして、「地ならしのローラー」や「巻き物」の意味があり、「車輪」とその「歯車」の含意がこめられているのであった。

私たちは、こうして、人間的自然と役割とのあいだに、方法論的「関係」主義の視座からする《行為》—《関係》

過程の理論にとっての、ひとつの大きなアポリアの所在を、見出すこととなる。それは、《行為》－《関係》過程の理論が直接的に照射する「個人（個体）」－「集団」－「社会」の諸《関係》の地平において、実際には、「個人（個体）」⇅「集団」⇅「社会」というかたちで「上向」と「下向」のベクトルが共時的に拮抗し、錯綜しているという事態――「役割葛藤」（Role conflict）というタームがそれを表現している――から生成して来る理論的アポリアであり、私たちが目前にしている役割編成が、より多く目的合理性に支配された「ツリー」（tree）構造のそれであるか、それとも、より多く価値合理性――マックス・ウェーバーの《行為》概念を検討した際に述べておいたように、それは「感情的行為」と通底した「価値合理的行為」の内包している実質合理性にほかならない――に規定され、それを具現化した「リゾーム」（rhizome）の構造を成しているか、という問いである。現代資本主義社会の都市の諸《関係》の「ツリー」構造を批判したのはクリストファー・アレグザンダーであるが、私たちは、彼が「ツリー」構造に対置した「セミ・ラティス」（semi-lattice）構造も、ジル・ドゥルーズとフェリックス・ガタリが提起した「リゾーム」の構造も、いずれも目的合理性に浸透されつくした諸《関係》のありようを《のりこえ》ようとして企図されたものであることに留意しなければならない――「セミ・ラティス」（半・格子）構造がやや無機質的な側面を残しているのに比して、「リゾーム」（根茎）構造は、より一層有機的である。

《人間》は、役割と「ペルソナ」（前出の *The Concise Oxford Dictionary* によれば、パーソナリティの語源はラテン語の'persona'であり、それは英語の'player's mask'および、'character in play'と等価である）の衣装を身にまといながら生きる人間的・自然的諸力の総体である。そして、役割の編成は、父・母と幼児のあいだの親密圏の地平から軍事組織のそれに至るまでの諸《関係》のホリゾントを上向して行くにつれて、産衣袱紗のやわらかな白羽二重の衣装付けから国防色の軍服の一式へと硬直し、拘束性の強いものへと変遷して行き、現代社会におけるAffective Neutrality, Collectivity-Orientation および Achievement の文化的圧力のもとで、極度に物象化した「ペルソナ」――すなわち《仮面》――の大群を生み出すに至っている。

一九二一年五月一〇日、ルイジ・ピランデルロ（Luigi Pirandello）（一八六七―一九三六）の戯曲『作者を探す六人の登場人物』（*Sei personaggi in cerca d'autore*）が、ローマで、ニッコデーミ演出により上演された。それは、さらに、一九二三年四月、パリで、ジョルジュ・ピトエフの演出により再演され、第二次世界大戦後、一九五〇年、同じくパリで、コメディ・フランセーズによって上演されている。一八六七年、シシリー島に生まれたピランデルロは、島の硫黄鉱山の所有者だった父のすすめで、その商売仲間の娘アントニエッタと、一八九四年に、結婚した。しかし、一九〇四年、ピランデルロが三七歳の時、父が破産し、同時に、妻アントニエッタが精神に異常を来した。内村直也の言を籍《か》りるならば、彼の家庭は地獄となり、彼は、「妻の要求するような、もう一人の自分を常に用意していなければならなかった」。

私たちの現代世界が独占資本の段階から国家独占資本のそれへと移行していく画期であった第一次世界大戦の時期に、ピランデルロの家庭にあって、長男は敵軍の捕虜となり、次男は戦線に病み、ひとり娘は自殺をはかり、妻の狂気は一層激しさを増して行った。一九一八年、アントニエッタは死去し、あしかけ二五年間の結婚生活――そのうち一五年間が、精神的異常者となった妻との共同生活の時間であった――に、ピリオドがうたれた。『作者を探す六人の登場人物』は、その直後に、執筆された戯曲である。

六人の登場人物とは、父親（五〇歳）、母親（「恥辱と困憊の重みに押し潰されたような」女）、養女（一八歳、傲慢に近い「気取り屋」）、息子（二二歳、父親に対して「抑え難い軽蔑を以って、肩を怒らし」、母親に対しては、「冷ややかな憤怒」を、示している）、男の子（一四歳、喪服、臆病な様子、悲しそうな、少々ぼんやりとした子ども）、および女の子（四歳、黒い帯の付いた白い服を着ている）、の六名である。

ドラマの舞台回しをする主役である「父親」は、基本的には、作者ピランデルロの分身である、と言ってよいであろう。彼は、次のように、主張する。

……わたくしは、このドラマの正体は、ここにあるものと考えます。すなわち、「一人」であるわれわれのうちに、「百人」のわれわれ、「千人」のわれわれ、「無数」のわれわれが存在し得る……、ある人に対する場合のわれわれと、他のある人に対するわれわれとは、それぞれ人間が違うのです！　しかも、われわれは常に変らないという幻覚をいだいて、われわれのすべての行為は「一人」に属するものと信じているのですな。こりゃ、とんだ誤謬ですよ！（岩田豊雄訳）。

このセリフの部分だけでも、ピランデルロの視点は、もはや、方法論的「個人」主義のそれではない。ピランデルロの戯曲のなかの《人間》は、マックス・ウェーバーが想定していたような決疑論的にカズイスティークする「個」的主体ではなくて、かえって、ゲオルク・ジンメルがその『社会分化論』のスコープの果てに予感していた「関係の束」としての《人間》である。

私たちは、ピランデルロがトーマス・スターンズ・エリオットおよびジェイムズ・ジョイスの同時代者であることを、看過すべきではない。エリオットは、アメリカに生まれながら、「金ぴか時代」（the Gilded Age）と、'Tin Pan Alley' の俗流コマーシャリズムを嫌悪して、イギリスに帰化した。ジョイスは、よく知られているように、アイルランドに生まれたが、一九〇四年に、故国を去り、トリエステ、パリ、チューリッヒと大陸ヨーロッパで亡命生活を送り、死ぬまでダブリンに帰ることはなかった。ピランデルロも、また、『作者を探す六人の登場人物』を発表した後、イタリアにとどまる意欲を失い、ロンドン、パリ、プラハ、ベルリン、ウィーンなどのヨーロッパ各地、ニューヨーク、さらには南米その他で、自分の脚本を舞台化する巡業の旅に出ている。

エリオットは、ピランデルロの『作者を探す六人の登場人物』のローマ初演の翌年（一九二二年）、長詩『荒地』（*The Waste Land*）を書き、ジョイスも、同じく一九二二年に、『ユリシーズ』（*Ulysses*）を公刊した。エリオットにとって、第一次世界大戦の人びとの日常生活の「世界」は、文字通り、不毛の「荒地」であり、それに対する絶望から逃れ去るところは古代の土俗神話の「世界」のほかにはなかった。ジョイスの小説『ユリシーズ』は、古代ギリシアの詩人ホメロスの『オデュッセイア』に則りつつ、一九〇四年六月一六日という「一日」のなかの、新聞広告勧誘員レオポルド・ブルーム（ユリシーズ）とその息子である詩人スティーヴン・ディーダラス（テレマコス――オデュッセウスとペネロペの子、父を求めて旅に出て、父と出会った後は、力を併せて敵と闘う――）との関係を基軸として、やはり、日常の「生活世界」における脈絡のない織物であるかのような諸《関係》の惰性態のしがらみからの、アルカイックな「解放」の途を、模索している。

ピランデルロの『作者を探す六人の登場人物』のなかで、「父親」は、このようなセリフを語る。

> 台本は、われわれの身体のなかに持ってまいりました。ドラマはわれわれのなかにあります――というよりも、われわれがドラマなんでございます（岩田豊雄訳）。

エリオット、ジョイス、およびピランデルロの眼力は、社会学の役割論の射程距離よりはるかに遠く、深いところへと、届いている。人間的自然と役割とのあいだから生成して来るドラマトゥルギーは、「個」的人間と「社会システム」との予定調和を超えて、そこに、第一次世界大戦の時期の社会諸関係の激変のさなかでの《人間》の悲劇的・喜劇的装いのもとでの「関係のドラマ」を、あざやかに浮き彫りしているのである。

ピランデルロの分身である「父親」の言う「……『一人』であるわれわれのうちに、『百人』のわれわれ、『千人』のわれわれ、『無数』のわれわれが存在し得る……、ある人に対する場合のわれわれと、他のある人に対するわれわれとは、それぞれ人間が違うのです！」と言うセリフは、ある意味で、ジンメルの「社会圏（sozialer Kreis）の交叉」という視点と、通底している。しかも、二〇世紀の初頭において、そして今日に至るまで、その「社会圏」の実質を成す諸《関係》は、アンソニー・ギデンズのいわゆる‘Disembedding’（「離床化」、「脱苗床化」）の過程に在り、家郷のゲマインシャフト的地平から引き剝がされ、中空に浮遊しつつ、日々に物象化の度を強めて来ている。このようにして、現代社会における役割の編成・編制は、私たちの身体の内側に所在する「内的関係」（クロード・ベルナールが‘la relation intérieure’と呼んだもの）と親密圏・通勤圏・購買圏・通婚圏などの「社会圏」の内容としてのさまざまな「外的関係」とのあいだのインターフェイスの網の目でありつつ、それら諸《界面》を統合しているのであって、そのようなものとして、私たちの《行為》の外被（the veil）なのである。

ピランデルロの分身である「父親」は、さらに、『作者を探す六人の登場人物』の観客たちに向かって、次のように問いかける。

……昨日のイリュウジョンは、すでに、今日のそれではない——昨日「存在」した事物は、もはや、今日は「それに似たもの」でもあり得ないということをお考えになったら、先生（舞台監督のこと——田中補注）の立っている舞台、舞台というよりもこの大地が、ずるずる足下を逃げて行くような気持がなさりはしませんか？　そうして、先生が御自身をそうだと考えていらっしゃる「その人間」、今日も昨日もあなたの現実となるべき一切が、ただのイリュウジョンに過ぎないとお思いになりませんか？（岩田豊雄訳）

ピランデルロは、私たちが、これまで、マックス・ウェーバーとタルコット・パーソンズの《行為》概念を検討し、そこにおける方法論的「個人」主義の視座からの、モーリス・メルロ＝ポンティの方法論的「関係」主義の視座への移行を辿ってきた道筋を、いわば、裏側から照射しつつ、定説としてとらえられていた近代的「個人」から「関係のアンサンブル」としての、現代的な、「根拠を喪失した」(boden-los)《人間》への遷移を、描き出しているのである。そして、彼は、一九三四年、ノーベル文学賞を授与された。二度の世界大戦の「戦間期」にあって、人びとは、社会諸《関係》の底深い構造変動のるつぼのなかで、みずからの「生活世界」に浸潤しつくした《荒地》から、眼をそむけているわけにはいかなかったのであろう。

私たちは、さらに、ピランデルロの「関係の束」としての《人間》の提起と並行するようにして、一九三二年にはハイゼンベルクが「不確定性の原理」によって、翌三三年には、ディラックとシュレーディンガーが「波動力学と新しい場の理論」によって、それぞれノーベル物理学賞を得ているという事実を、想起しなければならない。いまや、「外的自然」－「内的自然」の基軸は明確に方法論的「関係」主義のそれであり、私たちの《行為》－《関係》の理論も、カッシーラーのいわゆる「関係」の概念、「関係の関係」の概念、「関係の関係の関係」の概念……の《審級》(les instances) の理論をわがものとして行かなければならないのである。

三　人間的・自然的諸力と「関係の豊かさ」

私は、今、モーリス・メルロ－ポンティの「比類のない幼少期」のことを、想起している。それは、私たちが見てきたばかりのピランデルロの「日常性の地獄」の対極にあるものであった。メルロ－ポンティは、生まれ故郷のロシュフォール・シュル・メールで、またその後に移ったパリのトゥール街で、父親を亡くしたものの、母親や弟・妹とともに、「閉鎖的なまでに親密な家庭での幸福な幼少期」を過した。そして、後年、*Signes*（一九六〇年）の長い序文のなかで、彼は次のように述べている。

……まず、幼年時代によって魅惑されているある種の人びとがいる。幼年時代が取り憑き、特権的なさまざまの可能性の次元において、彼らを魔法にかけたままにしておくのである。他方、幼年時代によって、大人の生活の方へ投げ出される別の種類の人間がいる。彼らは、自分には過去がなく、また、あらゆる可能性のすぐそばにいると思っている。サルトルは後者の人間に属していた。したがって、彼の友人となることは容易ではなかった。彼が自分と自分に与えられた条件（données）とのあいだに置いていた距離は、そのまま他の人間が生きねばならぬものと彼とを引き離す距離ともなったからである。彼は、自分自身に対してもそうであったが、他の人間に対しても、『片意地を張る』――依怙地になる（prendre）――ことを、彼の目の前で自分の不快感あるいは不安そのものになりきってしまうことを、許さなかった。

そして、言うまでもなく、メルロ－ポンティ自身は、これら二つの青年像のなかの、前者のそれに含まれる。ひとは、幼少期から青年期にかけて、さらに、成人してからも、なにがしかのナルシシズムの契機を持っていなければ、

「前進的」(progressive) には生きられない。サルトルが厳しくあたったのは、具体的には、ポール・ニザンに対してであったが、このサルトルの'Rigorism'に関して、メルロ－ポンティは著しく批判的である。サルトルの'Rigorism'は私たちが既に検討してきたマックス・ウェーバーの一八九七年の「神経の危機」に至るまでの「道徳的厳格主義」(ディルク・ケスラー) にも通底するものであるが、私にとってのここでの課題は、そこにではなくて、かえって、メルロ－ポンティの「幸福な幼年期」から、少年期・青年期を経て、成人してからも、どのようにして、みずからの日常の「生活世界」のなかで、《リビドー化された対象関係》(la relation libidinales d'objet) の広がりを確保することができるのか、という問いへの接近の方にある。私たちの人間的・自然的諸力を、可能なかぎり素直に、すなわち屈折や抑圧から「自由」なかたちで、表現し、実現して行く回路は、現代社会における諸《関係》の顕著な物象化・事象化・自立化の趨勢のもとで、ますます困難なものとなり、狭隘になっている。メルロ－ポンティは、サルトルとニザンとを対比しながら、「一方は苦悩から他方は歓喜から出発し、一方は幸福へむかって他方は悲劇的なものへとむかって」歩んで行った、という感慨をもらしている。ピランデルロの『作者を探す六人の登場人物』がローマで初演された時 (一九二一年)、サルトルとニザンは一六歳、そしてメルロ－ポンティは一三歳であった。彼らこそは、ピランデルロの「絶望」にもかかわらず、現代社会を生きる《人間》の、まさしくわれとわが身の《行為》と《関係》との「作者」(actore, author) の所在を探究し、構築して行った人たちである。

私は、《行為》－《関係》過程の理論の視点から人間的・自然的諸力と「関係の豊かさ」との相関を解明しようとする時、その出発点はジャック・ラカン (Jacques Lacan) (一九〇一－八一) の「鏡像段階」の理論に求めることができる、と考えている。

ラカンは、ピランデルロがこの世を去った一九三六年、ボヘミアのマリーエンバードで開催された国際精神分析学会で、「鏡像段階」(le stade du miroir) の概念を提起した。それは、生まれて六カ月から一歳半にかけての幼児が「鏡に映った自分」を見ながら、未だ運動諸機能の発達が不十分な状況のなかで、ある「他者」へとナルシシズム的に同一化しつつ、初めて《自我》を形成して行く過程を、照射する。ラカンは、マリーエンバードの国際会議から一三年経った一九四九年、チューリッヒで開催された同じ国際精神分析学会で、'Le stade du miroir comme formateur de la fonction du Je' と題する報告を行なっているが、そこでは、「鏡像段階」に在る幼児は、次のように描かれている。

……われわれは、鏡の前の乳児の演じる感動的な光景の前で、しばしば考えこむことになりました。乳児は、歩くことはおろか立ち上がることもまだよくできないのに、大人の腕とか何らかの器具（フランスで「あんよ車」と呼ばれているもの）に支えられてではあっても小躍りしながら、忙《せわ》しなくこの支えの枠をのりこえて、自分の姿勢をやや傾いた位置にとどめたり、あるいは鏡に映る像の瞬間的な姿を元にもどして、これを固定したりしようとするのです（宮本忠雄訳）。

生後六カ月―一歳半の幼児は、このようにして、「鏡に映った像」を自分のものとして引き受けることを覚えて行く過程で、その幼弱な身体のなかの数兆——成人男性のそれが平均して六〇兆から七〇兆の細胞の運動から成り、成人女性のそれが、同じく平均値で、五〇兆―六〇兆の細胞の運動から成っているのに対比して、一〇分の一以下の細胞の運動量であるだろう——の細胞の活動によって体現される人間的・自然的諸力——ラカンはこれを、リビドーの力動と呼んでいる——を、周囲の諸《関係》のなかから「図化」されて来るなんらかのイマーゴ (imago) へと結びつけることを通して、最初の自己同一化 (une identification) を体験するのである。

「鏡像段階」の理論における《自我》の形成の模式図は、図25のようになる。

幼児は、まったくの「赤ちゃん」の時期の特有の未熟性 (prématuration specifique de la naissance) から、若い父親および母親との諸《関係》に支えられて、みずからの身体と現実世界との連関――ラカンは、ここで、フォン・ユクスキュルの「内部世界」(Innenwelt) と「環境世界」(Umwelt) との関係というとらえ方を参照している――を樹立して行くのであるが、その際、幼児の《自我》(moi) と《イド》(Es) とは、「現実の父親」(Autre 1) および「想像上の父親」(autre 1)、ならびに「現実の母親」(Autre 2) および「想像上の母親」(autre 2) とのあいだの諸《関係》のなかを生きながら、「一次的ナルシシズム」(le narcissisme primaire) というかたちでイマーゴとしての《autre》へとリビドーを投射する――ラカンは、そこに、「同一視」と「原初的嫉妬」が生ずる、と言う――。ラカンの視点から見るならば、《自我》は、ワロンやピアジェが主張していたような「知覚−意識系」に基軸を置いたかたちで形成されて来るのでもなく、フロイトのいわゆる「現実原則」の枠組みの中から生成して来るのでもない――ラカンはこれを「認識の弁証法とは正反対の科学主義的偏見」であると、批判する――。この点について、ラカンは次のように言う。

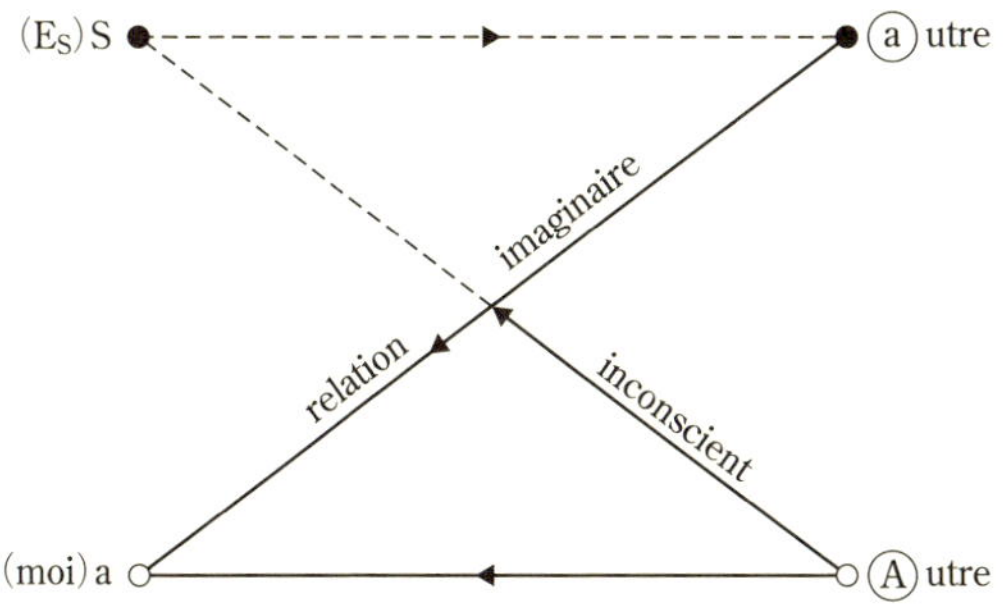

図 25　鏡像段階のシェーマ

> 今日の人類学が執拗に追求している自然と文化のこの交叉点において、ひとり精神分析だけは、愛情がつねにとりこわすか、または断ちきるか、しなければならない想像上の隷属の絆を認識することができるのです(宮本忠雄訳)。

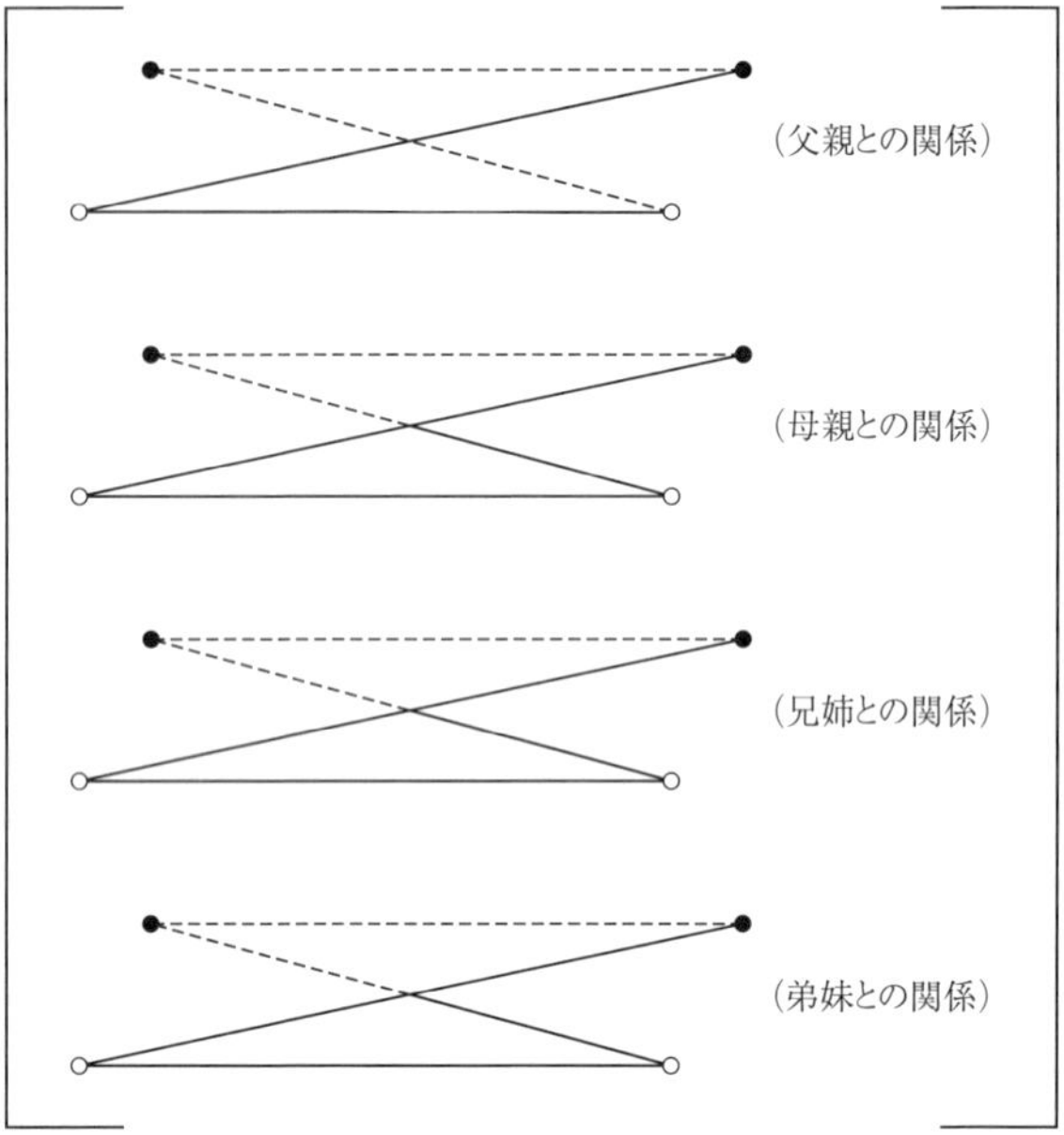

図 26　「関係のアンサンブル」としての《自我》

私は、このようなラカンの方法論的「関係」主義の視座を参看した上で、「関係のアンサンブル」としての《人間》の初発の生成過程を、私自身の、図26のような仮説的モデルによって理解しようと考えている。現代社会を生きる《人間》は、幼児期から少年期にかけての口唇期、肛門期および男根期の発達段階を経て、やがて、青年期に家族の外部の「他者」（l'autre Autre）との諸《関係》へと解き放たれて行く時まで、このような家族の「関係の網の目」'meshes' に支えられ、同時に、反発し、闘いながら、みずからの《自我》（moi）を獲得し、自立して行くのである。

ラカンは、一九六四年以降、いわゆる「パリ・フロイト学派」（l'école Freudienne de Paris）を基盤として、方法論的「関係」主義の視座からの《人間》の把握の途を拓いていった。後論するように、私の視点から見るならば、ジークムント・フロイトとアンリ・ベルクソンとは、方法論的「個人」主義の視座の時代——はるか前に述べたように、それは、「生」の哲学、プラグマティズムおよび実存主義の諸潮流によって、方法意識の内実を与えられていた——のなかで、私たち《人間》の「生」の根源と根拠とを、最も深く考究した人たちである。

それでは、ラカンは、フロイトの視座のどの部分・契機を、《行為》—《関係》過程の理論のそれとして脱構築し、編入して行ったのであろうか？　私は、ここでは、そのような契機の具体例として、'Instanz' の概念を挙げておきたい。よく知られているように、フロイトは、《人間》の心的装置（psychischer Apparat）の内容を説明する際に、Organisation, Bildung および Provinz などさまざまな用語に依拠しているが、その基軸を、当初、「系」（System）に求め、やがて 'Instanz' の概念に求めるようになった。それは、ジャン・ラプランシュとJ・B・ポンタリスによれば、「心的装置について、局所論的かつ力動的な見方をした場合の、その諸種の下部構造のおのおのを審級と言う。たとえば、検閲という審級（第一局所論）、超自我という審級（第二局所論）」といったかたちで規定されている「審級」であり、場合によって、二義的に、「心的力域」とされている概念である。有名な「超自我」—「自我」—「エス」の三層構造は、この審級の概念の最も判りやすい一例であるだろう。再言するまでもなく、メルロ－ポンティやラカンは、これら諸審級を、「関係」の概念、「関係の関係」の概念、「関係の関係の関係」の概念……の概念構成へと脱構築し、その結果として、「関係のアンサンブル」としての《人間》像を、如実に展開することになったのである。

　フロイトは、一八七三年、ウィーン大学に入学した。その時、彼は一七歳である。しかし、青年前期のフロイトは、入学の当初から、強い幻滅の念に襲われなければならなかった。フロイト自身の *Selbstdarstellung*（一九二五年）によれば、それは、第一に「自分がユダヤ人である」という出自に関わり、第二に、成立したばかりのオーストリア＝ハンガリー帝国のなかで、「自分が同じ国民としてあつかわれない」という民族排外主義（Ethnocentrism）に関わっていた。フロイトの言葉を用いて言えば、「私がユダヤ人であるというだけのことで自分が劣等だと認めるということに対しては、私はきっぱりと拒否した」。そして、もうひとつの「私が帝国国民の仲間入りを拒否されるということ」については、「それを諦めることに、なんら無念の思いを感じることはなかった。熱心に協力さえして行くならば、そんな仲間に入ることがなくとも、人類という埒《らち》内においてならば働き場所が見つかるに違いないというのが私の考えだった」。

フロイトの「こんなにも早い時期に、すでに反対を受けるという立場に立ち、『固く結んだ多数者』から仲間はずれにされるという運命を身に沁みて知ってしまったこと」こそが、彼の精神分析学の構築の旅の出発点であった。ジュリエット・ミッチェルは、彼女の ***Psychoanalysis and Feminism***（一九七五年）のなかで、「精神分析は、家父長制社会のための推薦状ではなくて、家父長制社会を分析するものなのだ」と言っているけれども、私見によれば、フロイトからラカンへの精神分析学は、まさしく現代社会における《人間》の学の最も重要な構成契機のひとつなのであり、家父長制の側面をも含んだ現代資本制社会における《関係の硬結》を打破し、私たちの生活世界のなかでの「関係の豊かさ」を実現し、獲得して行くための有力な武器なのである。

フロイトは、***Das Unbehagen in der Kultur***（一九三〇年）において、‘Realitätsprinzip’と‘Lustprinzip’の対照を論じながら、現代社会における《人間》の「幸福」は後者の側からしか出来《しゅったい》しないであろう、と言っている。私たちの方法論的「関係」主義の視座からの《行為》—《関係》過程の理論としての社会学は、まさしくこの‘Lustpriniz’という原則からの「関係の豊かさ」を展望し、その現実的可能性を論証しなければならないのである。かつて、ジョン・ロックは、「民衆の“Salus”こそが最高の法である」と述べていたが、“Salus”とは、「健康」であり、「幸福」であり、「安全」であり、「生存」であった。私たちの《幸福》は、自然法的権原を基盤とし、同時に、ジェレミー・ベンサムの「最大多数の最大幸福」(The greatest happiness of the greatest number) の欺瞞によって見失われ、今日、再び定位し直され、わがものとされなければならない人生の基軸なのである。

第三節　エロースとタナトス

一　ジークムント・フロイトとアンリ・ベルクソン

ジークムント・フロイト（一八五六―一九三九）とアンリ・ベルクソン（一八五九―一九四一）は、まったくの同時代者である。私自身は、みずからの社会学的視座のなかで、これら二人のあいだに、現代社会学へのひとつの重要な序奏としてのゲオルク・ジンメル（一八五八―一九一八）の社会学的思惟を位置づけているが、幸か不幸か、二歳年長のフロイトと一歳年下のベルクソンが、文字通り、身を以《もっ》て体験した第二次世界大戦の「全体主義」(Totalitarianism) の下でのユダヤ人の運命を、ジンメルは知らずにこの世を去った。

ピランデルロの『作者を探す六人の登場人物』（一九二一年）のなかで、《人間》の内実のたしかさは「ただのイリュウジョンに過ぎない」とされたけれども、それから六年を経て、フロイトは『幻想の未来』(*Die Zukunft einer Illusion*) を書く。彼は、次のように、言うのである。「われわれの神、つまりロゴス (Logos) は、これらの個人的願望（人間愛を求め、苦悩の軽減を求める願望）を、外の自然が許すかぎりにおいて、実現してくれるであろう。しかも、きわめて徐々に、また、予測し難いような、はるか将来において、しかも、われわれ自身のためにではなく、後から来る人の子のために。われわれが、人生についてひどく悩むその補償は、ロゴスの約束するところではない。

この遙かなる目標に向かう途上において、あなたの宗教教義は失うにまかせられるより仕方がない」（土井正徳・吉田正己訳）。

ピランデルロは、ローマ・カトリックという宗教の膝下で、《人間》の昨日・今日・明日という「時間的経過」のなかでの一貫性を「もはや、幻想である」と主張したのであり、これに対して、フロイトは、この著書によって、宗教そのものが「幻想」であり、そのような「幻想」として《未来》を持たない、と述べたのであった。彼は、実際、その巻末に、「われわれの科学は幻想ではない。むしろ、幻想とは、科学がわれわれに与えることのできないものが、どこか他のところから手に入りでもするかのように、信じこむことを言うのであろう」（土井正徳・吉田正己訳）と結論づけているのであり、ロマン・ロランその他から多くの反論と批判を招くこととなった。しかし、フロイトの真意は、多くの誤解を生むことになった「宗教否定」にあったのではなく、エーリッヒ・フロムが *Psychoanalysis and Religion*（一九五〇年）において述べているように、社会制度を「投射体系」（Projective System）としてとらえる視点から人びとの日常の生活世界のなかでの《宗教》の位置づけを試みた点にあるのであって、この点こそが「新フロイト学派」（neo-Freudism）と呼ばれる広い意味での精神分析社会学（Psychoanalytic Sociology）のひとつの出発点になったのであった。ちなみに、フロイト自身、晩年、サンドール・フェレンツィに向って、「(宗教について）今となっては、この本の視点は幼く、根本的に違った考え方をしている」（Ernest Jones, *The Life and Work of Sigmund Freud*, Chap. 29）（一九六一年）と述懐している。

フロイトが『幻想の未来』を公刊した一九二七年、ベルクソンはノーベル文学賞を与えられた。同じユダヤ人の出自に立ちながら、《人間》のとらえ方について、フロイトは必要以上に「科学」主義の側へと舵をとり、これに対して、ベルクソンは、物理学賞や生理・医学賞ではなくて、文学賞を授与されたという事実に象徴されているように、

「科学以上の」視点の側へと志向して行った。実際、ベルクソンは、まず *Essai sur les données immédiates de la conscience*（一八八九年）において心理学に内在し、次いで *Matière et mémoire*（一八九六年）では生理学の内部をくぐり、さらに *Evolution créatrice*（一九〇七年）で生理学と対峙し、はたまた *Durée et simultanéité*（一九二二年）において、アインシュタインたちの相対性理論と格闘しているのである。私たちの社会学的思惟に最も近い *Les deux sources de la morale et de la religion*（一九三二年）という著作のなかで、ベルクソンは、これら当代の「科学」の視座への批判的対応を基盤として、「内側から見た個人と社会ほど、私の興味をひくものはない」という年来抱いていた問題意識から、自分より一歳年上のエミール・デュルケームの社会学が提起していた《人間》像とは、まったく異質の《人間》の概念を析出することになる。今日に至るまで社会学の原問題で在り続けている「個人と社会」問題との関連で言うならば、デュルケームの《人間》像は「社会」の側から見た現代人のそれであり、これとは対照的に、ベルクソンの《人間》の概念は徹底的に「個人」の側からのそれである。メルロ－ポンティの言葉を用いて言えば、ベルクソンの《人間》は「創造の努力」としての現代人であり、'impression' しつつ、そこから折り返されて、高次化して行く 'expression' の行為の主体としての《人間》なのである。

　ベルクソンの最初の主著『意識に直接与えられたものについての試論』（一八八九年）は、一般的には、『時間と自由』という標題の著作として知られている。それでは、時間とは何か？　ベルクソンは、まず、次のように言う。

> 時間は空間によって十全にあらわされることができるだろうか。――これに対して、われわれは次のように答える。流れ去った時間が問題ならばその通りだが、流れつつある時間について言うのなら、そうではない、と。ところで、自由行為は、流れつつある時間のなかで行なわれるもので、流れ去った時間のなかで行なわれるものではない。それゆえ、自由とは一つの事象であ

って、しかも確認される事象のなかで、これ以上にはっきりしたものはない。この問題のもつすべての難しさも、また問題自体も、持続（la durée）に広がり（延長 la étendue）の場合と同じ属性を見出そうとしたり、継起を同時性によって解釈しようとしたり、また自由の観念を、あきらかにそれを翻訳するに耐えない言語で表現したりしようとすることから、生まれて来るのである（平井啓之訳）。

ベルクソンにあっては、自由は、私たち《人間》のそれぞれの具体的な自我とその行為の関係の地平において定義され、獲得されるものである。それは、私たちの身体の外を流れる物理的時間の経過とは異質の時間の流れのなかで、実感され、獲得されるものであるだろう。

ベルクソンは、さらに、このように言う。

私が時計の文字盤の上に振子の振動に呼応する指針の動きを眼で追う時、世人がそう信じているらしく見えるように、私は持続を計測しているのではない。私は同時性を数えるにとどまるのであって、これは、はっきりと別のことなのだ。私の外の空間のなかには、針と振子のただ一つの位置しかあったためしがなく、なぜと言えば、過ぎ去った位置については何ひとつ残らぬからである。私の内部では、意識の諸事象の有機化や相互浸透の過程が進み、それが真の持続をつくる。それは、私が現在の振動を知覚すると同時に、振子の過ぎ去った振動と呼ぶものを心に表象するようなぐあいに、私が持続しているからである（平井啓之訳）。

私は、一八八九（明治二二）年、大日本帝国憲法が公布された年に、ベルクソンがこのような主張を展開していた事実に、ひとつの感慨をいだく。それは、日本がその後の「富国強兵」政策を基軸として辿った近代化の過程で、

《大日本帝国》という幻想のイドーラの下で圧殺し、抑圧して来た無数の《近代的》自我への想到から生ずる感慨であり、同時に、「富国強兵」政策そのものを根底において支えていた物理的・客観的時間の支配――私たちが既に検討して来ているように、この趨勢は、テイラー・システムやフォード・システム以降、国家独占資本主義社会の企業の諸《関係》の「時間管理」'Time-sharing' システムの精緻化として一般化し、ますます強まっている――に対するベルクソンの「自由行為」(l'acte libre) の概念の毅然とした強さとその対抗力への共感から生じて来る感慨である。

私たちが、メルロ－ポンティとともに、ベルクソンの自由な《行為》の概念のうちに見出し、引き継ぎたいと思う《人間》の基層は、次のようなところに在る。

> 一言で言えば、われわれの自我はその表面で外部世界に触れているものなのだ。それで、継起する諸感覚は、おたがいの内部へ溶けあっているとは言うものの、その原因の客観的特徴となっている相互的外在性のいくらかをとどめている。そして、これこそ、表層的な心理生活が等質的な環境のなかでくりひろげられて、しかもこのような表象の仕方にはたいした努力を必要としないことの理由である。しかし、このような表象の記号的性格は、われわれが意識の深層へいっそう貫入すればするほどますます著しいものになる。内的自我 (moi intérieur)、すなわち、感じたり情熱を燃やしたりする自我、考えこんだり決心したりする自我は、その諸状態と変容とが緊密に浸透しあっている一つの力であって、それらの状態や変容を切り離して空間内にくりひろげようとすれば、ただちに深い変質をこうむってしまうものなのである (平井啓之訳)。

ベルクソンのこのような《人間》の根底のとらえ方は、私が度々言及してきたニコラウス・クザーヌスのそれ――とりわけ『可能現実存在』(*Trialogus de possest*)(一四六〇年) における《人間》の概念――と、実に良く響き合うものを持っている。ベルクソンの《自我》は、デカルトの視座のなかのそれとは対立し、かえって、パスカルの視座に近く、さらにプロティノスを経て、プラトンにまで遡行する《人間》の概念によって底礎されているが、「'est'『存在する』ということは、'actue est'『現実に存在する』ということですから、'posse esse'『可能が現に存在すること』は、'posse esse actu'『可能が現実に存在すること』と同じだけの意味を表示しています。すなわち、それは'possest'『可能現実存在』と呼ばれてよいでしょう」として、《人間》を、マクロ・コスモスとしての《神》との対照において、ミクロ・コスモスとしてとらえ、人間が、「被成可能」(posse fieri) の客体でありつつ、「作成可能」(posse facere) の主体となるところに《行為》(acta) の根源を見出したクザーヌスも、また、新プラトン主義 (Neo platonism) の視座に立脚していた。

ベルクソンは、さらに、次のように言う。

はげしい愛情、深い憂愁は、心を浸す。それは、おたがいに溶けあい、浸透しあっている無数のさまざまな要素であって、はっきりした輪郭はもたず、おたがいに外在的であろうとする傾向はいささかも持たない。その独自性は、こうした事柄とひきかえに、成立しているのである。そして、その漠然とした集塊のなかに数的多数性を見分ける時、それらは、もう変形してしまうのである(平井啓之訳)。

こうして、時間を空間化してしまうということは、私たちの五感の豊かさに支えられた感情が有する「持続の諸瞬間」の有機的な《つながり》をばらばらに解体してしまうのであり、結果として、人びとの感情から、「その生気と色彩と」(ベルクソン) を、奪い去ってしまうことになる。ベルクソンが《人間》の身体の内側に見出すもの——彼は、それを、「純粋持続」(la durée pure) と呼ぶのだが——は、諸感覚が運動のなかで加わりあい、相互に有機化され、あたかも私たちを包み込み、浸透して来る音楽のメロディーのようなものである。

ベルクソンの *Matière et mémoire, essai sur la relation du corps à l'esprit*（一八九六年）は、一読するかぎりでは、他の主著に見られるような「瑞瑞《みずみず》しく、しなやかな」味わいに欠け、やや退屈な感じを与えるであろう。しかし、副題の「精神に対する身体の関係について」という点に力点を置いて、とくにメルロ－ポンティの、これまで詳細に検討して来ている、『行動の構造』（一九四二年）や『知覚の現象学』（一九四五年）へと連接して行くベクトルを読み取って行くならば、この書物はきわめて多くの示唆をもたらすことができる、と私は思う。なぜなら、『物質と記憶』という標題に反して、その内容は、私たち《人間》の行為であり——残念ながら、ベルクソンの 'action' は、多くの場合、「行動」と訳されている——、しかも、その《行為》を、身体の内側の「感覚–運動過程」(le processus sensorimoteur) の地平から、概念化しようと企図したものである。「物質」と「記憶」とは、ふたつながら、この「感覚–運動過程」から生成し、たちのぼって来る《イマージュ》の、より客観化された極の側で固定化されたものであり、また、より主観的な極の側で沈澱させられたものである。

ベルクソンの挙げている具体的な事例に則して言うならば、私たちの子供の頃の「朗読」の記憶と「学課」の学習の記憶とは、前者が「次つぎに展開するイマージュの重なり合い」であり、後者が「他のすべての学習の結果と積み重なり合いながら生成して来る合成的イマージュ」なのであり、それら両者のあいだには程度の差があるのみである。ベルクソンにとって、一層本質的な問題は、これらの記憶が、表象 (la représentation) である点にではなくて、「生きられ」(私たちは、やがて、この位相からベルクソンの時間の概念へと進み、さらにウージェーヌ・ミンコフスキーの「生きられる時間」'le temps vécu' のそれへと到り着くであろう)、「行為される」(この位相こそ、メルロ－

ポンティが、前記したような著作というかたちで、ベルクソンから継承し、発展させたプロブレマティークであった）という点の解明にあった。

ベルクソンは、同書第三章のなかで、記憶を「イマージュの残存」としてとらえながら、それを分析するみずからの基軸を「行為の法則であるところの生の基本的法則」である、としている。彼は、次のように言う。

私たちが自分の行為を注視する時の持続、自分を注視することが有益である時の持続は、諸要素がたがいに分解し、並列する持続である。しかし、私たちが行為する時の持続は、私たちの諸々の状態がたがいに溶けあう時の持続であり、行為の本質について思考する唯一の例外的な場合、すなわち自由の理論においては、私たちは、思考によって、まさしくこの持続の内側に、われとわが身を置き直すように努力しなければならないのである（田島節夫訳、一部筆者による改訳を含む）。

よく知られているように、パルメニデスの弟子、南イタリアのエレアのゼノン（Zenon）（紀元前四六〇年頃）による「アキレスと亀」の逆説によれば、歴戦の勇将アキレスが如何に駿足を用いて亀を追っても、アキレスが亀に追い着くことは、永遠にない。しかし、言うまでもなく、これは詭弁であり、アキレスはあっという間に亀に追い着き、それを捕えることであろう。ベルクソンとともに言えば、ゼノンは、ここで、時間の経過を無限に分割しているのであって、要するに、アキレスと亀との《行為》の実質は運動（le mouvement）にあるのに、それを空間の各々の点に置き換えているのである。私たちは、こうして、時間の流れのなかで、「その本質である運動を回復しなければならない」ということになる。

ここで、ベルクソンの主張に耳を傾けるならば、それは次のようである。

だから、等質的空間と等質的時間は、事物の性質でもなければ、私たちが事物を認識する能力の本質的な条件でもない。それらは、固定と分割という二重の作業を抽象的なかたちであらわしているのであり、私たちは、これらを、現実の動的連続に覆いかぶせることによって、そこに支点を確保し、操作の中心を定め、ついには、真の変化を導き入れようとする。それらは、物質に働きかける私たちの行為の図式なのである（田島節夫訳、一部筆者による改訳を含む）。

これは、既に「物象化した社会諸《関係》」のなかでの時間の管理——それは、具体的には、集団や組織における《役割》の編制によって、媒介され、徹底させられている——へと連接する《行為》のシェーマであり、だからこそ、ベルクソンの衣鉢を継ぐメルロ－ポンティは、私たち《人間》に本来的な、もっと有機的で、深みのある時間・空間のなかでの運動に底礎した《行為》の理論的シェーマを、提起したのであった。

ジル・ドゥルーズ（一九二五—一九五）は、*Le Bergsonisme*（一九六六年）において、「持続」「記憶」および「エラン・ヴィタル」(élan vital) という三つの基礎概念によってベルクソンの視座の全体像をとらえようと試みた。そこでは、「持続」は《人間》の生命活動の潜在的（virtuelle）多様性を照射し、「記憶」は、まさしくこの潜在性と多様性という基層の内側での、あらゆる差異（les différences）の段階の共存としてあらわれ、そして、「エラン・ヴィタル」は、それぞれの段階に対応する差異化の方向性に即して進展して行く、この潜在的なものの現実化として、理解されていた。私たちは、既に、ベルクソンの *L'évolution créatrice*（一九〇七年）および *Les deux sources de la morale et de la religion*（一九三二年）の地平へと、入りつつあるのである。

ベルクソンは、これら二つの書物の前者のなかで、これまで検討して来た事どもと響き合うようにして、「ひとつの運動のなかには、動体にあてがわれた諸々の継起的位置のなかにおけるよりもより以上のものがあり、ひとつの生成のなかには、かわるがわる通過される諸形態のなかにおけるよりもより以上のものがあり、形態の発達のなかには、次つぎに実現される諸形態よりもより以上のものがある」（松浪信三郎・高橋允昭訳、傍点は原文）と、言う。ここには、《人間》の生命活動の根源的躍動への深い眼差しが在り、それは、前述したように、ゲオルク・ジンメルの「生の哲学」の視座へと通底しつつ、ハーバート・スペンサーの進化論的社会学に、鋭く対立する。ここでは、もはや、時間は、ゼノンの「直線的時間」ではなくて、それ自体、‘création’としての「円錐体的時間」である。ベルクソンの視座から見れば、物質は、「幾何学という錘《おもり》を着けている」のであり、私の語を用いて言えば、空間に磔《はりつけ》にされているのである。そのようなものとして、物質は下降する実存であり、上昇するものとの連帯においてしか、「持続」しないのであった。これに対して、《人間》の生命活動こそは、このような上昇そのものであり、そこにおける運動こそが「生の飛躍《エラン・ヴィタル》」であり、創造的進化の具体的な例証にほかならない。そして、「エラン・ヴィタル」は、後者の著作（『道徳と宗教の二源泉』）のなかで、さらに、「愛の飛躍」（élan d'amour）の概念へと転変し、私たちの生命活動を人類全体の共同存在へと開いて行くのである。

ベルクソンの「円錐体的時間」は、ミンコフスキーにおいて、「円環的時間」となる。それは、ベルクソンの「エラン・ヴィタル」としての《人間》の生命活動を、さらに、「生成」（le devenir）と「渦動」（le tourbillon）のなかでとらえかえしたところで視えて来る時間の流れである。実際、ミンコフスキーにとって、時間とは、ターレスやヘラクレイトスたちの述べていた、*παντα ρει*《パンタ・レイ》、——万物は流れる——の存在論的イメージに支えられて、*ροη ρει*《ロエ・レイ》、——流れが流転する——という性格規定を与えられるものであって、「……自我と非我とのあいだの境界を撤廃し、私自身の生成を包むとともに、宇宙の生成、すなわち、端的に、生成そのものを包み、それらを一緒に流れさせ、混淆させる。私の自我はそのなかに完全に溶けさるかと思え、しかし、それだからと言って、私の人格の完全性が損ねられたという苦痛の感じをもつことはなく、……安寧と静寂の感覚さえもちながら、非人格的で、言ってみれば、『身分』をもたぬ、力強い生成の浪と融合する」（中江育生訳）という生命活動の過程とともに在るもの、である。

　ミンコフスキーがベルクソンの〝creation〟としての時間の観念を共有していることは、次のような述言からも、見てとれよう。「生成の立てる波浪は、強力であるが、しかし、灰色で、渾沌としており、それが通る路上にあるすべてのものを巻きこんで押流す。生成全体が不可逆的となり、ひとつの方向（sens）をもち始めるのは、ただ生命の躍動を出発点としてであり、またそれによってだけである」（中江育生訳）。そして、よく知られているように、フランス語の〝sens〟には、感覚、方向、意味という三つの意味内容が、ともに、含まれている。こうして、ミンコフスキーの時間の概念は、私たち《人間》の生命活動とともに在り、人間的・自然的諸力から生成して来る〝sympathie〟を基盤とした「生きられる共時性」（synchronisme vécu）としてあらわれて来る。

　ミンコフスキーは、「等質的時間」に「生きられる時間」を対置し、同様にして、「幾何学的空間」に「生きられる空間」（l'espace vécu）を、対置する。私たちは、ここで、ベルクソンが運動（le mouvement）としてとらえていた人間的・自然的諸力が、ミンコフスキーによって、「私―ここ―今」（moi-ici-maintenant）という場においてとらえられ、いわば初発の関係行為の領界（sphère）の地平で、位置づけなおされていることを看過すべきではない。《人間》は、まさしく、この「私―ここ―今」の、〝élan vital〟によって、「歴史の各瞬間が持つ新しいもの」（ベルクソン）を体験し、創り出して行くのである。しかし、「生きられる時間」がこのように人間的・自然的諸力を開花させるのと対照的に、「等質的時間」は、「歴史の各瞬間」を物質化し、その色調（la tonalité）を奪い去る。ドストエフスキーは、自分自身の体験を基盤として、迫り来る死刑の執行という脅威のもとで、実に些細な、とるに足りない事柄、たとえば制服のボタン、すれちがう人のネクタイ、舗石のかたち等々を、きわめて周密に記録していた男のことを、描写している。彼の言葉を用いて言えば、「われわれが、自分たちをとりまく世界を、能動的に把握し、形成することができない場合には、この世界はわれわれに押しつけられる、それも、バラバラの内容の原子論的様相のもとに、われわれに押しつけられるのである」。

私たちは、いよいよ、現代社会における《人間》の問題としてのエロースとタナトスとへの両極分解というそれに、対面しているようである。ベルクソンの「エラン・ヴィタル」は、*L'évolution créatrice*（一九〇七年）のなかで、「生命の根源的躍動」とされていたけれども、フロイトは、*Das Ich und das Es*（一九二三年）において、「エロース」を「分子状態に分裂している生ける物質を、次つぎと大きな単位に結集することにより、生命を複雑化し、かつ当然のことながら、生命をその新たな状態に維持するもの」と、規定している。これら両者は、私がこれまで繰りかえし主張して来た《人間》の人間的・自然的諸力の生成基盤であり――フロイトが「エロース」を結びつけていた'Es'は、彼自身の言葉を用いて言えば、「心的エネルギーの一次的貯蔵所」である――、《行為》－《関係》過程の理論の視座から言うならば、有機的な時間の流れのなかでの「関係行為」のただなかを、円環的に、渦潮のように、上昇し下降する人間的・自然的諸力の、「開かれた躍動」の姿そのものである。エロースは、ロンドンのピカデリー・サーカスに立つ可愛らしいキューピッドの像によって象徴される狭義の「生成の原動力」にとどまるものではなくて、フロイトがプラトンの『饗宴』（*Symposion*）から示唆を得ていたという事実が示しているように、上昇し下降する人間的・自然的諸力の《感覚》から《価値》への転変と結晶化とを含む「生の飛躍」を、意味しているのである。

これに対して、タナトス（Thanatos）は、ベルクソンのいわゆる等質的で、機械的な、時間の流れのなかでの《役割》的関係行為の地平に対応し、フロイトが《人間》の内側に向かえば「自己破壊」の契機となり、外部に向かえば「攻撃」の契機となるとしていた《死の欲動》(Todestriebe) に連接する心的エネルギーであり、私の言葉を用いて言えば、物象化した社会諸《関係》の目的合理性の外被の下に蓄積され、膨張して行く非合理的エネルギーを内包する心理と意識とである。それは、一九三八年、心臓に病を抱えるフロイトにニトログリセリンとストリキニーネを服用しながらのロンドン亡命を強い、一九四一年、占領下のパリで、暖房不足の冬の一月、肺炎でベルクソンを死に至らしめたヒットラー・ナチスそのものが体現していた社会的・歴史的〝ムーヴァン〟(Le mouvant) によって全的に象徴されている。

二　物象化と自己表現・自己実現

「バロックのミケランジェロ」と呼ばれるジョバンニ・ロレンツォ・ベルニーニ (Giovanni Lorenzo Bernini)（一五九八―一六八〇）は、ヴァチカンのサン・ピエトロ大聖堂の両翼に張り出した壮麗な廻廊の建築（一六四六―六七年）によって知られているが、彼は彫刻家でもあり、*The Ecstasy of St. Theresa*（一六四五―五二年、ローマ、サンタ・マリア・デッラ・ヴィットーリア聖堂）という等身大の代理石像の傑作を、残している。

聖テレジア (Teresa de Jesús)（一五一五―一五八二）は、スペインのカトリック思想家であり、反宗教改革の流れのなかで、カルメル修道会の刷新をはかり、跣足カルメル会を創始した修道女である。ベルニーニは、それぞれの生没年からも判るように、イエズスのテレジアとの直接の邂逅の機会を持つことはなかったが、大理石を蠟《ろう》細工のように自在に使いこなす‘drapery’の技法を用いて聖テレジアと黄金の矢を手にした智天使ケルビム (Cherubim) の着衣を、流れるような無数の襞《ひだ》で描き出しながら、彼女の「法悦」（一五五八年の神秘体験）を彫刻で表現したのであった。この有名なテレジアの交感について、マリー・ボナパルトは、テレジア自身が残した伝記資料によりながら、次のように記述している。

私は、金の槍――実際、ベルニーニの彫刻では、智天使ケルビムが手にしているのは、矢と言うよりも、小さな槍に見える――を手にし、胸にわずかな火を燃やしているような彼の姿を、見た。幾度も私の心臓にそれを突きさし、臓腑にまでそれが届くように思われた。彼が槍を抜き出すと、臓腑までも抜き出されるように思われ、神の大きな愛の火のなかにすっかり置いていかれる気がした。苦痛は非常に大きく、私に悲鳴をあげさせたが、この過度の苦痛の甘さのために、私は、そこから抜け出したいとは、思わなかった。魂は、今や、まさしく神によって満たされていた。――この部分は、H. W. Janson の別資料によると、"The pain was so great that I screamed aloud; but at the same time I felt such infinite sweetness that I wished the pain to last forever. It was not physical but psychic pain, although it affected the body as well to some degree. It was the sweetest cavessing of the soul by God." となっている――。肉体がある関係を持ち、それも大いに関係していたけれども、苦痛は、肉体的でなく、精神的であった。魂と神のあいだに交わされる愛の触れあいは実に甘美なものであるから、私は、神がその慈愛において、私の言うことが虚言だと思える人には全て、これを体験させ給え、と祈る（佐々木孝次訳、英文資料も含めて、一部、筆者による補注がある）。

マリー・ボナパルトは、このような聖テレジアの「法悦」（Ecstasy）を、プロティノスやパスカルの神秘体験へと連接させているけれども、私は、これを、ベルクソンが述べていた「愛の飛躍」（élan d'amour）のひとつの例証として、とらえている。そして、テレジアが書き残している資料によると、「魂は神と結合しているあいだは、見もしない、聞きもしない、理解もしないが、通常、この時間は短く、実際よりもっと短く感じられる。神がこの魂の内部におさまって、また正気にもどってみると、魂が神のなかにあり、神が魂のなかにあったことは、どうしても疑えないものになる」(佐々木孝次訳、傍点は原著者のもの)。私自身は神の存在を信じることができないので、聖テレジアの主張のリアリティがそのまま追体験できるわけではないけれども、ここにあるものが、「等質的時間」のなかに在るものではなくて、まさしく「生きられる時間」としての「有機的」かつ「円環的」な時間の流れの最中《さなか》での《関係の豊かさ》の身体的経験そのものであり、そこにおいて、メルロ－ポンティのいわゆる《魂》(l'âme) と《身体》(le corps) との結合が、上へ、上へと、上向し、飛躍し続けているという事実は、感じ取ることができる。そこでは、《関係の豊かさ》が時間の流れを追い越しているのである。

マルティン・ハイデガーが『存在と時間』(*Sein und Zeit*) を発表し、フロイトが『幻想の未来』を刊行した一九二七年、デヴィッド・ハーバート・ロレンスはある書物の最終草稿を書きはじめて、翌二八年、ベルクソンがノーベル文学賞を受賞した頃、それを公刊した。ひとは、この書物の第一二章に次のような叙述を見出すであろう。

> 力強く容赦ない、未知の怖ろしいものが彼女のなかに入ってくるとき、コンスタンスは再び戦いた。柔らかく開いた彼女の肉体に、それは剣が突き刺さるように向かってくる気がした。死の恐怖に襲われて、彼女は無我夢中でしがみついていた。それはしかし、原初の世界を創造したものの重い優しさと、暗い安らぎで緩やかに入ってきた。胸の恐怖は鎮《しず》まり、平安のなかに溶け去って、彼女はいま全てを投げ出し、奔流に身を委ねようとした。
>
> コンスタンスは海のようだった。湧き上がり高まり、巨きな暗い波に変った彼女の暗黒は、動き出して物言わぬ、暗い魂を揺すぶる大洋になっていた。遥か下方の深淵は、二つに別れ、長い遥かな大波となって裂け、彼女の精髄で分かれてうねる波は、柔らかく跳び入ってきたものが深く分け入り、さらに奥深く触れるに従って揺れた。彼女の深所は一層深く暴かれ、波は遠い岸辺に運ばれて彼女を露わにし、近く、より近く触知される未知が跳び入り、さらに彼女から遠く波はうねり去り、彼女を置き去

りにして遂に、突如柔らかな顫えとともに、彼女の血漿の精髄に届いた。そのときコンスタンスは、それが自分に触れ、いま至福の極点に届いて、自分自身が消えたのだと知った。コンスタンスは往き、コンスタンスはなく、彼女はいま女として生まれたのだった（井上義夫訳）。

ここには、ベルクソンの「生の躍動」（élan vital）そのものが在り、フロイトが、晩年、タナトス（「死の本能」と「破壊の本能」）に立ち向かうものとして対置したエロース（「生の本能」）の具現化された姿が在る。そして、私は、《行為》の骨格と構造を検証し、方法論的「関係」主義の視座からの、その理論的再構成の可能を探究する長い旅路の果てに、聖テレジアの「愛の飛躍」（élan d'amour）とコンスタンスの「生の飛躍」とは、'ent weder oder' の関係に在るものではなくて、《人間》の人間的・自然的諸力の時間的・空間的展開の極北であり、基軸を成すものである、と考える。私たちは、マックス・ウェーバーの《行為》の概念の裡に、「感情的行為」（affektuelles Handeln）と「価値合理的行為」（wertrationales Handeln）との内面的架橋の不在を見出してきたが、現代の社会諸《関係》の日増しにつのる物象化の最中《さなか》での「目的合理的行為」（zweckrationales Handeln）のみすぼらしい卓越のもとで、今、ふたたび三度び、この二つの《エラン》の基底から、私たち自身の《行為》の概念を獲得する努力を開始しなければならないのである。

私の《行為》の構造についての理論モデルに連関させて言うならば、「愛の飛躍」はA④の「パーソナリティ特性」の基底的内容である人間的・自然的諸力を、N①の「行為者の規範的価値」を経由点として、N④「《類》としての人間の規範的価値」にまで導き、上向させるのであり、他方、「生の飛躍」は、同じくA④「パーソナリティ特性」の《コア》である人間的・自然的諸力を、直接的には、「親密圏（アンソニー・ギデンズのいわゆる、'Intimacy'

および‘intimate sphere’)」の諸《関係》の地平へと解き放ち、やがて、《社会的》諸関係において、人びとの人間的自然を、‘Isolation’の極から‘Association’の極へと導き、物象化した諸《関係》の無機質な、‘Ding’と、‘Sache’の累重に対峙し、対抗する、「もうひとつの」有機的な諸《関係》の戦線を、生み出すであろう。これら二つのElansの姿態をとってあらわれる《人間》の「能産的自然」(nature naturans)の諸力は、「生きられる時間」の円環的な、渦動の流れのただなかで、私たちの《行為》―《関係》過程を、一方において、垂直的に、感覚・欲求の地平から価値のそれへと上向させ、他方、ひとり一人の「孤」的(isolated)にして「個」的(individual)な生活世界のなかの「パーソナリティ特性」を、《行為》の対象の彼方に所在する全自然史的運動の法則的展開へと、水平的に、相関させて行くのである。

私たちは、聖テレジアが、ニコラウス・クザーヌスとジョン・ロックのあいだの時代の人であり、コペルニクス(一四七三―一五四三)およびミッシェル・ド・モンテーニュ(一五三三―九二)と同じ時代を生きた人であることを、知っている。コペルニクスがプトレマイオスの天動説的世界像を否定し、モンテーニュが《神》を懐疑のまなざしで凝視していた時から五〇〇年を経て、私は、聖テレジアが交感し、合一していた《神》は、私たち《人間》の共同存在性そのものであり、《類》としての人間の価値的結晶にほかならない、と考えている。私たちは、みずからの関係行為としての《行為》を通じて、「孤」的にして「個」的な人間的自然から、まず水平的・横断的に全自然史的運動法則の展開へと連関づけられ、次いで、垂直的・上向的に、即自の感覚から対自的意識へと飛躍し、やがて、類的共同存在性の表現である自然法的・自然権的価値の《主体》へと転化し、転成するのである。

D′{C[B(A)]}

A：直接的・第一次的な，ゲマインシャフト的社会関係

B：間接的・第二次的な，ゲゼルシャフト的社会関係

C：《Sache》と《Sache》とのあいだの抽象的関係

D：諸個人の《行為》－《関係》過程における「共同本質」であるゲマインヴェーゼン

D′：「疎外されたゲマインヴェーゼン」としての《貨幣》，「商品」

第四章　現代社会における関係の諸相

第一節　関係論のパラダイムと合理性

一　《行為》－《関係》過程と社会構成体

現代社会における社会諸《関係》は、端的に、上のような表式によってとらえられる。

私たち《人間》の人間的・自然的諸力は、具体的には、成人男性の場合で六〇兆～七〇兆の細胞、成人女性の場合、五〇兆～六〇兆の細胞、の運動の諸過程を実質とする《生命活動》の所産として、たちあらわれて来る。そして、私たちの、このような《生命活動》は、上のようなマトリックスを通じて、《自我》をうかびあがらせることになる。

ここには、言うまでもなく、フォン・ユクスキュルからメルロ－ポンティに至

α　《生命現象》－《神経過程》
β　《感覚》と《運動》－《興奮》
γ　《感覚過程》－《運動現象》
δ　《自我》－《環境世界》

るまで、《行為》の生成基盤についての理論化の営為を検討した際に得られた無数の知見が、前提されている。具体的な「母」－「子」の《関係》の裡に産みおとされ、生まれ出た「赤ちゃん」は、既にして、ひとつの「関係のアンサンブル」であり、メルロ－ポンティの言うところの‘l'être au monde’として、「世界へと開かれた存在者」であるだろう。そして、ユクスキュルが明らかにしていたように、《環境世界》（Umwelt）は、さらに「知覚世界」（Merkwelt）と「作用世界」（Wirkwelt）とから成っているのであり、今日の高度情報化、大衆消費社会化、管理社会化の深まりのもとで、私たちの《行為》そのものが、労働とコミュニケーション行為とに分化しつつ、しかもなお、その上で、融合して行く傾向にあるという規定性のなかで、現実の環境世界と「ヴァーチャルな環境世界」との分裂、あるいは「自然環境」、「社会環境」および「情報（記号）環境」の三層構造とそれぞれの地平での破壊と汚染、というアクチュアルな問題群を、生みだしつつある。私たちは、《行為》の構造についての理論モデルにおいて、A④の「パーソナリティ特性」の内側に所在する人間的・自然的諸力と、S_Mの③「記号」と④「機械」という「手段」の体系の彼方に所在する対象の内部規定である自然法則とのあいだで、交響し合う力動的かつ意味的な連関を確認してきたけれども、このような文脈において、とくに重要なのは、チャールズ・サンダース・パースとフェルディナン・ド・ソシュールとが解明の曙鼓を鳴らした「情報（記号）環境」の生成と運動の法則性の分析の進展であろう。

そのことは、現代のグローバリゼーションのなかでの高度情報化にともなう、さまざまなインターネットの操作・運用とメディア接触に対応する「ヴァーチャルな環境世界」の問題性に肉薄するために喫緊の必要性を有するが、実は、ある意味で、それ以上に重要なプロブレマティークへの対峙を要請する

α 《エス》――《想像上の「他者」》
β 《エス》――《現実の「他者」》
γ 《自我》――《想像上の「他者」》
δ 《自我》――《現実の「他者」》

事柄として、上のようなフロイト＝ラカン的な方法論的「関係」主義の視座からの《自我》の位置づけとの関連において、必要なのである。

ここで、《エス》(Es) とは、もとより、フロイトの《自我》の内容を成す三つの審級――超自我・自我・エス――のひとつであり、「パーソナリティ特性」の基層としてのリビドーであり、'Trieb' である。周知のように、フロイトは、初期にはリビドーをほとんど「性本能」と同一視し (一九〇五年頃)、中期に至って、「自我リビドー」と「対象リビドー」の二分法を導入したが (一九一四―一五年)、その後、自己保存の契機と攻撃性のそれの共存としてとらえるようになり、最晩年には、「生の本能」と「死 (および、もしくは) 破壊の本能」として概念化し、それを社会心理や文化の領域へと拡延し、投影するようになった (一九三三―三八年)。しかし、今日では、リビドーの中枢に在る 'Trieb' を、フロイトのように、「本能」(Instinkt) として遺伝的に固着したかたちでとらえるのではなくて、前掲のシェーマに示されているような、「赤ちゃん」をとりかこむ「父」―「子」関係、「母」―「子」関係その他の諸《関係》の網の目のなかの「衝迫」(drive, pulsion) としてとらえる視点の方が有力になっている。

既に述べてきたジャック・ラカンの「鏡像段階」の理論をはじめとして、それ自体が「関係のアンサンブル」である「赤ちゃん」の《自我》は、上述のような諸《関係》の網の目のなかでのパーソナリティ形成の過程を通じて、みずからの諸「衝迫」のなんらか焦点化された構造――それが、ユクスキュルのいわゆる 'Gestalt' であり、メルロ－ポンティの言うところの 'forme' である――を、生みだして行く。その具体的な事例が、たとえば「エディプス・コンプレックス」(Ödipuskomplex) であり、

「エレクトラ・コンプレックス」(Elektrakomplex) であるわけだが、実は、この地平に、既に、現代社会における「関係の病い」――統合失調症、躁うつ病、失語症、離人症その他のラベリングのもとでの精神疾患――の根が、露呈されはじめるのである。すなわち、前掲のA、直接的・第一次的な、ゲマインシャフト的社会関係は、具体的には、家族、地域共同体などの、「人格」と「人格」との諸《関係》にほかならないのであって、それ自体は、現代社会を生きて行く《人間》にとっての最も重要な、原生的な、「セーフティネット」であるけれども、同時に、これら諸《関係》の地平こそが、さまざまな「関係の病い」の顕勢態を生成しはじめているのである。この地平での、「人格」と「人格」との諸《関係》に内包されている《リビドー化された対象関係》(les relations libidanales d'objets) は、人間的・自然的諸力の具体的な揺動とそのリビドー化された仮現の焦点としてのイマーゴ――「父」・「母」あるいは「祖父」・「祖母」などの場合もあれば、今日の情報化社会のなかで、メディア接触の過程から投射・投影の対象となる《キャラクター》などの場合もある――を通して、実際には、私たち《人間》の「パーソナリティ特性」の解放の場の端緒でもあると同時に、その抑圧の場の終着駅ともなり得るのである。こうして、Aの諸《関係》が、その初発において、どれほど‘genuine’にして‘innocent’な外見をとってあらわれようとも、BからD′に至るまでの他の社会諸《関係》との、現実の、重層的連関の規定性の下で、結果として、その正反対の内実を有する諸《関係》に転化する恐れ――現実的・客観的可能性――は、けっして小さなものではないのである。だから、フロイトが、リビドーの概念の裡に、‘Lebenstriebe’と表裏一体を成すようなかたちで、‘Todestriebe’と‘Destruktionstriebe’とが姿をあらわして来ると述べていた――しかも、この見解は、「快感原則の彼岸」(*Jenseits des Lustprinzips*)(一九二〇年)と題する論文のなかで、提起された――事実は、今日、なお、その意味とアクチュアリティとを、失わないのである。

社会構成体は、それ自体、社会諸《関係》の重層化された構造にほかならないが、その重心と力点とが、Aの「直接的・第一次な、ゲマインシャフト的社会関係」から、Bの「間接的・第二次的な、ゲゼルシャフト的社会関係」へと移行して行くことが、社会構成体の発達――より近い時間的経過において言えば、その《近代化》の歴史――のほとんど必然的な成り行きであったことは、フェルディナンド・テンニースの *Gemeinschaft und Gesellschaft*（一八八七年）以来、社会学史の常識である。それは、別言するならば、「人格」と「人格」の諸《関係》から「役割」と「役割」の諸《関係》へのシフトであり、力点移動である。もちろん、家族や地域共同体の諸《関係》の地平でも、およそ《人間》の行為がなんらかの役割期待に相即するものであるかぎり、そこにおける「人格」と「人格」の諸《関係》が、全的に、役割の規定性から自由であるわけではない。

しかし、すぐ後に詳述するように、《社会的》社会関係は、それ自体としては物象化しないのであり、そのかぎりで、「人格」と「人格」の諸《関係》に対する'Sachlich'もしくは'Dinglich'な役割規範の規定力は、直接的に浸透しつくすものではない。これに対して、《経済的》社会関係、《政治的》社会関係および《文化的》社会関係のそれぞれの地平における諸《関係》こそは、まさしく、「人格」と「人格」の関係を、《Sache》と《Sache》の関係、および《Ding》と《Ding》の関係、へと変質させる物象化現象の領野そのものなのである。

二　四つの社会関係
――《経済的》社会関係・《社会的》社会関係・《政治的》社会関係・《文化的》社会関係――

残念ながら、現代の社会学理論は、「人格」と「人格」の関係と、「役割」と「役割」の関係とを、明晰に区分することができる社会関係の概念を、持ちあわせていない。《行為》―《関係》過程の理論は、

α　《人間的自然》—《役割》
β　《人間的自然》—《第一次的関係》
γ　《役割》—《第二次的関係》
δ　《第一次的関係》—《第二次的関係》

[X] Action
　　　＞ Inter-Action —— Social Relation
[Y] Action

という原生的モデルによって、諸個人の《行為》からの諸《関係》の生成を理解しようとする視点に立っているけれども、この場合の‘Relation’は、「人格」的諸《関係》と「役割」的諸《関係》との差異を説明できる《関係》の概念ではない。私は、この事実それ自体が、方法論的「個人」主義の視座から、未だ、十全に脱却、離陸することができていない現代の社会学理論の隘路の所在を示すものだ、と考えている。

　問題の位相は、日本語の「関係」、英語の‘Relation’にとどまらず、フランス語の‘rapport’と‘relation’、およびドイツ語の‘Beziehung’と‘Verhältnis’についても、大同小異である。要するに、現代社会学は、私たちの社会構成体のなかでのA「直接的・第一次的な、ゲマインシャフト的社会関係」と、B「間接的・第二次的な、ゲゼルシャフト的社会関係」とを弁別する理論的武器を、わがものとしていないのである。私は、これまで試行的にAの諸《関係》を‘Beziehung’に対応させ、Bのそれを‘Verhaltnis’に対応させたこともあるけれど、この場合でも、それぞれの対応関係は、けっして正確なものではなかった。したがって、ここでは、Aを「第一次的関係」、Bを「第二次的関係」と規定して、今後の論述を進めて行くことにしたい。

　私たちは、まず、《行為》—《関係》過程の初発の状態を、上のようなシェーマによって理解しなければならないであろう。

このようにして、前述してきた「行為論」で詳細に検討した「パーソナリティ特性」の中枢規定としての人間的・自然的諸力は、今や、社会諸《関係》が自立化し、事象化し、そして物象化する現代の高度情報化社会、大衆消費社会、管理社会の社会構成体のなかに包みこまれ、そのような「第二次的関係」の重畳たる社会的編制の裡に位置づけなおされながら、しかもなお、みずからの「感情的行為」と「価値合理的行為」との接合点への理論的・実践的回路を希求し続け、その先に、《人間》の解放の地平を展望しなければならないのである。

あらためて言えば、一九世紀後半からの資本主義社会の諸《関係》の編制としての社会構成体の変様は、資本制的生産様式のなかでの「目的合理性」の卓越であり、功利・効用と結びついた能率向上のための「目的合理性」の全面的深化によって、支えられていた。このような社会変動の基軸の下で、《人間的自然》—《第一次的関係》の地平からの、《役割》—《第二次的関係》の諸《関係》の'disembedding'が強力に進行させられたのであり、しかも、この《役割》—《第二次的関係》の地平こそは、「目的合理性」の基本的特色であるところの「目的」—「手段」の諸関連を、功利・効用・能率の高次化のベクトルの方向で編制して行く領野そのものであった。

私は、現代資本主義社会の社会構成体を、《経済的》社会関係、《社会的》社会関係、《政治的》社会関係、および《文化的》社会関係、という四つの社会諸《関係》の重層構造として、とらえている。現象的には、《経済的》社会関係は生産・流通・消費の諸《関係》であり、《社会的》社会関係は家族・地域共同体・民族のそれであり、《政治的》社会関係は法・行政・軍事的暴力装置のそれであり、《文化的》社会関係はマス・コミュニケーション、教育、宗教の諸《関係》として、具体化されている。そして、後に詳しく説明されるそれぞれの社会関係を生成させる《行為》—《関係》過程の内面的論理をふまえて、《経済的》社会関係は、《人間》の人間的・自然的諸力を内容とする労働力の「商品化」規定にもとづいて「関係の自立化」現象を生み出し、《政治的》社会関係は、「規範の制度化」規定のもとに「関係の自立化」現象を生成し、さらに、《文化的》社会関係は意識の「物化」規定によって「関係の自立化」現象を結果するのであるが、これらに対して、《社会的》社会関係は、それ自体としては自立化せず、基本的には、“Isolation”——“Association”の地平の両極のあいだに、揺動するのである。

私見によれば、現代資本主義社会の社会諸《関係》の基本的特徴は、こうして、《経済的》社会関係における「労働力の商品化」という規定性にもとづく物象化Ⅰ（Ver-ding-lichung）、《政治的》社会関係における「規範の制度化」規定にもとづく物象化Ⅱ（Ver-sach-lichung）、および、《文化的》社会関係における「意識の物化」規定にもとづく物象化Ⅲ（Ver-ding-lichung）、という「関係の自立化」現象の下で累重した、物象化した社会諸《関係》と、それら諸《関係》に包摂され、浸潤されながらも、みずからは《関係》として自立化しない《社会的》社会関係との、拮抗と対抗にあり、このような状況のなかでの、それ自体が「関係のアンサンブル」であるところの私たち《人間》の“Isolation”—“Association”の両極のあいだに占めている位置、にある。

実は、本章第一節の冒頭に掲げていた表式は、このような理論的前提を与えられた上で、次のような変動の様相を内包する表式として、構想されていた。

D′{C[B(A)]}→{C[B(A)]}D

現代資本主義社会における社会諸《関係》の編成は、上述したような三つの物象化形態を媒介として、私たち《人間》を囲繞する《役割》—《第二次的関係》の広大な領域をD′＝「疎外されたゲマインヴェーゼン」としての《貨幣》・「商品」の最大化された物象性の支配と君臨の下に、跪《ひざまず》かせている。しかもなお、《貨幣》・「商品」が私たち《人間》の人間的・自然的諸力の「類的本質」としての“Gemeinwesen”の仮現《シャイン》でしかないからには、資本主義社会の諸《関係》の現在の姿とは裏腹に、「人格」と「人格」の諸《関係》こそが、そのような諸《関係》の累重の果てに、D＝「諸個人の《行為》－《関係》過程における『共同本質』であるゲマインヴェーゼン」――物象化しない諸《関係》の共同体、そのひとつの実践的具体例は、'Liberté, Égalité, Fraternite' の社会構成体である――を、私たち《人間》の人間的・自然的諸力の解放された領野――ピエール・ブルデューの言う〈場〉(champs)――として、現実化し、具現化する可能性も残っている、と言わなければならない。四つの社会諸《関係》の内的諸連関と、そこから生成して来る《人間》たちのさまざまな 'contestations' は、実は、二一世紀の社会変動の大きな原動力となって行く可能性を持っているのである。

第二節　「関係の自立化」諸形態の物象性と目的合理性

一　「関係の自立化」現象と合理性の分裂

《人間》は、全自然史的運動の過程のなかのひとつの偶有性として、文字通り、偶々《たまたま》生みおとされながら、前述のように、成人の平均値としてほぼ五〇兆から七〇兆の細胞の運動を内容とする《生命活動》の担い手として、みずからの人間的・自然的諸力を再生産しつつ、大略八〇年の人生を生きる。そして、私たちの社会学的思惟の対象であるところの《社会》は、これまでの私の論述から既に明らかであるように、社会諸《関係》の重層構造として存立させられながら、通時的には、それら諸《関係》を拡大再生産することを通して、その社会構成体としての「進歩」と「発展」とを——それらの標語のイデオロギー性を、どのように、どれほど、批判されようとも——希求しつつ、自己運動して行くのである。

私の《行為》—《関係》過程の理論は、このような《人間》の側の再生産の過程と《社会》の側の再生産のそれとを理論的に連接（conjunction）・相関（correlation）させながら、社会学の草創以来の「原問題」である《個人と社会》問題についての、方法論的「関係」主義の視座からのひとつの理論的解決の方途を模索し、提起しようとする試みである。そして、このような《行為》—《関係》過程の理論における連接と相関の、さまざまな媒介概念のひとつの具体例が、生活過程（Lebensprozeβ）である。私は、見田宗介・栗原彬・田中義久編『社会学事典』（一九八八年）のなかで、みずから、「生活過程」の項目を担当・執筆し、次のように記した。「人びとの日常の生活空間と生活時間のなかで展開される諸行為とそこから形成されてくる諸関係の総体。労働経済学や家政学のように、労働という行為を中心として、労働力の再生産の過程、もしくはその一部分としての消費生活の過程、としてとらえる見方もあるが、本質的には、諸個人の人間的自然がその日常的な行為・関係のアンサンブルを通じて実現もしくは表現される過程を意味する」。

このような「生活過程」の概念のとらえ方のなかには、社会学の理論的ツールとして周知のところである「生活世界」の概念や「生活構造」のそれといった、類縁的な諸概念のとらえ方に対する批判の意識が含まれていた。同じ『社会学事典』のなかで、「生活世界」の項目は江原由美子によって担当・執筆されているが、そこでは、次のように書かれていた。「現象学的社会学の基礎をつくりあげたシュッツは、フッサールの生活世界概念を踏襲し、科学的認識の世界、とくに社会学的な認識の世界に対置される、日常生活者の社会的意味世界を生活世界と呼んだ」。たしかに、フォン・ユクスキュルの「環境世界」の概念を私たちの社会学的思惟に引きつければ、そこに「生活世界」の概念が定礎されるのは判りやすい道理であり、実は、私自身も、ハーバーマスと同じようなかたちで、この概念を用いる場合もある。しかし、私の《行為》―《関係》の理論の枠組みからすれば、シュッツの「日常生活者の社会的意味世界」を生活世界としてとらえる見方は、《意味》の生成して来るところについて論理的に'opaque'であり、敢えて言えば、《行為》―《関係》過程と《意味》との連関の説明が「逆立」している。

他方、「生活構造」の概念については、同じく『社会学事典』において、小川文弥が「これまで、生活に共通する諸要素の相互連関の体系、生産と消費を軸にする循環過程、個人を社会構造・文化体系と結びつける媒介過程などに

α　自然的再生産の《行為》領域
β　社会的再生産の《行為》領域
γ　精神的生産消費の《行為》領域
δ　自己回復の《行為》領域

α　「すいみん」,「食事」,「身のまわりの用事」,「療養・静養」などの《行為》であり，ひとは，これら諸行為を通じて，前述の分子→細胞→組織・器官→個人（個体）という身体性の内部の《生命活動》を，みずからの人間的自然の再生産の行為として展開し，同時に，《類》としての人間――人類――の一翼を担う存在としての子供を産み，育てる．
β　「仕事」,「家事」,「通勤」などの社会的再生産の《行為》であり，人びとの《私》的生活の物質的基礎を確保し，維持する．
γ　「マス・メディア接触」,「会話」などのコミュニケーション行為を中心とする領域で，パーソナル・コンピュータやインターネットの普及など情報化や消費社会の影響を強く受けている．
δ　「スポーツ」,「行楽」などの余暇活動,「個人的つきあい」,「地域社会の行事への参加」などの交際の行為から成る領域で，《私》→《もうひとつの公》の形成可能性を持つ．

ウェイトを置くさまざまなとらえ方がなされているが、理論としては多義的であり、必ずしも定着していない」と記述しているように、広く借用語化しているわりにはその理論的内包は不分明であり、不徹底である。

私は、生活過程を、まず、最上段のような四つの《行為》領域から成るものと、考えている。

それぞれの《行為》領域の具体的な内容のイメージをあげておくならば、その下の段のようになろう。

ちなみに、それぞれの《行為》領域で事例としてあげられている諸行為は、日本における生活時間調査として最も長い伝統を有し、かつ規模においても最大級の実証的分析であるＮＨＫの「国民生活時間調査」（一九四一―四二年の第一回調査に始まり、一九六〇年以降は、五年ごとの全国調査として、継時的に実施されている）の具体的な調査項目として設定されている諸行為である。

このような諸行為を内容とする四つの領域は、《行為》―《関係》過程の初発のステップとして、次ページの上のような意味を負荷されている。

私たちは、こうして、前節の第二項で掲げた「複数の行為者の《行為》」↓「相互行為」↓「社会《関係》」という《行為》―《関係》過程の原生的モデルの視点から、私たち自身の日常の「生活過程」をとらえかえして

α　自己自身の「内なる自然」と《類》とを再生産する《行為》の相互化のなかからの《社会的》社会関係の形成

β　労働を中心とする社会的再生産の《行為》の相互化のなかからの《経済的》社会関係の形成

γ　コミュニケーション行為を中心とする精神的生産・消費の《行為》の相互化のなかからの《文化的》社会関係の形成

δ　自己回復の《行為》を中心とするさまざまな機能集団への参加，包摂を通じての《政治的》社会関係の形成

来たわけであるが、現代資本主義の社会構成体における社会諸《関係》の「関係の自立化」現象は、まさに、この《行為》－《関係》過程の初発のステップの裡から、生成しはじめる。

《行為》の構造についての理論モデル、

$$V=A+G+S^{C}_{M}+N$$

におけるS^MとNの契機のありようが、事柄の焦点である。まず、S^Mの契機について言うならば、これは、具体的には、私たちの《行為》の発現を支える「手段」(Means)としての「記号」の体系と「機械」の体系であり、前者がコミュニケーション手段の体系であり、後者は労働手段の体系にほかならない。そして、これらの《行為》の手段は、それぞれの社会における生産力の発達の水準を客体的に表示しつつ、それだけにとどまらず、さらに、その所有の形態の如何によって、現実には、資本制的私的所有の形態での「手段」の体系としてあらわれているのである。

次いで、Nという《行為》の「規範的方向づけ」(Normative orientation)の契機について言えば、N③「社会の規範的価値」は、その実質において、N①「行為者の規範的価値」、N②「集団・組織の規範的価値」、およびN④「《類》としての人間の規範的価値」の合成の所産としてあらわれるのであって、そのようなかたちで、その「社会」の‘normative’なものの磁場——すなわち、「normal なもの」と「ab-normal なもの」の境界設定、

別言すれば、「制度化された規範」と「非制度化された規範」との布置連関――をつくり出す。

私は、こうして、S_Mの契機を、《行為》から《関係》へと上向して行くベクトルを支える「共同性の物質化された形態」としてとらえ、これに対して、Nの契機を、この上向のベクトルを支える「共同性の観念化された形態」としてとらえているのであるが、同時に、これら両契機の内側には、本書の冒頭の部分で考察した《人間》社会の歴史的な発展の経過を通じて、前者の側面には「生産力」の発達水準、ならびに、その内包としての「技術水準」が確保されており、他方、後者の側面には、「常識水準」とでも呼ぶべき日常化された生活世界の意識の中枢規定としての価値意識の発達水準の射映が包摂されている、と考えている。二一世紀初頭の現代資本主義社会に即して、一段と具体化して言うならば、これら二つの《行為》の内容的契機は、S_Mという「手段」の体系に対する資本制的私的所有の規定性と、Nという「規範的志向」の内容の民主主義化の徹底の度合い――すなわち、N④「《類》としての人間の規範的価値」の具体化された表現として、文字通り、《類》としての私たち《人間》の近代史、現代史の集約され、凝縮された'Gemeinwesen'の表現であるところの《自由》(Liberté)、《平等》(Egalité)、および《友愛》(Fraternité)という普遍的価値が、N①、N②、そしてN③の規範意識の内部に、どの程度まで実現され、共有されているか、という意味での徹底度――を表現し、逆に、そのようなかたちで、私たちの《行為》の、文明化された諸形態を通じての、特有の「文化水準」のメルクマールとなっているのである。

これら二つの契機は、私たち《人間》の日常の生活過程を構成する四つの《行為》領域において、それぞれ、次ページのように具体化される。

私たちは、とりわけて、方法論的「個人」主義の視座から方法論的「関係」主義のそれへの方法論的転換をもたらした社会構成体それ自体の構造的変動を詳細に検討して来ているが、《行為》を支えるこのような「物質的手段の体

α　自然的再生産の行為領域における「小所有」＝「生活規範」
β　社会的再生産の行為領域における「所有」＝「役割規範」
γ　精神的生産・消費の行為領域における「所有」＝「言語規範」
δ　自己回復の行為領域における「機構」＝「組織規範」

系」についての資本制的私的所有の規定力と、「観念的規範の内容」の《民主主義性》vs《非民主主義性》の対抗関係との、結合の裡に、《行為》→《関係》という〈上向〉のベクトルの基軸を見出すのであり、同時に、まさしくこの基軸の内部での資本主義的私的所有の規定力と観念的規範の「非民主主義的性格」の規定力との重合において、「関係の自立化」現象が生成しはじめるという論理的結構の持つ意味の重さに留目しなければならないであろう。方法論的「個人」主義の視座そのものが、一八七三―七四年の世界初の経済恐慌を背景として生成して来たわけであるが、そこでは、イギリスの東インド会社が最終的に消滅し、ドイツに鉄鋼カルテルが成立するという一八七四年の具体的な事例が象徴しているように、資本主義社会の社会構成体――すなわち、社会諸《関係》の重層化された構造――の巨大な構造変容が進行していたのであり、方法論的「個人」主義の社会学的思惟自身、このような国家独占資本主義段階へと移行して行く資本制的社会諸《関係》の巨大化――そこには、先進資本主義諸国の植民地獲得競争としての「帝国主義」の世界大への拡大というかたちで、すでに初発のグローバリゼーションの事態が生じていた――に抵抗し、《人間》の諸要素と意味とを擁護しようとする問題意識を有していた。そして、私たちは、今や、方法論的「関係」主義の視座からの《行為》―《関係》過程の理論を構築しつつあるわけであるが、すでに、二度の世界大戦の忌わしい経験をふまえて、眼前の資本制的社会諸《関係》の重層化された編制のなかに、「目的合理性」と「価値合理性」の分裂の固定化――その分裂の「裂け目」は、現在の高度情報化、大衆消費社会・管理社会化の諸社会変動の進行のなかで、日日に、大きくなり、深まりつつある――と、その最中での《人間》の再生と、あらためての解放とを、ふたつながら解明し、客観的可能性を秤量するという理論的責務を担っているのである。

α　《社会的》社会関係は，論理的には「関係」として自立化しないのであり，Association-Isolation という両極のあいだを揺動する．
β　《経済的》社会関係は，《人間》の生命活動の発現としての人間的・自然的諸力を「労働力」として《商品化》する規定を中軸として，「関係の自立化」現象を生成する．
γ　《政治的》社会関係は，観念的規範の《制度化》の規定力を中軸として，「関係の自立化」現象を生成する．
δ　《文化的》社会関係は，現代日本社会についてもなお，《旧意識》の残滓――日本社会における「関係」の構成原理の近代化の不徹底を雄弁にものがたる――の上での高度情報化，消費社会化のもとでの「意識」の《物象化》規定を中軸として，「関係の自立化」現象を生成する．

このようにして、あらためて言えば、《経済的》社会関係、《政治的》社会関係、および《文化的》社会関係に生成し、それら諸《関係》の現在を規定する「関係の自立化」現象とその所産としての物象化諸形態こそは「目的合理性」の、日毎に増量し、卓越する領野なのであり、これに対して、それ自体として「関係の自立化」の内部規定を持たない《社会的》社会関係の地平は、直接的には「感情的行為」の基層であり、間接的に、とりわけ《文化的》社会関係との相関・交響の諸《関係》の地平を通じて、「価値合理性」の現代的再生のポテンシャルを有する〝possest〟として、二一世紀の《人間》と《人間》の「生きた関係」の領野を拓いて行く可能性を内具しているのである。

四つの社会関係と「関係の自立化」現象の連関は、上のとおりである。

二　《経済的》社会関係における労働力の「商品化」規定

私が《経済的》社会関係の原型としてとらえている「領有法則の転回」のモデルは、カール・マルクスが、一八五七年八月―五九年三月の時期に書き続け、一九三九―四一年、最初にロシア（当時のソ連）で出版され、後に、一九五三年のいわゆるディーツ版の刊行によって広く読まれるようになった『経済学批判要綱』（*Grundrisse der Kritik der Politischen Ökonomie*）の第二篇、「資本の流通過程」で、提起された。モデルの内容については、すぐ後で詳述するけれども、私たちは、まず、「領有法則の転回」が、マルクス自身の用いていたドイツ語では、'Umsohlag des Gesetzes der Appropriation oder Aneignung' となっている点に、留目しなければならないであろう。すなわち、日本語で「領有」と一括りにされているのは、マルクスの書いた原典では、「Appropriation もしくは Aneignung」である。Appropriation は、直訳すれば「占有、横領、着服」であり、語源的にはラテン語の 'proprius' に遡及する。これに対して、Aneignung は、直訳すれば、法律用語の「先占」であり、教育学・心理学のいわゆる「習得」である。私は、本書では、《近代》以降の社会科学の方法論的視座の変遷を辿って来ており、それを先行的基盤として、私自身の《行為》─《関係》過程の理論の集成を提起しているわけであるが、そのような私自身の視点から見るならば、この Appropriation と Aneignung という二つの概念のあいだには意味する内容の落差が存在しており、これら両概念を「領有」という日本語で一括りにしてしまうことには無理がある。周知のように Appropriation は、英語でも同一の語があり、それらの語源のラテン語の、'proprius' は所有を強調し、したがって、Property=Owning, Article owned, Attribute owned へと連なり、私が本書で検討して来た事柄を対照させて言うならば、ジョン・ロックが *Two Treatises of Government*（一六九〇年）において提起していた「私的所有」に対応し、ジャン・ジャック・ルソーが *Discours sur l'origine de l'inégalité parmi les hommes*（一七五四年）で社会的不平等の発生の源としていた市民社会的「所有権」に対応する。

他方で、私たちは、Aneignung を動詞の 'aneignen' へと連関させ、英語の Acquisition および、'acquire' との相関に導かれながら、これらの語源のラテン語 'quaervere' が「さがし求める、必要とする、知ろうとする、得ようと努める」という意味を有する言葉であり、端的に、英語の 'seek' に呼応する概念であることを知る時、マルクスが用いていた 'Appropriation oder Aneignung' の oder=or には、次の二つの平面の落差とその後の交叉・包摂への眼差しが含まれていたという事実に、気づかせられるのである。

私見によれば、Aneignung（とりわけ‘sich aneignen’）という《行為》は、全自然史的過程の展開のなかで、私たち《人間》が、みずからの人間的・自然的諸力の総体を起動力・駆動力としながら、その全自然史的過程を貫く運動法則の展開を読みとり、その客体的な運動法則の展開と私たち《人間》の身体の内側の主体的・内的な運動法則の展開との照応・一致するところを、‘seek’しつつ、自己表現・自己実現するところに成立する《行為》である。それは、日本の神話の山幸彦・海幸彦のものがたりの背景を成す《労働》の原風景であり、室町時代の伝説から生まれた「桃太郎」の昔ばなしに出て来るおじいさんの柴刈り・おばあさんの洗濯に意味負荷された《労働》のそれであるだろう。

これに対して、Appropriationは、言うまでもなく、‘Ap＋propriation’――ここで、‘ap’は、本来、‘ad’＝‘with sense of motion or direction to, change into’の意味を有する前置詞、が後続する‘propriation’の‘p’との連接のために‘ap’に変化したものであり、‘propriation’は、端的に、‘owing’である――という合成語であり、ロック、ルソーとの関連において言うならば、《近代》市民社会の《法律的・政治的》社会関係によって媒介された「所有」――したがって「所有権」――の概念である。私は、『コミュニケーション理論史研究（上）』（二〇〇〇年）のなかで、ジョン・ロックの《労働》と《所有》とを結ぶ《Preservation》→《Labour》→《Property》という論理的結構について検討しているが、このような歴史的かつ論理的な意味において、Appropriationは、Aneignungのように《人間》―《自然》の存在論的地平の上に成立する概念ではなくて、それを前提としつつ、より多く《人間》―《人間》の存在論的構制のなかで、文字通り、歴史の運動のなかで、生成させられて来た概念である、と言わなければならない。

実際、マルクスは、『経済学批判要綱』の第二篇において、「われわれは、ここで、それ自身の基礎の上で運動しつつある、出来上がった市民社会を問題にするのである」と述べているのであり、トマス・ホッブズ、ジョン・ロック、ジャン・ジャック・ルソーが構想していた《近代》市民社会が、とくに産業革命の契機を繰り込みつつ、資本主義社会へと転成し、一九世紀の半ば以降、生み出していた産業資本段階の資本制的社会構成体の現実的諸条件を解明するために、その要諦の一点として、「領有法則の転回」という現象に留目したのであった。よく知られているように、ジョン・ロックの父親は、法律を学んだ後、サマセット州の治安判事の書記を務めていた。そして、ジャン・ジャック・ルソーの父親は、ジュネーヴの時計職人であった。しかし、私たちが見落としてはならないのは、ロックに先行し、イギリス絶対王政に対する市民社会論的批判の先駆者であったジョン・ミルトンが「公証人」(Scrivener) の家の出自であり、ロック自身は、父方と母方のいずれをとっても、'the Puritan Trading class' の出身であり、ロックの周辺には、製革業、ビール醸造業などに従事する揺籃期の産業資本家たちが少なからず存在していた、という事実である。「公証人」という職業は、私たちの日常生活世界には比較的なじみのない職業のように思われるけれども、古代ユダヤの公的記録の製作・保管にたずさわる仕事に始まり、『広辞苑』に「特定の事実または法律関係の存否を公に証明する行政行為」に携わる人とあるように、今日に至るまで、私たちの生活世界の基底部分にある《権利》関係に直接的に相関する職業である。ミルトンにとどまらず、ヨーロッパのインテリゲンチアたちには、この「公証人」の家柄を出自に持つ人びとが少なくないけれども、彼らの多くは、この職業の背後にある債権・債務の《権利》関係の即物的性格——Sachlichkeit——に背を向け、そのような《権利》関係の中枢にある金銭・貨幣の「物象的」(Fetisch) な支配の力を嫌悪するようになった。

マルクスが『経済学批判要綱』を執筆していた一八五七年から五九年にかけての時期は、インドにおけるセポイの反乱から、その翌年（一八五八年）の東インド会社の解散、大英帝国によるインドの直接統治の開始、という事例に見られるように、すでに、産業資本段階から帝国主義段階のそれへという資本主義社会の構造的変容の胎動が始まっていた時期であり、同じ五八年に、アメリカ、ニューヨークにメーシー百貨店が開業し、日本では、ハリス総領事の精力的な外交交渉の末に、日米修好通商条約が調印され、「開国」への一歩の途が拓かれていた。《近代》市民社会が資本主義社会へと転成し、さらに、産業革命の展開を経て、成熟した産業資本段階から、独占資本・帝国主義段階のそれへと変容して行く歴史的背景のもとで、『経済学批判要綱』は、いわゆる「初期マルクス」と「後期マルクス」とのあいだの "the missing link" の位置に在るとする見解（たとえば、M・ニコラウス、D・マクレラン、K・コシークなど）が存在するけれども、私は、ここでは、むしろ、マルクスが、このように変容して行く眼前の資本主義社会に対して、一方では、ロックやルソーの市民社会分析の視座を継承しながらも、ヘーゲルの *Phänomenologie des Geistes*（一八〇七年）および *Grundlinien der Philosophie des Rechts*（一八二一年）からの強い影響の下に、《経済的》社会関係が、水平的（horizontal）な関係であるよりも、より多く、そして本質的に、《Herr》と《Knecht》の垂直的（vertical）な関係であることを明らかにし、他方、アダム・スミスからジェームズ・ミル（James Mill）（一七七三―一八三六）に至る古典派経済学を批判的に検討し、とくに、デヴィッド・リカード（David Ricardo）（一七七二―一八二三）の *On the principles of political economy and taxation*（一八一七年）およびジャン・バチスト・セー（Jean Baptiste Say）（一七六七―一八三二）の *Catéchisme d'economie politique*（一八一七年）から多くを学びながら、《経済的》社会関係の中枢部において、《労働》が富の源泉であること、ならびに「機械」――私たちの《行為》の理論モデルのS_M④――がスミスの楽観主義とは異なって、《労働》という行為を物象化する契機となっていること、を剔抉している点に、注目したい。

さて、私たちは、今や、《経済的》社会関係の組織原理としての「領有法則の転回」のモデルそのものと、対質するべき時である。それは、基本的に、図27のようにまとめられることができる。

この図27において、P＝生産、W＝商品、G＝貨幣、K＝消費であり、まず、前提的に、P_0～P_nのスミス的な分業体系とK_0～K_nというヘーゲルが『法の哲学』で留目していた欲望の体系とが、W_0－G－G－W_1という《商品》の流通によって媒介され、結合されていることが理解されなければならない。その上で、第Ⅰ循環において、ある個人［X］がみずからの《労働》の所産としての「貨幣」を元手にして、他者［Y］（場合によって、［Z］→［N］）の労働力（A）と生産手段（P_m）との結合による《商品》生産（P）を展開し、その《商品》を売却することによって、元本に「剰余資本Ⅰ」（g_1）を加えた売上げ高の貨幣（G′）を、獲得する。しかし、第Ⅱ循環の終り以降、この生産過程が繰り返され、$g_1+g_2+\cdots+g_n \leqq G_0$となった段階で、この《経済的》社会関係のなかでの［X］と［Y］（場合によって、［Z］→［N］という複数の他者たち）との《関係》は、もはや、

［X］Action
［Y］Action
→ Inter-Action→Social Relation

という牧歌的な《関係》ではなくて、もっぱら他者の「不払い労働」の所産の蓄積に依存して生きる「資本家」［X］と自己の労働力を「商品」として売り渡しながら、新たな「商品」を生産し続ける「労働者」［Y］（場合によって、［Z］→［N］）とのあいだの、資本制的な生産関係のもとでの役割《関係》となっているのである。

マルクスは、このようにして、Aneignungの《人間》－《自然》の関係のなかでの労働という《行為》から、Appropriationの《人間》－《人間》の地平での労働という《行為》の役割編成――それがアダム・スミスが賞讃していた分業の体系にほかならない――への高次化の裡に《資本》の生成する根拠を見出したのであるが、それだけでは

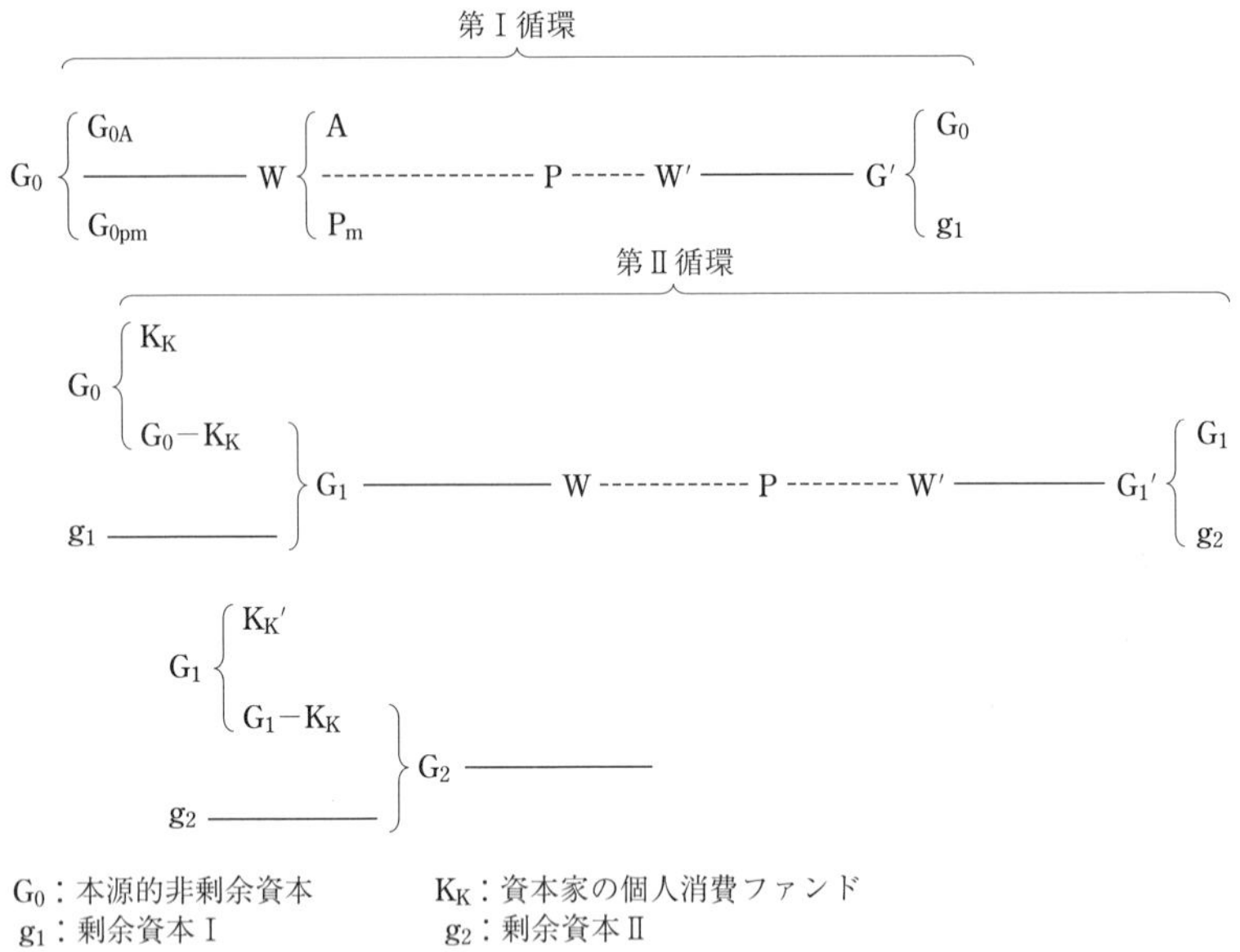

図 27 《経済的》社会関係の組織原理

なくて、まさしくこの《関係》の変容において、「人びとの第一次的な社会関係（die gesellschaftliche Beziehung der Personen）が、さまざまな物象のあいだの第二次的な社会関係（ein gesellschaftliche Verhalten der Sachen）に転化している」という事実をも見出していたのである。

たしかに、「領有法則の転回」の第Ⅱ循環の終り以降、ある個人［X］はヘーゲルのいわゆる《Herr》となるのであり、これに対して、ある個人［Y］（場合によって、［Z］→［N］の複数の人びと）は、自己の《労働》という行為のなかの人間的・自然的諸力を「労働力」として《商品》化――それは、同時に、根源的な意味での物象化（Ver-ding-lichung）である――する関係行為（Verhalten）を通じて《Knecht》となるのであって、ここに成立している資本主義社会の社会構成体の基底としての《経済的》社会関係は、表見的には、「資本家」－「労働者」という垂直的な《役割》編成の'Sachlich'な関係としてあらわれ、本質的には、実は、「資本家」と「労働者」の双方から徹底的に「人格性」(Persönlichkeit) を奪いつくし、消去する'Dinglich'な《物象》の世界——今日の大衆消費社会における《商品》・貨幣の君臨は、その結果形態にほかならない——として、現前して来るのである。

なお、Aneignung と Appropriation という二つの概念の意味内容の落差からは、「人格的依存関係」(persönliche Abhängigkeitsverhältnisse) と「物象的依存関係」(sachliche Abhängigkeitsverhältnisse) ——マルクスは、'das sachliche Verhältnis, worin die persönliche Verhältnisse zugrund gehen' という言い方をしている——の対比・対照にもとづく《人間》の歴史の三段階の理論的展望が描き出されて来るが、私は、ここでは、その問題の詳細には立ち入らない。ただし、「人格の人格に対する支配」(Herrschaft der Person über die Person) というマックス・ウェーバー的な問題が、この「依存関係」概念にもとづく三段階の歴史理論と交響し合うようなかたちで一八四五年から四七年にかけて、ジェームズ・ミルの経済学理論に関する「評註」を書いたマルクスによって提起されているという事実は、心にとどめておくことにしたい。

私は、ここでは、むしろ、「領有法則の転回」が照射していた第Ⅰ循環から第Ⅱ循環へ、そして第N次のそれへという《経済的》社会関係における生産の回転速度の上昇の方に、より多く留目する必要がある、と思う。《経済的》社会関係は、それ自体、$g_1+g_2+g_3+\cdots+gn$》G_0 というかたちでの「利潤の最大化」をめざす「目的合理性」の卓越する《関係》であるが、そこにおける「目的」—「手段」の関連の整合性の高次化をはかる「経営努力」は、一方において、上述の循環の速度を早め——さまざまな「時間」管理の手法とそこでの「科学的」管理法なるものの導入は、ここに関わっている——、他方において、P_m という「生産手段」の側での技術水準の高度化と相即し、相関するかたちで、A＝労働力という《人間》の人間的・自然的諸力を均質化しつつ、ますます'Sachlich'な労働編制に、そして‘Dinglich’な労働形態へと、組織化しながら、変容させて行く。

マルクスは、『経済学批判要綱』のかなり後ろのところで、次のように述べている。「資本は、一方では、交通すなわち交換のあらゆる場所的制限をとりはらい、全地球を資本の市場として征服しようと努めなければならないが、他方では、時間によって空間を絶滅しようと、すなわちある場所から他の場所への移動に費やされる時間を最低限に減らそうと、努める。資本が発達すればするほど、したがって、資本が流通する市場、資本流通の空間的軌道としての市場が拡大すればするほど、資本は、ますます市場を空間的に拡大しようと努めるのであり、同時に、時間によって空間を一層徹底的に絶滅しようと努める。このようにして、資本をすべての先行する生産の諸段階から区別するところの、資本の普遍的傾向があらわれるのである」。

「領有法則の転回」は、ある個人[X]の自己労働の所産であるG_0を、第Ⅱ循環の終り以降、《資本》に転成させ、同時に、この《経済的》社会関係そのものの拡大再生産のなかで、他者[Y]（さらに[Z]→[N]の複数の他者たち）の労働力の「商品化」の深まりを生み出し、確実に、《経済的》社会関係の、「関係としての自立化」現象を招来する。そこにおいて、《資本》の非人称性と抽象性とは極まっており、同時に、同様にして非人格化され、「抽象的・一般的有用労働」の主体として抽象化されている――だからこそ、何時でも、何処でも、その「細分化された労働」は、不特定の他者[N]の労働によって、取り替え可能なのである――労働者たちの「賃金労働」という名の「商品化された労働」との対称性・相対性との規定性のもとで、《経済的》社会関係は、等質的・均質的な時間の流れのなかで、文字通り、物象化された社会《関係》――私は、後に触れるように、これを物象化Ⅰ（Ver-ding-lichung）の現象の生起する地平としてとらえている――へと変質し、転化するのである。これが、ミヒャエル・エンデの言う「灰色の服を着た男たち」の二二億七五二二万秒の《タナトス》――マリー・ボナパルトの *Chronos, Eros, Thanatos*（一九五二年）とノーマン・O・ブラウンの *Life against Death*（一九五九年）が明らかにしているように、等質的時間を支配するタナトスは、ギリシャ神話の多種多様な人格神たちの中にあって、既に「抽象的な神」でありつつ《死》を象徴し、表象していた——が君臨する「形式合理性」と「数量化された合理性」というかたちで分節化された「目的合理性」の支配する《関係》の領野であり、だからこそ、私たちは、このような無機質にして骸質化された《関係》に対して、《エロース》の彩りとしなやかさとを内包する「生の飛躍」(élan vital) と「愛の飛躍」(élan d'amour) へと連接する、「感情的行為」と「価値合理的行為」との結合し、融合する地平を確保し、そこから「関係の豊かさ」を、'aneignen' していかなければならないのである。

三　《政治的》社会関係における規範の「制度化」規定

私たちは、「領有法則の転回」のモデルがリカードやセーの経済学理論に対するマルクスの理論的《のりこえ》の所産であることを明らかにして来たけれども、実は、リカードの経済学理論は 'The principles of political economy' であり、セーのそれは 'catéchisme d'economie politique' と題されていた。そして、マルクスの『経済学批判要綱』それ自体も、そこにおける「経済学」は 'Politischen Ökonomie' であった。このように、《近代》市民社会から勃興期の資本主義社会をとらえようとする経済学の理論的思惟は、歴史的現実の展開のなかでの「重商主義」や「重農主義」の事例に見られるような《政治的》社会関係と重合し、癒着した《経済的》社会関係の動態を分析するそれとして、「政治経済学」でなければならなかった。そこには、グレシャムやコルベールに象徴されているように、絶対王政に包摂され、それと妥協しながら、それを内破して行く産業ブルジョアジーの生活営為が反映されていた、と言うべきであろう。

他方で、スミスからマーシャルに至るまで、古典派経済学の理論家たちは、多くの場合、'moral philosophy' と題する講座のなかで、経済学を講じていた。周知のように、スミスの *The theory of moral sentiments*（一七五九年）は、グラスゴー大学における彼の「道徳哲学」の講義から、生みだされたものであった。また、アルフレッド・マーシャルは、一八八五年、ケンブリッジ大学の政治経済学部の教授に就任し、イギリスにおける 'moral philosophy' の流れを継承しつつ、*The pure theory of foreign trade and the pure theory of domestic values*（一八七九年）、*Industry and trade*（一九一九年）、*Money, credit and commerce*（一九二三年）などの著作を通じて、新古典派経済学の創始者となり、アーサー・C・ピグー、ケインズ、ヒックスたちの近代経済学の視座をかたちづくった。私たちは、今、あらためて、スミスが経済学を 'the statesman' の学問であると述べていた意味を、再考しなければならないのであろう。'the statesman' とは、*The Concise Oxford Dictionary*（*C. O. D.*）によれば、'Person taking prominent part, person skilled, in management of State affairs. のことである。そして、'State' とは、同じく *C. O. D.* によると、'organized political community with government recognized by the people, commonwealth, nation' となっている。ここまで辿って来れば、一九世紀の後半、まさしく資本主義社会が、産業資本段階から独占資本の段階へ、そしてヴィクトリア女王の統治の時代（一八三七—一九〇一年）が雄弁にものがたっているような帝国主義の段階へ、と大きく、構造的に転換する時期までの経済学が「政治経済学」と呼称されていたことの意味は、明らかであるだろう。私が方法論的「社会」主義の視座から方法論的「個人」主義のそれへと社会学の理論的基盤の変化した時期としてとらえた一九世紀の七〇年代以降、一八七三年の最初の世界恐慌の後の社会変動のなかで、具体的には、ジンメルの『社会分化論』（一八九〇年）とデュルケームの『社会分業論』（一八九三年）とが執筆された時、すでに、'State' と呼ばれる国家有機体説的な「政治共同体」(political community) の一体性は崩壊し、《政治的》社会関係の領域は、鋭い階級対抗のベクトルによって彩られることとなったのである。

マーシャルは、ケンブリッジ大学の教授就任講演である '*Present position of economics*' において、経済学にたずさわる人には、'cool head but warm heart' が必要であり、自分たちの周囲の社会的苦悩と闘うためにみずからの最善の力を捧げ、「教養ある高尚な生活」のための物質的手段をすべての人びとに与えることが如何なる程度にまで可能であるかを明らかにするべく、彼のすべての能力を発揮することが必要である、と訴えかけた。そして、スミスが述べていた 'the statesman' とは、杉本栄一の訳語を用いて言えば、「経世家」のことである。「経世家」という言葉は、『広辞苑』に「江戸時代、経世済民の具体策を説いた在野の知識人」とあり、もともと経済学が「経国済民」の学であったことを考えるならば、杉本栄一による苦心の適訳と言うべきであろうが、しかし、今日の若い人びとにはほとんど意味が伝わらないのではなかろうか。スミスの時代はともかくとしても、マーシャルが前述のような 'cool head but warm heart' の必要を訴えた一八八五年の段階の 'State affairs' は、すでに、独占資本と帝国主義の巨大化し、複雑化した「政治共同体」のそれであり、だからこそ、マーシャルの 'The pure theory' という《経済的》社会関係の純粋理論――近代経済学はこのベクトルの延長線上に発展して来た――が登場しなければならなかったのである。そして、《経済的》社会関係に内包されていた《Herr》－《Knecht》の契機は、同じ一八八五年のイギリスにウィリアム・モリスたちの社会主義者同盟 (the Socialist League) が生まれ、翌八六年、アメリカに労働総同盟 (American Federation of Labor) が成立するというかたちで、明瞭に、「資本家」－「労働者」の政治的対抗関係を析出しつつあったのであり、それ自体、もはや、スミスの「経世家」やマーシャルの 'warm heart' の手に余る 'Sachlich' な《政治的》社会関係――現代的な《Herrschaft》を中軸とする社会関係――の自立した運動の領野の存在を、歴史の前面にうかびあがらせるところとなった。

　私たちの社会学的思惟は、《政治的》社会関係の存立する姿を、スミスやマーシャルの審美的な視座からではなくて、はるかに散文的な視座から、とらえている。たとえば、マックス・ウェーバーは、*Politik als Beluf*（一九一九年）のなかで、「国家とは、一定の地域の内部で——この〈地域〉ということが特徴であるが——正統な物理的暴力の独占を要求する（そして、それに成功する）人間共同体にほかならない。というのは、国家以外の国　体《フェルバント》や個人に物理的暴力の権利が認められるのは、国家がそれを許す範囲内に限られているということ、つまり国家のみが暴力の〈権利〉の唯一無二の源泉とされていることが、現代の特色であるからである。したがって、私たちにとって、〈政治〉とは、国家間であれ、国家内の国家に含まれる人間集団間であれ、権力行使へ参加しようとする努力、もしくは権力の分割に影響を与えようとする努力、であると言ってよいであろう」（強調はウェーバー）と、述べている。こうして、《政治的》支配の実質である「権力」とそれを即物的に支える暴力装置とが正面に措定され、それに対する正統性の付与が問題とされる時、《政治的》社会関係が、実は、《法律的・政治的》社会関係にほかならないという重要な事実が、理解されなければならなくなるのである。

　《Herr》—《Knecht》の関係のありようを明晰に論じたヘーゲルは、*Grundlinien der Philosophie des Rechts*（一八二一年）のなかで、「法の客観的現実性とは、ひとつには、法が意識に対して存在すること、すなわち総じて知られるということであり、もうひとつには、法が現実性の威力を持ち、効力を持つこと、したがってまた普遍的に妥当するものとして知られるということ、である」（§二一〇、強調はヘーゲル）と述べ、さらに、「即自的に法であるところのものがその客観的現存在において定立されると、すなわち思想によって意識に対して規定され、法であるとともに効力を持つところのものとして周知されると、それが法律である。そして、法は、こうした規定によって、実定法一般なのである」(§二一一、強調はヘーゲル)としている。

《法律的・政治的》社会関係――私は、全体として、本書では、これを《政治的》社会関係として表記して行くけれども――は、このようにして、一方において、その《Herrschaft》の物質的基盤を《経済的》社会関係に仰ぎつつ、他方、その「支配」の合法性と正統性との根拠を、人びとの意識の裡に求め、逆に、相対的に多数の民衆の支持を得るべく、《文化的》社会関係の地平へとリンクすることによって、確保するのである。私は、このような文脈において、《経済的》社会関係に顕現する物象化Ⅰ(Ver-ding-lichung)の現象が、直接的には、《政治的》社会関係のなかでの規範の「制度化」(Institutionalisation)を通じて顕在化する物象化Ⅱ(Ver-sach-lichung)の現象と、相互に反転しあいながら――メルロ－ポンティの言う、'chiasme'――重合しており、さらに、これから述べて行くような展開と構造とを通じて、《文化的》社会関係の地平での物象化Ⅲ(Ver-ding-lichung)――そこでは、《人間》が、情報・記号および意識の三重の規定性のもとで、あらためて、そして決定的に、《物》化する――の現象を生成し、逆に、それによって包摂されている、と考える。このような相関の関連を分析するための私のモデルは、図28の通りである。

この図28において外化(Entäusserung)されているものは、言うまでもなく、《人間》の人間的・自然的諸力である。そして、その「外化」の《行為》の相互化の過程から生み出される《関係》こそは、実は、「対象性(客体性)」(Objektivität)の規定の下で、《人間》が役割を生き、また、生かされる地平にほかならない――すでに見て来た《経済的》社会関係に即して言うならば、たとえばアメリカのGM、日本のトヨタ、ドイツのVWの「労働者」たちは、それぞれの生産する自動車の「価値」(品質に代表される出来栄え)と「価格」(商品としての販売競争力に裏付けられた金銭的対象性)の規定性によって媒介されながら、二一世紀のグローバリゼーションの下での熾烈な《資

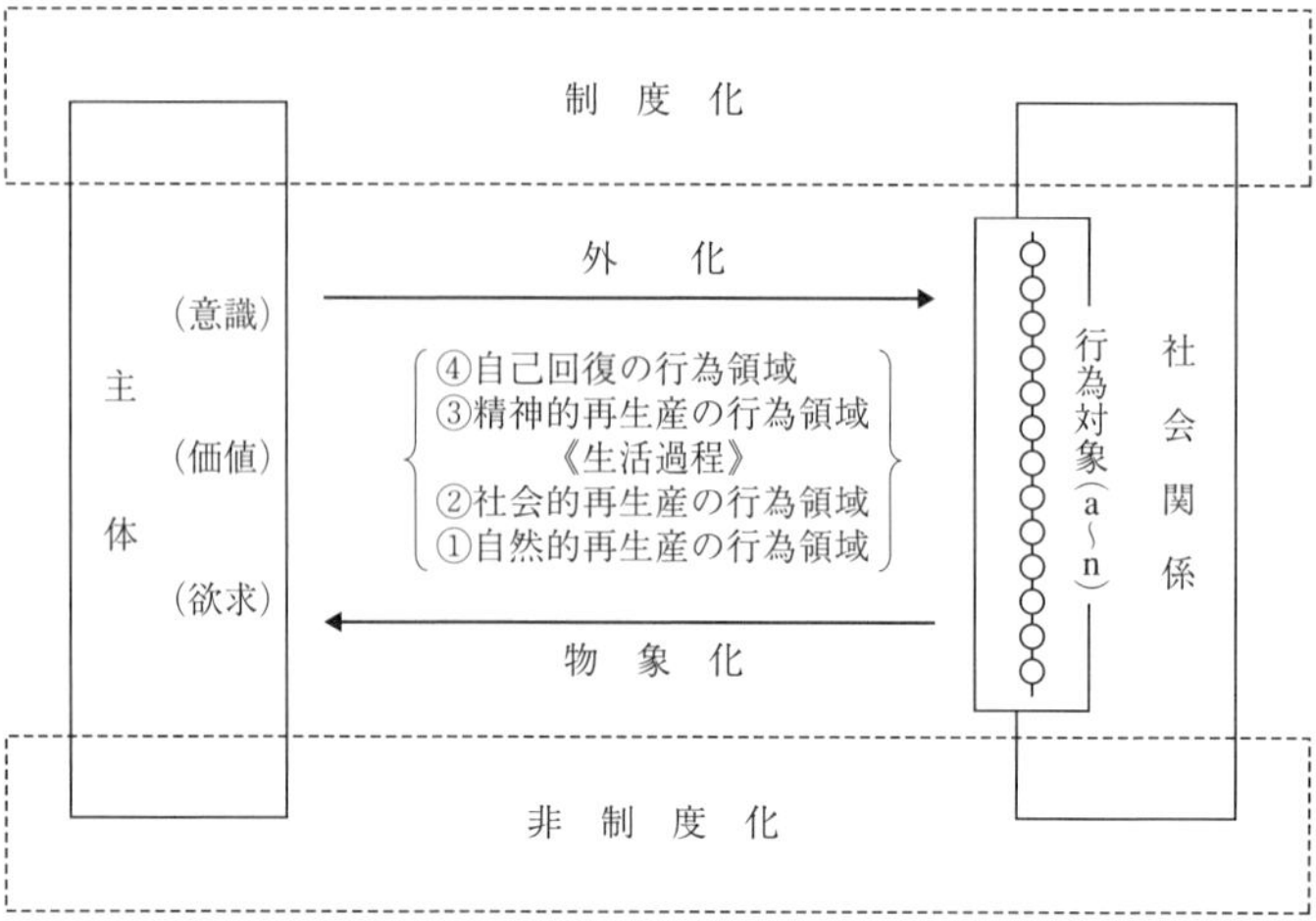

図28　規範の「制度化」モデル

本》間競争の《関係》のなかで、それぞれの企業組織の役割編制の地平を生き、その役割期待に応えることによって、みずからの生活世界の再生産を可能としているのである——。

しかし、私たちが注意しなければならないのは、今、ここで事例に挙げている自動車産業の場合、アメリカのGM、日本のトヨタ、ドイツのVWのそれぞれによって、「労働者」たちが包摂される役割編制と、そこにおける役割期待のありよう——すなわち、役割規範の内容と規定力——は異なっているのであり、しかも、それ自体は、《経済的》社会関係の問題でありつつ、意識を通じて《文化的》社会関係の地平へと〈上向的に〉連接しながら、独自の問題の領野として、「制度化」(Institutionalisation)のそれをうかびあがせるという事実である。

私は、「制度化」という社会的事実の説明には、デュルケームの「集合表象」やシュッツの「期待の相補性」による社会学的説明よりも、荻生徂徠の『政談』(一七二六―二七年、全四巻)における政治学的説明の方が、より多く説得的である、と思う。徂徠は、次のように言う。

制度ト云ハ法制・節度ノ事也。古聖人ノ治ニ制度ト言物ヲ立テ、是ヲ以テ上下ノ差別ヲ立、奢ヲ押ヘ、世界ヲ豊カニスルノ妙術也。依《リ》レ此《ニ》歴代皆此制度ヲ立ルコトナルニ、当世ハ大乱ノ後ニ武威ヲ以テ治メ玉ヒシ天下ニテ、上古トハ時代遥ニ隔リシ故、古ノ制度ハ難《ク》レ立《テ》、其上大乱ノ後ナレバ、何事モ制度皆亡ビ失セタリシ代ノ風俗ヲ不レ改《メ》、其儘ニオカレタルニ依テ、今ノ代ニハ何事モ制度ナク、上下共ニ心儘ノ世界ト成タル也」（巻之二）。

ここに、法制とは、‘régime’のことであり、節度とは、‘habitude’のことである。私は、日本の政治学的思惟の源泉のひとつ——当然のことながら、政治学的思惟と政治的思惟とは、まったく別のものであり、後者は日本の歴史の草創以来うんざりするほどに現れては消え、再び現れては消えて行く歴史を繰り返している——とされる徂徠が、「関ヶ原の合戦」に続く、徳川家康による江戸幕府の創設（一六〇三年）から一二〇年有余を経て、「今ノ代ニハ何事モ制度ナク、上下共ニ心儘ノ世界ト成タル也」と慨嘆していることに、少なからず驚いている。『政談』は、一七二七年（享保一二年）四月頃、八代将軍徳川吉宗に献呈されているが、確かに、一六〇五年の家康自身の手になる『吾妻鏡』（活字版）の刊行以後、林家の『本朝通鑑』（一六七〇年）や、有名な徳川光圀の命によって着手された『大日本史』（一六五七年、編纂開始）——完成は一九〇六年になるけれども、一七二〇年に水戸藩主徳川宗堯によって、『大日本史』（享保本）が幕府に献じられている——に象徴されるように、日本の歴史の時系列的展開の上に江戸幕府の開設を位置づけて、その正統性を調達しようとする試みは少なからず存在するけれども、トマス・ホッブズの *Leviathan*（一六五一年）やジョン・ロックの *Two Treatises of Government*（一六八九年）のような‘Regime’そのものの構造——すなわち、‘constitution’——についての立論は、ほとんど存在していなかった。

私がとくに注目したのは、『政談』（巻之一）の冒頭に置かれた、次の一文である。「総ジテ国ノ治ト云ハ、譬《たと》ヘバ碁盤ノ目ヲ盛ルガ如シ。目ヲ盛ザル碁盤ニテハ、何程ノ上手ニテモ碁ハ打タレヌ也」。私が前掲の図28で説明しようとした《行為》主体を社会《関係》の諸編制の裡へと「制度化」して行く機制は、まさしく囲碁を打つための碁盤の盤面、縦横一九条ずつの罫線の交叉から生み出される総計三六一の目の上に、《人間》を位置づける——配置する——ことに、ほかならない。実際、徂徠は、同じ巻之一のやや後段のところで、「依《リ》レ之《ニ》碁盤ノ目ヲ盛テ江戸中ヲ手ニ入ルルト云愚按ノ仕方ハ、武家屋舗モ町方ノ如ク一町々々ニ木戸ヲ付ケ、木戸番ヲ置キ、一町々々肝煎《きもいり》ヲ被《レ》二仰《セ》附《ケ》一、諸事ヲ申合セ、盗賊、棄物等有《ル》レ之時ハ木戸ヲ打セ、夜中ナラバ拍子木又ハ竹筒ヲ吹テ告知《つげしら》スルヤフニスベシ」というかたちで、当代の総人口一〇〇万人、一七〇〇町に及ぶ江戸の空間的編成とその上での役割の編制に、言及しているのである。

私は、法制とは‘régime’のことであり、節度とは‘habitude’のことであると述べたが、さらに、‘régime’の語源がラテン語の‘regimen’にあり、それがフランス語の‘action de diriger’を意味すること、および‘habitude’の語源が、やはり、ラテン語の‘habitudo’にあり、それがフランス語の‘maniére d'être’を意味していることへと、思い及ばなければならないのであろう。‘diriger’とは、もともと、「方向づける」という意味であるが、英語の‘to direct’がより判明にうかびあがらせているように、そこには、教導し、支配するという含意が内在するから、やがて、‘action de diriger’は、《Herrschaft》の現実化した状況としての法制、すなわち「碁盤の目」を意味するようになったのである。そして、節度としての‘maniére d'être’は、文字通り、この「碁盤の目」の上に位置づけられ、配置された《人間》たちの「存在の仕方」にほかならない。

徂徠の言を用いて言えば、「衣服・家居・器物、或ハ婚礼・喪礼・音信・贈答・供廻リノ次第迄、人々ノ貴賤・知行ノ高下・役柄ノ品ニ応ジテ、夫々ニ次第有ルヲ制度ト言也」(巻之二)となるけれども、これは、まさしく‘habitus’の《政治的》社会関係による編制であり、役割規範の日常「生活世界」への具体化である。

そして、決定的な事柄は、「民ハ愚ナル者ニテ、後ノ料簡ナキ者也」（巻之一）という徂徠の視座に深く関わりつつ、うかびあがって来る。古文辞学の唱道者としての荻生徂徠が政治支配の基準を、尭・舜・禹・湯・文王・武王・周公という七人の「先王の道」に求めていたことは周知のところであるが、徂徠の生きていた一七世紀後半から一八世紀の初めにかけて、日本社会の《経済的》社会関係は、農村における生産力の発達と《商品》流通の高度化を梃子《てこ》として、急激に拡大し、変容しつつあったのであり、象徴的な事例として、三井高房の『町人考見録』（一七二八年）が明らかにしているように、一七世紀半ばの「慶安・承応」の頃から一八世紀初頭の「宝永」の頃にかけて、尾張・紀伊の徳川、加賀の前田、仙台の伊達、さらに島津、細川、浅野、鍋島、黒田、毛利、南部、井伊、酒井、奥平、森、戸田、立花、鳥取、の一八藩が、京都の商人から借金し、それを踏み倒して、相手である町人（《民》）を破産させる、という事態が生じていたことも、看過すべきではないであろう。当然のことながら、《経済的》社会関係における生産力の高度化の主体は《民》の側だったのであり、徂徠の「碁盤の目」は、それにもかかわらず、《政治的》社会関係における徳川幕府の権力支配を維持するための、文字通り、イデオロギー装置にほかならなかったのである。

徂徠の法制と節度――‘régime’と‘habitude’――とは、言うまでもなく、儒教の論理によって結合されていた。前者の側の《規則》―《法》と後者の側の《規範》―《価値》とは、現実の社会構成体にあっては、江戸幕府の、「封建制」という《政治的》支配の機構を支えるためのイデオロギー装置として機能させられていたが、一方において、《経済的》社会関係における「商品」流通の高度化、他方における徳川家光以来の「鎖国」体制に対する欧米列強の「開国」圧力、のもとで、《経済的》社会関係の資本制的私的所有というグローバル・スタンダードへの対応を迫られつつ、《政治的》社会関係としての「形式合理性」の貫徹を必要とすることとなった。幕末の尊皇攘夷論・公武合体論から公議政体論への転回を経ての明治新政府の成立とその後の日本社会の《近代化》の過程は、そのまま、このような意味での《政治的》社会関係の「合理性」の拡充とそれに対応する合法性の調達とを意味していた――その象徴的な焦点は、民法典論争と「自由民権」の抑圧にあった――けれども、それにもかかわらず、《規範》―《価値》という私たち日本人の意識の基底部分には、今日なお、「封建遺制」と「醇風美俗」の旧意識が執拗にまとわりつづけている。

規範の「制度化」は、それ自体、その社会における‘normal’な意識と‘ab-normal’なそれとを区分し、区別するものである。しかし、ボードレールが ***Fleur du mal*** を発表した一八五七年、真の意味で、‘bad’であり、‘wrong’だった――フランス語の‘mal’は、英語では、これら二つの語と等価である――のは、ナポレオン三世の第二帝政であった。フランス人は、そのことを、一八七〇年以降の第三共和制によって具体的に実証し、その後、今日に至るまで、皇帝を必要としていない。明治維新は、『悪の華』の一〇年後の出来事である。どのような規範によって日本社会における《社会的》社会関係を存立させるかは依然として私たち日本人自身の歴史的課題なのである。

四　《文化的》社会関係における意識の「物化」規定

美術史家、H・W・ジャンソンは、私が本書の筆を起す契機としたパウル・クレーの晩年の画業を、オランダ人画家、ピーター・C・モンドリアン（一八七二―一九四四年）のそれと親近性の強いものとして、とらえている。よく知られているように、モンドリアンは、一九三二年、‘Abstraction-Création’派の芸術運動に参加し、絵画の描く Object の客体性を極度に抽象化して、水平線と垂直線の交叉による幾何学的構成によって《空間》を描写し、一九三八年にはアメリカに渡り、主としてニューヨークで制作を続けた。ジャンソンは、具体的には、モンドリアンの *Composition with Red, Blue, and Yellow*（一九三〇年）という作品を、クレーの *Park near L*（一九三八年）に相対させながら、クレーの画業を"language of signs"の芸術だ、と言うのである。

私も、クレーのこの絵——スイス、ルツェルン（Lucerne）近郊の公園を描いたとされる三九・五センチメートル×二七・五センチメートルのカンバスの上では、さまざまな樹木も、鳥や動物も、そして人間たちさえもが、線条と化し、記号と化している——を見ていると、そこに、私たち《人間》の五感がとらえた諸感覚のイメージを形象化した"language of signs"を読みとることができる、と思う。そして、モンドリアンの'Composition'は、端的に、ニューヨーク、マンハッタンの「碁盤の目」の街路を、強く想起させる。

私が、荻生徂徠の「碁盤の目」によってとらえた規範の「制度化」による社会《関係》の自立化して行く現象は、一九世紀後半以降、とりわけ、第一次世界大戦の後、二次元の《グリッド》としてではなくて、三次元のそれとして、私たちの《行為》—《関係》過程の生成を支える存在論的基底を成すこととなった。私が、ここで、クレーの"language of signs"と連接する視座として、留目するのは、ゼーレン・キルケゴール（一八一三—五五）のそれである。彼は、*Sygdommen til doden*（一八四九年）の第一篇の冒頭の部分で、「自己とは、自己自身に関係する関係である、あるいは、関係が自己自身に関係するということ、関係のうちにある自己ということである」と、述べている。同じ書物のなかの、もう少し後ろのところでは、「心という規定のもとでは、心と身体とのあいだの関係は、ひとつの関係である。これに反して、関係が自己自身に関係すると、この関係は積極的な第三者であって、これが自己なのだ」と、述べられている。私たちは、本書でこれまで検討してきた事柄から、キルケゴールのこのような主張が、たとえばモーリス・メルローポンティの視座と、きわめて良く響き合うものであることを、知り得るであろう。

私たちは、《行為》―《関係》過程の理論の方法論的基礎としての方法論的「関係」主義の視座をメルロ－ポンティやカッシーラーたちの先行する諸業績の検討から析出して来たが、本書の「序」のところで述べている方法論の歴史的展開を前提して言うならば、方法論的「関係」主義の視座は、それ自体、方法論的「個人」主義のそれに対する批判的《のりこえ》として、かつての方法論的「社会」主義からの継承と高次化の契機を、内在させている。私たちは、キルケゴールの *Sygdommen til doden* が、マルクスの *Lohnarbeit und Kapital* と同じ、一八四九年に刊行されているという事実に、注意すべきであろう。コペンハーゲンの毛織物商人の家に生まれたキルケゴールは、コペンハーゲン大学を経てベルリン大学に学び、トリーアの弁護士の家に生まれたマルクスは、ボン大学を経て、やはり、ベルリン大学に学んでいる。前者の学位論文は「アイロニー」(eirōneia――「皮肉」と訳されることが多いけれども、むしろ、常識の自明性の状態にある「無知」を〝confuting〟するものとしての「逆説」の意味が強い) の概念を中心とするソクラテス(紀元前四七〇年―三九九年)の研究であり、後者の学位論文はデモクリトス(紀元前四六〇年頃―三七〇年頃)とエピクロス(紀元前三四二年―二七一年)における自然哲学の研究であり、いずれも、一八四一年に完成された。ヘーゲルは、一八三一年、コレラのために急逝したので、彼らがベルリン大学に学んだ時には、そこに直接の邂逅はない。しかしながら、この二人へのヘーゲルからの影響はきわめて大きいものであり、前出の、キルケゴールの「自己自身に関係する関係」としての自己という《人間》の捉え方には、ヘーゲルの *Phänomenologie des Geistes* (一八〇七年) の視点の批判的継承が、色濃く内包されている。私見によれば、マルクスは、労働という《行為》の側面から、眼前に進行する「市民社会」を内破しながら急速に成長して行く資本主義社会の社会諸《関係》を分析したのであり、同時に、キルケゴールは、コミュニケーション行為という《行為》の側面から、急速に堕落して行く資本主義社会のもとでのキリスト教の現実形態を批判したのであり、これら両者の批判的思惟を支えていたのは、古代ギリシアの《自然》と《ポリス》を媒介にしたヘーゲルの視座の《関係》主義の援用であった。時間と紙幅の余裕が許さないので、ここでは、ヘーゲルの弁証法的思惟の裡に内在する《関係》主義の視座のポテンシャルについての検討を進めて行く余地はないけれども、この点についての理論的考察は、後に続く世代の学徒たちによって、是非とも、深めてもらいたい要諦の一点である。

私は、ある年の晩秋、ボストンでの調べものを済ませた後、ニューヨークを訪れた。人口八〇〇万人ほどのニューヨークの中心部にあるマンハッタンは、周知のように、イースト川とハドソン河に挟まれた島（長さ二〇キロメートル、幅四キロメートル）で、東京の山手線の内側くらいの面積に、約一六〇万人の人びとが住んでいる。私は、メトロポリタン美術館でエル・グレコとフェルメールの絵画を鑑賞した後、五番街の通りに出て暫く歩いてから、セントラル・パークに入り、プラザ・ホテルの前で再び五番街の街路に戻り、五四丁目の角を西へ折れて近代美術館（The Museum of Modern Art）の前を抜けて、ヒルトン・ホテル&タワーズへ帰った。このあたりの街路は、文字通り、「碁盤の目」のそれである。私は、しかし、この時には、クレーやモンドリアンの絵画を想起することはなくて、むしろ、ジョージ・ガーシュインの軽快な旋律や曲調を心に呼びおこしながら、意想外なほど楽しい気分でこの「碁盤の目」を歩いていた。そこには、もちろん、グレコの *View of Toledo*（一五九七年）やフェルメールの *Young Woman with a Water Jug*（一六六〇年頃）を眼にした後の心の充足と昂揚とが作用したであろう。けれども、私には、そのことよりも、現代資本主義社会の頂点とも言うべき位置にある、この‘the financial, commercial and cultural center’としての「目的合理性」の三次元に《空間》化された、‘le champ’——ピエール・ブルデューの言う「場」——が、前述のように、東にイースト川——ちょうど、五四丁目に隣接するあたりで、川幅七五〇メートル——を有し、西にハドソン河——同じく、五四丁目付近で、川幅は約一六〇〇メートルに達する——に面している、という地理的な条件が大きく作用していた、と思われる。マンハッタンの「碁盤の目」は、このように、ハドソン河――この河は五〇七キロメートルもの長さの大河である――とイースト川、それにセントラル・パークのなかの「ザ・レイク」や「ザ・ポンド」などの池を加えて、比較的身近なところに、「外的自然」の環境世界を持っているのであって、この点は、東京の六本木ヒルズから表参道を経て渋谷・新宿にかけてのもうひとつの「碁盤の目」とは、かなりに性質を異にしているように思われるのである。

現代社会における《経済的》社会関係のなかでの労働力の「商品化」、《政治的》社会関係における規範の「制度化」、そして、これらの上に累乗したかたちで展開する人びとの意識の「物化」を内包した《文化的》社会関係、これらは、すべて、「目的合理性」の支配する領野であり、そのようなものとして、徹底的に、「目的」―「手段」の形式合理性を高めて、無機質化した「場」――'champ'――である。私は、これまでの論述のなかで、このような「目的合理性」の一面的な支配に抗するかたちで、「感情的行為」と「価値合理性」との結合し、融合する方途を模索し、それを基盤として生成して来る、もうひとつの《行為》―《関係》過程の構築の可能性を、追究してきた。そして、この「感情的行為」と「価値合理性」の結合と融合を実現し、獲得（sich aneignen）して行くための最初の一歩は、《外的自然》―《内的自然》の交響関係にあり、それを存在論的基底とした私たち《人間》の人間的・自然的諸力の発露・表現としての《行為》にある。私がマンハッタンの五番街、五四丁目の交差点を西へ曲がる時、私の背後一二〇〇メートルほどのところにイースト川が流れており、私の前方二八〇〇メートル弱の位置にハドソン河――前記した五〇七キロメートルというその長さを、利根川の三二二キロメートル、隅田川を含む荒川の全長一七三キロメートルと、対照されたい――がたゆとうているのであって、もちろん、世界の「商品」・《貨幣》および情報の流通の中枢としての「目的合理性」の累重・集積および抽象化は、他に類を見ないほどに進んでいるけれども、同時に、そこには、未だ、《外的自然》―《内的自然》の存在論的な交響関係の基底が、少なくとも東京の「碁盤の目」の場合よりも、より多く確保されているのである。東京の「碁盤の目」は、六本木ヒルズから、たとえば竹芝桟橋の東京湾までで約三・二キロメートル、勝鬨橋の隅田川まで四キロ弱、渋谷から多摩川まで八・五キロメートルという位置に展開しており、そこに働く人びとの《人間的自然》を支える《外的自然》―《内的自然》の存在論的基底は、前述のようなハドソン河と荒川・隅田川との対比をも含めて、はるかに脆弱であり、逆に、このような存在論上の《自然》の連関のセーフティネットを欠いた東京における「目的合理性」の累重された集積の「異常さ」を、明瞭に浮かびあがらせている、と言ってよいであろう。東京における社会諸《関係》の物象化された姿態は、ニューヨークのみならず、ロンドン（テムズ河の全長は三三八キロメートル）やパリ（セーヌ河は、実に、七八〇キロメートルの長さを有している）との比較においても、私たち《人間》の人間的・自然的諸力の表現・実現を一層困難にする条件となっているのである。

私は、本書における叙述から明らかなように、現代社会を高度情報化社会、大衆消費社会および管理社会という三重の規定性においてとらえており、そこでは、情報・商品・貨幣の物象化された諸形態が媒介する《関係》が「目的合理性」の展開する領野として三次元的に、したがって、垂直的に、構造化され、日毎にせりあがりつつある都市の風景として具体化されている、と考える。一九三一年に建てられたニューヨークのエンパイア・ステート・ビルディング（高さ三八一メートル、現在は四四三メートル）、二〇〇三年にオープンした東京の六本木ヒルズ（高さ二三八メートル）は、私の眼には、現代資本主義社会を象徴する「バベルの塔」として映るけれども、それらは、さらに、上海やドバイの新しい情報・商品・貨幣の流通センターの高層ビル群の簇生によって、次々にのりこえられつつある。そして、私たち《人間》の生きる姿としては――すなわち、現代社会における「生活世界」の存立の条件としては

――《関係》が、このような垂直の方向（vertical）においてのみならず、《外的自然》へと開かれ、水平の方向（horizontal）へと、展開していなければならないのである。人間自身が「関係のアンサンブル」であるからには、そのようなものとしての《人間》の生きる条件は、上述のような意味での水平・垂直両方の広がりでの《関係》の豊かな発展であり、それが確保されないところでは、確実に、《人間》は「壊れてしまう」であろう。なぜなら、そのような状況と状態は、《人間》の内部規定としての人間的・自然的諸力にとって、不自然だから、である。

東京の隅田川のほとりに立つ高層ビルの中の病院――実は、私は、六十有余年の昔、この病院で生まれた――の精神科医の前に座った若い女性は、次のように、彼女の「モノ」語りをはじめる。「私、ゴールドが好きだから、アクセサリーもゴールド系統の物が多いですね。一番奮発したのはブルガリの時計です。これは高かった。これはいつもはしませんよ。結婚式とかそんなときだけ。ちょっと宝の持ち腐れ。いつもはローレックス。靴はバリーが三足くらいかな。あっ、タニノ・クリスティーも一足。いつも通勤に履いています。（中略）私、結構しっかりしているんですよ。バッグはね、ヴィトンを集めてるんです。友達はバッグのイメルダって言ってますよ。ボールドとかエトロとかも持ってますし、カルティエもあります」。この若い女性は、「職場のストレスによる不眠症」の診断書を与えられ、会社を一週間休んだ後、職場を配置換えになって、元気を回復した。この病院は、銀座に隣接する地理的な条件もあり、彼女と同じような「モノ」語りをする患者を、日増しに、多く迎えているであろう。彼女たちの「生活世界」は、文字通り、高度情報化社会と大衆消費社会の接点にあり、しかも、外見上の「豊かさ」と背中合わせにしたかたちで、心の奥深く、暗い虚無をかかえこんでしまっている。《人間》は「関係のアンサンブル」であるけれども、その諸《関係》のなかに膨大な情報・記号とそれに連接した《モノ》（ブランド化された「商品」）の大群が流れ込んでいるのであり、そのようなかたちで、「関係のアンサンブル」が無機質化し、不調をきたしたから、前出の若い女性は、精神科医の前に、「患者」としてあらわれたのであった。そこにあるのは、もともと、有機質で、可塑性に富んでいた《人間》のパーソナリティの内部への、物象化した諸《関係》の浸潤と浸食であり、その結果としての、骸質化し、硬直したパーソナリティとしての無機質な《人間》の姿である。それは、私の眼には、地球温暖化という名の環境破壊の下で、日毎に深まりつつある、海のなかの珊瑚樹たちの灰白色化し、硬結して行く姿と、驚くほど似かよっているように見える。

現代日本の表象世界をもっとも鋭敏にとらえている文学者のひとり、村上龍は、その名も『タナトス』（二〇〇四年）と題された小説のなかで、若い女主人公を、キューバの巫女《シャーマン》、カルドーソの前に座らせる。

「あなたは壊れている」
カルドーソは穏やかな微笑みとともに言った。
「テレビが壊れるのは電気の流れがどこかで切れているからだ。あなたの場合も同じで、大切な人の心の流れがあちこちで途切れている。あなたにはすべてが合っていない。あなたはたくさんの自分を持っていて、そのどれもが本当のあなたではない。あなたは本当のあなたがいるところへと旅をしようとして、いつも同じところをぐるぐる回っているだけだ」

高度情報化社会、大衆消費社会、管理社会の重合する最先端の資本主義社会としての日本社会は、今、このような《人間》を大量にかかえこんでしまっている。それは、前述のような、情報・商品・貨幣の物象化された諸形態が媒介する《関係》が、「目的合理性」の展開しつくした領野として、三次元的に、すなわち垂直的に、せり上がって行ったところに、生み出される《人間》である。

カルドーソは、ゼロと1の数字を書きつけたノートをめくり、指である個所をなぞりながら、たぶん、と言った。

「あなたが、変化できる可能性はない。結局あなたは誰かと共に生きることができないからだ。人間だけではない、動物とも、植物とも、微生物とも、あなたは外界のすべてを理解できないし、興味も持っていないはずだ、違うかね?」

その通りだと思う、と女優——前述の若い女主人公——は下を向き、しばらくしてから顔を上げて、言った。

「わたしは、女優だから」

言うまでもなく、女優とは'Actress'のことだ。それは、俳優(Actor)と同じようにして、《行為》主体であり、同時に、ピランデルロの『作者を探す六人の登場人物』の舞台の上の演技者たちとまったく同一の「顔なし」の《人間》である。村上龍の小説のなかで、巫女がゼロと1の数字——つまり、デジタル信号の記号素——を操作し、「動物とも、植物とも、微生物とも……」と述べて、まっさきに有機的生物との接触が断たれている状況の《不自然さ》を描き出しているのは、象徴的であるだろう。《経済的》社会関係における「労働力」の《商品化》、《政治的》社会関係における「規範」の《制度化》、および《文化的》社会関係における「意識」の《物化》、これらを貫通して展開する三重の物象化現象は、このようにして、《人間》を、《モノ・コト・カネ》の無機質で荒涼たる風景のもとに、解体し、日ごとに「関係のアンサンブル」としてのその《人間》的存在の《アンサンブル》を壊し続けているのである。

第五章　「関係の豊かさ」の社会学

第一節　三つの物象性

一　「関係の豊かさ」と「関係の病い」

《モノ・コト・カネ》、あるいは《情報・商品・貨幣》が過剰に流通し、溢れかえる先進資本主義諸国のメガロポリスのなかで、現代の《人間》は、絶望的なまでに孤独である。それは、前章で触れてきたような、東京というメガロポリスの真ん中で「モノ」語りによってわれとわが身を支えているＯＬであり、村上龍が「全身が鏡でできた人形」と表現する全的に「他人志向型」の美貌の‘Actress’であり、総じて、キルケゴールとカフカの眼差しがとらえていた孤独な《人間》の二一世紀バージョンであるだろう。彼女たちは、溢れかえる《モノ・コト・カネ》の渦のなかで、決定的に、《人間》と《人間》の関係を喪失している。前者のＯＬと隅田川べりの病院の精神科医との関係、およびキューバまで脱出した「女優」と現地の巫女との関係は、彼女たちが本当に必要とする《人間》―《人間》の関係の代替物である。そこには、《人間》と《人間》とのあいだの関係のようなものがあるばかりで、真の《人間》―

《人間》の関係の存在論的基盤である《人間的自然》と《人間的自然》とのあいだの有機的な《関係》が実現され、獲得されているわけではない。

方法論的「関係」主義の視座から見る時、ラカンやメルロ－ポンティが述べていたように、《人間》は、生まれおちた時（いや、胎生の時以来）から死の瞬間に至るまで、つねに、「関係のアンサンブル」である。そして、この場合の諸《関係》は、原理的かつ原生的には、《人間》－《自然》の関係、《人間》－《人間》の関係、および《人間》－《記号》の関係、の総体にほかならなかった。しかし、高度に発達した資本主義社会の現在にあって、東京、ニューヨーク、ロンドンのようなメガロポリスを「生活世界」の存立の根拠とする私たち《人間》は、前述のような《モノ・コト・カネ》の氾濫のなかで、異様に肥大した《人間》－《情報・記号》の関係と、異常に貧困化した《人間》－《自然》の関係のサンドイッチの状況を生きているのであり、それらの狭間《はざま》に生成する、スライスされ、断片化された《人間》－《人間》の、見るからに薄い関係を拠りどころとしながら――前出の若いＯＬたちは、この「疑心暗鬼」に満ちた人間関係をのりきるために、日々、占星術に依拠するのであり、みずからを「壊れたテレビ」と規定する‘Actress’は、メガロポリスのテレビに日夜登場する似而非《えせ》「スピリチュアリズム」に飽き足らず、メキシコ湾の巫女《シャーマン》の託宣に縋るのである――辛うじて私たち自身の《行為》－《関係》過程の再生産に勤《いそ》しんでいるのである。

このようにして、私たちは、現代社会を生きる《人間》の幸福と不安とを、「関係の豊かさ」と「関係の貧しさ（その直接的表現としての病い）」として、再規定しなければならなくなるのであろう。

私の《行為》－《関係》過程の理論は、直接的には、いわゆる「疎外論」の視座には立っていない。「疎外論」の骨格は‘Entäusserung’と‘Entfremdung’という二つの概念にあるが、私の《行為》－《関係》過程の理論において、《人間》の人間的・自然的諸力は、彼自身の行為を通じて、「外化」(Entäusserung) されるけれども、その自己実現と自己表現の所産によって媒介されつつ、みずから包摂されて行く諸《関係》は、今日では、もはや、単に「冷却・離間・疎遠」(Entfremdung) という状態にあるのではなくて、一層'fremd'な性格のものへと転化している。《経済的》社会関係における物象化Ⅰ (Ver-ding-lichung)、《政治的》社会関係における物象化Ⅱ (Ver-sach-lichung)、および《文化的》社会関係における物象化Ⅲ (Ver-ding-lichung) という「関係の自立化」現象の三重の規定性は、その重層化した物象化の過程を通じて、《人間》という「関係のアンサンブル」を解体し、骸質化し、《物》化するのである。

私たちは、むしろ、'Entfremdung'に対応する英語の Alienation、フランス語の aliénation の包含する意味の広がりの方に、留目する必要があるだろう。Alienation には、*C.O.D.* によれば、Estrangement, transference of ownership, diversion to different purpose, (mental) insanity という意味があり、フランス語の aliénation は、譲渡、放棄、疎遠、精神の病いという意味を有する。東京のメガロポリスの無機的な諸《関係》のなかを生きる《人間》は、前出の若いＯＬや「女優」のように、「精神を病む」のであり、そのようなかたちで、「関係のアンサンブル」としての自己の統一性を失い、「生きていること」のリアリティを喪失するのである。このような視座から見ると、「疎外論」の論理構造にあっては、《人間》が、私の主張する「関係のアンサンブル」としてではなくて、はるかに実体的な《個》・《自我》としてとらえられていたのではないか、と思われる。二一世紀の先端的な資本主義社会では、《人間》が「外化」(Entäusserung) したものが、《人間》に対して、「よそよそしく、疎遠な」客体としてあらわれる現象にとどまることなく、そこでは、《人間》そのものが、「壊れる」という事態が増殖し、底深く進行しているのである。村上龍の小説の表題がいみじくも示しているように、そこに流れている「時間」は、単調で、直線的で、等質的な'Thanatos'のそれであった。それは、ギリシア神話の《死》の神であり、フロイトとベルクソンが《人間》の人間である所以のものとした人間的・自然的諸力の発現としてのエロースと結びつく有機的で、円環的で、目眩《めくるめ》く「時間」とは、存在論の深さにおいて対立する、まったく異質の時間である。

アダム・スミスにゆかりの深いスコットランド、グラスゴーに生まれた精神分析医、ロナルド・D・レインは、《人間》を「結ぼれ」(a Knot) と規定する。それは、直接的には‘Tie in knot’を意味し、私たち《人間》を、‘unite closely or intricately’の状態においてとらえるのである。そして、「密接に結びつく」(unite closely) ことと同時に、「錯綜し、複雑なかたちで、結合している」(unite intricately) という条件こそが、現代社会において、《人間》を「関係の貧しさ」(その具体的表現としての病い、すなわち‘mental insanity’) へと導くのである。レインは統合失調症の専門医であったけれども、失語症、とくに「音は聴こえているけれども、言語として理解することができない」感覚性失語症という症状のなかで、《人間》は、みずからのコミュニケーション行為を破壊されているのであり、離人症の具体的な症状にあっては、「対象は完全に知覚されているにもかかわらず、それらと自己との有機的なつながりを実感することができない」のであって、《人間》は、物象化した諸《関係》の三次元的な垂直軸の頂点にうきあがり、みずからの「生活世界」の《根》を、全的に喪失するのである。私たちは、今、ジークムント・フロイトの最初の著作が失語症の研究 (*Zur Auffassung der Aphasien, Eine kritische Stüdie*) (一八九一年) であったことを、重く想起しなければならないのであろう。一九世紀末葉、世界資本主義が国家独占資本主義の段階のそれへと螺旋的「上昇」を遂げはじめてから今日に至るまで、諸《関係》の物象化は、一方で二度の世界大戦というかたちで「ファシズム」の奇形 (そのラテン語の語源は‘fascia’というもうひとつの「結び目」にたどりつく) を生み出して来たが、他方、「平和な」日常の生活の再生産のなかで、確実に、人びとの諸《関係》を腐蝕しつづけているのである。

二　物象化の構造

私は、二一世紀前半の高度に発達した資本主義社会における諸《関係》の物象化のメカニズムを、労働という《行為》からの《行為》—《関係》過程を通じて生成する物象化現象のそれと、コミュニケーション行為という《行為》からの《行為》—《関係》過程を通じて生成して来るところの物象化現象のそれとが、ふたつながら、表裏一体のものとして重合した機制として、とらえている。これまでの行論からも明らかであるように、私たちの《行為》は、原生的には、全自然の自然史的運動法則の展開過程の、たまさかの一齣《ひとこま》としての、ある特殊的な「空間」・「時間」の交叉したところでの、《人間》の人間的・自然的諸力と《外的自然》との相互反転する、‘chair’ の《関係》を基盤として、生まれて来る。このような意味において、私たちの《行為》は、原理的には、《外的自然》の運動する法則的展開の最中《さなか》での、私たち《人間》の内的自然の諸可能性を自己確証する営みであるだろう。

私は、まず、労働の《行為》—《関係》過程から生成する物象化の構造を、図29のようなかたちで概念化している。私たちは、すでに、「領有法則の転回」のメカニズムの分析を通じて、《資本》を生み出す労働という物質的対象化の《行為》の所在を確認しているけれども、あらためて言えば、労働という《行為》は、《経済的》社会関係のなかで、分業体系（$P_0, P_1, P_2, \ldots, P_n$）—商品流通（$W_0$-G-G-$W_1$, W_1-G-G-W_2, …, W_n-G-G-W_{n+1}）—欲望体系（$K_0, K_1, K_2, \ldots, K_n$）という《行為》—《関係》過程を通じて、みずから諸《関係》を生み出しつつ、それら諸《関係》へと包摂され、止揚されることを通じて、物象化（Ver-ding-lichung）——物象化Ⅰ——するのである。それは、労働という《行為》の構造のなかで、直接的には、「手段」の資本制的私的所有＝生産組織における役割規範というか

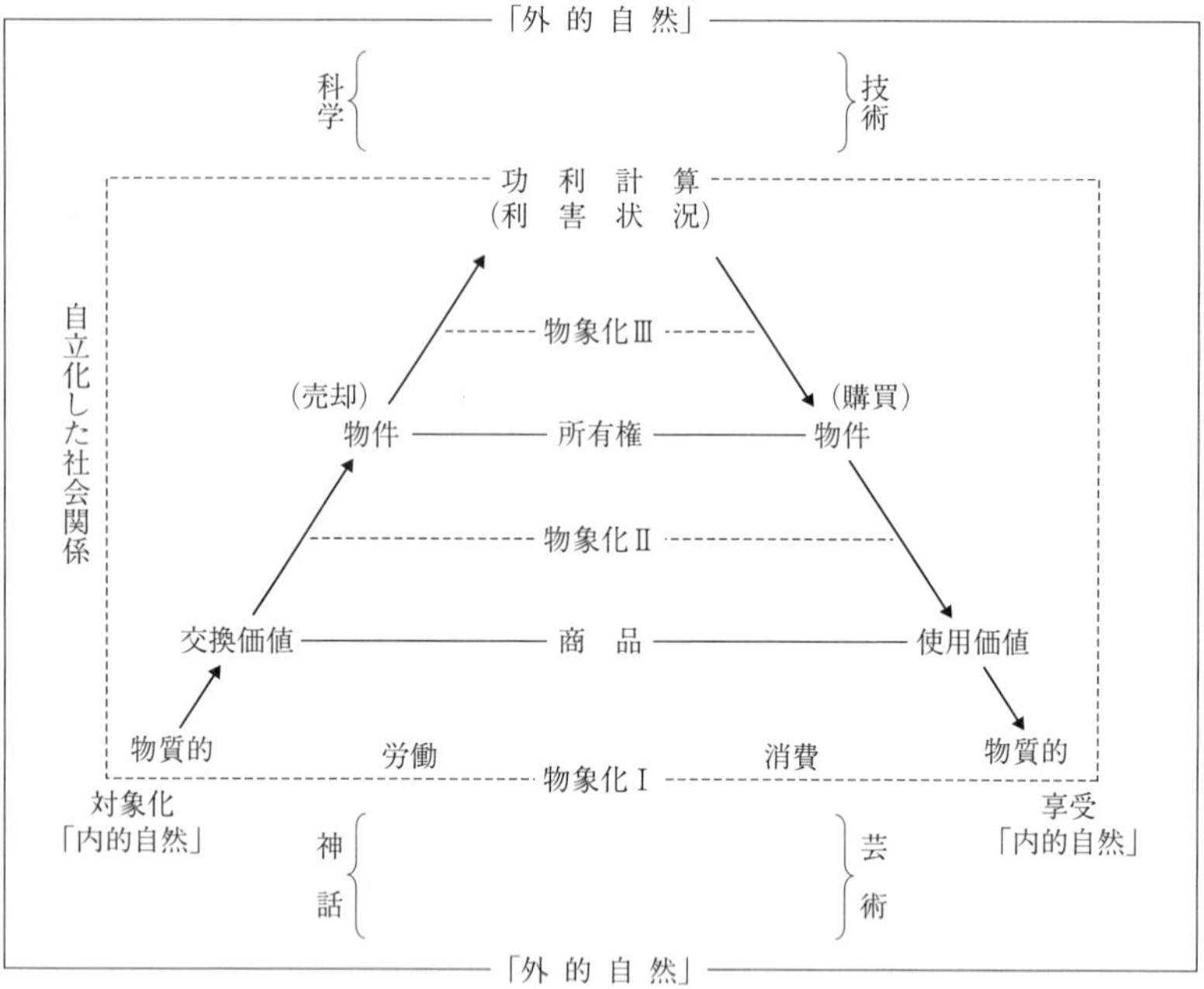

図29　労働の《行為》―《関係》過程と物象化

たちでの「規範」の抑圧的性格を基軸として、物象化した諸《関係》を形成して行くけれども、同時に、そこには、第一に、商品流通の範式が明示しているように、「商品」(Ware)の「貨幣」(Geld)による表現形態の一般化があり、第二に、消費(Konsumption)を通じての《人間》の欲望(Bedurfnis)と「使用価値」との結合の組織化があり、これら両契機の「目的合理的」編制の高次化が、前述の高度に発達した資本主義社会における諸《関係》の三次元的《グリッド》のなかでの垂直化によって媒介されながら、図29の上部にある「功利計算」(利害状況)――そこは、欲望と意識の領野でありつつ、極限的な「計量的合理性」の支配する領域である――の地平へと、上向し、直結しているという事態が生じていることを、看過してはならないであろう。そして、図29の下部にある物象化Iの地平より基底にあるところの「内的自然」の対象化・享受の領野こそは、ベルクソンとフロイトが照射していた「生の飛躍」(élan vital) と「エロース」(Eros) の領域であり、だからこそ、それらを通じて、《人間》は、「外的自然」とのあいだに芸術と神話の諸形態・諸表象を、豊かに生み出すことができたのであった。私たちは、物象化Ⅰの地平から「功利計算」(利害状況) への三次元的《グリッド》のなかの垂直的上向の契機こそ、現代資本主義が高度情報化の側面を通じて、目下、急速に、その「計量的」・「形式的」な意味での合理性を高めつつ、同時に、その一面的で、痩せた、「形式合理性」の背後に、どろどろとした、底深い「非合理」の闇を、日ごとに、増殖させつつあることに、気づかなければならないのである。

こうして、私たちは、まさしく、現代社会における諸《関係》の構造の最中《さなか》で、あらためて、「目的合理性」の一面的かつ偏頗《へんぱ》な卓越に対抗するかたちで、《人間》の「感情的行為」と「価値合理性」との結合の契機とそこからの「新しい関係」の発展して行く可能性とを追究し、その論理化へと、私たち自身の一歩を進めなければならなくなる、と言うべきであろう。

それでは、次に、コミュニケーション行為の《行為》－《関係》過程から生成する物象化の構造を、解明して行くことにしよう。私は、それを、図30のようなかたちで概念化している。

コミュニケーション行為と《文化的》社会関係という《行為》－《関係》過程における意識の「物」化――物象化Ⅲ――は、ちょうど、前掲図29の労働という行為と《経済的》社会関係の《行為》－《関係》過程における労働力の「商品化」という物象化――物象化Ⅰ――と、逆立したかたちで重合しながら、直接的には、まず、記号・情報の生産と消費の過程を通じて、進行する。私たち《人間》は、この高度情報化社会のなかで、日々、無数の《シニフィアン》(能記、Signifiant) を生産し――それが、自己表現であり、精神的対象化にほかならない――、同時に、やはり無数の《シニフィエ》(所記、Signifié) を消費している――それが、「受け手」としての私たちのメディア接触で

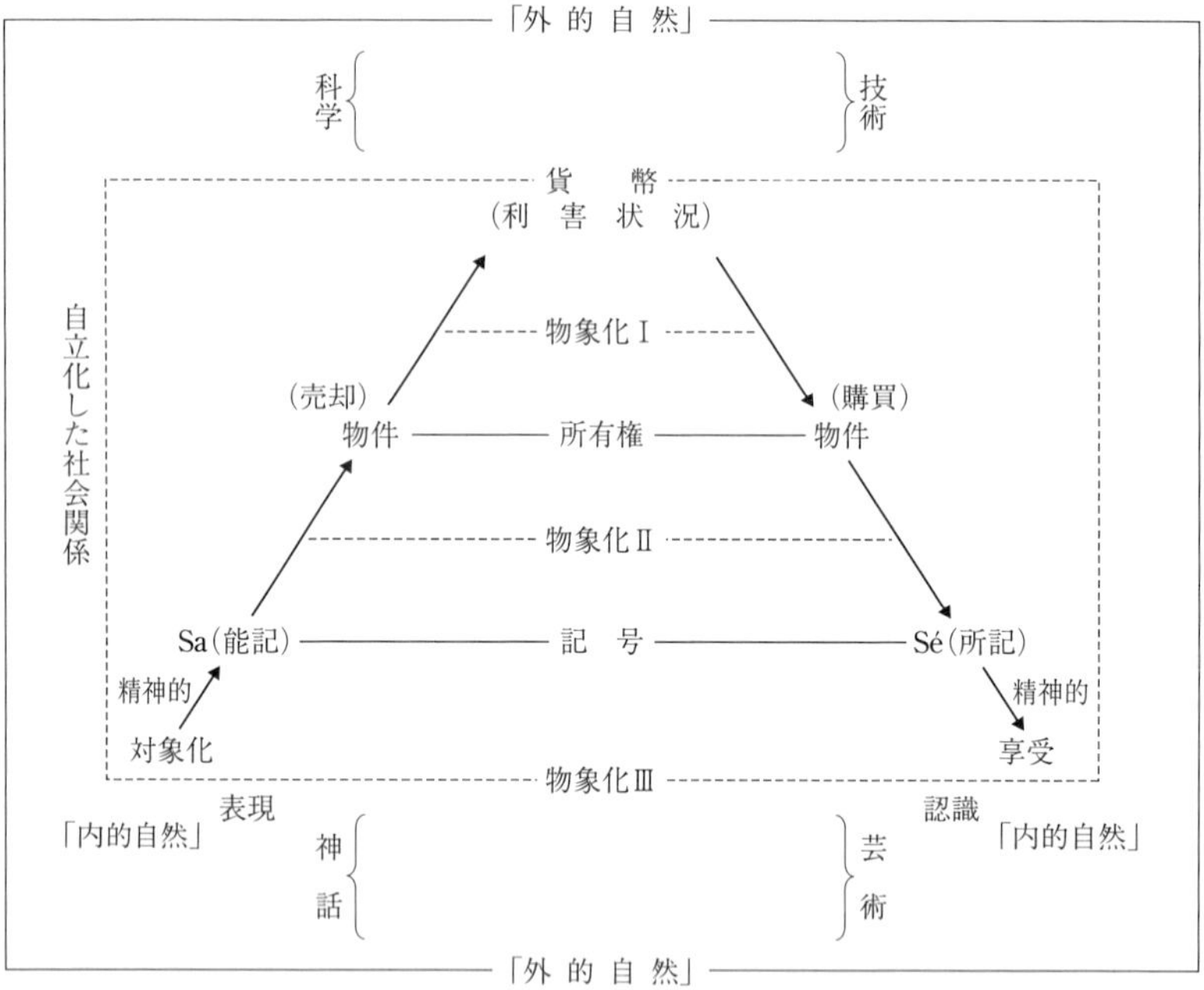

図30　コミュニケーション行為の《行為》―《関係》過程と物象化

あり、精神的享受にほかならない――。しかし、私たちは、このようなコミュニケーション行為と《文化的》社会関係の《行為》―《関係》過程が、それ自体として、自存的に、自己完結的に存在しているのではなくて、図30に示されているように、その背後に、規範の「制度化」規定――資本主義社会の実定法にあって、その中軸は「所有権」の保証にある――のもとにある《政治的》社会関係とそこにおける物象化Ⅱ、および、前述のような意味での労働力の「商品化」規定によって支えられた《経済的》社会関係における物象化Ⅰ、とのあいだの重層的相関の構造のなかで、存立し、再生産されていることを、看過してはならないであろう。

私たちは、《政治的》社会関係における規範の「制度化」の判りやすい概念化の一例を、荻生徂徠の「碁盤の目」――《人間》を「碁盤の目」の上に配置するということは、「役割」の目的合理的編制の裡に措定するということと、同義である――に求めたけれども、図30に即して言うならば、私たち《人間》の記号、情報の生産と消費とは、実は、このような「碁盤の目」――現代の情報化社会において、一層説得的な、その具体例は、モンドリアンの『コンポジション』であり、クレーの『ルツェルン近郊の公園』であった――の《グリッド》――'grid'は、格子であると同時に、碁盤の目を意味している――によって媒介されながら、《貨幣》と「商品」の渦巻く利害状況（Interessenlage）を貫通する物象化Ⅰによって、深く、支配され、規定されているのである。隅田川のほとりに建つ高層ビルのなかの精神科を訪れるOL――彼女は、元フィリピン大統領夫人のブランド靴の収集になぞらえて、「バッグのイメルダ」と呼ばれている――は、前述のように、「自分」について説明する際に、彼女の所有しているブランド品――《モノ》――を並べたてて、「モノ」語りに耽っていた。彼女は、「職場のストレスによる不眠症」という診断書をもらい、従前の部署とは異なる他の「職場」に配置換え――《グリッド》の変更――となって、元気を回復した。

このようにして、高度情報化社会、大衆消費社会、管理社会の諸側面の集合としての現代日本社会は、《経済的》社会関係における物象化Ⅰ（Ver-ding-lichung）、《政治的》社会関係における物象化Ⅱ（Ver-sach-lichung）、および《文化的》社会関係における物象化Ⅲ（Ver-ding-lichung）の重合と集積によって、今日、《社会的》社会関係を重苦しく圧迫し、痩せさらばえさせている。《社会的》社会関係は、他の三つの諸《関係》とは異なって、それ自体としては、《関係》として自立化せず、物象化しない。それは、Isolation-Associationの両極のあいだを揺動するのであって、前述のような三つの物象化諸形態の重圧にさらされながら、そこにおける「人格」（Person, persön-lichkeit）―「人格」の《関係》を、私たち《人間》の最後のセーフティネットとして、日々に、再生産しているのである。

私は、0／1のバイナリー（二値交代的）な「信号」の統辞論的な結合と集合を原単位とする現代の高度情報化社会の《記号論》的状況は、これまで述べて来たような諸《関係》の「目的合理的」編制の高次化に適合し、今日もな

生活意識	D′{C[B(A)]J}	社会意識
Ad hoc	《文化的》社会関係	Absence
Apathy	《政治的》社会関係	Ambiguity
Anonimity	《社会的》社会関係	Articulation
Aliem	《経済的》社会関係	Abstract

図 31　物象化の構造と意識

お、それを促進することに寄与しているが、実は、《人間》のコミュニケーション行為と《文化的》社会関係の物象化Ⅲ——それは、直接的には人びとの意識を「物」化（前述のOLの「モノ」語りは、この現象のもっとも日常生活世界的な具体化である）し、より本質的には、現代社会の深刻な《没意味的状況》を瀰漫させている——に抗して、《人間》の人間的・自然的諸力に根ざして、その基底から《意味》を生み出し、豊富化するというロマン・ヤコブソンの言う《意味論》的課題に応えて行くという点では、致命的な欠陥を孕んでいるのではないか、と考えている。言いかえれば、現代社会における「目的合理性」の卓越とその帰結としての三重の物象性のなかでの《没意味化》の進行に抗して、私たち《人間》の労働という《行為》とコミュニケーション行為という《行為》とが融合し、縒《よ》り合わせられて行く二一世紀の《記号論》的状況のなかで、私たちの《行為》—《関係》過程を通じての「感情的行為」と「価値合理性」を通底させ、そこにおける《意味》の再獲得をめざすという実践的課題に応えるためには、私たちは、「情報」のシンタックスではなくて、文字通り、「記号」と「象徴」のセマンティックスを aneignen し、その深さからの《意味》と《価値》の再生の方途を明らかにしなければならないのである。

キルケゴールとカフカの眼差しの延長線上において、アーサー・ミッツマンが「鉄の檻」(the Iron Cage) としてとらえた現代社会の物象化した諸《関係》の構造を、ジョージ・オーウェルは「ビッグ・ブラザー」の統御する管理社会として描き (*Nineteen Eighty-Four*)（一九四八年）、ケン・キージーは、「コンバイン」の支配する半ば以上狂気の社会 (insane society) として、表現した (*One flew over the Cuckoo's Nest*)（一九六二年）。私は、このような現代社会を、意識の「物」化の地平から俯瞰して、図31のようなかたちで、とらえている。

第二節 「人間の条件」と意味

一 「人間の条件」と社会的人間論

私たち《人間》の歴史のなかで、個別・具体的な人間は、それぞれ、ひとつの《シニフィアン》(Signifiant) である。私は、これから、フランス人、アンドレ・マルロー（一九〇一―七六）、ドイツ国籍のもとに生まれ、最終的にはアメリカ市民として死去したが、実は、終生、ユダヤ人として生きたハンナ・アーレント（一九〇六―七五）、および、ニューヨークで生まれ、ニューヨークで死んだ生粋のアメリカ人、ルイス・マンフォード（一八九五―一九九〇）の三人を、《人間》の歴史のなかの《能記》としてとらえ、そこから有意味な《シニフィエ》(Signifié) を析出する営みを進めて行きたいと思う。マルローは、一九三三年、*La condition humaine* を書き、アーレントは、アメリカの市民権を得た後の一九五八年、*The Human Condition* を書き、そして、マンフォードは、第二次世界大戦の最中、一九四四年に *The Condition of Man* を書いた。これらは、いずれも、日本では『人間の条件』という表題のもとに翻訳され、刊行されているが、私は、方法論的「関係」主義の視座からの新しい社会的人間論の提起が必要とされる今日、これら三つの「人間の条件」の描写と考察とから、多くの示唆――すなわち《シニフィエ》――を得ることができる、と考えている。

マルローは、四歳の時に、両親が離婚し——その後、銀行家である父親は破産し自殺した——、母親と祖母に育てられるようになる。このような事情は、前述したメルロ－ポンティの幼少時の生活世界に、部分的に似ているけれども、実際には、きわめて異質な「人間の条件」をマルローに課すこととなった。彼は、みずからの生活世界の《根》を失った「デラシネ」(déraciné) のひとりとして——フランス最北端、ドーヴァー海峡に面した港町、ダンケルクの市長をしていた祖父も、自殺してしまった——シチリア、チュニジア、インドシナへと「脱出」し、スペイン内戦には義勇兵として〝s'engager〟し——彼は、その戦場で、アメリカから義勇兵として来ていたアーネスト・ヘミングウェイと出会っている——、第二次世界大戦では、レジスタンスの側の戦車旅団長(「ベルジェ大佐」という仮名を用いた)として、ナチス・ドイツを相手に、ストラスブール防衛戦やシュツットガルト攻略戦に参加し、戦後は、ド・ゴール内閣の情報相・文化相を歴任するという、《行動》の人である。

マルローの『人間の条件』の主人公は、元北京大学の社会学の教授だったジゾール——彼は、「その講義が忌諱に触れ、張作霖によって、大学から追放された」——と日本人女性とのあいだに生まれた青年、清《キヨ》である。マルローは、一九二五年から二六年にかけて、インドシナから中国へ渡り、広州の蔣介石主導の国民党政権の活動に協力している。そして、小説『人間の条件』の舞台背景は、一九二七年の「上海クーデター」であり、そこに描き出されているのは、蔣介石たち国民党と浙江財閥の裏切りによって死へと追いつめられて行く青年テロリストたちの《行動》であった。

私は、この小説の中に、「人間はその行為の総和です。《なした》ことと、《なし得る》こととの総和です。それ以外の何ものでもない」(小松清訳)という述懐を、見出す。マルローがこの小説の主人公を混血の日系青年である清《キヨ》とし、一九三三年、すなわち、ヒトラーがドイツにおける政権を奪取したその時に、刊行しているという事実は、重く受け止められるべきであろう。マルローは、アントワーヌ・ド・サンテグジュペリ(一九〇〇—四四)やトーマス・エドワード・ロレンス（一八八八―一九三五）などとともに「行動主義」文学の代表者と位置づけられているが、彼らは、《行動》を図化することと裏腹に、一九世紀末葉以降の世界資本主義の構造転換――産業資本段階から独占資本段階へ、そして、帝国主義と国家独占資本主義の段階へ――とそのなかでの「ヨーロッパ的秩序」の変容という、みずから立脚する《地》の没意味化に、絶望しているのである。彼は、後年、「芸術において、世界を秩序として感じないということは、世界を無秩序として感じるということよりも、むしろ、世界を劇として感じることなのだ」（*Psychologie de l'Art*）（一九四八年）と、ピランデルロとほとんど同じ事柄を述べている。「ヨーロッパ的秩序」の変容に対するマルローの絶望は、ピランデルロのそれと同じように深く、『作者を探す六人の登場人物』の俳優たち（*Actors, Actresses*）とまったく同様に、外的な目的性から「脱出」したところでのマルローの行動は、サンテグジュペリやT・E・ロレンスの「冒険」と等しく、そこで、《人間》が、みずから、自己と世界との関係を整序し、そのなかでの自己の位置を確証することができるようになる、唯一の《行動》だったのである。私たちは、マルローが『人間の条件』において照射し、投企しようとしていたものが、'la dignité de l'homme' であったことを、知っている。帝国主義と国家独占資本主義の諸《関係》が、そこにおける「目的合理性」の卓越と、それと表裏一体に進行する「非合理」な《感情的行為》のマグマの増大の果てに、ヒトラーの《ファシズム》という《政治的》社会関係の「鬼子」を産み落としたその年に、マルローは「人間の条件」としての《尊厳》（la dignité）という価値を対置した、と言うべきであろう。

事柄は、ハンナ・アーレントの『人間の条件』（一九五八年）において、一層鮮烈であり、鮮明である。彼女は、やはり、一九三三年、ナチス・ドイツの出現と同時に、パリに「脱出」し、国家なき人間（a stateless person）となった。彼女は、パリで、ユダヤ人の若い避難民たちをパレスチナへ移住させるための活動に、従事した。しかし、ヒットラー・ナチスの侵攻にフランスが屈服すると、彼女自身が、「ドイツからの避難民」というカテゴリーの下に、強制収容所に入れられるという事態となった。彼女は、辛うじて〈死〉を免れ、一九四一年、アメリカへ再度の「脱出」をし、それから一〇年を経過した後、一九五一年、やっとアメリカの市民権を得て、「国籍喪失という非人間的状態」から解放されたのであった。

アーレントは、『人間の条件』の冒頭の部分で、次のように言う。「これから私がやろうとしていることは、私たちの最も新しい経験と最も現代的な不安を背景として、人間の条件を再検討することである」（志水速雄訳）。ここで、最も新しい経験とは、言うまでもなく、ファシズムのことであり、最も現代的な不安とは「豊かさの中での‘les misérables’」――《モノ・コト・カネ》の「豊かさ」の外見の下での《人間》の悲惨――である。

さて、アーレントが現代社会を生きる《人間》の最も根底的な条件として提起しているもの、それは「活動的生活」（vita activa）である。彼女は、これを、プラトン的な「観照的生活」（vita contemplativa）と対比した上で、その内容を、‘action; Handeln’‘work; Herstellen’および‘labor; Arbeiten’という三つの位相においてとらえようとする。そして、彼女が、「仕事」や「労働」と区別しつつ、最も重要なものと位置づける‘action; Handeln’とは、彼女自身によって、次のように説明されている。「活動（action）とは、物あるいは事柄の介入なしに、直接人と人との間で行なわれる唯一の活動力であり、多数性という人間の条件、すなわち地球上に生き、世界に住むのが一人の人間（a man）ではなくて、多数の人間（the men）であるという事実に、対応している」（志水速雄訳）。

読者の皆さんにはただちに理解されることであろうが、ここで「活動」と訳されている‘action’とは、《行為》のことである。‘vita activa’が、「観照的生活」（vita contemplativa）との比較・対照のために、「活動的生活」と訳されるのはやむをえないとしても、‘work’や‘labor’と区別される意味での‘action’は、《行為》でなければならないであろう。しかも、アーレントは、フッサールやハイデガーの薫陶のうえで、それを、《モノ》や《コト》との緊張関係のなかで、概念化しているのである。

マルローは、「目的合理性」の卓越と非合理の渦に呑み込まれた《感情的行為》とのグロテスクな結びつきとしてあらわれている二〇世紀の「ヨーロッパ社会」に対して、「それへの抵抗力は行為である。それは、すべての行為、すべての選択と同じく、あなたを'engager'する。それは、自己自身の裡に、その一切の運命を孕んでいるのだ」(*L'Espoir*)(一九三八年)と主張し、彼の唱導する冒険的《行為》の果てに、「おそらくは死、おそらくは沙漠、しかもなお〈聖〉なるものであるところの友愛(la fraternité)の領域」(*La création artistique*)(一九四八年)を、見出していた。そして、アーレントの《行為》は、あきらかに、「関係の網の目のなかでの行為」を措定しており、そこから、私たちの《行為》―《関係》過程の理論の視座へは、まさに、ほんの一投足の距離である。

ルイス・マンフォードは、一八九五年、ニューヨーク、クィーンズのフラッシング(ラ・ガーディア空港のすぐ隣)で生まれ、一九九〇年、やはり、ニューヨークのアメーニアで死去した、「正真正銘のニューヨーカー」である。彼は、マルローより六歳の年長であり、アーレントよりも一五年長く生きた、真の「二〇世紀人」であった。私は、マンフォードの『人間の条件』を初めて読んだ時、彼よりも一世紀前のアメリカを生きたラルフ・ワルドー・エマーソン(一八〇三―八二)の思想と行動とに深く重なるものを、感じた。周知のように、エマーソンは、独立後間もないアメリカの思想世界にひとつの骨格('back-bone')をもたらした人であったが、同時に、カーライルを初めとするヨーロッパの思想世界の人びとと通底するものを持ち、それを基盤として、アメリカの「精神的独立宣言」への途を模索したのであった。

マンフォードの『人間の条件』は、'The Renewal of Life'と題される四部作の第三巻である――ちなみに、第一巻は*Technics and Civilization*（一九三四年）、第二巻は有名な*The Culture of Cities*（一九三八年）であり、そして、第四巻は*The Conduct of Life*（一九五一年）となる——。彼は、もともと無線電信の技術者であり、第一次世界大戦の際には、アメリカ海軍のラジオ技師として参戦していた。

私は、マンフォードの『人間の条件』のなかに、次のような主張を見出す。

歴史は文化のドラマの動的な演出である。その文化のドラマのなかでは、人間の自然は、他の生物有機体に共通な世界から一部分切り離され、自己を限定し、自己を実現する。仮りに、自然が人間生活の劇場であるとするならば、歴史的文化は人間がそれを背景にして一役を演じる舞台面を与えてくれるのである（生田勉訳）。

こうして、生粋のアメリカ人、マンフォードは、デューイの《行動》主義的なプラグマティズムなどの視座とは異質の、むしろ、マルローたちヨーロッパの自己確証の《行為》に人間の存在証明を求める視座と連接するそれに立脚して、二〇世紀を生きる《人間》の条件を、解明しようとしたのであった。その場合に、彼が依拠する基礎概念は、Communication, Communion および Cooperation である。私は、マンフォードの主張がピランデルロやマルローと共通するものを含んでいる点を指摘したけれども、さらに、私自身が『コミュニケーション理論史研究（上）』に「コミュニオンからコミュニケーションへ」という副題を付しているだけに、マンフォードのこれら三つの基礎概念との共振・共鳴に驚いている。そして、彼は、その上で、「人間の発展過程は、感覚から意味へ、外的な制約から内的な制約へ、群衆的な統合から合目的的な共同へ、機械的な自動性から自由へ、の方向であった」と述べるのである。

私たちは、現代社会における物象化した諸《関係》の「のりこえ」をめざして、私たち《人間》の人間的・自然的諸力の表現と実現との《行為》－《関係》過程のなかでの「感情的行為」と「価値合理的行為」との結合する道すじを、追究してきた。そして、このようなかたちでの理論的探求によって、この物象化した諸《関係》の異常な存立形態を支えている「目的合理性」の偏頗な卓越に対抗して、まさに、この「感情的行為」と「価値合理的行為」との融合の裡から、新しい二一世紀的《人間》の思想像を析出することこそが、現代社会学に課せられた最大の課題なのである。

マンフォードは、『人間の条件』を刊行した一九四四年、第二次世界大戦の最中、イタリア戦線で、息子ゲデスを亡くした。ここでも、彼は、同じ『人間の条件』の著者たち、マルロー、アーレントと同一の歴史的運命を共有しているのであり、彼ら三人は、いずれも、「目的合理性」の過剰な《非合理的発現》であるところのファシズムとの闘いのなかで、《人間》の尊厳を守るためにこそ、共通の標題の書物を著したのであった。それは、また、本書の冒頭で触れたパウル・クレーの「新しい天使」が羽を広げて立ち向かった当の相手だったのであり、《人間》を「棒の束」に変えてしまう「目的合理性」の《非合理》は、今日では、物象化した諸《関係》の巨大な累重として、いわば「静かに進行《クリーピング》するファシズム」として、私たちの日常の生活世界を深く浸食しつつあるのである。

二　「見える意味」と「見えざる意味」

今日、《経済的》社会関係――「商品」の生産・流通・消費――、《社会的》社会関係――家族・地域社会（コミュニティ）・民族――、《政治的》社会関係――法・行政・軍事的暴力装置――、および《文化的》社会関係――マス・コミュニケーション・教育・宗教――から成る諸《関係》の総体は、これまで述べてきたような三重の物象化規定の深まりのもとで、次のような定式の状態にある。

D′{C[B(𝔸(破線))]}

ここに、𝔸（破線）とあるのは、本書の少し前のところで述べてきているように、「直接的、第一次的な、ゲマインシャフト的社会関係」のことであり、それは、ほぼ、《社会的》社会関係の実質に対応する。現代日本の社会構成体にとどまらず、高度に発達した資本制生産関係が直接・間接にその「商品」・《貨幣》の循環のおぞましい物神性を押しつけている諸《関係》の下では、文字通り、家族と地域社会（コミュニティ）は解体に瀕しており、そのことと相反するかたちで、民族の幻想が肥大化しつつある。このような状態を、私は、私の編著書『関係の社会学』（一九九六年）において、初めて𝔸（破線）のそれとして示したけれども、その後の歴史の進行と社会変動のなかで、𝔸の《関係》の破線の状況は、ますます深まり、少なくとも日本社会に関するかぎり、家族と地域社会（コミュニティ）の「ゲマインシャフト的」な《関係》はボロボロに解体しつつある、と言わなければならない。

Bの《関係》は、「間接的・第二次的な、ゲゼルシャフト的社会関係」として前述してきた諸《関係》であり、全体として、「役割」と「役割」の諸《関係》に、対応している。そして、Cは、私が「《Sache》と《Sache》とのあいだの抽象的関係」として説明している諸《関係》であって、直接的には、《法律的・政治的》社会関係（本書では、多くの場合、《政治的》社会関係と表記しているけれども、その実質において、《法》と《政治》は不可分離の関係にある）の、いわゆる「権利」関係――判りやすい実例で言えば、債権者と債務者とのあいだの関係――に対応し、間接的には、広く物象化Ⅱに対応した《コト》の諸《関係》にほかならない。

そして、Dは、私見によれば、「諸個人の《行為》－《関係》過程における本質規定としての『共同存在性』（Gemeinwesen）」であり、′Dは、その外化された表現が《モノ》と《カネ》としてあらわれているところの「疎外されたゲマインヴェーゼン」の物象化諸形態である。私たちは、物象化Ⅰ・Ⅱ・Ⅲの累重する諸《関係》のなかを貫流する《モノ》・《コト》・《カネ》の渦中にあって、サンテグジュペリが *Le petit prince*（一九四三年）で述べているように、′Dの断片化された、無機質で、硬質な姿を見て、触れているだけで、Dそれ自体を見ていない――「心で見なくちゃ、ものごとはよく見えないってことさ。かんじんなことは、目に見えないんだよ」。

しかもなお、二一世紀の社会的人間論は、これら物象化諸規定Ⅰ・Ⅱ・Ⅲからの諸《関係》の解放と、その過程での《人間》自身の解放と、この二つの地平での《関係》の解放――なぜなら、《人間》は「関係のアンサンブル」だったのだから――の進展とパラレルなかたちで、生み出されてくるであろう。それは、

D′{C[B(A)]}　→　{C[B(A)]}D

のように、Aの「人間と人間との関係」こそが、今日のような破線の状態ではなくて、他のどの《関係》の地平よりも、太い実線で描かれ――私が「関係の豊かさ」と繰り返し述べてきたのも、まさしくこの事柄を指している――、その「関係の豊かさ」によって、BとCの諸《関係》を脱構築し、結果として、それら諸《関係》の集積の中枢に、物象性から解放された「共同存在」（Gemeinwesen）を実現し、獲得（aneignen）して行く《行為》－《関係》過程のなかでこそ、論理化され、形成されて来る社会的人間論である。

私たちは、本書の全体を流れる「通奏低音」として、現代社会における「目的合理的行為」の偏頗な卓越と、それ

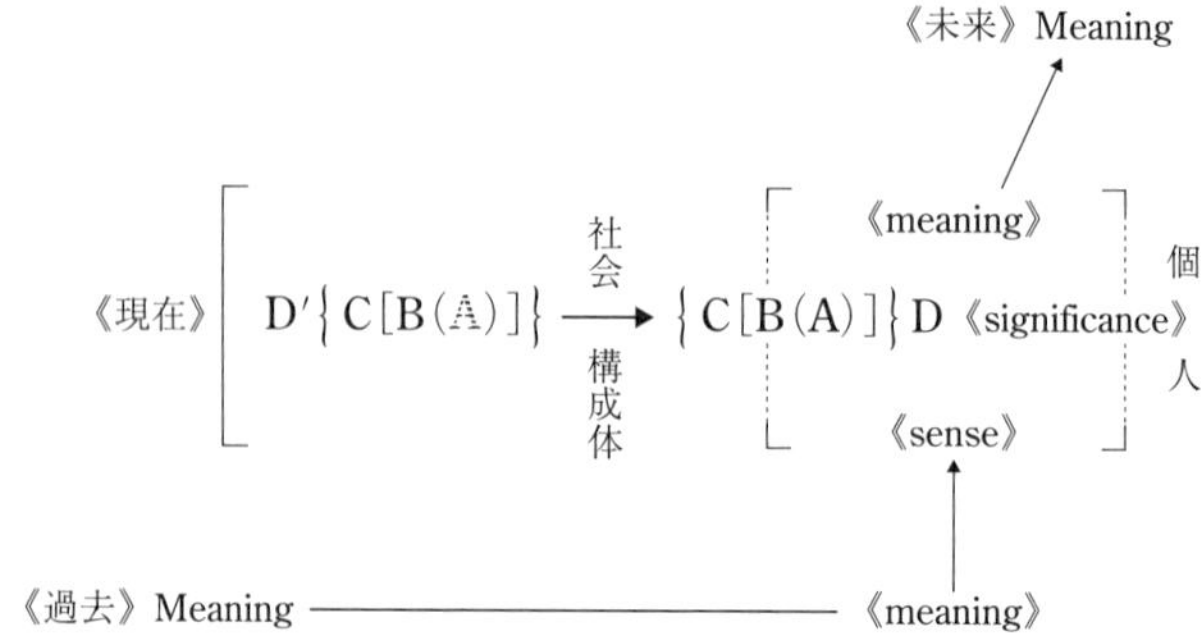

図 32　感覚と意味の回路

を超克するための「感情的行為」と「価値合理的行為」との融合し、結晶化して行く方途の可能性如何という問題を、措定していた。今や、この問いに対する応答は、第一に、図32の中の「個人」の内側での《sense》—《significance》—《meaning》のトリアーデにおける「五感の豊かさ」からの「生きる意味」の獲得・結晶化の道程としてあらわれ、他方、第二に、人類が長い歴史過程のなかで蓄積して来た《人間》の「類的価値」としての‘Meaning’が、現在という時間、空間における諸個人の《行為》—《関係》過程によって、文字通り、実践的に媒介されることを通じて、未来の歴史過程のなかで実現され、形成されて行く「類的価値」としての「もうひとつの‘Meaning’」へと、どのようにして連接されて行くか、という私たち自身の「生きること」の課題として、具体化されるであろう。

そこには、また、私たちの眼前にある《モノ・コト・カネ》という物象化した《Herr》に対する、みずから「関係のアンサンブル」でありつつ、役割という衣装を通して、諸《関係》へと包摂されて行く《Knecht》としての私たち《人間》という、布置連関が存在している。そして、《人間》が、役割と《significance》の「目的合理的」編制から解放されて、‘élan-vital’と‘élan d'amour’のなかでの人間的・自然的諸力の発現を通じてAという太い実線の《関係》を再生させる時、そこでは、《Knecht》としての私たち《人間》こそが、真の普遍的価値としてのDを視、それに触れているのである。物象化した諸《関係》のなかの「見える意味」は、どこまで行っても、《モノ・コト・カネ》のミダス王の呪縛から、《人間》を解放することができない。《Knecht》の位置にあるからこそ、私たち《人間》は、諸《関係》の物象性の先に、そしてそれより上位の地平へと、私たち自身の「有機的な諸《関係》」からわれとわが身を「上向」させ、そのような《行為》—《関係》過程を通じて、「見えざる意味」の普遍的価値を獲得し、やがて実現して行くのである。

結　行為と「関係の豊かさ」からの人間的未来

パウル・クレーの人間的・自然的諸力は、一九三七年、爆発的な創造の時を迎え、二六四点もの作品を生み出した。しかし、同じ年、ヒトラー・ナチスは、クレーの絵画を「頽廃芸術」に指定し、彼の作品一〇二点を没収した。この頃、クレーの居たベルンから七〇キロメートルほど南のレマン湖東端の街ヴィルヌーヴに、ロマン・ロラン（一八六六―一九四四）が住んでいた。ロランは、第一次世界大戦の際に、スイスの国際赤十字捕虜情報局で活動し（彼は一九一五年度のノーベル文学賞を授与されたが、賞金の全てを赤十字その他の活動に寄付している）、大戦終了後のフランスのブーランジェ将軍一派の極右政治の抬頭に反発して、一九二二年以降、ヴィルヌーヴで生活していたのであった。

しかし、一九三八年、フランスにダラディエ反人民戦線内閣が成立し、ただちにスペインのフランコ政権を承認するという事態のなかで、生まれ故郷のクラムシーの隣り町ヴェズレーへと、ロランは帰った。そして、翌三九年、第二次世界大戦が勃発した。ドイツ軍は、西部戦線でマジノ線を突破し、ダンケルクで連合軍を破り、一九四〇年六月、ロランの隠棲《いんせい》するヴェズレーにも、その機甲戦車部隊が進出してきた。私は、二〇〇三年のある夏の日にヴェズレーを訪れたが、人口五〇〇人足らずの小さな街の、丘の上のサント・マドレーヌ聖堂へと続く大通り《グラン・リュ》の中ほどの右側に残るロランの旧居は、実に簡素なものであった。ヒトラー・ナチスに迎合して成立したヴィシー政府は、このロランの居宅の前、道路反対側に、憲兵隊《ジャンダルムリー》の詰所を設置した。このような緊迫し、そして屈辱に充ちた状況のなかで、ロランは、『第九交響曲』(ベートーヴェン研究Ⅳ)、『最後の四重奏曲』(同上Ⅴ)を書き、最後の著作『ペギー』——シャルル・ペギー(一八七三—一九一四)は、高等師範学校《エコール・ノルマル》時代のロランの最初の教え子のひとりであり、ドレフュス派として活躍した後、第一次世界大戦で戦死した——の精細な伝記を、執筆し続けていた。そして、パウル・クレーは、一九四〇年六月末、スイスの南端ロカルノ郊外で、病死した。

本書の筆を起した際に記したように、私は、このような一九四〇年という歴史的時間に、東京、隅田川の畔りに生を享けた。日本は、この年、「大東亜新秩序」構想を発表し、日独伊三国同盟を成立させ、北部仏領インドシナ(現在のベトナム)に侵攻していた。それは、翌四一年の真珠湾攻撃以後の「太平洋戦争」の泥沼に入って行く助走の時であった。こういう時間・空間のなかで、ロマン・ロランは、次のように、書いている。「それが敗北しなければ、われわれが愛し、また尊敬するものは全て亡びるでしょう。われわれのフランス、われわれの大いなる希望が。ヒトラーを打ち破らなければなりません」(一九四〇年三月一日付ヴァラックへの手紙——ポーランド生まれの労働者エリー・ヴァラックは、ロランの『ジャン・クリストフ』の愛読者で、ヒトラー・ナチスへの抵抗運動《レジスタンス》に加わり、占領下のパリでゲシュタポに捕えられ、処刑された)。

一九四四年八月のパリ解放、四五年五月のドイツの無条件降伏、および同年八月の日本の無条件降伏については、ここでは多くを記さない。私が書いておきたいのは、一九四六年六月一一日、ヴェズレーで起ったひとつの出来事について、である。この日、サント・マドレーヌ聖堂のある司祭の呼びかけで、「平和を祈る祈念集会」が開かれ、フランスのみにとどまらず、イギリス、ベルギー、スイス、オーストリアその他各地から四万人の人びとが集まり、聖堂の堂宇の内外に満ちあふれた。人びとは、イエスの故事に倣《なら》って、それぞれの国の「平和の祈り」を刻印した大きな十字架を背負いながら、ヴェズレーの丘への道を、登って行った。全部で一四本の大きな、木の十字架が聖堂へと運ばれて行ったが、驚くべきことに、その中に、旧ナチス・ドイツの軍服を着装したドイツ人たちの群があり、彼らも、また、「平和の祈り・ドイツ」という刻印を刻んだ大きな十字架を肩に担いで、贖罪の歩みを進めていたのである。この十字架は、今日もなお、聖堂の内陣近く、左側に、当時のままの姿で建っている。

そして、突然、四万人の民衆たちによる大合唱が生まれた。それは「平和のカノン」という曲であり、ロマン・ロランの作詞、フランソワ・テラルの作曲による「平和の祈り」の歌であった（ちなみに、この歌は、それから六〇年経った二〇〇六年六月一一日、再びこの地で開催された「平和を祈る合唱祭」で、二五〇〇人の大合唱によって、唱われている）。

ロマン・ロランは、パリの解放を見とどけた後、一九四四年一二月三〇日、ヴェズレーで、七八歳の生涯を閉じた。私は、四万人の民衆――そこには、第二次世界大戦の連合国側・同盟国側双方の人びとが居り、「敵」「味方」の壁を越えて、心をひとつにして集まっていた――が「平和のカノン」を大合唱するという一事が、類としての《人間》の未来を支えている、と思う。ロランは、七五歳の時に、こう記している。「忍耐と未来への信頼を持つよりほかありません。君は幸いにもまだ長い未来を持っています。私はと言えば、若いのは心だけです。私の未来は、他の人びとの未来と、同じです。（中略）私は息を切らさないで良いのです。人類は蝸牛のように歩んでいくのです」（一九四一年二月一二日付、ヴァラックへの手紙）。

「目的合理性」の卓越のもとでの諸《関係》は、ヴェズレーに集まった四万人の人びととの「平和のカノン」が体現していた《意味》と《価値》の深さを、絶対に、実現することができない。私は、ファシズムが「目的合理性」の偏頗な卓越のもとでの形式合理性の一面的支配と「非合理的」感情・情念・欲望とが合体したものであると前記したけれども、それを支えていた《意味》と《価値》は、その独善的で、狭隘な、特殊性（Particularism）ゆえに、私たち《人間》が共有するものとはならなかった。ヒトラーがアウシュビッツ強制収容所の建設の命令を出したのは、一九四〇年三月二七日である。そして、私は、その三日後に、「皇紀二六〇〇年」の日本に生まれたのであった。

私が、「目的合理性」の支配の問題性をのりこえるべく、「感情的行為」と「価値合理性」との結合の契機を追求し、それを、方法論的「関係」主義の視座からの《行為》－《関係》過程の理論の定式化を通じて、論理化しようと努めて来たのは、ひとえに、マルロー、アーレント、およびマンフォードの『人間の条件』が明らかにしていたように、私たち《人間》には、ファシズムの再来という未来を招来せずに、《意味》と《価値》を深く共有することができる社会を構想し、それを実現するための諸《関係》を構築して行く責任がある、と考えるからである。《モノ・コト・カネ》の諸《関係》は、要するに、功利・計算の「利害状況」の合理性によって貫かれ、その磁場において《人間》を「手段化」する論理によって、動かされている。私たちは、日々の生活世界のなかでの私たち自身の《行為》－《関係》過程を通じて、「関係の豊かさ」を支える円環的時間――それは《モノ・コト・カネ》の世界の等質的時間と、対蹠的な位置にある――の流れる有機的な諸《関係》をわがものとし、それら諸《関係》の累重のなかの螺旋的「上向」の過程を歩みながら、「感情的行為」と「価値合理的行為」との結合し、融即する一点を、《生きる原点》としなければならないのであろう。それこそが、パウル・クレーとロマン・ロランの二〇世紀のコミュニケーション行為－《文化的》社会関係の「意味ある」構築の途を引き継ぎ、その延長線上において、《意味》と《価値》へと通底し、連接する社会学理論を確立し、二一世紀の社会的人間論の構想を具体化して行く最初の一歩となるのである。

あとがき

私は、今、オックスフォードとリヨンのそれぞれに古い街区と石畳の路に思いを馳せている。オックスフォードは三十八歳になったばかりの頃から一年半滞在した「中世都市」であり、リヨンは六十三歳の老境に入り始めた頃に一年間滞在した、古代ローマ（ガリア）以来の歴史都市である。そして、今想起されるのは、苦闘した研究内容のあれこれではなくて、不思議なことに、テムズ河とチャーウェル川に挟まれたオックスフォードの旧市街であり、ローヌ河とソーヌ河とに抱かれたリヨンのそれの方である。そこには、おそらく、客員研究員や客員教授として滞在した「研究者」の地平よりも一層深く、ひとりの「生活者」として滞在し、イギリスとフランスという異境で「生活世界」を構築したことに由来する独特の懐旧の想いが籠められているのであろう。

私の社会学的思考の基軸を成すことばのひとつとして、人間的自然（Human Nature）があり、人間的・自然的諸力という概念がある。それは、マイクロなかたちでは身体の内側での大凡六〇兆の細胞の運動が醸《かも》しだす感覚と欲求であり、マクロなかたちでは、やがて、歴史の運動とのインターフェイスの過程で、私たちの「生きること」の自己確証を支える根拠となる自然権（Natural Right）の中枢を成すものである。そして、このような人間的・自然的諸力という私たちの「内的自然」は、オックスフォードのテムズ河やリヨンのローヌ河によってシンボライズされる、それぞれに具体的な「外的自然」とのあいだの交響する諸《関係》を通じて、「生活世界」を構築し、歴史の運動を生み出すこととなる。

オックスフォードは、よく知られているように、ピュウリタン革命と名誉革命を舞台とするイギリスの絶対王政の《のりこえ》としての「市民社会」(Civil Society) 創出の理論の揺籃《ようらん》の地であり、リヨンの絹織物工たちは、常に、フランスの「アンシャン・レジーム」を打倒する闘いの先頭に立っていた。私は、今さらながら、人びとの良く「生きようとした」生活世界の火照りとヨーロッパ《近代》の歴史の展開との交互反転するオックスフォードとリヨンの街並みのなかで生活することができた幸運を、噛みしめている。

そして、そのことは、私が社会学という個別社会科学の出発点をアダム・ファーガソンの「市民社会」論の提起に求めていることと、深く相関しているであろう。一般的に社会学的思考の源流とされるオーギュスト・コントは、ファーガソンよりも七五年遅く生まれ、四一年遅く死去した。コントの社会学は、周知のように、「社会再組織の学」であったが、そこに籠められていた社会変動の具体的な内実は、絶対王政の《のりこえ》であり、「アンシャン・レジーム」の打倒であり、そして「市民」(Citoyen) としての 'Liberte, Egalite, Fraternite' の実現への途であった。コント以来、社会学理論は「社会静学」——社会構造論——と「社会動学」——社会変動論——の両契機を併せ持つことを宗とすることになったけれども、実は、その「社会動学」の内容は、ファーガソンにまで遡ることによって、歴史の真実との符合を確保することができるのである。このようにして、私の《行為》—《関係》過程の理論としての社会学の視座から言うならば、社会学は、その不可欠の一側面として、「市民社会」の自己意識という側面を、もっている。私には、日本というこの国における社会学の一層の発展を展望するためには、この点についての留意がきわめて重要である、と思われる。

クレーの「新しい天使」は、ベンヤミンが言うところの「歴史の天使」であった。私は筆を擱くにあたって、クレー、ベンヤミンおよびロマン・ロランに感謝しつつ、さらに大きく、長年月にわたって私の社会学研究と教育の《時間》を共有してくれた学生の皆さんに、感謝したいと思う。

そして、最後に、三十有余年にわたって私の遅々とした歩みを叱咤激励し、このようなかたちでひとつの到達点を生み出して下さった佐藤修氏に深甚なる謝意を表する。

二〇〇八年一二月

田中義久

著者略歴

1940年　東京に生まれる
1964年　東京大学文学部社会学科卒業
1967年　東京大学大学院社会学研究科博士課程中退
1967年　東京大学新聞研究所助手
1971年　法政大学社会学部専任講師
1973年　法政大学社会学部助教授
1978年　オックスフォード大学客員研究員
1980年　法政大学社会学部教授
2003年　リヨン第三大学客員教授

主要業績

著　書　『人間的自然と社会構造』(1974年，勁草書房)
　　　　『私生活主義批判』(1974年，筑摩書房)
　　　　『社会意識の理論』(1978年，勁草書房)
　　　　『行為・関係の理論』(1990年，勁草書房)
　　　　『コミュニケーション理論史研究（上）』(2000年，勁草書房)
共編著　『社会学事典』(1988年，弘文堂)
　　　　『社会学事典（縮刷版）』(1994年，弘文堂)
　　　　『テレビと日本人』(2005年，法政大学出版局)
編　著　『関係の社会学』(1996年，弘文堂)
訳　書　G.ペトロヴィッチ『マルクスと現代』(1970年，共訳，紀伊國屋書店)
　　　　E.ティリアキアン『個人と社会』(1971年，みすず書房)
　　　　T.アドルノほか『権威主義的パーソナリティ』(1980年，共訳，青木書店)
　　　　G.バーワイズ & A.エーレンバーグ『テレビ視聴の構造』(1991年，共訳，法政大学出版局)
　　　　S.ラッシュ『ポスト・モダニティの社会学』(1997年，共訳，法政大学出版局)

人名索引

ヤ

ラ

ワ

事項索引

サ

マ

ヤ

ラ

文　献

Adorno, Theodor W. et al., 1950, *The Authoritarian Personality*, Harper & Brothers.（田中義久・矢澤修次郎・小林修一訳, 1980,『権威主義的パーソナリティ』青木書店）

Arendt, Hannah, 1958, *The Human Condition*, University of Chicago Press.（志水速雄訳, 1973,『人間の条件』中央公論社）

有馬道子, 2001,『パースの思想』岩波書店.

安藤　馨, 2007,『統治と功利──功利主義リベラリズムの擁護』勁草書房.

馬場啓之助, 1961,『マーシャル──近代経済学の創立者』勁草書房.

Baudelaire, Charles, 1975, *Œuvres complètes*, Gallimard.

Beaud, Michel, 1981, *Histoire du capitalisme*, Edition du Seuil.（筆宝康之・勝俣誠訳, 1996,『資本主義の世界史 1500-1995』藤原書店）

Bendix, Reinhard, 1960, *Max Weber: An Introductual Portrait*, Doubleday & Company Inc.（折原浩訳, 1966,『マックス・ウェーバー──その学問の全体像』中央公論社.

Bendix, Reinhard, 1968, *State and Society: A Reader in Comparative Political Sociology*, University of California Press.

Benjamin, Walter, 1939, *Geschichtsphilosophische Thesen*, Suhrkamp.（野村修ほか訳, 1965,『複製技術時代の芸術』紀伊國屋書店）

Bergson, Henri, 1889, *Essai sur les donnees immédiates de la conscience*.（平井啓之訳, 1990,『時間と自由』白水社）

Bergson, Henri, 1896, *Matiére et mémoire*, Presses Universitaires de France.（田島節夫訳, 1965,『物質と記憶』ベルグソン全集 2, 白水社）

Bergson, Henri, 1907, *L'evolution créatirice*, Presses Universitaires de France.（松浪信三郎・高橋允昭訳, 1966,『創造的進化』ベルグソン全集 4, 白水社）

Bergson, Henri, 1932, *Les deux sources de la morale et de la religion*.（平山高次訳, 1953,『道徳と宗教の二源泉』岩波書店）

Bonaparte, Marie, 1952, *Chronos, Eros, Thanatos*, Presses Universitaires de France.（佐々木孝次訳, 1978,『クロノス・エロス・タナトス』せりか書房）

Bouquet, Simon, 1997, *Introduction à la lecture de Saussure*, Editions Payo & Rivages.

Bouquet, Simon, 2003, *Ferdinand de Saussure*, Editions de l'Herne,

Brent, Joseph, 1993 (1998), *Charles Sanders Peirce; A Life*, Indiana Universi-

ty Press.（有馬道子訳，2004，『パースの生涯』新書館）

Brown, Norman O., 1959, *Life against Death*, Wesleyan University.（秋山さと子訳，1970，『エロスとタナトス』竹内書房新社）

Cassirer, Ernst, 1910, *Substanzbegriff und Funktionsbegriff――Untersuchungen über die Grundfragen der Erkenntniskritik*, Bruno Cassirer.（山本義隆訳，1979，『実体概念と関数概念――認識批判の基本的諸問題の研究――』みすず書房）

Cassirer, Ernst, 1921, *Zur Einstein'schen Relativistätstheorie; Erkenntnistheoretische Betrachtungen*, Bruno Cassirer.（山本義隆訳，1981，『アインシュタインの相対性理論』河出書房新社）

Cassirer, Ernst, 1944, *An Essay on Man－An introduction to a philosophy of human culture－*, Yale University Press.（宮城音弥訳，1953，『人間』岩波書店）

Chevalier, Jacques, 1959, *Entretiens avec Bergson*, Librairie Plon.（仲沢紀雄訳，1969，『ベルクソンとの対話』みすず書房）

Cornu, August und Mönke, Wolfgang, 1961, *Philosophische und Sozialistische Schriften, 1837-1850, Einleitung*, Akademie Verlag.（武井勇四郎訳，1972，『モーゼス・ヘスと初期マルクス』未來社）

Coveney, Peter and Highfield, Roger, 1990, *The Arrow of Time*, W. H. Allen.（野本陽代訳，1995，『時間の矢・生命の矢』草思社）

Crone, Rainer and Koerner, J. L., 1991, *Paul Klee; Legends of Sign*, Columbia University Press.

出口勇蔵編，1977，『ウェーバー』平凡社.

Deleuze, Gilles, 1966, *Le Bergsonisme*, Presses Universitaires de France.（宇波彰訳，1974，『ベルクソンの哲学』法政大学出版局）

Deleuze, Gilles et Guattari, Felix, 1972, *L'Anti-Œdipe; Capitalisme et schizophrénie*, Les Editions de Minuit.（市倉宏祐訳，1986，『アンチ・オイディプス』河出書房新社）

de Mauro, Tullio, 1970, *Introduzuione alla semantica*, Gius, Laterza & Figli.（竹内孝次訳，1977，『意味論序説』朝日出版社）

de Mauro, Tullio, 1970, *Ferdinand de Saussure; Corso de Linguistica Generale*, Nella《Universale》.（山内貴美夫訳，1976，『「ソシュール一般言語学講義」校注』而立書房）

Durkheim, Emile, 1893, *De la division du trarail social――Étude sur l'organisation des sociétés' supérrieures*, Presses Universitaires de France.（田原音和訳，1971，『社会分業論』青木書店）

Eco, Umberto, 1976, *A Theory of Semiotics*, Indiana University Press.（池上嘉彦訳，1980，『記号論』I・II，岩波書店）

Eco, Umberto, 1984, *Semiotica e Filosophia de Linguaggio*, Giulio Einaudi

editore.（谷口勇訳，1996,『記号論と言語哲学』国文社）

Engler, Rudolf, 1968, 1974, *Ferdinand de Saussure; Cours de linguistique général*, tome 1, 2, Bron Parilly.

Feuer, Lewis S., 1974, *Einstein and the Generations of Science*. Basic Books.

Frankl, Viktor E., 1947, *Ein psycholog Erlebt das Konzentratiionslager*, Verlag für Jugent und Volk.（霜山徳爾訳，1961,『夜と霧』みすず書房）

Franklin, Benjamin, 1793, *Autobiography*, Robinson edition.（松本慎一・西川正身訳，1957,『フランクリン自伝』岩波書店）

Freud, Sigmund, 1923, *Das Ich und das Es*, Inter. Psychoanalytischer Verlag（Gesammelte Schriften, Wien, Band, Ⅳ）（井村恒郎訳，1954,『自我論』フロイド選集第 4 巻，日本教文社）

Freud, Sigmund, 1927, *Die Zukunft einer Illusion*.（土井正徳・吉田正已訳，1954,『幻想の未来』フロイド選集第 8 巻，日本教文社）

Freud, Sigmund, 1930, *Das Unbehagen in der Kultur*.（土井正徳・辻村彦次郎訳，1945,『文化の不安』フロイド選集第 6 巻，日本教文社）

Goldstein, Kurt, 1934, *Der Aufbau des Organismus*, Martinus Nijhoff.

Hegel, Georg Friedrich Wilhelm, 1821, *Grundlinien der Philosophie des Rechts*.（藤野渉・赤沢正敏訳，1967,『法の哲学』中央公論社）

Henderson, Lawrence J., 1913, *The Fitness of the Environment; An inquiry into the biological significance of the properties of matter*, Macmilan.（梶原三郎訳，1943,『自然環境の適合性』創元社）

Hess, Moses, 1844, Philosophie der That, in *Ein und zwanzig Bogen aus der Schweiz*, hrsg., von Georg Herwegh, 2 Aufl.（山中隆次・畑孝一訳，1970,『初期社会主義論集』未來社）

日高六郎，1960,『現代イデオロギー』勁草書房.

平尾透，1992,『功利性原理』法律文化社.

廣松渉，1983,『物象化論の構図』岩波書店.

廣松渉・港道隆，1983,『メルロ＝ポンティ』岩波書店.

Holenstein, Elmer, 1974, *Jakobson ou le structuralisme phénoménologique*, Seghers.（川本茂雄・千葉文夫訳，1983,『ヤーコブソン――現象学的構造主義』白水社）

井上義夫，1992／1993／1994,『薄明のロレンス，評伝D・H・ロレンスⅠ／新しき天と地，評伝D・H・ロレンスⅡ／地霊の旅，評伝D・H・ロレンスⅢ』小沢書店.

Jankélévitch, Vladimir, 1959, *Henri Bergson*, Presses Universitaires de France.（阿部一智・桑田禮彰訳，1988,『アンリ・ベルクソン』新評論）

Janson, H. W., 1962, *History of Art*, Prentice-Hall Inc.

Jay, Martin, 1984, *Marxism and Totality*, University of California Press.（荒川幾男他訳，1993,『マルクス主義と全体性――ルカーチからハーバーマスへ

の概念の冒険』国文社)

Johnson, Paul, 1997, *A History of the American People*, Harper Perennial.

Jones, Ernest, 1961, *The Life and Work of Sigmund Freud*, Basic Books. (竹友安彦・藤井治彦訳, 1969,『フロイトの生涯』紀伊國屋書店)

Juranville, Alain, 1984, *Lacan et la philosophie*, Presses Universitaires de France.

梯明秀, 1949,『社会の起源』日本評論社.

金子栄一, 1957,『マックス・ウェーバー研究』創文社.

Käsler, Dirk, 1979, *Einführung in das Studium Max Webers*, C. H. Beck. (森岡弘通訳, 1981,『マックス・ウェーバー』三一書房)

加藤尚武, 1993,『ヘーゲルの「法」哲学』青土社.

経済審議会情報研究委員会, 1969,『日本の情報化社会』ダイヤモンド社.

Kesey, Ken, 1962, *One flew over the Cuckoo's Nest*, Viking Penguin. (岩元巌訳, 1996,『カッコーの巣の上で』冨山房)

Ketner, Kenneth Laine and Kloesel, Christian J. W., eds., 1986, *PEIRCE, Semeiotic, and Pragmatism*, Indiana University Press.

木田元, 1984,『メルロ=ポンティの思想』岩波書店.

Kierkegaards, Søren, 1849, *Sygdommen til Døden; Samlede Vaerker*, An den Udgave, vol. 11. (桝田啓三郎訳, 1961,『死にいたる病――教化と覚醒のためのキリスト教的, 心理学的論述――』筑摩書房)

木村敏, 1981,『自己・あいだ・時間』弘文堂.

Kofler, Leo., 1962, *Zur Theorie der moderne Literatur*. Herman Luchterhand Verlag.

Kofler, Leo., 1967, *Der asketische Eros*, Europe Verlag.

Kohak, Erazim V., 1969, Requiem for Utopia, *Dissent*, Jan. -Feb.

Kohlberg, Lawrence, Levine, Charles and Alexander, Hewer, 1983, *Moral Stages; A Current Formulation and a Response to Critics*, Karger.

Kotarbinski, Tadeusz, 1965, *Praxiology; An Introduction to the Science of Efficient Action*, Pergamon Press.

厚東洋輔, 1977,『ヴェーバー社会理論の研究』東京大学出版会.

Kristeva, Julia, 1969, *Σημειωτικη—Recherches pour une sémanalyse—*, Édition du Seuil. (原田邦夫訳, 1983,『記号の解体学――セメイオチケ 1』せりか書房)

Kristeva, Julia, 1974, *La révolution du langage poétique*, Editions de Seuil. (原田邦夫訳, 1991,『詩的言語の革命 第一部 理論的前提』, 枝川昌雄・原田邦夫・松島征訳, 2000,『詩的言語の革命 第三部 国家と秘儀』勁草書房)

久野収, 1969,「歴史的理性批判――ヨーロッパ」『歴史の哲学』講座哲学 4, 岩波書店.

蔵内数太, 1935,『意味としての自然』日本社会学会年報『社会学』第三輯, 岩波

書店.

Lacan, Jacques, 1966, *Ecrits*, Editions du Seuil.（佐々木孝次他訳, 1972,『エクリⅡ』弘文堂）

Langer, Susanne, 1957, *Philosophy in a New Key; a Study in the Symbolism of Reason, Rite and Art*, Harvavd University Press.（矢野万里他訳, 1960,『シンボルの哲学』岩波書店）

Laplanche, Jean et Pontalis, J.-B., 1967, *Vocabulaire de la psychanalyse*, Presses Universitaires de France.

Lash, Scott, 1990, *Sociology of Postmodernism*, Routledge.（田中義久監訳, 1997,『ポストモダニティの社会学』法政大学出版局）

Löwith, Karl, 1932, Max Weber und Karl Marx, *Archiv für Sozialwissenschaft und Sozialpolitik*, Bd. 67.（柴田治三郎・脇圭平・安藤英治訳, 1966,『ウェーバーとマルクス』未來社）

Lukács, Georg, 1923, *Geschichte und Klassenbewusstsein*, Der Malik Verlag.（城塚登・古田光訳, 1968,『歴史と階級意識』白水社）

Lukács, Georg, 1954, Zur philosophischen Entwicklung des jungen Marx, *Deutsche Zeitschlift für Philosophie*, 2. 2, Jahrgang.（平井俊彦訳, 1958,『若きマルクス』ミネルヴァ書房）

Mallarmé, Stéphane, 1998, *Œuvres complétes* I, Gallimard.

Malraux, André, 1933, *La condition humaine*, Gallimard.（小松清・新庄嘉章訳, 1953,『人間の条件』新潮社）

Marcuse, Herbert, 1964, *One-Dimensional Man――Studies in the Ideology of Adanced Industrial Society*, Beacon Press.

丸山圭三郎, 1981,『ソシュールの思想』岩波書店.

丸山真男編, 1972,『歴史思想集』日本の思想 6, 筑摩書房.

Marx, Karl, 1844, *Zur Kritik der Hegelschen Rechtsphilosophie*.（花田圭介訳, 1959,「ヘーゲル法哲学批判序説」『マルクス・エンゲルス全集』第 1 巻, 大月書店）

Marx, Karl, 1845, *Thesen über Feuerbach*.（竹内良知訳, 1963,「フォイエルバッハにかんするテーゼ」『マルクス・エンゲルス全集』第 3 巻, 大月書店）

Meinecke, Friedrich, 1957, *Die Idee der Staatsräson in der neuren Geschichte*, R. Oldenbourg.（菊盛英夫・生松敬三訳, 1960,『近代史における国家理性の理念』みすず書房）

Merleau-Ponty, Maurice, 1942, *La structure du comportement*, Presses Universitaires de France.（滝浦静雄・木田元訳, 1964,『行動の構造』みすず書房）

Merleau-Ponty, Maurice, 1945, *Phénoménologie de la perception*, Gallimard.（中島盛夫訳, 1982,『知覚の現象学』法政大学出版局）

Merleau-Ponty, Maurice, 1948, *Sens et non-sens*, Nagel.（滝浦静雄他訳,

1982,『意味と無意味』みすず書房)

Merleau-Ponty, Maurice, 1955, *Les aventures de la dealectique*, Gallimard. (滝浦静雄他訳, 1972,『弁証法の冒険』みすず書房)

Merleau-Ponty, Maurice, 1960, *Signes*, Gallimard. (竹内芳郎他訳, 1969,『シーニュⅠ』みすず書房)

Merleau-Ponty, Maurice, 1964, *L'oeil et l'esprit*. (滝浦静雄・木田元訳, 1966,『眼と精神』みすず書房)

Merleau-Ponty, Maurice, 1964, *Le visible et l'invisible, suivi de notes de traveil*, Gallimard. (滝浦静雄・木田元訳, 1989,『見えるものと見えないもの, 付研究ノート』みすず書房)

Merleau-Ponty, Maurice, 1968, *Resumes de cours; College de France 1952-1960*, Gallimard. (滝浦静雄・木田元訳, 1979,『言語と自然――コレージュ・ドゥ・フランス講義要録』みすず書房)

Merleau-Ponty, Maurice, 1994, *La nature; Notes, Cours du Collège de France, suivi des Résumes de Cours Correspondants de Maurice Merlrau-Ponty*, Seuil.

Merleau-Ponty, Maurice, 2000, *Parcours deux 1951-1961*, Editions Verdier.

三木清, 1939,『構想力の論理』岩波書店.

Minkowski, Eugene, 1933, 1968, *Le temps vécu; Études phénoménologiques et psychopathologiques*, De lachaux et Niestlé. (中江育生他訳, 1973,『生きられる時間』みすず書房)

見田宗介・栗原彬・田中義久編, 1988,『社会学事典』弘文堂.

Mitzman, Arthur, 1971, *The Iron Cage; An Historical Interpretation of Max Weber*, Alfred A. Knopf, Inc. (安藤英治訳, 1975,『鉄の檻』創文社)

三宅剛一, 1976,『時間論』岩波書店.

Mumford, Lewis, 1944, *The Condition of Man*, Harcourt Brace Jovanovich Inc. (生田勉訳, 1971,『人間の条件』弘文堂)

村上龍, 2004,『タナトス』集英社.

小川文弥, 2006,『コミュニケーションとテレビ視聴』DTP 出版.

小倉志祥, 1958,『マックス・ウェーバーにおける科学と倫理』弘文堂.

荻生徂徠, 1727,『政談』(日本思想大系 36 巻所収), 岩波書店.

O'Neill, John, 1970, *Perception, Expression and History; the Social Phenomenology of Maurice Merleau-Ponty*, North Western Univerisity Press. (奥田和彦編訳, 1986,『メルロ＝ポンティと人間科学』新曜社)

大平健, 1990,『豊かさの精神病理』岩波書店.

大塚久雄・安藤英治・内田芳明・住谷一彦, 1965,『マックス・ヴェーバー研究』岩波書店.

Orwell, George, 1949, *Nineteen Eighty-Four*, Secker & Warburg. (新庄哲夫訳, 1968,『1984 年』早川書房)

Pannenberg, Wolfhard, 1993, *Toward a Theology of Nature*, John Knox Press.（標宣男・深井智朗訳，1999，『自然と神』教文館）
Parsons, Talcott, 1951, *The Social System*, The Free Press.（佐藤勉訳，1974，『社会体系論』青木書店）
Parsons, Talcott and Shils, E. A., 1954, *Toward a General Theory of Action*, Harvard University Press.
Paul-Klee-Stiftung, Kunstmuseum Bern und dem Museum of Modern Art, New York, 1987, *Paul-Klee: Leben und Werk*, Verlag Gerd Hatje.
Peirce, Chares Sanders, 1992, *The Essential Peirce*, volume 1 (1867-1893), Indiana University Press.
Peirce, Charles Sanders, 1998, *The Essential Peirce*, vol. 2, Indiana University Press.
Pirandello, Luigi, 1920, *Sei personaggi in cerca di autore*.（岩田豊雄訳，1958，「作者を探す六人の登場人物」『ピランデルロ名作集』白水社）
Rawls, John, 1958, Justice as Fairness, *Philosophical Review*, vol. 67.（田中成明編訳，1979，『公正としての正義』木鐸社）
Rossi, Pierto, 1987, *Vom Historismus zur historischen Sozialwissenschaft——Heiderberger Max Weber-Vorlesungen*, 1985, Suhrkamp.（水沼知一訳，1992，『歴史主義から歴史社会科学へ』みすず書房）
Sagner-Düchting, Karin, 2001, *Claude Monet; 1840-1926, Une fête pour les yeux*, Taschen.
Saint-Exupéry, Antoine, 1946, *Le petit prince*, Gallimard.（内藤濯訳，2000，『星の王子さま』岩波書店）
Saussure, Ferdinand de, 1972, *Cours de linguistinque généralé*, Payot.
Saussure, Ferdinand de, 2002, *Écrits de linguistique générale*, Gallimard.
Schaff Adam, 1964, *Introduction to semantics*, Pergamon Press.（平林康之訳，1969，『意味論序説』合同出版）
Schelting, Alexander von, 1922, Die logische Theorie de historischen Kulturwissenschaft von Max Weber und im besonderen sein Begriff des Idealtypus, *Archiv für Sozialwissenschaft und Sozialpolitik*, Bd. 49.（石坂巌訳，1977，『ウェーバー社会科学の方法論——理念型を中心に——』れんが書房新社）
Schubart, Walter, 1941, *Religion und Eros*, Verlag C. H. Beck.
清水幾太郎，1936，『日本文化形態論』サイレン社.
下村寅太郎，1942，『自然哲学』弘文堂.
城塚登，1958，『フォイエルバッハ』勁草書房.
城塚登，1965，「社会的存在の論理」小倉志祥・城塚登編『実存と社会』東京大学出版会.
城塚登，1972，『新人間主義の哲学』日本放送出版協会.
Simmel, Georg, 1890, *Über soziale Differenzierung*, Duncker & Humblot.（居

安正訳，1970，『社会分化論』青木書店）
新村猛，1958，『ロマン・ロラン』岩波書店.
Starobinski, Jean, 1971, *Les mots sous les mots; Les anagrammes de Ferdinand de Saussure*, Gallimard.
Спюсарева, Н. А., 1975, *Теория ф* де *Соссюра в свете современноп* лингвпстпкп, Наука.（谷口勇訳，1979，『現代言語学とソシュール理論』而立書房）
杉本栄一，1981，『近代経済学の解明』岩波書店
鈴木享，1958，『実存と労働』ミネルヴァ書房.
高橋洋児，1981，『物神性の解読――資本主義にとって人間とは何か』勁草書房.
武谷三男，1966，『弁証法の諸問題（正・続）』勁草書房.
田辺振太郎，1949，『自然弁証法研究』日本評論社.
田中義久，1969，「イデオロギーの論理構造と主体」『思想』1969年5月，7月号.
田中義久，1969，「現代技術と人間――人間と社会の自然的基礎」日高六郎・城塚登編『社会の哲学』講座哲学第5巻，岩波書店.
田中義久，1970，「マス・コミュニケーション理論の現実的課題」『新聞学評論』第19号.
田中義久，1971，「現代の社会心理――社会心理の形成過程」佐藤毅編『社会心理学』有斐閣.
田中義久，1971，「現代社会とイデオロギー――『イデオロギー終焉』論批判」『思想』1971年12月号.
田中義久，1972，「マス・コミュニケーション研究の方法論的基礎」『新聞学評論』第21号.
田中義久，1973，「個人と社会――社会学における共同存在の問題」城塚登編『人間の哲学』講座『哲学』第3巻，東京大学出版会.
田中義久，1974，『人間的自然と社会構造――文化社会学序説』勁草書房.
田中義久，1974，『私生活主義批判』筑摩書房.
田中義久，1978，『社会意識の理論』勁草書房.
田中義久，1978，「ロックのコミュニケーション論」東京大学新聞研究所『紀要』第19号.
Tanaka Yoshihisa, 1978, *Time Budgets and Social Activities in Japan*. 第9回世界社会学会大会（Uppsala University, Sweden）.
Tanaka Yoshihisa, 1985, *Social Relations and Meaning――Merleau-Ponty and Existential Sociology*――，京都アメリカ研究セミナー「社会学における古典の将来」シンポジウム.
田中義久，1990，『行為・関係の理論――現代社会と意味の胎生』勁草書房.
田中義久編，1996，『関係の社会学』弘文堂.
Tanaka Yoshihisa, 1997, *Time and the Political in Japanese Society*, International conference on "Time and Value" (Lancaster University, England, U.K.).

田中義久，2000，『コミュニケーション理論史研究（上）――コミュニオンからコミュニケーションへ』勁草書房.

田中義久・小川文弥編，2005，『テレビと日本人――「テレビ 50 年」と生活・文化・意識』法政大学出版局.

谷川俊太郎，2000，『クレーの天使』講談社.

Tenbruck, Friedrich H., 1959, Die Genesis der Wissenschaftslehre Max Weber; All gemeiner Teil, Die Genesis der Methodologe Max Webers, *Kölner Zeitschrift für Soziologie und Psychologie*, 11, Jahrgang.（住谷一彦・山田正範訳，1985，『マックス・ヴェーバー方法論の生成』未來社）

Tilliette, Xavier, 1970, *Merleau-Ponty ou la mesure de l'homme*, Édition Seghers.（木田元・篠憲二訳，1973，『メルロ－ポンティ』大修館書店）

Tiryakian, Edward A., 1962, *Sociologism and Existentialism; Two Perspectives on the Individual and Society*, Prentice-Hall Inc.（田中義久訳，1971，『個人と社会――社会学と実存主義の視座構造――』みすず書房）

Tiryakian, Edward A., 1965, Existential Phenomenology and the Sociological Tradition, *American Sociological Review*. vol. 30, no. 5.

鶴見俊輔，1967，『限界芸術論』勁草書房.

宇都宮芳明，1963，「役割と自己」日本哲学会編『現代哲学の課題』有斐閣.

Vazques, Adolfo Sanchez, 1977, *The Philosophy of Praxis*, Merlin Press.

Vieillard-Baron, Jean-Louis, 1991, *Bergson*, Presses Universitaires de France.（上村博訳，1993，『ベルクソン』白水社）

脇圭平・生松敬三・安藤英治，1976，「マックス・ウェーバーとその時代」『知の考古学』1976 年 5・6・7・8 月号，社会思想社.

Watts, Pauline Moffitt, 1982, *Nicolaus Cuzanus; A fifteenth-century vision of Man*, E. J. Brill.

Weber, Max, 1920, Die protestantische-Ethik und der »Geist« des Kapitalismus, *Gesammelte Aufsätze zur Religionssoziologie*, Bd. 1.（大塚久雄訳，1989，『プロテスタンティズムの倫理と資本主義の精神』岩波書店）

Weber, Max, 1920-21, Vorbemerkung, *Gesammelte Aufsätze zur Religionssoziologie*.（大塚久雄・生松敬三訳，1972，『宗教社会学論選』みすず書房）

Weber, Max, 1921-22, Soziologische Grundbegriffe, (Grundriss der Sozialökonomik, Ⅲ, Abteilung, *Wirtschaft und Gesellschaft*, Verlag von J. C. B. Mohr).（阿閉吉男・内藤莞爾訳，1953，『社会学の基礎概念』角川書店／清水幾太郎訳，1972，『社会学の根本概念』岩波書店）

Weber, Max, 1976, *Soziologische Grundbegriffe*, J. C. B. Mohr.

Weizsäcker, Viktor von, 1940, *Der Gestaltkreis*, Georg Thieme Verlag.（木村敏・浜中淑彦訳，1975，『ゲシュタルトクライス』みすず書房）

社会関係の理論

2009年2月10日　初　版

［検印廃止］

著　者　田中義久《たなかよしひさ》

発行所　財団法人　東京大学出版会

代表者　岡本和夫

113-8654 東京都文京区本郷7-3-1　東大構内
電話 03-3811-8814　Fax 03-3812-6958
振替 00160-6-59964

印刷所　大日本法令印刷株式会社
製本所　矢嶋製本株式会社

ISBN 978-4-13-050172-9　Printed in Japan